城市轨道交通车辆电机与电器

主 编 付 娟 张丽娜 李宏菱
主 审 韩春芳 林 辉 韩永生

西南交通大学出版社
·成 都·

内容简介

本书将城市轨道交通车辆电机与电器分为 9 个项目，内容包括：直流牵引电机的结构、工作原理、调速和制动；变压器的结构、工作原理、特性以及应用；异步电机的结构、工作原理和特性；异步牵引电机的结构、悬挂方式和技术参数，变频调速系统的特性、控制以及应用；直线感应电机和永磁同步电机的结构、工作原理以及应用；电器的发热和散热、电动力与触头、电弧的燃烧和熄灭；接触器和继电器的结构、特性、工作原理及其应用；受电弓、集电靴、断路器、司机控制器、避雷器的结构、工作原理及其应用；牵引逆变器、辅助逆变器、蓄电池、传感器的结构、工作原理及其应用。

本书适合作为高等职业院校城市轨道交通车辆专业教材，也适合作为城市轨道交通企业车辆驾驶和检修人员培训教材，还可供相关行业的技术人员学习参考。

图书在版编目（CIP）数据

城市轨道交通车辆电机与电器/付娟，张丽娜，李宏菱主编. —成都：西南交通大学出版社，2023.5
ISBN 978-7-5643-9279-6

Ⅰ.①城… Ⅱ.①付… ②张… ③李… Ⅲ.①城市铁路–铁路车辆–电机–高等职业教育–教材②城市铁路–铁路车辆–电气设备–高等职业教育–教材 Ⅳ.①U239.5

中国国家版本馆 CIP 数据核字（2023）第 078407 号

Chengshi Guidao Jiaotong Cheliang Dianji yu Dianqi
城市轨道交通车辆电机与电器

主编　付　娟　张丽娜　李宏菱

责任编辑	王　旻
特邀编辑	王玉珂　孟苏成
封面设计	何东琳设计工作室
出版发行	西南交通大学出版社 （四川省成都市金牛区二环路北一段 111 号 西南交通大学创新大厦 21 楼）
邮政编码	610031
发行部电话	028-87600564　028-87600533
网址	http://www.xnjdcbs.com
印刷	四川森林印务有限责任公司
成品尺寸	185 mm×260 mm
印张	19
字数	404 千
版次	2023 年 5 月第 1 版
印次	2023 年 5 月第 1 次
定价	52.00 元
书号	ISBN 978-7-5643-9279-6

课件咨询电话：028-81435775
图书如有印装质量问题　本社负责退换
版权所有　盗版必究　举报电话：028-87600562

前　言

城市轨道交通是采用专用轨道导向运行的城市公共客运交通系统，包括地铁系统、轻轨系统、有轨电车系统、单轨系统、自动导向轨道系统、市域快速轨道系统和磁浮系统。城市轨道交通凭借快速、便捷、安全、运量大和运输效率高等特性，成为城市公共交通的重要组成部分。根据中国城市轨道交通协会统计，截至2021年底，我国内地累计有50个城市开通城市轨道交通运营线路，运营线路长度共计9 192.62 km，其中地铁运营线路长度7 253.73 km，占比78.91%。

城市轨道交通的迅速发展，急切需要大批从事城市轨道车辆驾驶、检修和装备制造的高端技能型人才。为了适应城市轨道交通车辆技术的发展，满足轨道交通运营、制造企业对人才的迫切需要，通过与西安地铁、昆明地铁等轨道交通运营企业合作，我们编写了本书。

本书将城市轨道交通车辆电机电器分解成9个项目，每个项目按照能力目标、知识目标、任务内容的结构进行编写，在每项任务后面都提供了大量的思考与练习题，供学生进行学习与探索。

本书由西安铁路职业技术学院付娟、张丽娜、李宏菱担任主编，西安铁路职业技术学院周磊、刘凤娟，昆明地铁建设管理公司郭团生、武汉铁路职业技术学院张素洁担任副主编。参加编写的有西安铁路职业技术学院付娟（项目一、三）、潘俞如（项目二）、李宏菱（项目六）、刘凤娟（项目七）、张丽娜（项目八）、周磊（项目九），昆明地铁建设管理公司郭团生（项目四），武汉铁路职业技术学院张素洁（项目五）。教材在编写过程中得到西安地铁、昆明地铁等轨道交通运营企业的大力支持，参考了多位专家和一些企业的技术资料，在此表示真挚的感谢。

本书由昆明地铁运营有限公司韩春芳、西安铁路职业技术学院林辉、中国铁路西安局集团有限公司西安机车检修厂韩永生主审，主审在审阅过程中提出了大量宝贵的意见，在此表示由衷的感谢。

由于编者水平所限，书中难免有疏漏和不足之处，殷切希望读者批评指正。

编　者
2022 年 5 月

数字资源目录

序号	二维码名称 （与资源名称对应）	资源类型/数量	书籍页码 （可填在名称前）
1	项目一　直流牵引电机	PPT	P1
2	直流电机的结构	视频	P4
3	直流电机的检查与维护	视频	P23
4	项目二　变压器	PPT	P46
5	变压器的基本结构	视频	P46
6	变压器的空载运行	视频	P51
7	项目三　异步电动机	PPT	P73
8	三相鼠笼型异步电机的结构	视频	P75
9	三相异步电动机的工作原理	视频	P91
10	刹车也精彩	微课	P110
11	项目四　三相异步牵引电机	PPT	P120
12	三相异步牵引电机概述	微课	P120
13	项目五　永磁同步牵引电机和 　　　　直线牵引电机	PPT	P144
14	项目六　电器基础知识	PPT	P167
15	电弧熄灭的基本装置	视频	P182
16	灭弧装置	微课	P185
17	电器的传动装置	视频	P191
18	项目七　接触器和继电器	PPT	P200
19	继电器的基本知识	视频	P213
20	主回路接地继电器原理	3D动画	P220
21	主回路接地继电器结构	3D动画	P220
22	项目八　车辆典型电器	PPT	P229
23	受电弓的动作原理	视频	P231
24	受电弓的缓冲原理	微课	P238
25	项目九　车辆其他电器	PPT	P272

目 录

项目一　直流牵引电机 ··· 001
　任务一　直流电机的工作原理 ··· 001
　任务二　直流电机的基本结构 ··· 004
　任务三　直流电机的电枢绕组 ··· 009
　任务四　直流电机的磁场 ··· 017
　任务五　直流电机的换向 ··· 020
　任务六　直流电机的基本方程 ··· 024
　任务七　直流电动机的工作特性和机械特性 ······························ 029
　任务八　牵引电机和辅助电机 ··· 033
　任务九　直流牵引电机在电动车组中的应用 ······························ 038

项目二　变压器 ·· 046
　任务一　单相变压器的结构及工作原理 ····································· 046
　任务二　单相变压器的空载及负载运行 ····································· 051
　任务三　变压器的运行特性 ·· 056
　任务四　三相变压器 ··· 058
　任务五　变压器在城市轨道交通中的应用 ·································· 064
　任务六　自耦变压器和仪用互感器 ··· 068

项目三　异步电动机 ·· 073
　任务一　三相异步电动机的结构 ·· 073
　任务二　交流绕组 ·· 080
　任务三　三相异步电机的工作原理 ··· 088
　任务四　三相异步电动机的功率和转矩 ····································· 094
　任务五　三相异步电动机的工作特性和机械特性 ······················· 097
　任务六　三相异步电动机的起动和反转 ····································· 101
　任务七　三相异步电动机的调速和制动 ····································· 107
　任务八　单相异步电动机 ··· 112

项目四　三相异步牵引电机 120
任务一　三相异步牵引电机概述 120
任务二　异步牵引电机的基本结构 123
任务三　异步牵引电动机的变频调速 130
任务四　异步牵引电动机变频运行方式及其特性 135
任务五　电动车组异步牵引电动机的调节特性 140

项目五　永磁同步牵引电机和直线牵引电机 144
任务一　同步电机的基本知识 144
任务二　永磁同步牵引电机在轨道交通车辆的应用 148
任务三　直线电机的基本知识 154
任务四　直线感应电机在轨道交通车辆的应用 160

项目六　电器基础知识 167
任务一　电器的发热和散热 167
任务二　电器的电动力和触头 173
任务三　电弧的燃烧与熄灭 182
任务四　电器的传动装置 191

项目七　接触器和继电器 200
任务一　接触器的基本知识 200
任务二　接触器在地铁车辆上的应用 202
任务三　继电器的基本知识 213
任务四　继电器在地铁车辆中的应用 216

项目八　车辆典型电器 229
任务一　受电弓 229
任务二　集电靴 244
任务三　高速断路器 250
任务四　司机控制器 260
任务五　避雷器 267

项目九　车辆其他电器 272
任务一　牵引逆变器 272
任务二　辅助逆变器 277
任务三　蓄电池及其充电器 280
任务四　传感器 287

参考文献 295

项目一

直流牵引电机

知识目标

（1）掌握直流电机的基本结构和工作原理；
（2）了解火花等级、换向过程和改善换向的方法；
（3）掌握直流电动机的工作特性和机械特性；
（4）掌握牵引电机的基本概念，熟悉直流牵引电机的特点和应用。

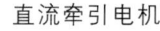

直流牵引电机

能力目标

（1）能正确实施直流电动机的起动、调速、反转和制动；
（2）能说出主要励磁方式，读懂直流电机铭牌；
（3）能描述主磁通、漏磁通和电枢磁场的特点；
（4）能描述牵引电机的分类、悬挂和驱动方式；
（5）爱岗敬业，团结守信，强化创新意识，培养职业道德。

任务一 直流电机的工作原理

任务目标

（1）了解直流电机的模型结构；
（2）能描述直流电动机、直流发电机的工作原理；
（3）提高学习兴趣，培养综合分析能力。

任务内容

直流电机是电能和机械能相互转换的旋转电机之一，应用电磁感应原理进行能量转换。将机械能转换为直流电能的电机称为直流发电机；将直流电能转换为机械能的电机称为直流电动机。直流发电机可作为直流电源。直流电动机具有宽广的调速范围、平滑的调速特性、较高的过载能力、较大的起动和制动转矩，应用于对起动和调速要求较高的生产机械，如电力机车、内燃机车、工矿机车、城市电车等。

一、直流电机模型

直流电机的物理模型如图 1.1 所示。图中 N、S 为固定不动的主磁极，主磁极可以采用永久磁铁，也可以采用电磁铁。在电磁铁的励磁线圈上通以方向不变的直流电流，便形成一定极性的磁极。线圈 abcd 固定在可旋转导磁圆柱体上，线圈连同导磁圆柱体是直流电机可转动部分，称为转子（又称电枢）。线圈的首末端 a、d 连接到两个相互绝缘并可以随线圈一同转动的导电片上，该导电片称为换向片。转子线圈与外电路的连接是通过放置在换向片上固定不动的电刷进行的。在定子（不动部分）与转子之间有间隙存在，称为空气隙，简称气隙。

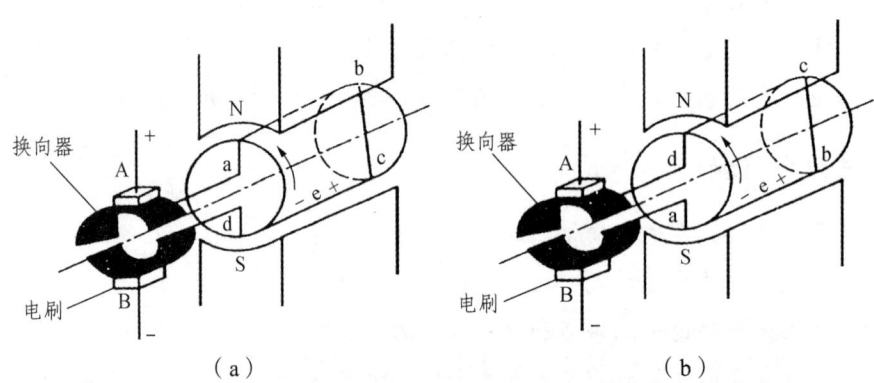

图 1.1 直流电机模型

二、直流电机的工作原理

1. 直流发电机的工作原理

在直流电机的模型中，当原动机拖动转子以一定的转速逆时针旋转时，根据电磁感应定律可知，在线圈 abcd 中将产生感应电动势。导体中感应电动势的方向可用右手定则确定。在逆时针旋转情况下，图 1.1（a）所示导体 ab 在 N 极下，感应电动势的极性为 a 点高电位，b 点低电位；导体 cd 在 S 极下，感应电动势的极性为 c 点高电位，d 点低电位。此时，电刷 A 的极性为正，电刷 B 的极性为负。当线圈旋转180°后，见图1.1（b），导体ab在S极下，导体cd则在N极下。此时，导体中的感应电动势方向发生改变，由于原来与电刷A接触的换向片已经与电刷B接触，而与电刷B接触的换向片换到与电刷A接触，因此电刷A的极性仍为正，电刷B的极性仍为负。

从图1.1可以看出，和电刷A接触的导体总是位于N极下，和电刷B接触的导体总是位于S极下，因此电刷A的极性总为正，而电刷B的极性总为负，在电刷两端可获得直流电动势。

由以上分析可知，在电枢线圈内部为一交变电动势，但电刷两端引出的电动势方向始终不变，为一单方向的直流电动势。

2. 直流电动机的工作原理

将直流电源接到电刷A、B上，电刷A接电源的正极，电刷B接电源的负极，电枢线圈中将有电流流过，如图1.2所示。

在图1.2（a）中，线圈的ab边位于N极下，线圈的cd边位于S极下，载流导体在磁场中受到电磁力的作用，其受力方向由左手定则确定。导体ab受力方向为从右向左，导体cd受力方向为从左到右。导体所受电磁力对轴产生一转矩，这种由于电磁作用产生的转矩称为电磁转矩，电磁转矩的方向为逆时针。当电磁转矩大于阻力转矩时，线圈按逆时针方向旋转。当电枢旋转到图1.2（b）所示位置时，位于N极下的导体ab转到S极下，导体ab受力方向为从左向右；而位于S极下的导体cd转到N极下，导体cd受力方向为从右向左，该转矩的方向仍为逆时针方向，线圈在此转矩作用下继续按逆时针方向旋转。

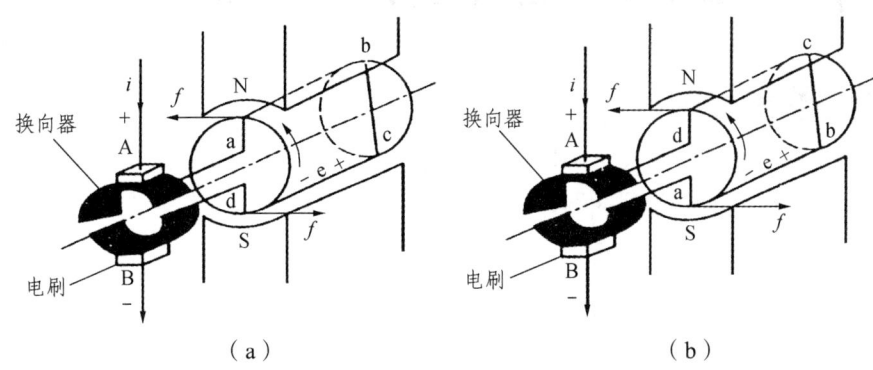

图1.2 直流电动机的模型

由以上分析可知，虽然在电枢线圈中流通的是交变电流，但N极下的导体受力方向和S极下的导体受力方向并未发生变化，因此电动机在此方向不变的电磁转矩作用下连续转动。

图1.1所示为直流电机的简单模型，实际直流电机的电枢根据具体应用需要有多个线圈。线圈分布于电枢铁心表面的不同位置上，并按照一定的规律连接起来，构成电机的电枢绕组。磁极也是根据需要N、S极交替放置。

3. 直流电机的可逆原理

任何一台电机既可作发电机运行，也可作电动机运行，这一性质称为电机的可逆原理。直流电机也具有可逆性，当输入机械转矩将机械能转换成电能时，电机作发电机运行；当输入直流电流产生电磁转矩，将电能转换成机械能时，电机作电动机运行。

思考与练习

一、填空题

1. 直流发电机电枢线圈内部为_____电动势，电刷两端为_____电动势。
2. 直流电机具有可逆性，既可作_____使用，也可作_____使用。

二、判断题

1. 任何一台直流电机都具有可逆性。　　　　　　　　　　　　　（　　）
2. 直流电动机在电刷两端加的是直流电源，可以不要换向器。　　（　　）

三、简答题

1. 直流发电机是如何将机械能转换成电能的？
2. 直流电动机通电以后，为什么可以沿一个方向持续旋转？

任务二　直流电机的基本结构

任务目标

（1）掌握直流电机各部件的位置和作用；
（2）能看懂直流电机的铭牌；
（3）培养观察能力、分析能力、写作能力。

任务内容

直流电机模型所描述的是仅有一个线圈、一对磁极的直流电机，主要是为了说明直流电机的工作原理，但仍然可以看出：要使直流电机运行，线圈、磁极、换向器和电刷是必不可少的，它们是直流电机的主要部件。

一、直流电机的结构

直流电机的结构按部件的运动状态可分为旋转部分和静止部分。旋转部分称为转子，静止部分称为定子，在定子和转子之间

直流电机的结构

存在着空气隙。空气隙既保证了电机的安全运行,又是磁路的重要组成部分。直流电机的结构如图 1.3 所示。

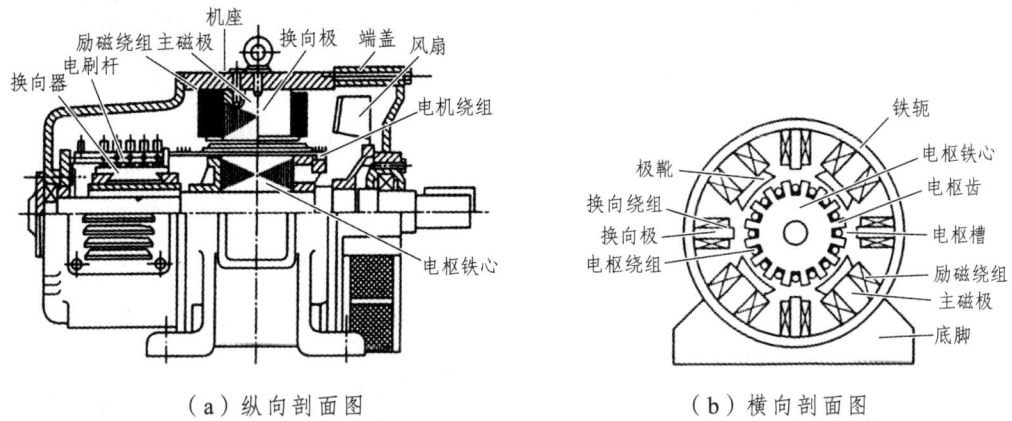

(a) 纵向剖面图　　　　　　(b) 横向剖面图

图 1.3　直流电机的结构

1. 定子部分

定子是电机的静止部分,其作用是在电磁方面产生磁场和构成磁路,在机械方面是整个电机的支撑。小型直流电机定子由主磁极、机座、换向极、电刷装置、端盖和轴承等组成。

1) 主磁极

主磁极简称主极,其作用是产生主磁场。主磁极由主磁极铁心和励磁绕组构成,其结构如图 1.4 (a) 所示。为了减小涡流损耗,主磁极铁心采用 1.0~1.5 mm 厚的低碳钢板冲制而成,再用铆钉把冲片铆紧成一个整体。小型电机的励磁绕组用绝缘铜线(或铝线)绕制而成,大中型电机励磁绕组用扁铜线绕制,并进行绝缘处理,然后套在主极铁心外面。整个主磁极用螺钉固定在机座内壁。

2) 机　座

定子的外壳部分称为机座,机座的主体部分作为磁极间的通路,这部分称为磁轭。机座同时用来固定主磁极、换向极和端盖,起到固定和支撑整个电机的作用。直流电机的机座有两种形式,一种为整体机座,另一种为叠片机座。整体机座是用导磁效果较好的铸钢材料制成,该种机座能同时起到导磁和机械支撑作用。叠片机座是用薄钢板冲片叠压成定子铁轭,再把定子铁轭固定在一个起支撑作用的机座里,这样定子铁轭和机座是分开的,机座只起支撑作用,可用普通钢板制成。

3) 换向极

换向极又称为附加极,其结构如图 1.4 (b) 所示,换向极安装在相邻的两个主磁极之间,用螺钉固定在机座上。换向极用来改善直流电机的换向,一般电机容量超过 1 kW 时应安装换向极。

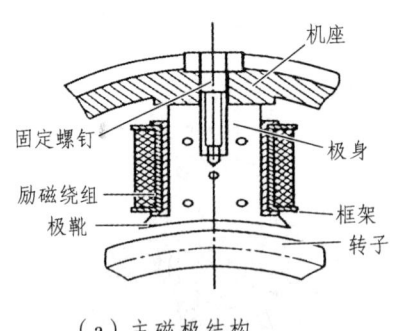
（a）主磁极结构

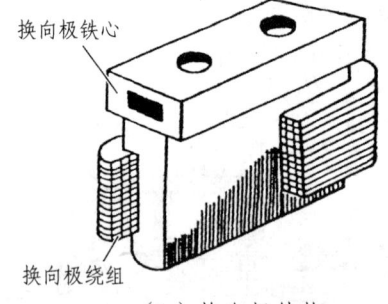
（b）换向极结构

图 1.4　直流电机主磁极和换向极结构

换向极由换向极铁心和换向极线圈组成。换向极铁心大多采用整块钢加工而成，但在大功率的直流电机中，为了更好地改善电机换向，换向极铁心也采用厚 1~1.5 mm 厚钢板或硅钢片叠成。换向极线圈采用圆铜线或扁铜线绕制而成，经绝缘处理后套在换向极铁心上，所有的换向极线圈串联后称为换向绕组，换向绕组与电枢绕组串联。换向极数目一般与主极数目相同，但在功率很小的直流电机中，只装主极数一半的换向极或不装换向极。

4）电刷装置

电刷装置的作用是通过电刷和旋转的换向器表面滑动接触，把转动的电枢绕组与外电路连接起来。电刷装置一般由电刷、刷握、刷杆、刷杆座和汇流条（铜辫）等组成。电刷结构如图 1.5 所示。

电刷是用石墨制成的导电块，放在刷握内用弹簧以一定的压力安放在换向器的表面。刷握用螺钉夹紧在刷杆上。刷杆装在一个可以转动的刷杆座上，以便调整电刷的位置。刷杆与刷杆座之间应绝缘，以避免正、负电刷短路。

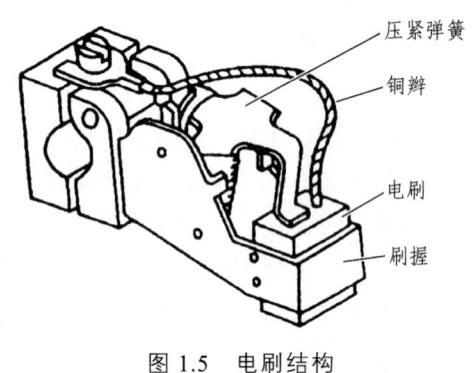

图 1.5　电刷结构

5）端　盖

电机中的端盖主要起支撑作用。端盖固定在机座上，其上放置轴承支撑电机的转轴，使电机能够旋转。

2. **转子部分**

转子又称电枢，是电机的转动部分，其作用是产生感应电动势和电磁转矩，从而实现能量转换，转子由电枢铁心、电枢绕组、换向器、转轴、轴承和风扇等组成。

1）电枢铁心

电枢铁心的作用是通过磁通和嵌放电枢绕组。图 1.6 所示为小型直流电机的电枢冲片形状和电枢铁心装配图。在电枢铁心冲片上冲有放置电枢绕组的电枢槽、轴孔和通风孔。

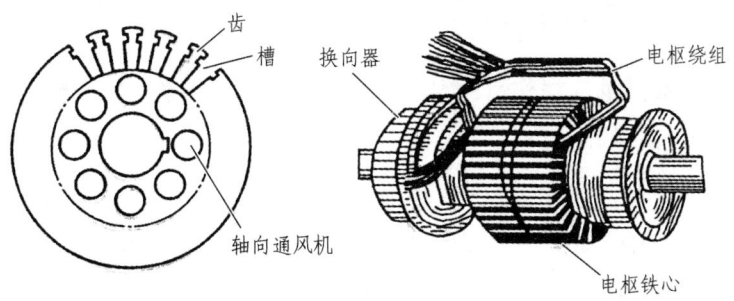

图 1.6　电枢冲片和电枢铁心装配图

为减小电机旋转时，铁心中的磁通方向发生变化引起的磁滞和涡流损耗，电枢铁心用 0.35 mm 或 0.5 mm 厚的硅钢片叠成，叠片两面涂有绝缘漆。铁心叠片沿轴向叠装，中小型电机的电枢铁心通常直接压装在轴上；在大型电机中，由于转子直径较大，电枢铁心压装在套于轴上的转子支架上。

2）电枢绕组

电枢绕组的作用是产生感应电动势和通过电流产生电磁转矩，实现机电能量转换。它是直流电机的电路部分，通常有叠绕组和波绕组两种基本形式。

3）换向器

换向器又称为整流子。对于发电机，换向器的作用是把电枢绕组中的交变电动势转变为直流电动势向外部输出直流电压。对于电动机，它是把外界供给的直流电流转变为绕组中的交变电流以使电机旋转。换向器结构如图 1.7 所示。换向器由换向片组合而成，是直流电机的关键部件，也是最薄弱的部分。

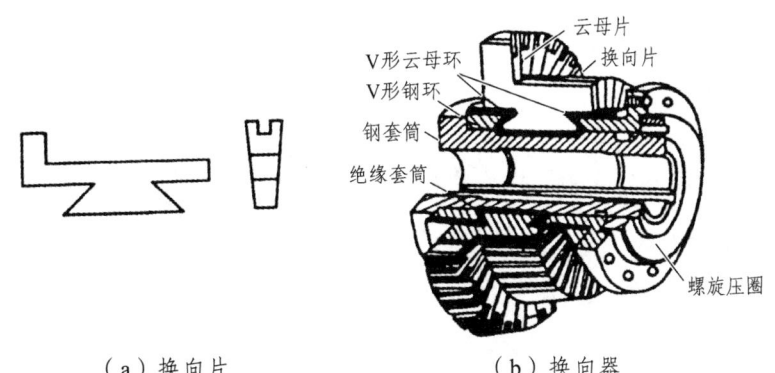

（a）换向片　　　　　　　（b）换向器

图 1.7　换向器结构

换向器采用导电性能好、硬度大、耐磨性能好的紫铜或铜合金制成。换向片的底部做成燕尾形状,燕尾部分嵌在含有云母绝缘的 V 形钢环内,拼成圆筒形套入钢套筒上,相邻的两换向片间以 0.6~1.2 mm 的云母片作为绝缘,最后用螺旋压圈压紧。换向器固定在转轴的一端。换向片靠近电枢绕组一端的部分与绕组引出线相焊接。

4)转　轴

转轴起转子旋转的支撑作用,须有一定的机械强度和刚度,一般采用圆钢制成。

3. 空气隙

主极极靴和电枢间的间隙称为空气隙(简称气隙)。由于空气磁阻远大于铁磁物质的磁阻,而电机能量转换是依靠气隙磁通为媒介进行的,所以气隙的大小和形状对电机性能有很大影响。

直流电机的气隙是不均匀的。极靴中部气隙较小,两侧气隙逐渐扩大,极尖处气隙最大。小型电机气隙为 1~3 mm;大型电机气隙可达 10~12 mm。

二、直流电机的铭牌

每一台电机都有一块铭牌,上面标注各种额定数据,简要介绍电机的型号、规格、性能,是用户合理选择和正确使用电机的依据。

根据国家标准要求设计和试验所得的一组反映电机性能的主要数据,称为电机的额定值。

1. 额定功率 P_N

额定功率是指电机按规定的工作方式运行时,所能提供的输出功率。发电机额定功率是指接线端子处的输出功率;电动机额定功率是指电动机转轴的有效机械功率,单位为千瓦(kW)。额定功率、额定电压和额定电流的关系为

发电机　　　$P_N = U_N I_N$ 　　　　　　　　　　　　　　(1.1)

电动机　　　$P_N = U_N I_N \eta_N$ 　　　　　　　　　　　　　(1.2)

2. 额定电压 U_N

额定电压是指在额定输出时电机接线端子间的电压,单位为伏(V)。

3. 额定电流 I_N

额定电流是指电机按照规定的工作方式运行时,电机绕组允许流过的最大安全电流,单位为安(A)。

4. 额定转速 n_N

额定转速是指电机在额定电压、额定电流和额定输出功率时,电机的旋转速度,单位为转/分(r/min)。

此外，还有工作方式、励磁方式、额定励磁电压、额定温升、额定效率 η_N 等。

额定值是选用或使用电机的主要依据，一般希望电机按额定值运行。但实际上，电机运行时的各种数据可能与额定值不同，它们由负载的大小来确定。若电机的电流正好等于额定值，称为满载运行；若电机的电流超过额定值，称为过载运行；若比额定值小得多，称为轻载运行。长期过载运行将使电机过热，降低电机寿命甚至损坏；长期轻载运行使电机的容量不能充分利用。两种情况都将降低电机的效率，都是不经济的。故在选择电机时，应根据负载的要求，尽可能使电机运行在额定值附近。

思考与练习

一、填空题

1. 直流电机定子主要由_____、_____、_____和_____等组成。
2. 直流电机转子主要由_____、_____、_____和_____等组成。
3. 直流电机电枢铁心采用_____叠成，以减小_____损耗。

二、判断题

1. 在直流电动机中，换向器将外加的直流电流变成绕组内的交流电流。（　　）
2. 气隙的大小和形状对电机性能有很大影响，直流电机的气隙是均匀的。（　　）
3. 主极铁心通常采用低碳钢板叠成，可有效降低涡流损耗。（　　）

任务三　直流电机的电枢绕组

任务目标

（1）掌握电枢绕组的作用和基本概念；
（2）掌握电枢绕组的分类、特点及应用；
（3）能看懂单叠绕组、单波绕组的展开图；
（4）提高绘图能力、识图能力，培养严谨的工作作风。

任务内容

按照电枢绕组连接规律不同，直流电机的电枢绕组可分为：单叠绕组、单波绕组和混合绕组等，在此主要介绍常用的单叠绕组和单波绕组。

一、电枢绕组的基本概念

1. 电枢绕组的元件

线圈是构成绕组的基本单元，又称绕组元件（线圈单元），绕组元件分为单匝和多匝两种。每一个绕组元件不管是单匝还是多匝，均引出两根线与换向片相连，其中一根称为首端，另一根称为末端。

直流电机的电枢绕组放置在电枢铁心的槽内，通常采用双层绕组，沿槽深方向每槽有两个元件边，为了避免各线圈互相交叠，每一元件有一个有效边放在槽的上层，称为上层边；另一有效边放在另一槽的下层，称为下层边。与上层边相连的出线端称为首端，与下层边相连的出线端称为末端。图1.8所示为绕组元件在槽内的放置情况。

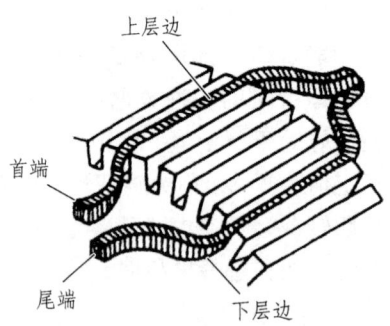

图 1.8　绕组元件边在槽内的放置情况

2. 实槽和虚槽

电枢铁心上嵌线的槽称为实槽，实槽数用 Z 表示。虚槽实际上并不存在，而是人为地把每个实槽内上下布置的两个元件边所占的位置看成一个槽，称为虚槽，虚槽数用 Z_μ 表示。

虚槽数和实槽数的关系为

$$Z_\mu = uZ \tag{1.3}$$

式中　u——一个实槽内所包含的虚槽数。

每个元件均有首末两端，而每个换向片总是焊接着一个元件的末端和另一个元件的首端，因此，元件数 S 与换向片数 K 相等，即

$$S = K \tag{1.4}$$

由于每个虚槽包含两个元件边，所以虚槽数等于元件总数。于是，可得元件数 S、换向片数 K 与虚槽数 Z_μ 的关系为

$$S = K = Z_\mu = uZ \tag{1.5}$$

3. 极距

所谓极距是指相邻两个主磁极轴线沿电枢表面之间的距离，用 τ 表示，如图1.9所示。

极距 τ 的表达式为

$$\tau = \frac{\pi D_a}{2p} \tag{1.6}$$

式中　D_a——电枢外径；
　　　p——主磁极对数。

如果极距 τ 用槽数来表示，则

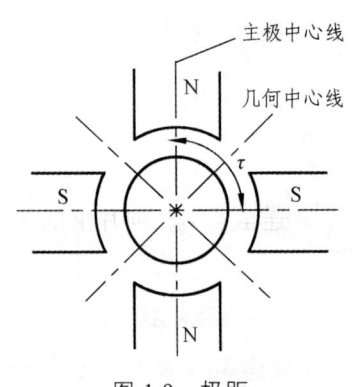

图 1.9　极距

$$\tau = \frac{Z}{2p} = \frac{Z_\mu}{2p} \tag{1.7}$$

4. 绕组的节距

电枢绕组各元件是通过换向片按一定的方式连接起来的，其连接规律由节距决定。所谓节距是指被连接起来的两个绕组元件边或换向片之间的距离。绕组节距如图 1.10 所示。

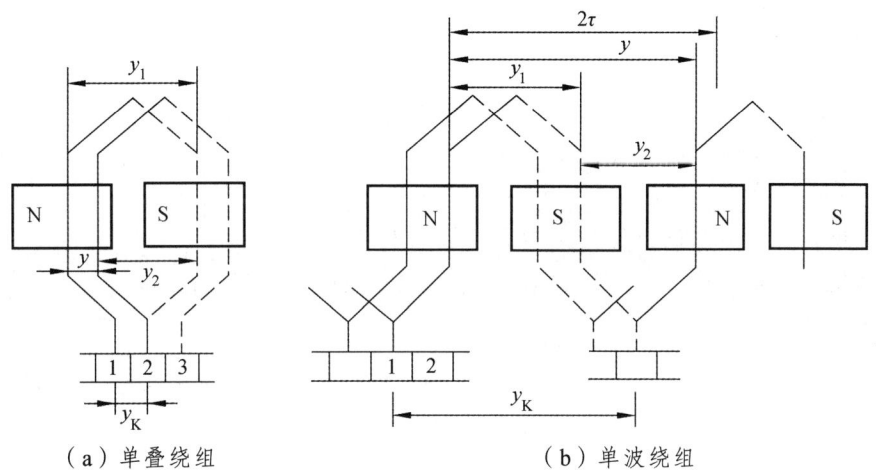

(a) 单叠绕组　　　　　　　　(b) 单波绕组

图 1.10　电枢绕组的节距

1) 第一节距 y_1

一个元件的两个有效边在电枢表面跨过的元件边数称为第一节距，第一节距用 y_1 表示。第一节距 y_1 可以用实槽数 Z 表示，也可以用虚槽数 Z_μ 表示，一般以虚槽数表示。线圈节距 y_1 应等于或近似等于一个极距。即

$$y_1 = \frac{Z_\mu}{2p} \pm \varepsilon \tag{1.8}$$

式中　ε——使 y_1 凑成整数的一个分数。

当 $y_1 = \tau$ 时，为整距绕组；当 $y_1 < \tau$ 时，为短距绕组；当 $y_1 > \tau$ 时，为长距绕组。

整距绕组可获得最大感应电势，短距和长距绕组感应电势略小。由于短距绕组的端接部分较短，能省材料，所以电机一般采用短距绕组。

2) 第二节距 y_2

连至同一换向片上的两个元件中的第一个元件的下层边与第二个元件的上层边间的距离，称为第二节距。第二节距用 y_2 表示。

3) 合成节距 y

连至同一换向片上两个元件对应边之间的距离，即第一个元件的上层边与第二

个元件的上层边间的距离或第一个元件的下层边与第二个元件的下层边间的距离，称为合成节距。

4）换向器节距 y_K

换向器节距 y_K 是指同一个绕组元件首末端所连接两换向片之间在换向器表面所跨过的距离，以换向片数表示。

二、单叠绕组

单叠绕组的特点是同一元件的两个出线端分别连接到相邻的两个换向片上，即换向片节距 $y_K=\pm 1$，相邻元件通过换向片依次相连，从而组成整个闭合绕组，后一个元件的端部紧贴在前一个元件的端部上，故称这种绕组为单叠绕组。

单叠绕组绕制时，每绕过一个元件便在电枢表面移动一个虚槽，如果 $y_K=+1$，则绕组向右移动，称为右行绕组，如图 1.10（a）所示；如果 $y_K=-1$，则绕组向左移动，称为左行绕组。左行绕组每一元件连到换向片的两根端线互相交叉，用铜较多，故单叠绕组常采用右行绕组。

【例 1.1】 一台直流电机的绕组数据：极对数 $P=2$，槽数 $Z=Z_\mu=S=K=16$，试画出其右行单叠绕组展开图。

（1）计算节距。

极距

$$\tau = \frac{Z}{2p} = \frac{Z_\mu}{2p} = \frac{16}{4}$$

第一节距

$$y_1 = \frac{Z_\mu}{2p} \pm \varepsilon = \frac{16}{4} = 4$$

合成节距和换向器节距

$$y = y_K = +1$$

第二节距

$$y_2 = y_1 - y = 4 - 1 = 3$$

（2）连接元件。

先画出 16 根等长、等距的实线，代表各槽元件的上层边，再画出 16 根等长、等距的虚线，代表各层元件的下层边，并编上槽号，如图 1.11 所示。画 16 个小方块代表换向片。1 号元件由 1 号换向片经 1 号槽上层（实线），根据 $y_1=4$ 可知，连到 5 号槽的下层（虚线），然后回到 2 号换向片；2 号元件由 2 号换向片经 2 号槽上层（实线），根据 $y_1=4$ 可知，连到 6 号槽的下层（虚线），然后回到 3 号换向片；照此方法依次连接完 16 个元件，组成一个闭合回路，如图 1.12 所示的元件连接次序表。

（3）画磁极和电刷。

当电机工作于发电机状态（本例），为了确定电枢绕组中感应电势的方向，假定电枢的转向向左，同时画出磁极的位置和极性。电机磁极 N、S 极在圆周上对称均匀交替分布，每个磁极的宽度为（0.6~0.7）τ。在展开图上对称均匀地划分极距并在每一极距内画上磁极并假设极性，N 极表示磁力线方向进入纸面，S 极表示磁力线方向离开纸面。根据右手定则，可以确定各导体中感应电势的方向，用单元边上的箭头表示，在 N 极下的单元边中电势方向均向下；在 S 极下单元边中的电势均向上，由于几何中心线处的磁密为零，故此处单元边中电势为零，即 1、5、9、13 号线圈单元中电势为零。因此，电枢电势的分界线是磁场的分界线。

在展开图中，直流电机的电刷与换向片的大小相同，放置电刷时应使正负电刷间的感应电动势最大，或被电刷短路的元件感应电动势最小。当把电刷放置在主磁极的中心线处，被电刷短路元件的感应电动势为零，同时正负电刷间的电动势也最大。电枢按图示方向转动，电刷间的电动势方向根据右手定则可判定为 A_1、A_2 为正，B_1、B_2 为负。单叠绕组的完整展开图如图 1.11 所示。

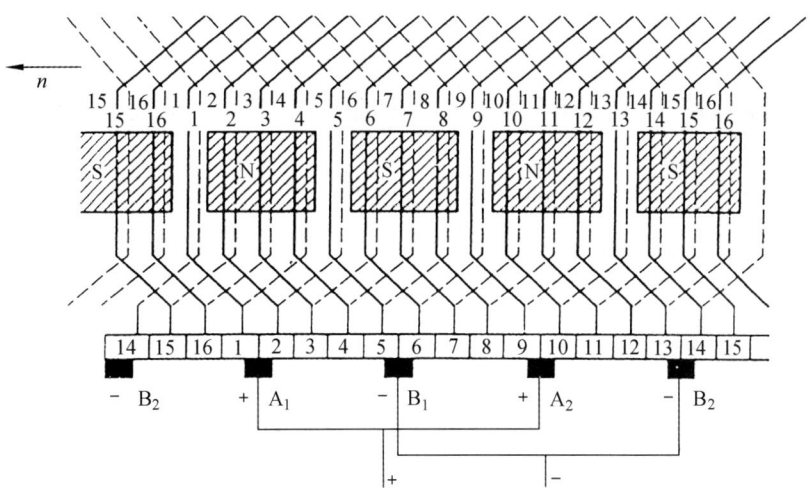

图 1.11 单叠绕组展开图

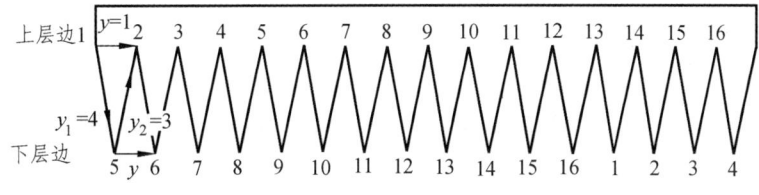

图 1.12 单叠绕组元件连接次序表

在绕组展开图所表示的瞬间，根据电刷之间元件连接顺序，可画出相应的电枢绕组连接顺序，如图1.13所示。

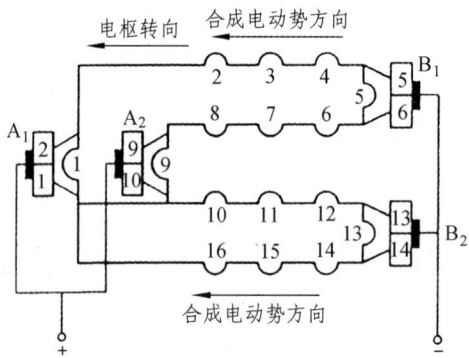

图1.13　单叠绕组并联支路图

由图1.13可见，单叠绕组具有以下特点：

（1）对于单叠绕组，电刷总是将上层边处于同一磁极下的元件串联成一条支路，所以有几个主磁极就有几条支路，所以支路对数 a 等于主极对数 p，即

$$a = p \tag{1.9}$$

式中　　a——支路对数；

p——磁极对数。

（2）电刷数等于主磁极数，电刷位置应使支路感应电动势最大，电刷间电动势等于并联支路电动势。

（3）电枢电流 I_a 等于各并联支路电流 i_a 的 $2a$ 倍，即

$$I_a = 2ai_a \tag{1.10}$$

三、单波绕组

单波绕组的连接特点是每个元件两端所连接的两个换向片相距较远，两元件串联后形成波浪形，故称为单波绕组。为了使绕组能够连续绕下去，当顺着所有串联元件绕过电枢外圆一周，经过 p 个串联的元件后，最后一个元件的尾端应落在与起始的换向片相邻的位置。为此，换向片间距应满足下列关系

$$py_K = K \pm 1 \tag{1.11}$$

式中　　K——换向片数。

换向节距为

$$y_K = \frac{K \pm 1}{p} = 整数 \tag{1.12}$$

式中如果取"-"号，则绕行一周后，比出发时的换向片后退一片，为左行绕组；如果取"+"号，则绕行一周后，比出发时的换向片前进一片，为右行绕组。右行绕组端线交叉，且比左行绕组端线路长，故单波绕组常采用左行绕组。

【例 1.2】 一台直流电机的绕组数据：极对数 $P=2$，槽数 $Z=Z_\mu=S=K=15$，试画出其左行单波绕组展开图。

（1）计算节距。

第一节距

$$y_1 = \frac{Z}{2p} \pm \varepsilon = \frac{15}{4} - \frac{3}{4} = 3$$

第二节距

$$y_2 = y - y_1 = 7 - 3 = 4$$

合成节距和换向器节距

$$y = y_K = \frac{K-1}{p} = \frac{15-1}{2} = 7$$

取短距左行绕组。

（2）绘制单波绕组展开图。

根据单波绕组的几个节距，参照单叠绕组的展开图绘制步骤可画出单波绕组的展开图如图 1.14 所示。单波绕组元件连接次序如图 1.15 所示。

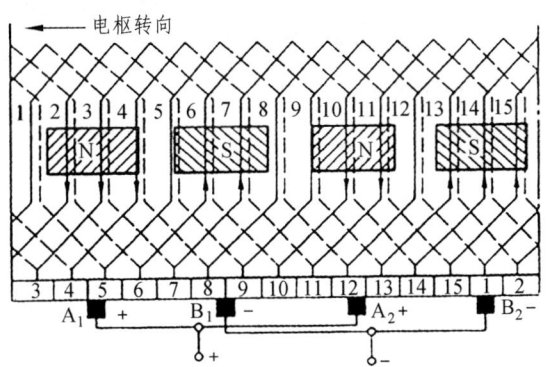

图 1.14 单波绕组的展开图

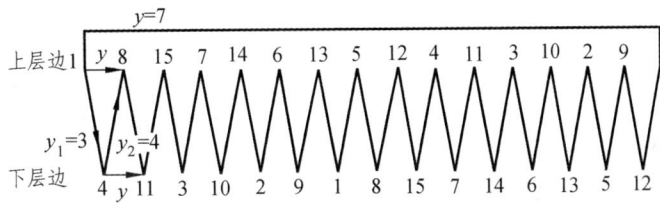

图 1.15 单波绕组的连接次序表

由单波绕组的展开图可得到单波绕组的并联支路图,如图1.16所示。

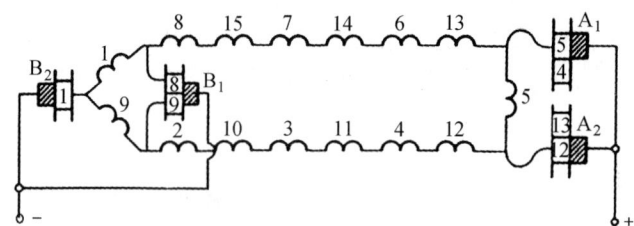

图1.16 单波绕组的并联支路

由图1.16可知,单波绕组具有以下的特点:

① 单波绕组是将所有上层边在 N 极下的元件串联成一条支路,将上层边在 S 极下的元件串联成另一条支路。单波绕组的支路数 2a 和主极数目无关,即

$$a \equiv 1 \qquad (1.13)$$

② 单波绕组只有两条支路,原理上只需安放一对电刷即可,但在实际电机中,考虑到电刷的强度和换向器的长度,仍使得电刷数等于极数(采用全额电刷)。

③ 电枢电流 I_a 等于各并联支路电流 i_a 的 2a 倍,即

$$I_a = 2ai_a \qquad (1.14)$$

由以上分析可知:在电机的极对数大于 1 对,元件数以及导线的截面面积相同的情况下,对于单叠绕组,并联支路数多,单条支路里的元件数少,适用于较低电压、较大电流的电机;对于单波绕组,并联支路数恒等于 2,每条支路里的元件数较多,适用于较高电压、较小电流的电机。

思考与练习

一、填空题

1. 直流电机的电枢绕组可分为:_____绕组、_____绕组和混合绕组等。

2. 单叠绕组一般适用于_____电压和_____电流的电机。

3. 单波绕组并联支路数_____,适用于_____的电机。

二、判断题

1. 单波绕组只有两条支路,支路数 2a 和主极数目无关。（ ）

2. 对于一台直流电机,需要电压高时通常采用单波绕组。（ ）

3. 叠绕组的性能比波绕组的性能好,因此牵引电机一般采用叠绕组。（ ）

三、简答题

1. 直流电机电枢绕组有哪些形式?

2. 单叠绕组和单波绕组的主要区别是什么?有何应用?

任务四　直流电机的磁场

任务目标

（1）能描述主磁通和漏磁通的路径和作用；
（2）掌握电枢反应对气隙磁场的影响；
（3）根据励磁方式，能正确进行电机的接线；
（4）学习工匠精神，养成严谨认真的作风。

任务内容

从直流电机基本工作原理可知，发电机将机械能转换为电能，电动机将电能转换为机械能，其必要条件之一是必须具有气隙磁场。因此，必须在直流电机主磁极的励磁绕组中通以励磁电流来产生磁动势，以产生气隙磁场，使电枢绕组切割气隙磁场而产生感应电动势；或者由电枢电流与气隙磁场相互作用而产生电磁转矩，从而实现机电能量的转换。

一、直流电机的磁场

1. 主磁场

当直流电机空载时，对于发电机，电刷输出端不接负载，电枢电流为零；对于电动机，轴上不带机械负载，其电枢电流接近于零。这时的气隙磁场只是由主磁场的励磁绕组产生，称为空载磁场，又称为主磁场。图 1.17 所示为一台四极直流电机空载时的磁场分布图。

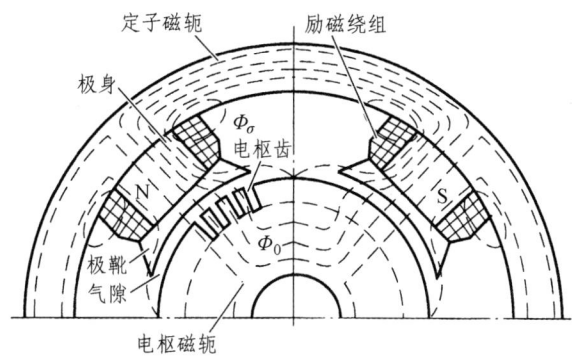

图 1.17　直流电机的空载磁场

1）主磁通

当励磁绕组通以励磁电流时，产生磁动势 $F_f = N_f I_f$，其产生的磁通大部分经主磁极、气隙、电枢铁心、电枢磁轭及定子磁轭构成闭合磁路。这部分磁通同时经过励磁绕组和电枢绕组，能在电枢绕组中产生感应电动势和感应电流，在电机轴上产生电磁转矩，称为主磁通，用 Φ_0 表示。

2）漏磁通

磁动势产生的一部分磁通只经过励磁绕组，在电枢绕组中不能产生感应电动势，在电机轴上不能产生电磁转矩，这部分磁通称为漏磁通，用 Φ_σ 表示。

主磁通磁路所走的路径气隙较小，磁阻较小；而漏磁通磁路所走的气隙较大，磁阻较大。所以，在同样的磁动势作用下，漏磁通要比主磁通小得多。一般直流电机的漏磁通为主磁通的 15%~20%。

2. 电枢磁场

直流电机带有负载时，电枢绕组中有电流通过，电枢绕组的电流也会产生磁场，称为电枢磁场。电枢磁场沿电枢表面的分布情况，与电枢电流的分布情况有关。在直流电机中，电枢电流的分界线是电刷，在电刷轴线两侧对称分布。为了保证直流电机两电刷间的感应电动势为最大，被电刷短接的元件里感应电动势最小，电刷应安装在几何中心线处。

电枢磁动势和电刷位置的关系是：当电刷在几何中心线上时，电枢磁动势与主极磁动势的轴线在空间垂直，称为交轴电枢磁动势；当电刷不在几何中心线上时，除交轴电枢磁动势外，还有直轴电枢磁动势，直轴电枢磁动势与主极磁动势的轴线重合。

二、电枢反应

直流电机负载运行时，电枢磁场会对主极磁场产生影响，这种影响称为电枢反应。交轴电枢磁动势对主极磁场的影响称为交轴电枢反应；直轴电枢磁动势对主极磁场的影响称为直轴电枢反应。

1. 交轴电枢反应

在一般情况下，电刷总是位于几何中心线上，电枢磁动势全部为交轴电枢磁动势，只有交轴电枢反应。交轴电枢反应对气隙磁场的影响如下：

（1）气隙磁场发生畸变。每个主极下的磁场，一半被削弱，另一半被加强，使气隙磁密分布曲线由平顶形变成尖顶形。

（2）气隙磁场畸变后，会使电枢绕组一条支路中各串联线圈间电势分布不均匀。在极尖处的磁密大大增加，线圈处在这个部位时，感应电势很大，使所接两个换向片之间的电压很大，可能超过换向片间的安全电压，产生火花或电弧，使电机损坏。

（3）每极磁通减少和气隙平均磁密下降。在磁路不饱和时，因主磁场被削弱的数量等于被加强的数量，所以气隙磁通量和平均气隙磁密没有变化。实际上，由于磁路饱和的影响，一半极面下磁通增加的量小于另一半极面下磁通减少的量，因此负载时的每极磁通量比空载时每极磁通量有所减少，则平均磁密有所下降。即交轴电枢磁场对主极磁场起去磁作用，这种去磁作用是通过磁路饱和作用而产生的。

2. 直轴电枢反应

当电刷偏离几何中心线时，电枢磁动势中包含有交轴和直轴两个分量，将同时出现交轴电枢反应和直轴电枢反应。

若直轴电枢磁动势与主极磁动势方向相同，将起增磁作用，增磁作用会引起电机换向恶化。若直轴电枢磁动势与主极磁动势方向相反，将起去磁作用，去磁作用使电机的每极磁通量下降，导致电枢电势显著降低。因此，在检修直流电机时，应注意将电刷安放在几何中心线处。

三、直流电机的励磁方式

直流电机中有两种基本绕组，即励磁绕组和电枢绕组。励磁绕组和电枢绕组之间的连接方式称为励磁方式，不同励磁方式的直流电机，其特性有很大的差异，选择励磁方式是选择直流电机的重要依据。

直流电机的励磁方式可分为他励、并励、串励、复励 4 类，如图 1.18 所示。

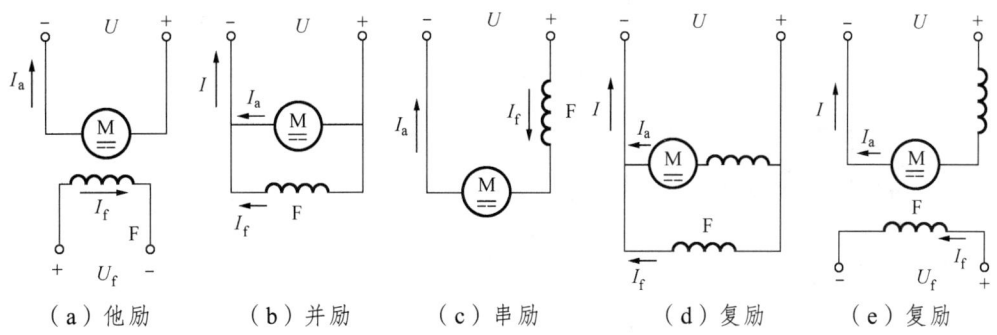

（a）他励　　（b）并励　　（c）串励　　（d）复励　　（e）复励

图 1.18　直流电机按励磁方式分类

1. 他励电机

他励直流电机的励磁绕组和电枢绕组分别由两个不同的电源供电，这两个电源的电压可以相同，也可以不同，见图 1.18（a）。励磁电流的大小决定于励磁电源的电压和励磁回路的电阻，与电机的电枢电压及负载基本无关。用永久磁铁作主磁极的电机可当作他励电机。

2. 并励电机

并励直流电机的励磁绕组和电枢绕组并联，由同一电源供电，其接线见图 1.18（b）。励磁电流一般为额定电流的 5%，要产生足够大的磁通，需要有较多的匝数，所以并励绕组匝数多，导线较细。并励直流电动机一般用于恒压系统。中小型直流电机多为并励式。

3. 串励电机

串励直流电机的励磁绕组与电枢绕组串联,见图1.18(c)。励磁电流与电枢电流相同,数值较大,因此,串励绕组匝数很少,导线较粗。串励式直流电动机常用于要求很大起动转矩,且转速允许有较大变化的负载。

4. 复励电机

复励电机至少有两个绕组励磁,其中之一是串励绕组,其他为他励(或并励)绕组,见图1.18(d)、(e)。通常他励(或并励)绕组起主要作用,串励绕组起辅助作用。若串励绕组和他励(或并励)绕组的磁动势方向相同,称为积复励,多用于要求起动转矩较大,转速变化不大的负载。若串励绕组和并励(或他励)绕组的磁动势方向相反,称为差复励。差复励式直流电动机一般用于起动转矩小,而要求转速平稳的小型恒压驱动系统。

直流电机各类绕组接线后,其引出线的端头要加以标记,各绕组线端的符号如表1.1所示。注脚"1"是始端,为正极;注脚"2"是末端,为负极。

表1.1 直流电机各绕组线端的符号

绕组名称	电枢绕组	换向极绕组	补偿绕组	串励绕组	并励绕组	他励绕组
线端名称	A_1 A_2	B_1 B_2	C_1 C_2	D_1 D_2	E_1 E_2	F_1 F_2

思考与练习

一、填空题

1. 直流电机的励磁方式可分为_____、_____、_____和_____4类。
2. 电枢反应是指直流电机负载运行时,_____对_____影响。

二、判断题

1. 复励电机励磁绕组和电枢绕组相串联。 (   )
2. 直流电机负载运行时,电枢电流所产生的磁场称为电枢磁场。 (   )

三、简答题

1. 直流电机主磁通和漏磁通的路径有何不同?
2. 当电刷在几何中心线时,交轴电枢反应对气隙磁场有何影响?
3. 如何判断一台直流电机的励磁方式?

任务五 直流电机的换向

任务目标

(1)了解直流电机的换向过程和换向火花等级;

（2）掌握改善直流电机换向的方法；

（3）培养观察能力以及分析问题和解决问题的能力。

任务内容

直流电机运行时，随着电枢的转动，电枢绕组元件从一条支路经过电刷进入另一条支路，由于相邻支路中的电流方向是相反的，所以元件中的电流方向随之改变，这个过程称为换向过程，简称为换向。"换向"是装有换向器电机运行时的薄弱环节，对电机正常运行有很大的影响，也是评定电机质量优劣的标准之一。如果电机换向不良，将在电刷和换向器之间产生电火花，严重时将烧毁电刷，导致电机不能正常运行。由于牵引电机特殊的工作条件，其换向更为困难。

一、换向过程

直流电机的换向过程如图 1.19 所示。为了分析简单，忽略换向片之间的绝缘并假设电刷宽度等于换向片宽度。

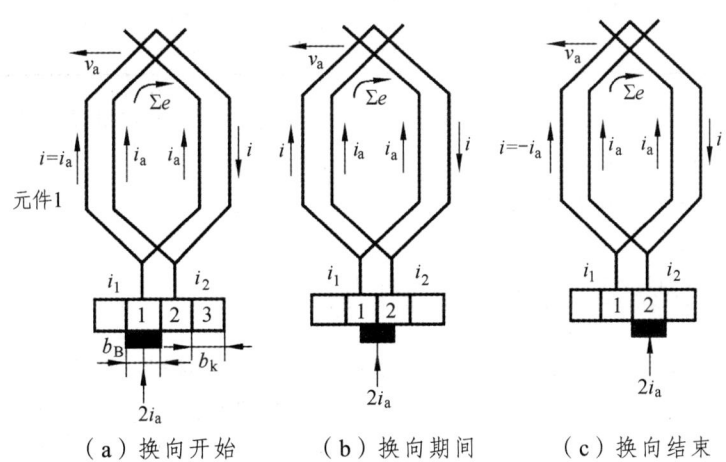

（a）换向开始　　（b）换向期间　　（c）换向结束

图 1.19　直流电机的换向过程

在图 1.19 中，电枢绕组以线速度 v_a 从右向左移动，电刷固定不动，观察图中元件 1 的换向过程。当电刷完全与换向片 1 接触时，见图 1.19（a），元件 1 流过的电流为图中所标方向，电流大小为 $i = i_a$；当电枢转到使电刷与换向片 2 相接触时，见图 1.19（b），由于换向片 2 接触了电刷，元件 1 被电刷短路，电流大小为 $i = 0$。当电刷仅与换向片 2 接触时，见图 1.19（c），换向元件 1 已进入另一支路，其中电流也从换向前的方向变为换向后的反方向，完成了换向过程，元件 1 中流过的电流为 $i = -i_a$。

二、换向火花

国家标准将火花分为 5 个等级，如表 1.2 所示。表中 1 级、$1\frac{1}{4}$ 级、$1\frac{1}{2}$ 级均为无害火花，允许电机在这些火花等级下长期运行；2 级火花随着运行时间的延长，黑色痕迹将逐渐扩展，电刷和换向器磨损也显著增加，因此，2 级火花只允许短时出现。

表 1.2　直流电机的火花等级

火花等级	电刷下的火花程度	换向器与电刷的状态
1	无火花	换向器上没有黑痕，电刷上没有灼痕
$1\frac{1}{4}$	电刷边缘仅小部分有微弱的点状火花，或有非放电性的红色火花	换向器上没有黑痕，电刷上没有灼痕
$1\frac{1}{2}$	电刷边缘大部分或全部有轻微的火花	换向器上有黑痕，但不严重，电刷上有轻微灼痕
2	电刷边缘大部分或全部有强烈的火花	换向器上有黑痕，电刷上有灼痕。如短时间出现这一级火花，换向器上不出现灼痕，电刷不会被烧焦或损坏
3	电刷边缘有强烈的火花，同时有大火花飞出	换向器上有严重黑痕，电刷上有灼痕。如在这一级火花下运行，换向器上将出现灼痕，电刷被烧焦或损坏

产生火花的原因是多方面的，除电磁方面的原因外，还有机械方面的原因，如换向器偏心、换向片间绝缘突出、电刷与换向片接触不良等。此外还有化学方面的原因，如换向器表面的氧化膜被破坏。

三、改善直流电机换向的方法

电机换向不良产生的火花，会使电刷和换向器表面损坏，严重时将烧毁电刷，甚至引起事故。改善直流电机换向的目的在于消除或削弱电刷下的火花。由于电磁原因是产生火花的主要因素，所以下面主要分析如何消除或削弱电磁性火花。

1. 选用合适的电刷

换向回路电阻主要决定于电刷与换向片之间的接触电阻，增加接触电阻可以减小附加换向电流的数值，从而改善电机换向。接触电阻的大小主要决定于电刷的材质和结构，不同牌号的电刷有不同的接触电阻。在电刷使用中要注意以下几点：

（1）在同一台电机中，必须采用相同牌号的电刷。否则，会由于接触电阻大小不同造成电刷间负载分配不均，致使接触电阻小的电刷因电流较大而使换向恶化。

（2）电刷应仔细研磨吻合，保持清洁以及电刷和刷握间有适当间隙，防止电刷接触面粘铜。

（3）在正常使用中，温度升高会使电刷接触压降减小，可能引起换向不良。

（4）一台电机上各电刷压力必须均匀，压力不均会使电流分配不均，电流较大的可能会产生火花，低电流密度下滑动的电刷，对换向器磨损也有影响。

2. 装设换向极

目前改善直流电机换向最有效的办法是安装换向极。用换向电动势抵消电机运行时的电抗电动势（阻碍电机换向）。换向极安装在几何中心线上，如图 1.20 所示。

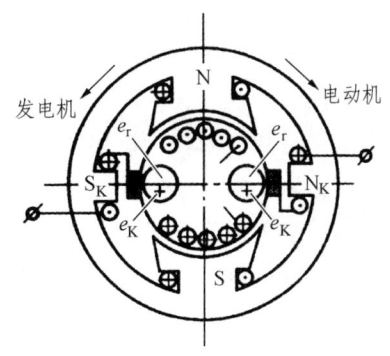

N、S—主极极性；N_K、S_K—换向极极性；
e_r—电抗电动势；e_K—换相电动势。

图 1.20　换向极的极性

（1）换向极绕组连接。换向极绕组应与电枢绕组相串联，使换向极磁场也随电枢磁场的强弱而变化，保证在整个负载范围内，换向电动势随时抵消电机运行时的电抗电动势。

（2）换向极磁路处于低饱和状态。只有磁路不饱和时，才能保证换向区磁场密度与电枢电流成比例变化，满足换向电动势正比于电枢电流的要求。

（3）换向极极性的确定。安装换向极的原则是：换向极磁场方向与电枢磁场方向相反。对于电动机，换向极极性应与沿旋转方向前面的主极极性相反。对于发电机，换向极极性应与沿旋转方向前面的主极极性相同。

环火是直流电机最严重的故障之一。因此，分析环火产生的原因及如何采取措施防止电机发生环火，对保证直流电机安全运行有着非常重要的意义。

1）环火的产生

电机负载运行时，电枢磁场对主极磁场的影响称为电枢反应。电枢反应会使气隙磁场发生畸变，当负载（电枢电流）较大时，气隙磁场畸变严重，处于最大磁密处的元件会产生很大的感应电动势，导致所连接的换向片之间的电压很大，从而使换向片之间的空气被电离击穿，换向片之间会出现火花，称为电位差火花。在换向不良的情况下，这种电位差火花和电刷与换向器之间的火花连在一起，形成一股跨越正负电刷间的电弧，使整个换向器被一火环包围，形成环火。环火可以在很短的时间内烧毁电机。

2）防止环火的措施

防止环火的措施是在主磁极上安装补偿绕组，从而抵消电枢反应的影响。补偿绕组应与电枢绕组串联，使其产生的磁动势恰恰能抵消电枢反应磁动势。这样，当电机带负载后，电枢反应磁动势被抵消，就不会使气隙磁通密度曲线发生畸变，从而可以避免出现环火现象。补偿绕组装在主磁极极靴里。安装补偿绕组后，换向极的负担减轻了，有利于改善换向。

思考与练习

一、填空题

1. 电枢元件从电枢绕组一条支路经过_____进入电枢绕组

直流电机的检查与维护

另一条支路时，该元件中电流从一个方向变换到另一个方向的过程，称为_____。

2. 产生火花通常归纳为_____、_____和_____3个方面的原因。

3. 装置换向极应满足以下要求：换向极磁场方向与_____磁场方向相反；换向极绕组必须与电枢绕组_____。

4. 改善直流电机换向的方法主要是_____、_____和_____。

5. 直流电机换向不良，会在_____和_____之间产生火花。

二、判断题

1. 改善换向的目的在于消除电刷下的火花。（　　）

2. 通常以换向器及电刷表面状态作为确定火花等级的主要依据。（　　）

任务六　直流电机的基本方程

任务目标

（1）掌握感应电动势、电磁转矩表达式；
（2）了解电动势平衡方程式和转矩平衡方程式；
（3）熟悉直流电机的损耗，了解功率平衡方程式；
（4）培养工匠精神，树立吃苦耐劳的思想。

任务内容

直流电机的基本方程包括电压平衡方程、电磁转矩平衡方程和功率平衡方程。这些基本方程将直流电机中电、磁、机械等物理量联系起来，符合电学、力学及能量守恒定律。

一、电枢电动势

电枢电动势是指直流电机正、负电刷之间的感应电动势，也就是每个支路里的感应电动势。当电机的气隙中有磁场存在，且电枢旋转使电枢导体切割磁力线时，在电枢绕组中会产生感应电动势。感应电动势的大小，可根据电磁感应定律求得，方向可用右手定则判定。感应电动势表达式为

$$E_a = \frac{pN}{60a} \cdot \Phi \cdot n = C_e \Phi n \tag{1.15}$$

式中　p——主磁极对数；

N——电枢导体总数；

a —— 并联支路对数;
Φ —— 每极磁通量（Wb）;
n —— 电机转速（r/min）;
C_e —— 电机电动势常数，$C_e = \dfrac{pN}{60a}$。

对于给定的电机，p、N、a 均为定值，所以，C_e 是一个常数。

式（1.15）表明直流电机的感应电动势与电机结构、气隙磁通和电机转速有关。当电机制造好以后，与电机结构有关的常数 C_e 不再变化，因此电枢电动势仅与气隙磁通和转速有关，改变转速和磁通均可改变电枢电动势的大小。

二、电磁转矩

电枢绕组通过电流时，在磁场中将受到电磁力的作用，电磁力在电枢轴上产生的转矩称为电磁转矩。电磁转矩的大小，可根据电磁力定律求得，方向可用左手定则判定。电磁转矩表达式为

$$T = \dfrac{pN}{2\pi a} \cdot \Phi \cdot I_a = C_T \Phi I_a \tag{1.16}$$

式中　I_a —— 电枢电流（A）;
　　　C_T —— 电机转矩常数。

对于已制成的电机，p、N、a 均为定值，所以，C_T 也是一个常数。从式（1.16）可知，制造好的直流电机其电磁转矩仅与电枢电流和气隙磁通成正比。

感应电动势 $E_a = C_e \Phi n$ 和电磁转矩 $T = C_T \Phi I_a$ 是直流电机的两个重要公式。对于同一台直流电机，电动势常数 C_e 和转矩常数 C_T 有一定的关系。根据 $C_e = \dfrac{pN}{60a}$ 和 $C_T = \dfrac{pN}{2\pi a}$，可以得出同一台电机的转矩常数与电动势常数之间的比例关系为

$$C_T = \dfrac{60}{2\pi} \cdot \dfrac{pN}{60a} \approx 9.55 C_e \tag{1.17}$$

三、直流电机的损耗

电机是实现机电能量转换的装置，因而功率关系是电机运行中最基本的关系。电机运行过程中，存在输入功率、输出功率和各种损耗，它们之间应满足能量守恒定律。直流电机包括以下损耗：

1. 铜损耗

铜损耗 p_{Cu}（简称铜耗）是由于电机的各种绕组中流过电流而产生的电阻损耗，

铜损耗与电流平方成正比,随着电机的负载变化,称为可变损耗。铜损耗包括电枢绕组、励磁绕组、换向极绕组、补偿绕组的铜损耗和电刷与换向器接触电阻产生的损耗。铜损耗将引起绕组及换向器发热。

2. 铁损耗

铁损耗 p_{Fe}(简称铁耗)是指交变磁通在铁心中产生的磁滞和涡流损耗。铁损耗大小与电机的转速、磁密及铁心冲片的厚度、材料有关。铁损耗将引起铁心发热。

3. 机械损耗

机械损耗 p_Ω 是指电机旋转时,转动部分与静止部分以及周围空气摩擦所引起的损耗,主要有轴承摩擦损耗、电刷摩擦损耗和电枢与周围空气的摩擦损耗等,其大小和电机转速有关。机械损耗将引起轴承和换向器发热。

铁损耗和机械损耗在电机空载时就存在,其大小与电机负载(电枢电流)无关,合称为空载损耗(又称不变损耗),用 p_0 表示,即

$$p_0 = p_{Fe} + p_\Omega \tag{1.18}$$

4. 附加损耗

产生附加损耗 p_{ad} 的原因很多,诸如:电枢反应使气隙磁场畸变而引起铁耗的增加;电枢表面电流分布不均而引起铜耗的增加等。p_{ad} 中一部分空载时已存在,另一部分随负载而变化。附加损耗一般不易计算,而估计为电机输出功率的 0.5%~1%。

综上所述,电机的总损耗 $\sum p$ 为

$$\sum p = p_{Cu} + p_{Fe} + p_\Omega + p_{ad} \tag{1.19}$$

四、电动势平衡方程式

在发电机里,电枢绕组接负载后,感应电动势驱动电流流动,所以电枢电流与感应电动势同方向,如图 1.21 所示;在电动机里,电枢绕组经电刷外接电源,外加电压是驱动电流流动的原因,所以电枢电流与电源电压同方向。此时,感应电动势与电枢电流方向相反,称为反电动势,如图 1.22 所示。

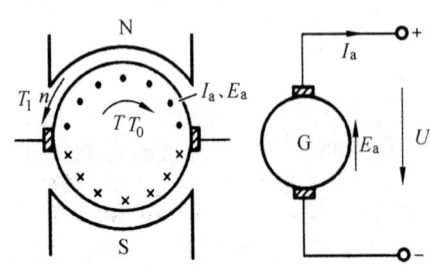
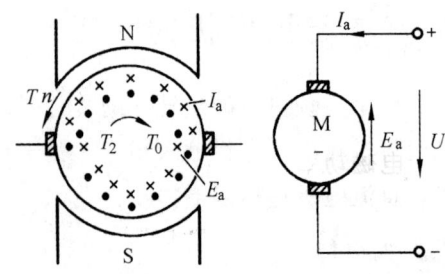

图 1.21 直流发电机的电动势、转矩平衡关系　　图 1.22 直流电动机的电动势、转矩平衡关系

U 为直流电机的端电压，取 U、E_a、I_a 的实际方向作为正方向，可得电枢回路的电动势平衡方程为

发电机 $\quad U = E_a - I_a R_a \quad$ （1.20）

电动机 $\quad U = E_a + I_a R_a \quad$ （1.21）

式中，R_a 为电枢回路总电阻，包括电枢回路中各串联绕组的电阻和电刷与换向器之间的接触电阻。

式（1.20）和式（1.21）适用于各种励磁方式的直流电机，在计算时，要注意不同励磁方式中 R_a 所包含的内容不完全相同。

以上两式表明，直流发电机和电动机在运行时都存在电枢电动势 E_a 和端电压 U，在发电机中，$E_a > U$，电枢电流 I_a 的方向与 E_a 的方向一致；在电动机中，$U > E_a$，电枢电流 I_a 的方向与 U 的方向一致，E_a 表现为反电动势。

五、转矩平衡方程式

在发电机（见图 1.21）里，外加转矩 T_1 使电枢旋转为驱动转矩，电磁转矩 T 与转向相反，为阻力转矩，同时还存在电机的空载阻力转矩 T_0。在电动机（见图 1.22）里，电磁转矩 T 使电枢转动为驱动转矩，与电动机转向相同，此时轴上的负载转矩 T_2 和 T_0 均为阻力转矩。

电机的转速恒定时，加在电机轴上的驱动转矩应与阻力转矩相等，所得转矩平衡方程为

发电机 $\quad T_1 = T + T_0 \quad$ （1.22）

电动机 $\quad T = T_2 + T_0 \quad$ （1.23）

以上两式表明，在电机稳定运行时，电磁转矩和外转矩都同时存在并达到平衡。在发电机里，$T_1 > T$，作为驱动转矩的是外转矩 T_1，电机的转向取决于 T_1 的方向，电磁转矩 T 是阻力转矩，起平衡外转矩的作用；在电动机里，$T > T_2$，作为驱动转矩的是电磁转矩 T，电机的转向取决于 T 的方向，电磁转矩带动负载转动而达到平衡。

六、功率平衡方程式

1. 电磁功率

在电机中，把通过电磁作用传递的功率称为电磁功率，用 P_M 表示。

对发电机而言，输入机械功率 $P_1 = T\Omega$（Ω 为旋转角速度），克服空载损耗后，其余部分转换为电磁功率，即

$$P_M = P_1 - p_0 \tag{1.24}$$

转换而来的电功率不能全部输出，必须克服电机的铜耗 p_{Cu} 后才能供给负载，输出给负载的电功率 $P_2 = UI$，即

$$P_2 = P_M - p_{Cu} = UI \tag{1.25}$$

对电动机而言，输入的电功率为 $P_1 = UI$，此功率不能全部转换为机械功率，必须克服电机本身的铜耗 p_{Cu} 后才能进行电磁转换，即

$$P_M = P_1 - p_{Cu} \tag{1.26}$$

转换而来的电磁功率不能全部输出，必须克服电机的空载损耗 p_0 后才能输出，其轴上的输出机械功率 $P_2 = T_2\Omega$，即

$$P_2 = P_M - p_0 = T_2\Omega \tag{1.27}$$

电磁功率既可看成机械功率，又可看成电功率。从机械功率的角度看，P_M 是电磁转矩 T 和旋转角速度 Ω 的乘积，即

$$P_M = T\Omega \tag{1.28}$$

从电功率的角度看，P_M 是电枢电动势 E_a 和电枢电流 I_a 的乘积，即

$$P_M = E_a I_a \tag{1.29}$$

根据能量守恒定律，两者相等，即

$$P_M = T\Omega = E_a I_a \tag{1.30}$$

因此，无论是发电机还是电动机，电磁功率均指电机能够利用电磁感应原理进行能量转换的这部分功率，可以表示为机械功率的形式，也可以表示为电功率的形式。由于电磁功率具有这样的物理意义，所以在实际计算中，经常把它作为从机械量计算电量或从电量计算机械量的桥梁。

2. 功率平衡方程式

电机的输入功率为 P_1，输出功率为 P_2，总损耗为 $\sum p$ 时，根据能量守恒定律，可得到功率平衡方程式

$$P_1 = P_2 + \sum p \tag{1.31}$$

七、直流电机的效率

电机输出功率 P_2 与输入功率 P_1 之比的百分数，称为电机的效率 η，即

$$\eta = \frac{P_2}{P_1} = \frac{P_1 - \sum p}{P_1} = \frac{P_2}{P_2 + \sum p} \times 100\% \tag{1.32}$$

思考与练习

一、填空题

1. 直流电机作为发电机运行，电枢电流的方向和电枢电势的方向_____，电枢电势是_____电动势。
2. 直流电机作为电动机运行，电枢电流的方向和电枢电势的方向_____，电枢电势是_____电动势。
3. 直流电机作为发电机运行时，电势平衡方程为_____；直流电机作为电动机运行时，电势平衡方程为_____。
4. 直流电机作为发电机运行时，转矩平衡方程为_____，直流电机作为电动机运行时，转矩平衡方程为_____。
5. 负载运行时，直流电机中有_____、_____、_____和附加损耗。
6. 直流电机电枢电动势是指_____与_____之间的感应电动势。
7. 在发电机里电磁转矩是_____转矩；在电动机里电磁转矩是_____转矩。

二、判断题

1. 电磁功率是指电机利用电磁感应原理进行能量转换的这部分功率。（　　）
2. 在发电机中，$E_a < U$，电枢电流 I_a 的方向与 E_a 的方向相反，E_a 为电源电动势。（　　）

任务七　直流电动机的工作特性和机械特性

任务目标

（1）掌握直流电动机的工作特性，能绘制串励电动机的工作特性曲线；
（2）熟悉直流电动机的机械特性，能绘制串励电动机的机械特性曲线；
（3）培养综合素质，提高绘图能力、识图能力。

任务内容

为了保证电机能够可靠、经济地运行，在设计和制造电机时，必须保证其性能满足国家标准所规定的技术指标。电动机的工作特性和机械特性就反映了这些技术指标的变化规律。

一、直流电动机的工作特性

直流电动机的工作特性是指供给电机额定电压 U_N、额定励磁电流 I_{fN} 时，转速与负载电流之间的关系,转矩与负载电流之间的关系及效率与负载电流之间的关系。这 3 个关系分别称为电动机的转速特性、转矩特性和效率特性。不同励磁方式的直流电动机其工作特性不同。

1. **他励(并励)电动机工作特性**

他励电动机的工作特性与并励电动机的工作特性相似。

1)转速特性

电动机的转速特性 $n = f(I_a)$,可根据电动势平衡方程式求得,即

$$U = E_a + I_a R_a = C_e \Phi n + I_a R_a \tag{1.33}$$

整理可得

$$n = \frac{U}{C_e \Phi} - \frac{R_a}{C_e \Phi} I_a \tag{1.34}$$

此式即为转速特性的表达式。如果忽略电枢反应的去磁效应,则转速与负载电流按线性关系变化。当负载电流增加时,转速有所下降。并励电动机的工作特性如图 1.23 所示。

2)转矩特性

电动机的转矩特性 $T_{em} = f(I_a)$ 可由转矩平衡方程式推出。当忽略空载转矩后,电动机输出的转矩等于电磁转矩,故转矩特性可以直接由电磁转矩公式求出,即

$$T = C_T \Phi I_a \tag{1.35}$$

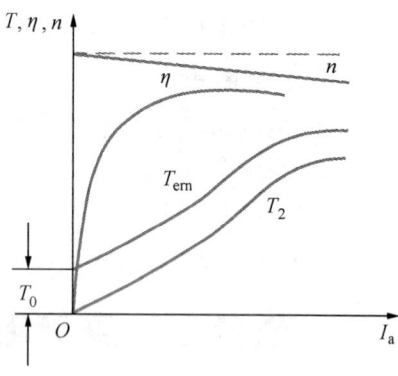

图 1.23 并励电动机的工作特性

在忽略电枢反应的情况下,电磁转矩与电枢电流成正比。若考虑电枢反应使主磁通略有下降,电磁转矩上升的速度比电流上升的速度要慢一些,曲线的斜率略有下降。

3)效率特性

电动机在实现能量转换的过程中会引起损耗,效率特性曲线 $\eta = f(I_a)$ 的形状取决于不变损耗(空载损耗)和可变损耗之间的比例关系。当不变损耗等于可变损耗时,电机效率最高。

2. **串励电动机的工作特性**

串励电动机的励磁绕组与电枢绕组相串联,电枢电流即为励磁电流。串励电动机的工作特性与并励电动机有很大的区别。当负载电流较小时,磁路不饱和,主磁通与励磁电流(负载电流)按线性关系变化;而当负载电流较大时,磁路趋于饱和,

主磁通基本不随电枢电流变化。因此，串励电动机的转速特性、转矩特性和机械特性必须分段讨论。

当负载电流较小时，电机的磁路没有饱和，每极气隙磁通 Φ 与励磁电流 $I_f = I_a$ 呈线性变化关系，即

$$\Phi = k_f I_f = k_f I_a \tag{1.36}$$

式中，k_f 是比例系数。根据式（1.34），串励电动机的转速特性可写为

$$n = \frac{U}{C_e \Phi} - \frac{RI_a}{C_e \Phi} = \frac{U}{k_f C_e I_a} - \frac{R}{k_f C_e} \tag{1.37}$$

串励电动机电枢回路总电阻为 $R = R_a + R_f$。串励电动机的转矩特性可写为

$$T = C_T \Phi I = k_f C_T I_a^2 \tag{1.38}$$

电磁转矩与负载电流的平方成正比。

由上述可知，当负载电流较小时，转速较大，负载电流增加，转速快速下降，当负载电流趋于零时，电机转速趋于无穷大。因此串励电动机不可以空载或在轻载下运行。

当负载电流较大时，磁路已经饱和，磁通 Φ 基本不随负载电流变化，串励电动机的工作特性与并励电动机相似。串励电动机的工作特性曲线如图 1.24 所示。

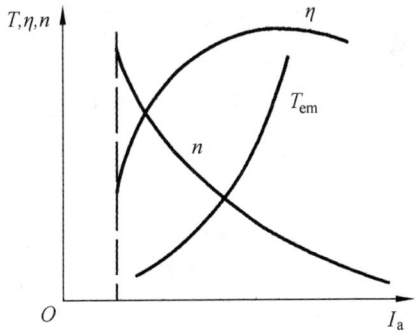

图 1.24 串励电动机的工作特性

3. 复励直流电动机的工作特性

如果是他励（并励）绕组磁动势起主要作用，复励电动机的工作特性就与他励（并励）电动机接近；如果是串励绕组磁动势起主要作用，复励电动机的工作特性就与串励电动机接近。由于有串励和他励（并励）磁动势的存在，复励电动机既有较高的起动能力和过载能力，又可允许空载或轻载运行。

二、直流电动机的机械特性曲线

直流电动机的机械特性是指在电枢电压 U、励磁电流 I_f、电枢回路电阻 R_a 为恒值的条件下，即电动机处于稳态运行时，电动机的转速与电磁转矩之间的关系：$n = f(T)$。由于转速和转矩都是机械量，所以把它称为机械特性。

将电枢电动势 $E_a = C_e \Phi n$ 和电磁转矩 $T = C_T \Phi I_a$ 代入转速表达式（1.34）中，可得他励电动机的机械特性方程式。

$$n = \frac{U}{C_e \Phi} - \frac{R_a}{C_e C_T \Phi^2} T = n_0 - \beta T = n_0 - \Delta n \tag{1.39}$$

式中　　C_e、C_T——分别为电动势常数和转矩常数；

n_0——理想空载转速，$n_0 = \dfrac{U}{C_e \Phi}$；

β——机械特性的斜率，$\beta = \dfrac{R_a}{C_e C_T \Phi^2}$；

Δn——转速降，$\Delta n = \beta T$。

由表达式 $T = C_T \Phi I_a$ 可知，电磁转矩 T 与电枢电流 I_a 成正比，所以只要励磁磁通 Φ 保持不变，则机械特性方程式也可用转速特性代替，即

$$n = \dfrac{U}{C_e \Phi} - \dfrac{R_a}{C_e \Phi} I_a \qquad (1.40)$$

因此，直流电动机的机械特性与转速特性具有相似的形状，他励（并励）电动机的机械特性是一条略有下降的直线。串励电动机的机械特性是双曲线的一只。复励电动机的机械特性介于他励电动机和串励电动机之间。

电动机的机械特性反映了稳态转速随转矩的变化规律。当电动机的电压和磁通为额定值时的机械特性，称为固有机械特性。而改变电动机的电气参数后得到的机械特性，称为人为机械特性。利用电动机的人为机械特性，可以对电动机的转速进行调节。

励磁方式不同的电动机其特性差异较大，他励（并励）电动机，转速随负载变化较小，称为硬特性，如图 1.23 所示。串励电动机转速随着负载变化较大，称为软特性，如图 1.24 所示。

具有软特性的串励牵引电动机，自调节性能好，功率利用较好，并联工作时负载分配较均匀，受电网电压波动影响较小，在直流电传动机车和电动车组得到广泛应用。串励加他励的积复励电动机，通过微机控制他励磁场电流，可获得良好的牵引性能。

思考与练习

一、选择题

1. 串励电动机转速随负载变化（　　），称为软机械特性。

　　A. 较大　　　　B. 较小　　　　C. 不变　　　　D. 突变

2. 电动机的机械特性是指（　　）和转速的关系。

　　A. 电压　　　　B. 电流　　　　C. 功率　　　　D. 电磁转矩

二、判断题

1. 他励电动机的转速特性是一条略有下降的直线。　　　　　　　　　　（　　）

2. 他励电动机具有软机械特性，串励电动机具有硬机械特性。　　　　（　　）

三、简答题

1. 串励电动机的转速特性有什么特点？

2. 比较并励电动机和串励电动机的机械特性。

任务八　牵引电机和辅助电机

任务目标

（1）掌握牵引电机的分类和工作特点；
（2）熟悉牵引电机的传动方式和悬挂方式；
（3）熟悉辅助电机的种类和用途；
（4）学以致用，培养学生解决实际问题的能力。

任务内容

地铁电动列车上使用的电机按用途可分为牵引电机和辅助电机两种，牵引电机为列车提供动力。辅助电机主要应用在各通风冷却系统和供气系统。

一、牵引电机

1. 牵引电机的基本概念

牵引电机是驱动电动列车车辆动轮轴的主电机，产生牵引力和制动力。在参数选择和结构形式上不同于普通电机，而成为电机的一个单独类型，与普通工业用电机相比，牵引电机工作条件恶劣，可靠性要求高。

牵引电机是城市轨道交通车辆电气设备中最主要的构成部分，其性能直接关系到城市轨道交通车辆的运行。

2. 牵引电机的分类

牵引电机按照是否有旋转部分可分为：旋转牵引电机和直线牵引电机两类。采用直流旋转牵引电机或交流异步（感应）旋转牵引电机驱动地铁动车车辆，通过齿轮传动装置将电机的转矩转化为轮对的旋转，再利用轮轨之间的黏着，将旋转运动转换成直线运动，驱动车辆沿着轨道行驶。采用直线电机驱动地铁动车车辆则不需要齿轮传动装置，通过直线牵引电机直接驱动车辆运行，避免了牵引力、制动力受轮轨之间黏着限制，爬坡能力受到限制等弊端。

牵引电机按照电流制和工作原理可分为：直流牵引电机、脉流牵引电机、单相整流子牵引电机、交流异步牵引电机和交流同步牵引电机。

3. 牵引电机的发展

多年以来，直流牵引电机一直作为动车车辆的主要牵引动力。因为串励牵引电机具有起动性能好、调速范围大、过载能力强、功率利用充分、运行可靠且控制简单等优点。我国早期地铁轨道车辆大部分采用直流牵引电机，如上海地铁 1 号线。

但由于直流电机必须通过换向器才能工作，结构复杂，检修工作量较大，因此直流牵引电机的发展受到很大限制。

从 20 世纪 80 年代开始，随着电力电子技术和微电子技术的发展，交流牵引电机逐步取代了直流牵引电机，尤其在地下铁道动车组中的应用得到迅速发展。特别是采用大功率自关断电力电子器件（GTO）和微机模块化控制后，使交流电机变压调频（VVVF）控制得以实现，为交流牵引电机在轨道交通车辆上的发展拓展了广阔的运用前景。交流异步牵引电机具有结构简单、牢固、单位功率的体积小、质量轻及制造成本低、维修量小等优点，在轨道动车车辆上得到广泛使用。目前，地下铁道动车基本上采用交流旋转异步（感应）电机驱动。随着社会的发展，城市轨道交通系统降低建设和运营成本，提高其便捷性和舒适性的需求日趋强烈，直线牵引电机在地下铁道和磁悬浮上得到了广泛的应用。如广州地铁 4 号线、5 号线、6 号线，上海磁浮示范线、长沙磁浮快线等均采用了直线牵引电机。

近年来，随着高性能永磁材料的使用以及电力电子技术和电机控制技术的迅速发展，永磁同步牵引电机成为研究领域的热点。永磁同步牵引电机利用无齿轮传动装置取代复杂的机械传动装置，已成为下一代轨道交通牵引传动系统的发展方向，天津地铁 2 号线就采用永磁同步牵引电机。

4. 牵引电机的工作特点

（1）适当的传动和悬挂方式。牵引电机悬挂在地铁车辆转向架上或车轴上，并接传动装置驱动车辆前进，因此牵引电机在结构上必须考虑传动和悬挂两方面的问题。

（2）外形尺寸受限制。牵引电机的安装尺寸受到很大的限制，径向尺寸受到轮对直径限制，轴向尺寸受到轨距的限制，故要求其结构必须紧凑。为此，牵引电机均采用较高级别的绝缘材料和性能较好的导磁材料。

（3）动力作用大。车辆运行时，线路对车辆的一切动力影响都会传给牵引电机，使牵引电机承受很大的冲击和振动。动力作用除会造成牵引电机工作情况恶化外，还容易造成牵引电机零部件的损坏。因此要求牵引电机的零部件必须具备较高的机械强度。

（4）使用环境恶劣。牵引电机安装在车体下面，直接受到雨、雪、潮气的影响，列车运行中掀起的尘土也容易侵入电机内部。此外，由于季节和负载的变化，还经常受到温度和湿度变化的影响。因此，电机绝缘容易受潮、受污，对其性能和寿命产生极为不良的影响。所以，牵引电机的绝缘材料和绝缘结构应具有较好的防潮、防尘性能及良好的通风散热条件。

（5）有足够大的起动牵引力。轨道车辆一般都是重载起动，因此要求牵引电机具有较大的起动转矩，满足一定的起动加速要求。

（6）牵引和制动转换可靠，调速性能好。城市轨道车辆站距短，起车时，牵引加速运行，进站时制动减速停车，要求牵引电机能适应频繁的起动、制动工作条件。同时要求牵引电机具有良好的调速性能、机械特性硬、黏着性能好。

5. 牵引电机的传动和悬挂方式

牵引电机一般采用悬挂的方式安装在地铁轨道车辆的动力转向架上,其布置形式直接影响着转向架的动力性能。因此,必须考虑到动车结构特点和运行要求,合理地选择传动方式和悬挂方式。同时,传动和悬挂方式也对牵引电机的总体结构和外形尺寸起着制约作用。

1) 个别传动

个别传动是目前国内外应用最广的传动方式,地铁动车组牵引电机通常采用个别传动。所谓个别传动是指一台牵引电机只驱动一个轮对,它是借助电机轴上的小齿轮驱动轮对轴上的大齿轮来实现动车组牵引运行的。根据牵引电机在转向架上悬挂的特征以及电机转轴与转向架轮对之间传动的特征,个别传动有轴悬式悬挂和架承式悬挂两种方式。

(1) 轴悬式悬挂。

轴悬式悬挂是指牵引电机一侧抱在动车组动轮轴上,另一侧通过弹性悬挂在转向架,故又称为抱轴式悬挂,如图 1.25 所示。这种悬挂的牵引电机,其重量约一半是直接压在动轮轴上,成为簧下重量;另一半通过转向架经轴箱弹簧压在轮轴上,成为簧上重量。故这种悬挂方式也称为半悬挂。

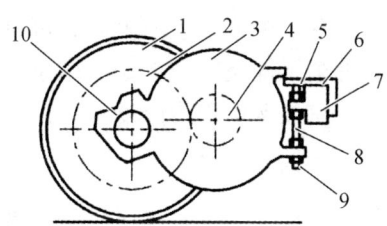

1—动轮;2—大齿轮;3—牵引电机;4—小齿轮;5—橡胶垫;
6—安全托板;7—枕梁;8—拉杆;9—橡胶垫;10—轮轴。

图 1.25 轴悬式悬挂

抱轴式悬挂结构简单、检修方便、成本较低。但由于这种悬挂方式的牵引电机约一半的重量直接压在电动车组动轮轴上,呈刚性连接,使车轮与钢轨之间的动力作用直接传到牵引电机,影响了牵引电机的正常工作。此外,齿轮传动比由于受电机轴和轮轴之间中心距离的限制,使电机尺寸也不能任意选择,限制了电动车组功率和速度的提高。

(2) 架承式悬挂。

架承式悬挂就是将牵引电机全部悬挂在转向架构架上,这样牵引电机的全部重量都成为转向架减振弹簧以上的重量,即成为簧上重量,故这种悬挂方式也称为全悬挂。

架承式悬挂减少了线路动力作用对牵引电机工作的不良影响,克服了抱轴式悬挂的缺点。但这种悬挂方式由于牵引电机是簧上部分,在行车过程中,牵引电机的转轴中心线与电动车组动轮轴中心线会产生较大的相对移动。为此，必须改变传动结构，在牵引电机转轴和动车动轮轴之间装置能适应各方向相对位移的弹性联轴器。弹性联轴器在结构上可采用弹性元件（弹簧或橡胶块）或具有橡胶衬套的连杆关节机构（球面齿式联轴节），如图 2.26 所示。

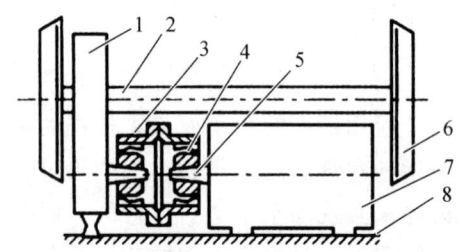

1—齿轮箱；2—动轮轴；3—内齿圈；4—球面齿轮；
5—电机轴；6—动轮；7—牵引电机；8—转向架。

图 1.26 架承式悬挂

采用架承式悬挂，牵引电机全部成为簧上重量，因此簧下重量较小。轮轨垂直方向动荷载较小，有利于电动车组的高速运行，牵引电机及齿轮副的工作条件大为改善，故障率减少。电动车组速度越高，上述优点越明显。但由于联轴节占用了空间，使电机轴尺寸缩短，故不适用于大功率的牵引电机。

个别传动的优点是当一台牵引电机发生故障时，可以单独切除，不会影响其他电机工作，而且充分利用了机车下部空间。但是，由于各轮轴间没有直接的机械联系，个别轮对容易空转，从而使黏着牵引力降低。

2）组合传动

组合传动就是每个转向架上只安装一台牵引电机（这种转向架称为单电机转向架），通过变速齿轮装置驱动该转向架的每一根动轮轴。组合传动装置的结构比个别传动复杂，但由于组合传动有其特点而受到重视。

随着城市轨道交通的不断发展，要求充分利用电动车组每一个轮对的黏着重量，以实现大的黏着牵引力，在这种情况下，就倾向采用组合传动。因为组合传动相当于把几个轮对上的较小功率的牵引电机合并为一台大功率的电机，电机功率越大，其重量指标（即每 1 kW 功率的重量）越低，在相同容量下，电机的造价也降低。

二、辅助电机

辅助电机是城市轨道交通车辆运行不可缺少的设备，主要有气路系统的空气压缩机、电气设备中的通风机以及空调系统中的各类电机。它们起到驱动、冷却和通风的作用。

1. 空气压缩机电动机

空气压缩机是比较特殊的辅助电机，通常采用异步电动机。空气压缩机以恒定转速运转，是列车上重要的供气设备，列车上一般装有两台空气压缩机以确保列车供气的可靠性。

2. 冷却通风机

对于列车上的冷却通风机，通常采用异步电动机。冷却通风机的主要部件是一台三相异步电机和一个叶轮。电机的转子被安装在一个持续润滑的滚珠轴承上，叶轮安装在电机轴上，如图 1.27 所示。

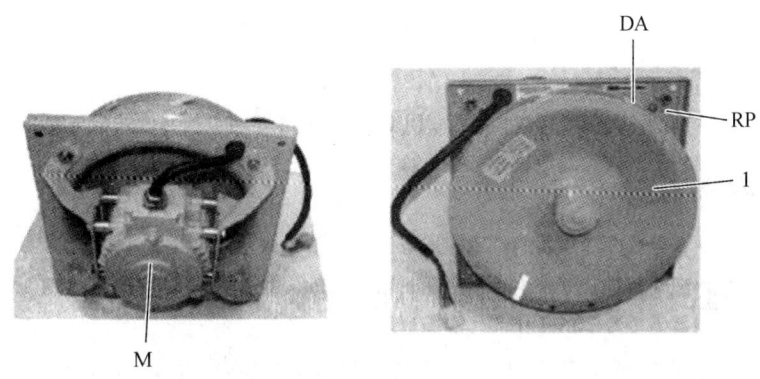

DA—方向箭头；M—电机；1—叶轮；RP—长方形板。

图 1.27 冷却通风机（电机和叶轮侧的视图）

每台牵引逆变器都装有一台冷却通风机，冷却通风机产生强制气流，对逆变器的散热器和线路电感器进行冷却。冷却通风机的电动机由一个断路器实施保护，该断路器由逆变器控制单元进行监控。

思考与练习

一、填空题

1. 地铁电动列车上使用的电机按用途可分为_____电机和_____电机两种。
2. 地铁动车组牵引电动机通常采用_____传动。
3. 牵引电机一般采用悬挂的方式安装在地铁轨道车辆的_____。
4. 辅助电机是车辆上的重要设备，起_____、_____和_____的作用。

二、判断题

1. 架承式悬挂适于大功率的牵引电机。（   ）
2. 牵引电机在参数选择和结构形式上不同于普通电机。（   ）
3. 架承式悬挂也称为全悬挂。（   ）
4. 城市轨道交通车辆通常采用直流压缩机电动机。（   ）

三、简答题

1. 简述牵引电机的工作特点。
2. 牵引电机有哪两种传动方式？

任务九　直流牵引电机在电动车组中的应用

任务目标

（1）熟悉直流牵引电机的调速方法；
（2）了解直流牵引电动机的特性控制；
（3）熟悉直流牵引电机的反转和制动方法；
（4）培养组织能力、团队合作能力和沟通协调能力。

任务内容

一、直流牵引电动机的特性控制

城市轨道交通车辆的牵引动力要求负载转矩可以在较大范围内变动，具有软特性的串励电机应用比较广泛。串励电动机空载转速是满载转速的好几倍，其特性为双曲线，当转速增加时，速度便自动降低，功率输出可以保持恒定，由电网供电的功率也保持在稳定的数值而不致有大的波动。

随着电力电子技术和自动控制技术的发展，采用积复励和他励电机，可以使动车主电路更为简单。串励、他励和复励特性是电动机磁场固定时的特性，但对磁场进行连续控制时，电机可以具有多种特性。如果保证电枢电流总是与励磁电流相等，即 $I_a = I_f$，则电枢绕组和励磁绕组分断的他励电动机将具有串励电动机的励磁特性。也就是说，只要励磁电流 I_f 是随着电枢电流 I_a 的变化而变化，励磁方式是他励的电动机，就可以具有串励电动机的特性。图 1.28 所示为使他励电动机的励磁电流在任何时刻都等于电枢电流的原理图。将电枢电流 I_a 和励磁电流 I_f 两者作比较，将其差值输入电流调节器，并控制励磁调节器。如果电枢电流 I_a 增大，与励磁电流 I_f 比较后取得正值，则使励磁电源输出电压增大，直到励磁电流 I_f 等于电枢电流 I_a 为止。

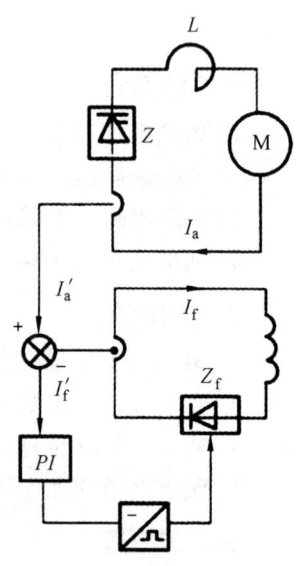

图 1.28　他励电动机的励磁调节

当列车速度变化比较缓慢，特别是列车匀速运行时，上述方法并不能解决几台电机并联时的分配问题。必须采用独立控制的方法，即对每台电机的电枢独立供电或对每台电机的磁场进行独立控制，使各电机的负载电流相同。

他励电动机的特性有助于黏着的恢复，为利用他励电动机的这一特性,当动轮对发生空转时,使励磁电流不再随着电枢电流的变化而维持原有的值,即恢复原有的他励电动机特性。当电枢电压突然变化时,由于励磁电流的变化速度较慢,往往会形成较大的电流冲击,运用串有部分励磁绕组的积复励电动机,可以缓和几台电动机并联运行时,电机间负载电流分配问题,同时可以利用有利于黏着的硬特性,从而简化了主电路。

二、直流牵引电动机的旋转方向

直流电动机的旋转方向取决于电磁转矩方向,而电磁转矩 $T=C_T\Phi I_a$ 的方向取决于磁通 Φ 与电枢电流 I_a 相互作用的方向。故实际改变电动机转向的方法有两种:

(1)改变磁通(即励磁电流)的方向,可改变电动机旋转方向。

(2)改变电枢电流的方向,可改变电动机旋转方向。

若同时改变磁通方向及电枢电流的方向,则直流电动机转向维持不变。

直流(脉流)牵引电动机常采用励磁绕组反接法来改变电机的旋转方向,如图 1.29 所示。

利用接触器触头 H、a 的闭合与断开将励磁绕组进行反接,改变励磁绕组中电流的方向,即改变了磁通方向,以达到实现改变直流(脉流)牵引电动机转向的目的。韶山(SS)系列电力机车和东风(DF)系列内燃机车就采用这种方法。对于城市轨道交通车辆,常采用单独改变牵引电动机电枢电流方向的方法。

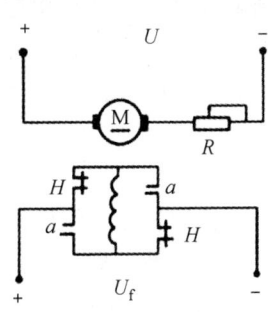

图 1.29 励磁绕组反接

三、直流牵引电动机的调速

在电动机机械负载不变的条件下,用人为方法改变电动机转速称为调速。直流电动机调速时的转速表达式为

$$n=\frac{U_d-I_aR_a}{C_e\Phi} \quad (1.41)$$

调节直流牵引电动机转速的方法有 3 个:一是电枢串电阻调速;二是改变牵引电动机电源电压 U 调速;三是改变牵引电动机气隙主磁通 Φ 调速。

1. 电枢串电阻调速

1)凸轮变阻调速

在电动机电枢回路串接电阻,即通过转动凸轮,使有关接触器接入或切除起动电阻来改变电阻值,以达到调节牵引电动机端电压的目的,如图 1.30 所示。

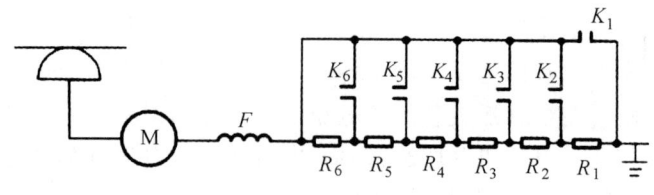

图 1.30 变阻控制调速

北京地铁运行较早的 BJ-4 型电动车组就是采用变阻控制器,逐级切换主回路中的起动电阻,以实现牵引电动机的调速。

2)斩波调阻调速

将晶闸管或 GTO 功率元件组成的斩波器(CH)作为电子开关,与起动电阻 R 并联,通过 CH 定频调宽或定宽调频控制方式,调节接入主回路的电阻值以改变牵引电动机的端电压。

北京地铁运行 BJ-6 型电动车组采用了可控硅斩波调阻代替有级切换电阻,实现无级平滑调速,列车平稳性较好。由于斩波器的容量有限,在电路中只用以调节一段电阻,经接触器有效地调节了全部起动电阻,达到平滑调节速度的目的,其调节电路原理如图 1.31 所示。

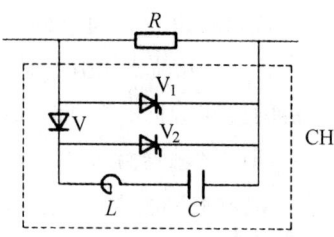

图 1.31 斩波调阻控制

若斩波器工作周期为 T,则 $T = T_{on} + T_{off}$,当 T_{on}(导通时间)等于整个工作周期时,R 被短路,即 $R = 0$。当 $T = T_{off}$ 时,CH 断开,R 被接入主回路。改变斩波器中主可控硅导通角 α 角即可改变 R 的平均值,对电阻的调节也如同对电机电压的调节。在 BJ-6 型电动车组的主回路中采用了工作周期 T 不变,而改变导通时间的定频调宽法。

2. 改变端电压调速

1)改变牵引电动机的连接方法调速

例如串并联的方式,如图 1.32 所示。由于连接的方式有限,所以可调的电压等级有限,同时使电动机的连接复杂。

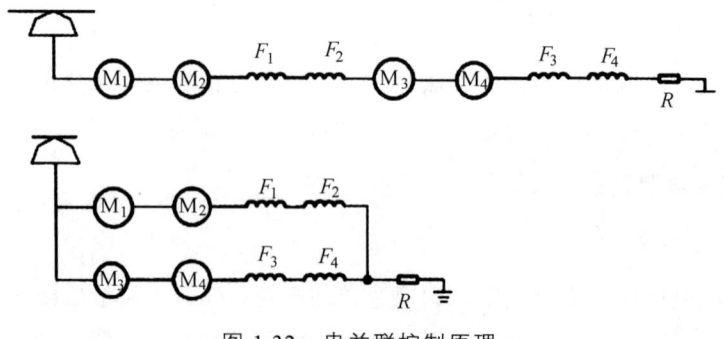

图 1.32 串并联控制原理

2）斩波调压调速

在电动机与电源之间串接斩波器，调节斩波器的导通比来改变电动机的端电压，如图1.33所示。

斩波调压控制可以实现无接触点、无级调速，使车辆平稳运行，可靠性大大提高；无须起动电阻，并可以实现再生制动，节约电能，降低运行成本。采用直流斩波控制方式比电阻控制方式节省电能20%~30%，国内城市轨道交通车辆从20世纪70年代起普遍采用斩波调压技术。上海地铁1号线电动车组就是采用斩波调压控制方式。

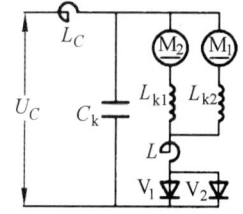

图1.33 斩波调压电路

3. 改变牵引电动机气隙主磁通 Φ 调速

一般电机的额定磁通已设计得使铁心接近饱和，因此，改变磁通只能在额定磁通 Φ_N 下减弱磁通，所以又称为弱磁调速。从牵引电动机和电动车组电路来讲，磁场削弱可以在任意电压下进行。由于牵引电动机磁场削弱，会使牵引电动机换向困难，所以实际上机车和地铁电动车组的调速都是先调节牵引电动机的端电压，当牵引电动机端电压已经达到额定值还需要提高机车或电动车组牵引力或速度时，才实施磁场削弱。这是一种辅助调速手段，磁场削弱的目的是提高牵引力，扩大调速范围。

削弱磁场需要在励磁绕组的两端并联电阻，使电流的一部分流经分路电阻，从而减小励磁电流、磁势和磁通，如图1.34所示。一般电动机励磁功率只有电机容量的1%~5%，因此用于削弱磁场的并联电阻容量也很小。

当电动机由满磁场运行转换为磁场削弱运行时，这个过程是很短暂的。此时，机车或电动车组由于惯性，速度来不及变化，因此磁场削弱后电动机的反电

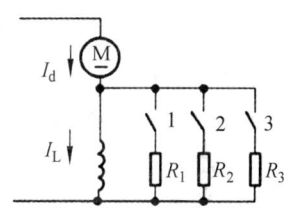

图1.34 分路电阻磁场削弱

势减小，电枢电流增加，机车或电动车组的输出功率和牵引力均有所提高。此时，若列车运行阻力不变，则牵引力不变，速度便可提高，故在平直道实施磁场削弱可提高运行速度。若在上坡道实施磁场削弱，可增大牵引力，保持牵引速度不变，即所谓的恒速爬坡。

直流电动机在恒电压下进行磁场削弱时，机车或电动车功率的增加主要是由于磁场削弱后电枢电流的增加，这时电动机可能过载运行，损耗增加，发热严重，因此最好的办法是根据不同的运行条件，尽可能使磁场削弱后电枢电流变化不大。

弱磁调速设备简单、控制方便、功率损耗小，可以提高牵引电动机的转速，是机车或电动车组常用的一种调速方法。为了扩大调速范围，机车或电动车组常将几种方法配合使用。如地铁电动车组，常采用电枢串接电阻调速与弱磁调速。电力机车和内燃机车常采用改变电压调速和弱磁调速。

四、直流牵引电动机的制动

1. 制动的基本概念

制动就是人为施给电动车组一个与运动方向相反的力，使电动车组减速、限速或完全停止下来。因此，制动是电动车组基本运行工作状态之一，其实质是调速的一种特殊形式，前述的调速原理对电气制动依旧适用。现代铁路运输的安全性在很大程度上取决于电动车组制动性能的好坏。

电传动机车和地铁动车组一般有两套独立的制动系统：一是空气制动系统即机械制动（踏面制动、闸瓦制动）系统，包括闸瓦制动和盘型制动；二是电气制动系统，包括电阻制动和再生制动，高速列车还有磁轨制动和涡流制动。空气制动和电气制动（动力制动），两者可以单独使用，也可以联合使用。

机械制动是指列车制动时将闸瓦压紧车轮踏面，使车轮踏面与闸瓦之间发生滑动摩擦产生制动转矩，将动能转化为热能，经车轮闸瓦和钢轨热导传递，散发到大气中去。闸瓦制动产生的灰尘与热量在地铁隧道内聚集，对环境造成严重污染。此外，过度地使用闸瓦制动，将会使闸瓦更换频繁，车轮踏面的修正镟削增加，维修成本提高。

电气制动（也称动力制动）是利用电机的可逆性原理。电动车组在牵引工况时，牵引电机作电动机运行，将电网的电能转换为机械能，轴上输出牵引转矩以驱动列车运行；在电气制动时，列车的惯性力带动牵引电机，牵引电机作发电机运行，将列车动能转换为电能，输出制动电流的同时，在牵引电机轴上产生反转矩并作用于轮对，形成制动力使列车减速或以一定的速度运行。

根据电气制动时电能的消耗方式，电气制动分为电阻制动（能耗制动）和再生制动（回馈制动）。如果将电气制动时产生的电能利用电阻使之转化为热能消耗掉，称为电阻制动。如果将电气制动时产生的电能重新回馈给电网并加以利用，称为再生制动。

2. 电阻制动

串励牵引电机电阻制动时，首先切断牵引电机电枢与电网的连接，使电枢绕组与制动电阻结成回路。励磁电流方向与牵引时相反，以改变电磁转矩方向，电机作他励发电机运行。串励牵引电机电阻制动按接线方式可分为他励式电阻制动和串励式电阻制动。

1）他励式电阻制动

电气制动时，励磁绕组由单独的励磁电源供电，并保持励磁电流方向不变（磁通方向不变），将电枢绕组从电源上断开并立即接到一个制动电阻 R_B 上，如图 1.35 所示。这时电枢绕组外加电压 $U=0$，而电机转子靠惯性继续旋转，切割方向未变的磁通，所感应的电动势仍存在且方向不变，因此，产生的电枢电流（制动电流）为

$$I_a = \frac{U-E_a}{R_a+R_B} = \frac{-E_a}{R_a+R_B} = \frac{-C_e\Phi n}{R_a+R_B} \quad (1.42)$$

由式（1.42）可见，电枢电流 I_a 改变了方向，而磁通 $\varPhi$ 的方向未变，电磁转矩 $T = C_T \varPhi I_a$ 则改变了方向。因此，T 与 n 的方向相反，T 成为制动转矩，使电机转速很快下降。

在制动过程中，电机靠惯性继续旋转，在磁场不变的情况下，产生感应电动势方向不变并输出电流，变成一台他励发电机，把列车的机械能转换成电能，消耗在制动电阻上，故称为能耗制动。调节制动电阻或调节励磁电流的大小，都可以改变制动电流的大小，以调节制动转矩的大小。另外，电机的转速越高，制动转矩越大，制动的效果越好；而低速时，制动转矩相应变小，需要配用机械制动，使电机迅速停转。

电阻制动所需设备简单，成本低，操作方便。不足之处是列车的动能转换为电能后消耗在制动电阻上，变成热能散发到大气中，没有被利用；不能用于制停，因为当电机转速 n 较小时，E_a 较小，I_a 也较小，使制动转矩相应减小。此时，可采用减小制动电阻 R_B 来增大电枢电流 I_a（制动电流）或外加制动电源以维持电枢电流（制动电流）不变，前者称为分级电阻制动，后者称为加馈电阻制动。

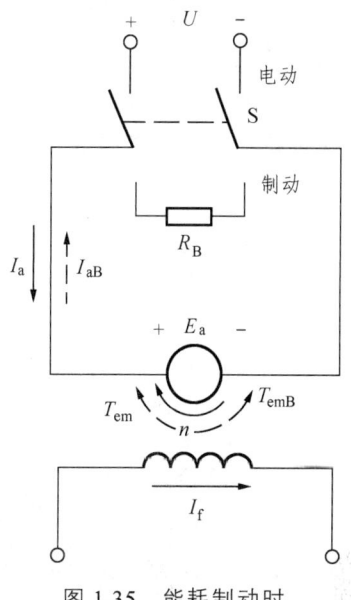

图 1.35 能耗制动时电路原理接线图

2）串励式电阻制动

牵引电动机励磁绕组反向与电枢绕组串联再接到制动电阻 R_B 上，电机仍然保持串励形式，如图 1.36 所示。这种方式不需要外加电源，靠改变制动电阻 R_B 的大小来调节制动电流和制动力。城市轨道交通车辆采用斩波器与制动电阻并联，通过改变斩波器的导通比来调节电阻。

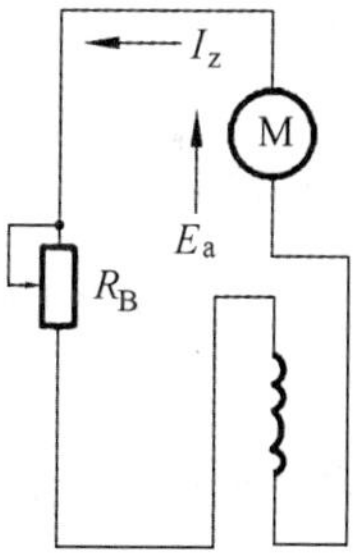

图 1.36 串励式电阻制动

3. 再生制动

电机在电动运行状态，由于某种条件的变化（如带位能性负载下降、降压调速等），使电枢转速超过理想空载转速，则进入再生制动。

电机作电动机运行时，由电动势平衡方程式 $U = E_a + I_a R_a$ 可知，电源电压 U 大于反电动势 E_a，电枢电流 I_a 方向与 U 同方向，电磁转矩方向与转向相同。若保持磁通方向不变，当转速升高到一定数值后，感应电动势 E_a 大于电源电压 U，电枢电流方向与 E_a 同方向，电机作发电机运行，电磁转矩与转向相反起制动作用，发电机产生的电能送回到电网，这种制动方法又称回馈制动。

地铁电动车组下坡时，重力加速度的作用使车速增高，牵引电机感应电动势 E_a 随之增大，若 $E_a = U$，则 $I_a = 0$，牵引电机就不需要从电网输入电能。电动车组由于本身的位能自动滑行并继续加速，转速继续升高，将使 $E_a > U$，则 I_a 反向，牵引电机自动转换为发电机运行状态。此时，电动车组下坡的位能，通过电机转换成电能，回馈给电网。由于电枢电流 I_a 反向，电磁转矩也随之反向，起到制动作用，车速越高，制动转矩越大，如图 1.37 所示。

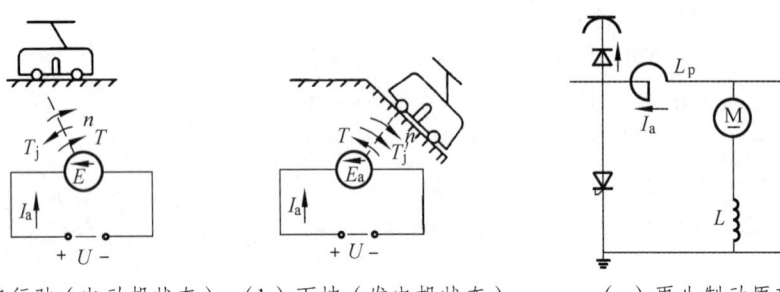

（a）平路行驶（电动机状态）　（b）下坡（发电机状态）　（c）再生制动原理

图 1.37　电动车组下坡时的再生制动

转速增高到一定程度，下坡时的位能产生的动力转矩与牵引电机产生的制动转矩及摩擦转矩相平衡时，电动车组将恒速稳定运行。

串励电机进行回馈制动时，采用 GTO 斩波装置，可以比较方便地实现回馈制动。

五、直流牵引电机在动车组中的应用

以上海地铁 1 号线为例，介绍 CUS5668B 型直流牵引电机的参数、悬挂方式和结构特点等。

1. 主要技术参数

牵引电机型号为 CUS5668B 型的直流串励牵引电动机。牵引电机通过齿轮传动装置驱动动轮旋转，其传动比为 5.95。牵引电机输出端和齿轮箱小齿轮之间采用弹性联轴节连接。动轮直径为 840 mm，在牵引工况下，其额定功率为 207 kW，额定电流为 302 A，额定电压为 750 V（电网电压为 1 500 V，一节车 4 台牵引电机固定为两串两并连接）。在电阻制动工况下，最大制动电流为 360 A。

2. 牵引电机的悬挂和结构特点

CUS5668B 型直流串励牵引电机采用全悬挂方式悬挂在转向架上，具有良好的牵引性能，使地铁列车的运行性能有了很大改善，但是其软特性使地铁列车的防空转性能差。

CUS5668B 型直流牵引电机的结构与普通的直流电机基本相同，主要由静止的定子和旋转的转子两大部分组成，其结构具有以下特点：

（1）设置补偿绕组。为了改善串励牵引电动机的换向，防止环火，在主磁极上设置补偿绕组，补偿绕组和电枢绕组串联。

（2）采用紧圈式塑料换向器。换向器是直流牵引电机特有的重要部件，CUS5668B型直流牵引电机采用紧圈式塑料换向器，缩短了换向器的长度，使转子铁心长度增加，提高了牵引电动机的功率。

3. **牵引电动机的旋转方向**

该地铁动车组采用单独改变直流牵引电动机电枢电流方向的方法改变动车的运行方向。

思考与练习

一、填空题

1. 地铁动车组一般采用_____的方法改变动车的运行方向。
2. 直流电动机调速方法有_____、_____、_____3种。
3. 改变直流电动机转向的方法有两种：一是_____，二是_____。

二、选择题

1. 直流电动机在起动时的起动电流与（　　）关系不大。
   A. 电源电压　　　B. 转子电阻　　　C. 起动转矩　　　D. 励磁方式
2. 直流电动机的起动方法是（　　）起动。
   A. 恒速　　　　　B. 恒转矩　　　　C. 降压　　　　　D. 恒功率
3. 电气制动是利用电机的（　　）原理。
   A. 电磁感应　　　B. 能量守恒　　　C. 可逆性　　　　D. 功率平衡
4. 采用磁场削弱不能提高电动机的（　　）。
   A. 电流　　　　　B. 转速　　　　　C. 功率　　　　　D. 电压

三、简答题

1. 地铁动车组常采用哪些调速方法？
2. 实施再生制动需要满足哪些条件？

项目二

变压器

知识目标

（1）掌握变压器的分类、基本结构及工作原理；
（2）了解变压器空载运行和负载运行时的物理过程；
（3）了解变压器的损耗，掌握变压器的效率特性；
（4）熟悉变压器在城市轨道交通中的应用。

变压器

能力目标

（1）能比较干式变压器与油浸式变压器的不同点；
（2）能看懂变压器的铭牌，能正确使用变压器；
（3）能正确使用自耦变压器和仪用互感器；
（4）加强安全教育，增强责任意识、大局意识、担当意识。

任务一　单相变压器的结构及工作原理

任务目标

（1）能描述单相变压器的结构和各部件的作用；
（2）熟悉变压器的分类，能分析单相变压器的工作原理；
（3）培养严谨认真、谦虚谨慎的工作作风。

变压器的基本结构

任务内容

生活中有很多电器从单相电源取电,如计算机、收音机、充电器等。计算机工作时,内部需要的电源有的很低,如 DC 5 V、DC 12 V 等,其内部的单相变压器就是将 220 V 交流电源变为较低等级电压的一种设备,然后再经整流设备将交流整流为直流供给各部件,如 CPU、CPU 风扇等使用。

一、单相变压器的结构

单相变压器是指接在单相交流电源上用来改变单相交流电压的变压器,其容量一般都比较小,主要用作控制及照明。它主要由铁心和绕组(又称线圈)两部分组成,其外形如图 2.1 所示。

图 2.1 单相变压器外形

1. 铁 心

铁心构成了变压器的磁路,同时又是套装绕组的骨架。铁心由心柱和铁轭两部分组成。套装在绕组中的铁心称为心柱,连接心柱以构成闭合磁路的部分称为铁轭。为了减小磁滞及涡流损耗,提高磁路的导磁性能,铁心通常采用 0.35 mm 厚的热轧硅钢片或冷轧硅钢片叠成。

变压器铁心结构分为心式和壳式两种。心式结构的特点是铁轭靠着绕组的顶面和底面,不包围绕组侧面,即绕组包围铁心,如图 2.2 所示。心式结构较为简单,电力变压器采用心式结构。壳式结构的特点是铁轭不仅包围绕组的顶面和底面,也包围绕组侧面,即铁心包围绕组,如图 2.3 所示。壳式结构机械强度高,铁心散热比较容易。电子设备中的小变压器一般采用这种结构。

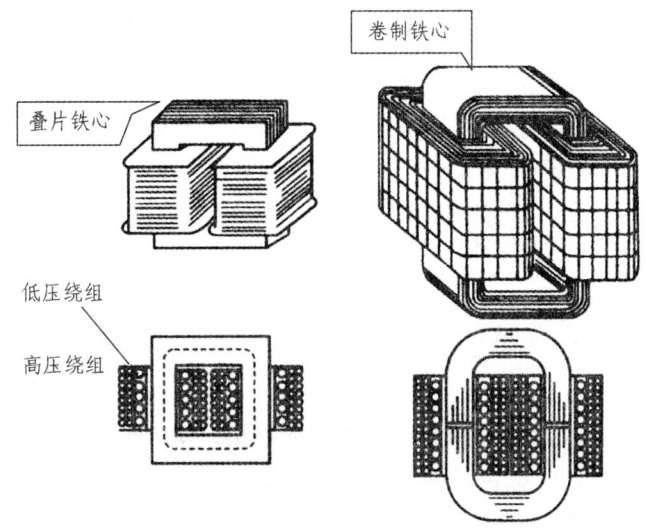

图 2.2 心式变压器结构

2. 绕组

绕组是变压器的电路部分，用来传输电能，一般分为高压绕组和低压绕组。接在较高电压上的绕组称为高压绕组；接在较低电压上的绕组称为低压绕组。从能量的传递来说，接在电源上，从电源吸收电能的绕组称为原边绕组（又称一次绕组或初级绕组）；与负载连接，给负载输送电能的绕组称为副边绕组（又称二次绕组或次级绕组）。

绕组一般用绝缘的铜线绕制而成。高压绕组的匝数多、导线横截面积小；低压绕组的匝数少、导线横截面积大。为了保证变压器能够安全可靠地运行以及有足够的使用寿命，对绕组的电气性能、耐热性能和机械强度都有一定的要求。

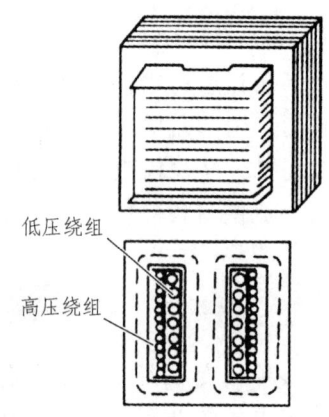

图 2.3　壳式变压器结构

绕组是按照一定规律连接起来的若干个线圈的组合。根据高压绕组和低压绕组相互位置的不同，绕组的结构形式可分为同心式和交叠式两种，如图 2.4 所示。

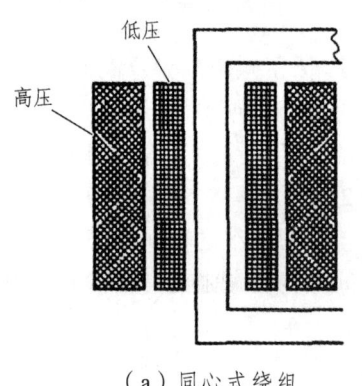
（a）同心式绕组

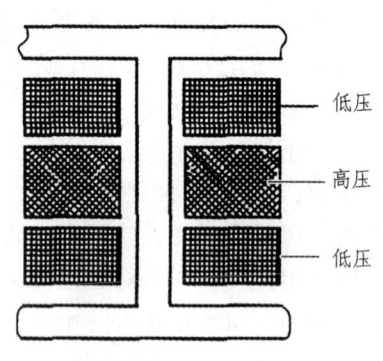
（b）交叠式绕组

图 2.4　绕组形式

同心式绕组是将高压绕组和低压绕组同心地套装在铁心柱上。为了绝缘方便，低压绕组紧靠着铁心，高压绕组则套装在低压绕组的外面，两个绕组之间留有油道。油道有两个作用：一是作为绕组间的绝缘间隙；二是散热，使油从油道中流过冷却绕组。在单相变压器中，高、低压绕组均分为两部分，分别套装在两个铁心柱上，这两部分可以串联或并联；在三相变压器中，属于同一相的高、低压绕组全部套装在同一铁心柱上。同心式绕组的结构简单、制造方便，心式变压器一般采用这种结构。

交叠式绕组是将高压绕组和低压绕组分成若干线饼，沿着铁心柱交替排列而构成。为了便于绝缘和散热，高压绕组与低压绕组之间留有油道，并且在最上层和最下层靠近铁轭处安放低压绕组。交叠式绕组的机械强度好，引线方便，壳式变压器一般采用这种结构。

二、单相变压器的工作原理

变压器是一种静止的电气设备，通过电磁感应关系从一个电路向另一个电路传递电能，图 2.5 是一台单相变压器工作原理示意图。一次、二次绕组分别绕在铁心柱上，图中 u_1 为加入一次绕组的电压，u_2 为加入二次绕组的电压，N_1、N_2 分别为一、二次绕组的匝数。

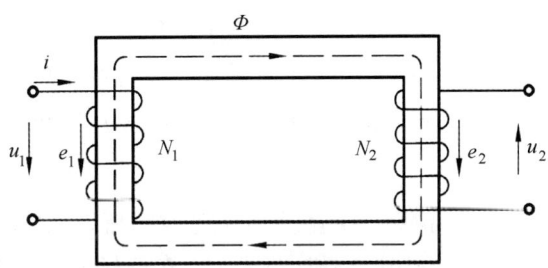

图 2.5　单相变压器工作原理示意图

当初级接交流电压 u_1 时，一次绕组中有交流电流 i_1 流过，并在铁心中产生交变磁通 Φ。这个磁通同时交链一、二次绕组，根据电磁感应定律，一次、二次绕组分别产生感应电动势 e_1、e_2，即

$$e_1 = -N_1 \frac{\mathrm{d}\Phi}{\mathrm{d}t} \tag{2.1}$$

$$e_2 = -N_2 \frac{\mathrm{d}\Phi}{\mathrm{d}t} \tag{2.2}$$

式中，"-"号表示感应电动势总是阻碍磁通的变化。若把负载接在二次绕组上，则在电动势 e_2 的作用下，有电流 i_2 流过负载，实现了电能的传递。

图 2.5 中若忽略一次、二次绕组的漏电抗压降，不考虑漏磁通，则变压器为理想变压器。按照图 2.5 中所规定的电动势和电流方向，可写出一次、二次绕组电动势方程式为

$$u_1 \approx -e_1 = N_1 \frac{\mathrm{d}\Phi}{\mathrm{d}t} \tag{2.3}$$

$$u_2 \approx -e_2 = N_2 \frac{\mathrm{d}\Phi}{\mathrm{d}t} \tag{2.4}$$

从上述表达式可以得出一、二次绕组电压、电动势的有效值与匝数的关系为

$$\frac{U_1}{U_2} \approx \frac{E_1}{E_2} = \frac{N_1}{N_2} = K \tag{2.5}$$

式中，K 为变压器的变压比，它是变压器的一个重要参数。

由以上分析可知：在磁通一定的条件下，改变一、二次绕组的匝数比，便可改变二次绕组输出电压的大小，以满足各种不同用电者的要求，这就是变压器的基本工作原理。

三、变压器的额定值

额定值是正确使用变压器的依据，在额定状态下运行，可保证变压器长期安全有效地工作，额定值标注在变压器的铭牌上。

1. 额定电压

变压器额定运行时，规定加在原边绕组的端电压，称为原边绕组额定电压，以 U_{1N} 表示；当变压器空载时，原边绕组加以额定电压后，在副边绕组上测量到的电压，称为副边绕组额定电压，以 U_{2N} 表示。因此，副边绕组的额定电压是指它的空载电压。在三相变压器中，额定电压都是指线电压。电压的单位是 V 或 kV。

2. 额定电流

变压器在额定状态下运行时，原边绕组、副边绕组所能承担的电流，称为原边绕组、副边绕组的额定电流，分别用 I_{1N} 和 I_{2N} 表示。在三相变压器中，额定电流都是指线电流。电流的单位是 A。

3. 额定容量

原边绕组或副边绕组额定电流与额定电压的乘积，称为额定容量，以 S_N 表示。它是在额定运行状态下，变压器输出的视在功率，单位以 kV·A 表示。对于三相变压器来说，额定容量是指三相的总容量。

对于单相变压器

$$S_N = I_{1N}U_{1N} = I_{2N}U_{2N} \tag{2.6}$$

对于三相变压器

$$S_N = \sqrt{3}I_{1N}U_{1N} = \sqrt{3}I_{2N}U_{2N} \tag{2.7}$$

4. 额定频率 f_N

我国规定的标准工业频率为 50 Hz，美国、日本等国家也有采用 60 Hz 的。

此外，额定值还包括额定状态下变压器的效率、温升等数据。

思考与练习

一、填空题

1. 变压器变比与电压的关系为_____，与电流的关系为_____。
2. 变压器铁心既作为变压器的_____，又作为变压器的_____。
3. 变压器接在较高电压上的绕组称为_____或_____，接在较低电压上的绕组称为_____或_____。

二、选择题

1. 升压变压器，一次绕组的每匝电势（　　）二次绕组的每匝电势。
   A. 等于　　　　B. 大于　　　　C. 小于　　　　D. 不等于

2. 变压器的变比是指（　　）。
   A. 原边与次边电势之比　　　　B. 次边与原边电势之比
   C. 原边与次边匝数之比　　　　D. 次边与原边匝数之比

三、综述题

一台额定电压 220 V/110 V 的单相变压器，误接在 220 V 直流电源上，对变压器将会产生什么后果？能否达到变压的目的？

任务二　单相变压器的空载及负载运行

任务目标

（1）能描述变压器空载运行时的磁场和磁通；
（2）能分析变压器电流比与匝数之间的关系；
（3）了解变压器负载运行时的平衡方程式；
（4）提高安全意识、责任担当意识。

任务内容

变压器空载、负载运行是变压器最基本的两种运行方式，通过分析其运行时的物理状况，可以了解变压器的能量传递规律和运行性能。

一、变压器的空载运行

变压器的空载运行

变压器的一次绕组接在额定电压的交流电源上，而二次绕组开路时的运行状态称为变压器的空载运行。变压器空载运行如图 2.6 所示。

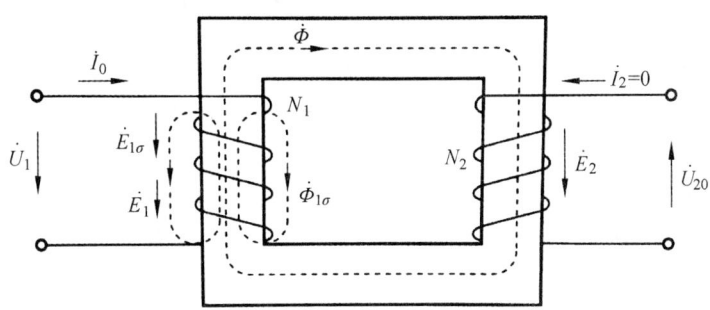

图 2.6　变压器空载运行

1. 空载运行时的物理状况

当一次绕组加上交流电源电压 u_1 时，一次绕组中就有电流产生，由于变压器为空载运行，称一次绕组中的电流为空载电流 i_0。由 i_0 产生空载磁动势 $F_0 = N_1 i_0$（N_1 为一次绕组匝数），并建立空载时的磁场。由于铁心的磁导率比空气（或油）的磁导率大得多，所以绝大部分磁通通过铁心闭合，同时交链一次、二次绕组，并产生感应电动势 e_1 和 e_2。如果二次绕组与负载接通，则在电动势作用下向负载输出电功率，这部分磁通起着传递能量的媒介作用，称为主磁通 Φ_m；另有一小部分磁通（约为主磁通的 0.25%）主要经非磁性材料（空气或变压器油等）形成闭路，只与一次绕组交链，不参与能量传递，称为一次绕组的漏磁通 $\Phi_{1\sigma}$，它在一次绕组中产生漏磁电动势 $e_{1\sigma}$。

2. 主磁通和漏磁通的区别

（1）主磁通磁路由铁磁材料组成，具有饱和特性，Φ_0 与 i_0 呈非线性关系；而漏磁通磁路由非铁磁材料组成，磁路不饱和，$\Phi_{1\sigma}$ 与 i_0 呈线性关系。

（2）铁心的磁导率较大，磁阻小，所以总磁通的绝大部分通过铁心闭合构成主磁通，故主磁通远大于漏磁通，一般主磁通可占总磁通的 99% 以上。

（3）主磁通在二次绕组中感应电动势，起了传递能量的媒介作用；而漏磁通仅在一次绕组中感应漏磁电动势，只引起漏抗压降。

3. 感应电动势和漏抗电动势

设主磁通按正弦规律变化，即 $\Phi_0 = \Phi_m \sin \omega t$，则一、二次绕组感应电动势瞬时值为

$$e_1 = -N_1 \frac{\mathrm{d}\Phi_0}{\mathrm{d}t} = -N_1 \omega \Phi_m \cos \omega t = 2\pi f_1 N_1 \Phi_m \sin(\omega t - 90°) = E_{1m} \sin(\omega t - 90°) \quad （2.8）$$

$$e_2 = -N_2 \frac{\mathrm{d}\Phi_0}{\mathrm{d}t} = -N_2 \omega \Phi_m \cos \omega t = 2\pi f_1 N_2 \Phi_m \sin(\omega t - 90°) = E_{2m} \sin(\omega t - 90°) \quad （2.9）$$

其对应的有效值分别为

$$E_1 = \frac{E_{1m}}{\sqrt{2}} = \frac{\omega N_1 \Phi_m}{\sqrt{2}} = \frac{2\pi N_1 \Phi_m}{\sqrt{2}} = 4.44 f_1 N_1 \Phi_m \quad （2.10）$$

$$E_2 = \frac{E_{2m}}{\sqrt{2}} = \frac{\omega N_2 \Phi_m}{\sqrt{2}} = \frac{2\pi N_2 \Phi_m}{\sqrt{2}} = 4.44 f_1 N_2 \Phi_m \quad （2.11）$$

其对应的向量表达式为

$$\dot{E}_1 = -j4.44 f_1 N_1 \dot{\Phi}_m \quad （2.12）$$

$$\dot{E}_2 = -j4.44 f_1 N_2 \dot{\Phi}_m \quad （2.13）$$

由此可见，变压器一、二次绕组感应电动势的大小与电源频率、绕组匝数及主磁通最大值成正比，且在相位上滞后主磁通 90°。

变压器一次绕组的漏磁通 $\Phi_{1\sigma}$ 也将在一次绕组中产生漏电抗电动势 $e_{1\sigma}$。根据前面的分析，同样可得出

$$\dot{E}_{1\sigma} = -j\sqrt{2}\pi f_1 N_1 \dot{\Phi}_{1\sigma} = -j4.44 f_1 N_1 \dot{\Phi}_{1\sigma} \quad (2.14)$$

由于漏磁通所流过的路径主要是非磁性物质，其磁导率接近一个常数，因此漏磁通的大小与产生此漏磁通的绕组励磁电流成正比，相位相同。采用绕组漏磁通系数表示二者之间的关系为

$$L_1 = \frac{N_1 \Phi_{1\sigma}}{\sqrt{2} I_0} \quad (2.15)$$

式中，L_1 为一次绕组的漏电感系数，是一个不随励磁电流变化的常数，将 $\Phi_{1\sigma}$ 代入式（2.15）可得漏电抗电动势为

$$\dot{E}_{1\sigma} = -j\dot{I}_0 \omega L_1 = -j\dot{I}_0 X_1 \quad (2.16)$$

式中　X_1——一次绕组的漏电抗，$X_1 = \omega L_1$。

4. 电压平衡方程式

变压器一次绕组有电阻 R_1，空载电流 $\dot{I}_0$ 流过它要产生电压降 $\dot{I}_0 R_1$。$\dot{I}_0 R_1$ 和感应电动势 $\dot{E}_1$、漏电抗电动势 $\dot{E}_{1\sigma}$ 一起为电源电压 $\dot{U}_1$ 所平衡。根据基尔霍夫第二定律，可列出变压器空载时一次绕组的电压平衡方程式为

$$\dot{U}_1 = -\dot{E}_1 - \dot{E}_{1\sigma} + \dot{I}_0 R_1 = -\dot{E}_1 + \dot{I}_0(R_1 + jX_1) = -\dot{E}_1 + \dot{I}_0 Z_1 \quad (2.17)$$

式中　Z_1——一次绕组的漏阻抗。

由于变压器一次绕组的电阻 R_1、漏电抗 X_1 均很小，则漏阻抗 Z_1 也是很小的。很小的空载电流在漏阻抗上产生的压降也很小，可忽略不计。所以实际变压器空载运行时可以认为

$$U_1 \approx E_1 = 4.44 f_1 N_1 \Phi_m \quad (2.18)$$

上式表明，变压器运行时铁心中的主磁通 Φ_m 基本上不变。根据基尔霍夫第二定律可知，变压器次级空载电压 $\dot{U}_{20}$ 和感应电动势 $\dot{E}_2$ 相同，即

$$\dot{U}_{20} = \dot{E}_2 \quad (2.19)$$

二、变压器的负载运行

1. 负载运行时的物理情况

变压器的一次绕组加上电源电压 u_1，二次绕组接上负载阻抗 Z_L，如图 2.7 所示，即变压器投入了负载运行。

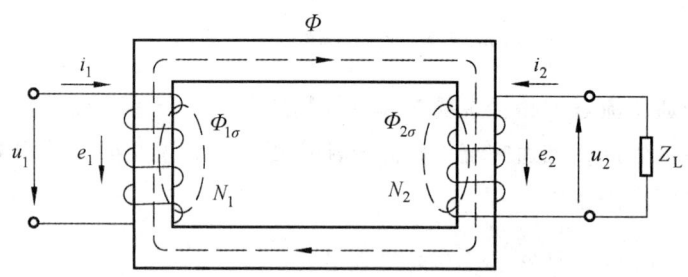

图 2.7 变压器负载运行示意图

变压器空载运行时，一次绕组由空载电流 i_0 建立了空载时的主磁通。当二次绕组接上负载阻抗 Z_L 时，在 e_2 的作用下，二次绕组流过负载电流 i_2，并产生二次绕组磁动势 $F_2 = N_2 i_2$。根据楞次定律，该磁动势力图削弱空载时的主磁通，因而引起 e_1 的减小。由于电源电压 u_1 不变，所以 e_1 的减小会导致一次电流的增加，即由空载电流 i_0 变为负载时的电流 i_1，其增加的磁动势用以抵消 $N_2 i_2$ 对空载主磁通的去磁影响，使负载时的主磁通基本回升至原来空载时的数值，使得电磁关系达到新的平衡。因此，负载时的主磁通由一、二次绕组的磁动势共同建立。

变压器负载运行时，通过电磁感应关系，将一次、二次绕组电流紧密地联系在一起，i_2 的增加或减小必然同时引起 i_1 的增加或减小；相应的二次绕组输出功率的增加或减小，必然同时引起一次绕组输入功率的增加或减小，这就达到了变压器通过电磁感应传递能量的目的。

2. 磁动势平衡方程式

变压器负载运行时，一次绕组电流由空载时的 i_0 变为负载时的 i_1，由于一次绕组漏阻抗 Z_1 较小，因此一次绕组漏阻抗压降 $i_1 Z_1$ 也仅为 (3% ~ 5%) U_{1N}，当忽略不计时，有 $U_1 \approx E_1$。

当电源电压 U_1 和频率 f_1 不变时，产生 E_1 的主磁通 Φ_m 也应基本不变，即变压器从空载到负载的稳定状态，主磁通基本不变。所以负载时建立主磁通所需的合成磁动势 $F_1 + F_2$ 与空载时所需的磁动势 F_0 也应基本不变，即有磁动势平衡方程

$$\dot{F}_0 = \dot{F}_1 + \dot{F}_2 \quad \text{或} \quad N_1 \dot{I}_0 = N_1 \dot{I}_1 + N_2 \dot{I}_2 \qquad (2.20)$$

将上式两边除以 N_1 并移项，便得

$$\dot{I}_1 = \dot{I}_0 + \left(\frac{-N_2}{N_1} \dot{I}_2\right) = \dot{I}_0 - \frac{\dot{I}_2}{K} = \dot{I}_0 + \dot{I}_{1L} \qquad (2.21)$$

上式表明，变压器负载运行时一次绕组电流 $\dot{I}_1$ 由两个分量组成：一个是励磁电流分量 $\dot{I}_0$，用于建立主磁通 Φ_m；另一个是供给负载的负载电流分量 $\dot{I}_{1L} = -\dot{I}_2/K$，用以抵消二次绕组磁动势的去磁作用，保持主磁通基本不变。由于变压器空载电流 I_0 很小，为方便分析，常忽略不计。则式（2.21）可近似表示为

$$\dot{I}_1 \approx -\dot{I}_2/K \qquad (2.22)$$

上式表明，I_1 与 I_2 相位上相差接近 180°，考虑数值关系时，有：

$$\frac{I_1}{I_2} \approx \frac{N_2}{N_1} = \frac{1}{K} \quad (2.23)$$

从上式可以看出变压器一、二次绕组的电流比与变比 K 呈反比例关系。

3. 电压平衡方程式

变压器负载运行时，一次绕组电流由 $\dot{I}_0$ 变为 $\dot{I}_1$，其他电磁关系不变。其电压平衡方程式为

$$\dot{U}_1 = -\dot{E}_1 + \dot{I}_1 Z_1 \quad (2.24)$$

负载电流 $\dot{I}_2$ 通过二次绕组时也产生漏磁通 $\Phi_{2\sigma}$，相应地产生漏磁电动势 $e_{2\sigma}$。类似 $e_{1\sigma}$ 的计算，$e_{2\sigma}$ 也可用漏抗压降的形式来表示，即

$$\dot{E}_{2\sigma} = -j\dot{I}_2 X_2 \quad (2.25)$$

式中　X_2——二次绕组漏电抗。

根据基尔霍夫第二定律，可列出变压器负载运行时二次绕组的电压平衡式为

$$\dot{U}_2 = \dot{E}_2 - \dot{I}_2 Z_2 \quad (2.26)$$

式中　Z_2——二次绕组的漏阻抗，$Z_2 = R_2 + jX_2$，R_2 为二次绕组的电阻。

综上所述，可得到变压器负载运行时的基本方程式

$$\begin{cases} N_1 \dot{I}_0 = N_1 \dot{I}_1 + N_2 \dot{I}_2 \\ \dot{U}_1 = -\dot{E}_1 + \dot{I}_1 Z_1 \\ \dot{U}_2 = \dot{E}_2 - \dot{I}_2 Z_2 \\ E_1 = KE_2 \\ \dot{U}_2 = \dot{I}_2 Z_L \end{cases} \quad (2.27)$$

思考与练习

一、填空题

1. 变压器负载运行就是指_____的状态。

2. 变压器一、二次绕组的_____与变比 K 呈反比例关系。

二、判断题

1. 无论变压器空载运行还是负载运行，铁心中的主磁通 Φ_m 基本上不变。（　　）

2. 变压器负载时的主磁通由一、二次绕组的磁动势共同建立。（　　）

任务三　变压器的运行特性

任务目标

（1）能描述电压变化率的表达式；
（2）能分析变压器的可变损耗和不变损耗；
（3）了解变压器的效率特性曲线；
（4）培养协调沟通能力、团队合作能力。

任务内容

要正确、合理地使用变压器，就必须了解变压器在运行时的主要特性及性能指标。变压器的主要特性有外特性与效率特性，主要指标有电压变化率和效率。

一、电压变化率

变压器空载运行时，次级的空载电压 $U_{20}=U_{2N}$。负载运行时，负载电流在变压器内部产生阻抗压降，使次级端电压发生变化，其变化大小用电压变化率 ΔU 表示。电压变化率是指当初级的电源电压 U_1 和次级负载的功率因数 $\cos\varphi_2$ 均为额定值，变压器空载与负载运行时，次级电压变化的相对值，即

$$\Delta U\% = \frac{U_{20}-U_2}{U_{2N}}\times 100\% = \frac{U_{2N}-U_2}{U_{2N}}\times 100\% = \frac{\Delta U}{U_{2N}}\times 100\% \quad (2.28)$$

电压变化率反映了供电电压的质量即供电电压的稳定性。一般情况下，将功率因数 $\cos\varphi_2=0.8$（滞后），额定负载时的电压变化率称为额定电压 ΔU_N。ΔU_N 是变压器主要性能指标之一，大约在5%。所以，根据国家标准规定电力变压器的高压绕组要设置抽头，用分接开关在额定电压±5%进行调节。

二、外特性

为了描述变压器在不同负载下次级端电压的变化，将电源电压和负载的功率因数为常数时，变压器次级端电压和负载电流之间的关系绘制成曲线 $U_2=f(I_2)$，该曲线即为变压器的外特性，如图2.8所示。

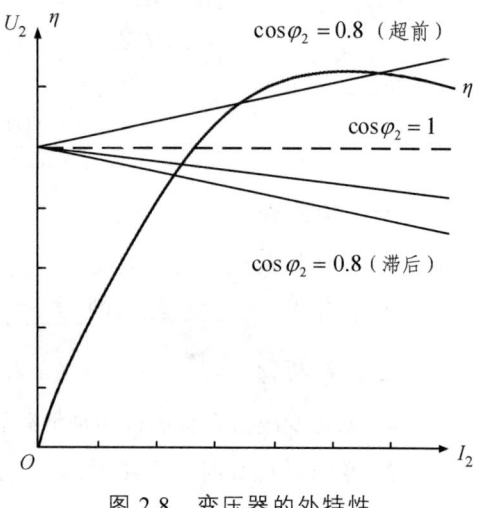

图2.8　变压器的外特性

图中绘制出 $\cos\varphi_2 = 0.8$（超前）、$\cos\varphi_2 = 1$ 和 $\cos\varphi_2 = 0.8$（滞后）3 种功率因数下的外特性。可以看出，变压器的端电压 U_2 的大小不仅与负载电流 I_2 有关，而且还与负载的功率因数 $\cos\varphi_2$ 有关。当负载为纯电阻性质时，端电压随负载的变化最小。而电容性负载和电感性负载时，其端电压随负载的变化而增大（电容性）或减小（电感性）。因此，为了补偿感性负载时端电压的下降，可用并联电容的方法使端电压升高，或采用前述的变压器高压绕组抽头的方法使变压器次级端电压升高。

三、变压器的效率

由于变压器的效率较高，所以在计算变压器效率时往往采用损耗分析法。变压器的损耗包括铁损耗 p_{Fe} 和铜损耗 p_{Cu} 两部分。铜损耗又分为基本铜损耗和杂散铜损耗，铁耗又分为基本铁损耗和杂散铁损耗。

1. 变压器的损耗

1）铜损耗 p_{Cu}

基本铜损耗是指一、二次绕组内电流所引起的直流电阻损耗；杂散铜损耗主要是由漏磁通引起的集肤效应，使绕组的有效电阻增大而增加的铜损耗以及漏磁通在结构部件中引起的涡流损耗等。杂散铜损耗难以精确计算，一般按基本铜损耗的 0.5%~20% 估算。

铜耗 p_{Cu} 与负载电流的二次方成正比，其大小随负载的变化而变化，故称之为可变损耗。

2）铁损耗 p_{Fe}

由于铁心中的磁通是交变的，所以在铁心中要产生磁滞损耗和涡流损耗，称为基本铁损耗。杂散铁耗主要是铁心连接处由于磁通密度分布不均匀所引起的损耗，以及主磁通在铁轭夹件和油箱等结构中引起的涡流损耗等。杂散铁损耗难以精确计算，一般按基本铁损耗的 0.5%~20% 估算。

变压器铁损耗的大小与硅钢片材料的性质、磁通密度的最大值、硅钢片厚度及交变率等有关。在其他因素不变的情况下，铁耗可近似认为与 U_1 成正比。当电源电压 U_1 一定时，铁耗基本上可认为是恒定的，故称之为不变损耗。由于变压器空载运行时空载电流 I_0 很小，因此空载时的绕组铜损耗 p_{Cu} 很小，可以忽略不计，空载损耗主要是铁心损耗，即 $p_0 = p_{Fe}$。

2. 变压器的效率特性曲线

若已知变压器的输出功率 P_2 和损耗，则变压器的输入功率 P_1 为

$$P_1 = P_2 + p_{Cu} + p_{Fe} = P_2 + \sum p \quad (2.29)$$

式中　　$\sum p = p_{Cu} + p_{Fe}$ ——变压器的总损耗功率。

变压器的效率为

$$\eta = \frac{P_2}{P_1} = \frac{P_2}{P_2 + \sum p} = \frac{P_1 - \sum p}{P_1} = 1 - \frac{\sum p}{P_1} \quad (2.30)$$

效率特性是指初级的电源电压 U_1 和次级负载的功率因数 $\cos\varphi_2$ 均为常数时，变压器效率与负载电流之间的关系，即 $\eta = f(I_2)$，如图 2.8 所示。

变压器空载时，输出功率为零，效率为零。负载较小时，空载损耗占输出功率的比值较大，所以效率较低。负载电流增大，总损耗变化不大，而输出功率随负载电流正比增大，效率随负载增加而显著提高。当负载较大时，铜损耗成为总损耗的主要因素，它与负载电流的平方成正比，而输出功率只与电流成正比，故效率增加变得缓慢。

当铜耗 p_{Cu} 等于铁耗 p_{Fe}，即不变损耗等于可变损耗时，变压器的效率最大。之后随着负载的增大，效率将下降。因变压器无转动部分，一般效率都很高，大多数在 95%以上。大型变压器可达 99%。变压器的效率一般用间接法测量，即测出各种损耗，再计算效率。

思考与练习

一、填空题

1. 变压器的电压变化率的表达式为_____，电压变化率与负载大小成____比。
2. 当_____损耗等于_____损耗时，变压器的效率最大。

二、判断题

1. 变压器的电压变化率与负载的大小有关。（　　）
2. 变压器杂散铁损耗一般按基本铁损耗的 0.5%~20%估算。（　　）

任务四　三相变压器

任务目标

（1）能描述三相变压器的基本结构和工作原理；
（2）掌握三相变压器的磁路系统；
（3）培养学生获取信息的能力、解决突发事件的能力。

任务内容

变换三相交流电压等级的变压器称为三相变压器，目前电力系统均采用三相变压器。三相变压器可以由 3 台同容量的单相变压器组成，再按需要将一次绕组及二次绕组分别接成星形或三角形联结。

一、三相变压器的磁路系统

三相变压器的磁路系统有两种,一种为三相组式变压器,一种为三相心式变压器。

三相组式变压器的磁路系统是由 3 台单相变压器组成的,每相的主磁通沿各自的磁路闭合,所以三相组式变压器的磁路彼此独立,如图 2.9 所示。

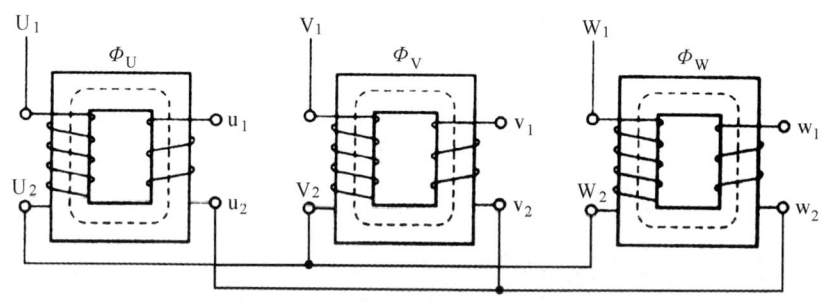

图 2.9 三相组式变压器磁路系统

三相心式变压器的磁路系统彼此相关,这种铁心结构是由三相组式变压器演变而来,将 3 个单相变压器合并成图 2.10(a)所示的结构,由于三相绕组接入对称的三相交流电源时,三相绕组中产生的主磁通也是对称的,故三相磁通之和等于零,即中间铁心柱的磁通为零,因此中间铁心柱可以省略,成为图 2.10(b)图形式。实际上,为了简化变压器铁心的剪裁及叠装工艺,采用将 U、V、W 3 个铁心柱置于同一个平面上的结构形式,如图 2.10(c)所示。

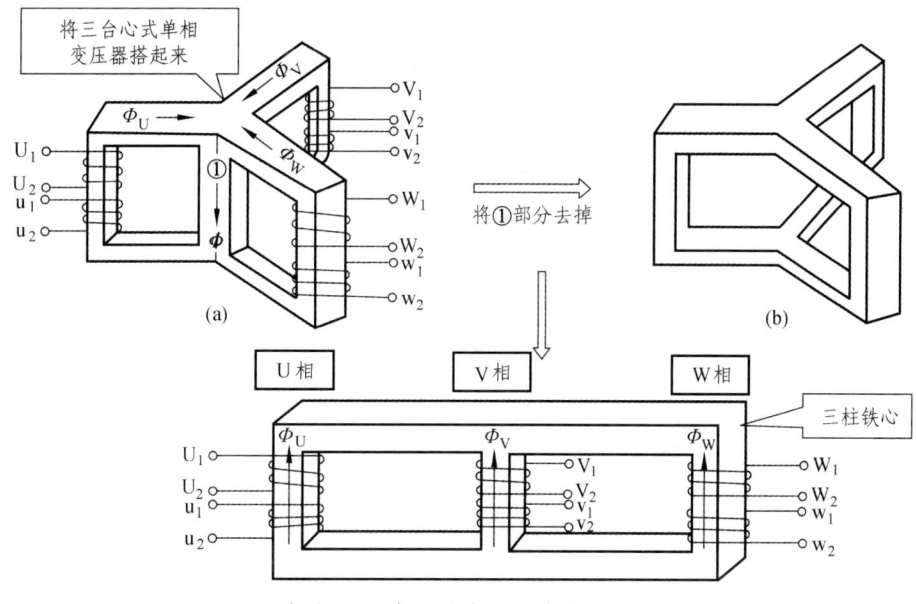

(c)平面布置的实际心式变压器

图 2.10 三相心式变压器磁路系统

将两种磁路系统比较可见：三相组式变压器备用容量小，搬运方便；三相心式变压器节省材料，效率高，安装占地面积小，价格便宜，所以电力变压器多采用三相心式结构。

二、三相变压器的结构

在三相电力变压器中，目前使用最广的是油浸式电力变压器。它主要由铁心、绕组、油箱和冷却装置、保护装置等部件组成，其外形如图2.11所示。

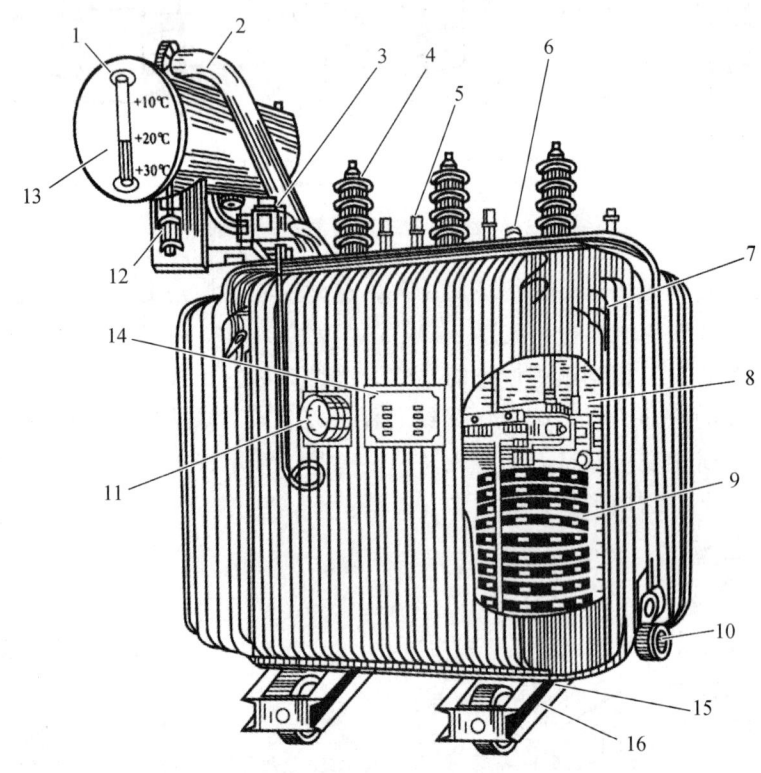

1—油表；2—安全气道；3—气体继电器；4—高压套管；5—低压套管；6—调压分接开关；
7—油箱；8—铁心；9—线圈；10—放油阀门；11—信号式温度计；
12—吸湿器；13—储油柜；14—铭牌；15—地线；16—小车。

图2.11 三相变压器外形

1. 铁 心

铁心是三相变压器的磁路部分，与单相变压器一样，它也是由0.35 mm厚的硅钢片叠压（或卷制）而成，新型电力变压器铁心采用冷轧晶粒取向硅钢片制作，以降低其损耗。三相电力变压器铁心均采用心式结构。

铁心柱的截面形状与变压器的容量有关，单相变压器及小型三相电力变压器采用正方形或长方形截面，如图2.12（a）所示；在大、中型三相电力变压器中，为了充分利用绕组内圆的空间，通常采用阶梯形截面，如图 2.12（b）、(c) 所示。阶梯形的级数越多，则变压器结构越紧凑，但叠装工艺越复杂。

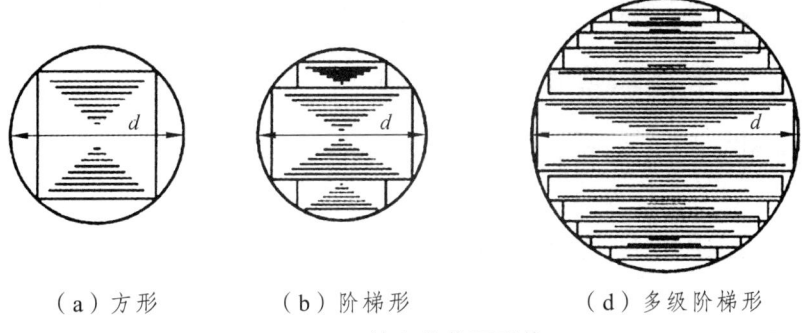

（a）方形　　　　（b）阶梯形　　　　（d）多级阶梯形

图 2.12　铁心柱截面形状

2. 绕　组

绕组是三相电力变压器的电路部分。一般用绝缘纸包的扁铜线或扁铝线绕成，绕组的结构形式有同心式绕组和交叠式绕组。当前新型的绕组结构为箔式绕组电力变压器，绕组用铝箔或铜箔氧化技术和特殊工艺绕制，使变压器整体性能得到较大的提高。

3. 油箱及附件

高、低压绕组套装在铁心上总称为器身，器身放在油箱中，油箱中充以变压器油。充油的目的是：

（1）提高绕组的绝缘强度，因为油的绝缘性能比空气好。

（2）便于散热。通过油受热后的对流作用，可以将绕组及铁心的热量带到油箱壁，再由油箱壁散发到空气中去。

油箱是油浸式变压器的外壳，主要有平板式、管式等。对于容量较大的变压器，采用在油箱壁的外侧装有散热管的管式油箱来增加散热面积，当油受热膨胀时，箱内的热油上升到油箱的上部，经散热管冷却后的油下降到油箱的底部，形成自然循环，把热量散发到周围空气中。对于容量很大的变压器，还可以采用强迫冷却的方法，例如用风扇吹冷变压器油箱以提高散热效果。

变压器油受热后要膨胀，因此油箱不能密封，为了减小油与空气的接触面积，变压器安装有储油柜。在油箱和储油柜中间的连通管中还装有气体继电器，当变压器发生故障时，气体继电器动作并发出信号以便工作人员进行处理。大型变压器在油箱盖上还装有安全气道，气道出口用薄玻璃板密封，当变压器内部发生严重故障且气体继电器失灵时，气体从安全气道喷出，避免造成重大事故。

变压器的引出线从油箱内部引到箱外时，要穿过瓷质绝缘套管，其作用是使变压器引线和接地的油箱绝缘。为了增强表面放电距离，绝缘套管外部做成多级伞状，电压越高，级数越多。

变压器还装有分接开关,用来调节变压器的输出电压,分有载分接开关和无载分接开关两种。有载分接开关可带负载进行输出电压的调节。此外,变压器的附件还有测温装置、吸湿器和油表。

三、三相变压器的工作原理

三相变压器工作原理和单相变压器基本相同。

四、三相变压器的联结组

1. 联结方法

三相电力变压器高、低压绕组的出线端都分别给予标记,以供正确联结及使用变压器,其出线端标记如表 2.1 所示。

表 2.1 绕组的首端和末端的标记

绕组名称	单相变压器		三相变压器		中性点
	首端	末端	首端	末端	
高压绕组	U_1	U_2	U_1、V_1、W_1	U_2、V_2、W_2	N
低压绕组	u_1	u_2	u_1、v_1、w_1	u_2、v_2、w_2	n
中压绕组	U_{1m}	U_{2m}	U_{1m}、V_{1m}、W_{1m}	U_{2m}、V_{2m}、W_{2m}	N_m

在三相电力变压器中,不论是初级绕组还是次级绕组,我国均采用星形联结及三角形联结两种方法。

星形联结是把三相绕组的末端 U_2、V_2、W_2(或 u_2、v_2、w_2)联结在一起,而把它们的首端 U_1、V_1、W_1(或 u_1、v_1、w_1)分别用导线引出,如图 2.13(a)所示。

三角形联结是把一相绕组的末端和另一相绕组的首端连在一起,顺次联结成一个闭合回路,然后从首端 U_1、V_1、W_1(或 u_1、v_1、w_1)用导线引出,如图 2.13(b)及(c)所示。其中图(b)的三相绕组按 U_2W_1、W_2V_1、V_2U_1 的次序连接,称为逆序(逆时针)三角形联结。而图(c)的三相绕组按 U_2V_1、W_2U_1、V_2W_1 的次序联结,称为顺序(顺时针)三角形联结。

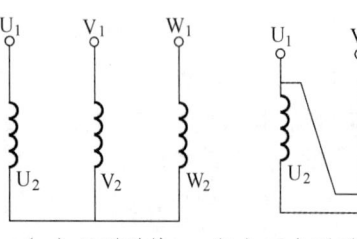
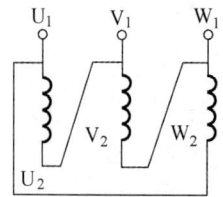

(a)星形联结　　(b)三角形联结(逆序联结)　　(c)三角形联结(顺序联结)

图 2.13 三相绕组联结方法

三相变压器一、二绕组用星形联结和三角形联结时，在旧的国家标准中分别用 Y 和△表示。新的国家标准规定：高压绕组星形联结用 Y 表示，三角形联结用 D 表示，中性线用 N 表示。低压绕组星形联结用 y 表示，三角形联结用 d 表示，中性线用 n 表示。

三相变压器一、二次绕组不同接法的组合形式有：Y，y；YN，d；Y，d；Y，yn；D，y；D，d 等，其中最常用的组合形式有 3 种，即 Y，yn；YN，d 和 Y，d。不同形式的组合，各有优缺点。对于高压绕组来说，接成星形最为有利，因为它的相电压只有线电压的 $1/\sqrt{3}$，当中性点引出接地时，绕组对地的绝缘要求降低了。大电流的低压绕组，采用三角形联结可以使导线截面比星形联结时小 $1/\sqrt{3}$，方便绕制，所以大容量的变压器通常采用 Y，d 或 YN，d 联结。容量不太大而且需要中性线的变压器，广泛采用 Y，yn 联结，以适应照明与动力混合负载需要的两种电压。

2. 联结组

根据变压器一、二次绕组对应的线电动势之间的相位关系，将变压器的联结分成不同的组合，称为绕组的联结组。理论与实践证明，无论怎样联结，一、二次绕组线电动势的相位差总是 30°的整数倍。因此，采用"时钟表示法"来表示这种相位差是很简明的。

所谓"时钟表示法"是将变压器初级线电势的向量作为时钟上的长针，始终指向钟面上的"12"；而次级绕组线电动势向量作为时钟上的短针，它指向钟面上的哪个数字，该数字则为该三相变压器联结组别的标号。

思考与练习

一、填空题

1. 三相变压器一般由_____、_____和_____三大部分组成。
2. 变压器绕组是用来_____电能，分为_____绕组和_____绕组。

二、选择题

1. 三相变压器次级的额定电压是指原边加额定电压时，次级的（　　）电压。
   A. 空载线　　　　　　　　B. 空载相
   C. 额定负载时的线　　　　D. 额定负载时的相
2. 下面属于三相变压器保护装置的是（　　）。
   A. 储油柜　　　　　　　　B. 压力释放阀
   C. 分接开关　　　　　　　D. 吸湿器

三、判断题

1. 三相变压器的铁心浸在变压器油中，将阻碍铁心的散热。　　　　（　　）
2. 变压器还装有分接开关，用来调节变压器的输出电压。　　　　　（　　）

任务五　变压器在城市轨道交通中的应用

任务目标

（1）掌握干式变压器的结构特点；
（2）了解干式变压器的分类和应用；
（3）提高安全防范意识、责任担当意识。

任务内容

一、变压器在城市轨道交通中的应用

1. 变压器在地铁供电系统中的应用

我国新建设的地铁供电系统绝大多数采用集中供电方式，地铁拥有自己的主变电所，由主变电所向牵引变电所、降压变电所和牵引降压混合所供电，形成完整可靠的供电系统，以确保地铁系统的安全运行。地铁主变电所的主变压器，因为容量大、电压等级高，一般采用油浸有载调压变压器。随着地铁设备的快速国产化，在妥善解决有载分接开关的前提下，广州地铁 2 号线、深圳地铁 1 号线均采用国内厂家的变压器。降压变电所负责向 220/380 V 低压系统供电的是电力变压器。

下面以昆明地铁供电系统为例，介绍变压器的应用。地铁供电系统所用变压器按绝缘介质分类有油浸式、干式、环氧浇注变压器；按用途分类有主变压器、动力变压器、跟随变压器、整流变压器、能馈变压器等。其中主变压器采用三相油浸式变压器，其余的所用动力变压器、整流变压器、能馈变压器均采用干式变压器。

1）主变压器

主变压器为 110 kV 三相双绕组有载调压变压器，高压侧采用有载调压分接开关（±8 级），装设在高压侧中点。正常情况下，有载调压分接开关采用远程操作，应逐级调压，同时监视分节位置及电压、电流的变化，不允许出现回零、突跳、无变化等情况。

2）动力变压器

动力变压器采用无励磁分级调压，原边额定电压 35 kV，最高电压为 40.5 kV，次边额定电压为 400 V，电源额定频率 50 Hz。变压器联结组别为 Dyn11，原边分接抽头的分接范围为 $35 \pm 2 \times 2.5\%$ kV。

3）整流变压器

昆明地铁牵引供电系统一般选用干式变压器，型号为 ZQSC-2500/35、ZQSC-2000/35、

ZQSC-1800/35，均为双绕组双分裂形式，网侧绕组采用延边三角形联结，阀侧线圈为三角形和星形联结，联结组别 Dd0y11。

整流变压器采用无励磁分级调压，原边分接抽头的分接范围为 $35\pm2\times2.5\%$，电压比为：高压/低压/低压，35/0.59/0.59 kV。

4）接地变压器

接地变压器三相绕组通常接成曲折形，由 6 个绕组组成，每一个铁心柱上有 2 个绕组，然后反极性串联成曲折形的星形绕组。主要技术参数如表 2.2 所示。

表 2.2　接地变压器主要技术参数

参　数	数　据	参　数	数　据
型式	干式变压器	零序阻抗	20 Ω
分接范围	$35\pm2\times2.5\%$ kV	冷却方式	自冷
联结组别	曲折形联结	绕组数量	6 个

5）能馈变压器

昆明地铁 3 号线能馈系统变压器选用干式变压器，型号 ZQSB-1200/35，为双绕组双分裂形式，网侧采用三角形联结，阀侧为星形联结，联结组别为 Dy11/y11。能馈变压器采用无励磁分级调压，原边抽头的分接范围为 $35\pm2\times2.5\%$ kV，电压比为：高压/低压/低压，35/0.475/0.475 kV。

2. 变压器在地铁动车车辆中的应用

为了安全，在地铁动车车辆上，低压系统及控制电源必须实现与高压 DC 1 500 V 在电气电位上的隔离，通常采用变压器进行隔离。一般有 50 Hz 变压器隔离和高频变压器两种方式。由变压器基本原理可知，50 Hz 变压器体积和质量较大，而高频变压器的体积和质量将大大减小。但高频变压器必须采用高性能的铁心，目前广州地铁大多采用进口的铁氧体磁心或国产铁基微基微晶合金的铁心。

3. 变压器在轻轨车辆中的应用

武汉轻轨 1 号线车辆辅助电源系统中，直流 750 V 电源通过主隔离开关和主熔断器由第三轨道接入逆变器设备。该逆变器是一个 IGBT 变流器，可将 750 V 的直流电转换成脉宽调制（PWM）波形的三相交流电。此交流电通过逆变设备内的主变压器变为 380 V，从任何一条三相的输出线与主变压器的中性点之间均可得到 220 V 单相交流电。

变压器的作用有两个：一是提供 300 V/380 V 电压，作为辅助电源供辅助电机和辅助设备使用；二是绝缘、隔离，确保安全。

二、干式变压器

由于处于城市区域的地下或深入城市公共环境中，考虑防潮、消防和环保等各方面的要求，不能采用传统的油浸式变压器，因此采用干式变压器。干式变压器依靠空气对流进行冷却，通常用于局部照明、电子电路和其他变压器，简而言之，干式变压器是指铁心和绕组未浸渍入绝缘油中的变压器。

1. 基本结构

干式变压器包括铁心和绕组两大部分，由于没有变压器油，故其所附属部件少，无储油柜、安全气道和大量的阀门等部件，其外形如图2.14所示。

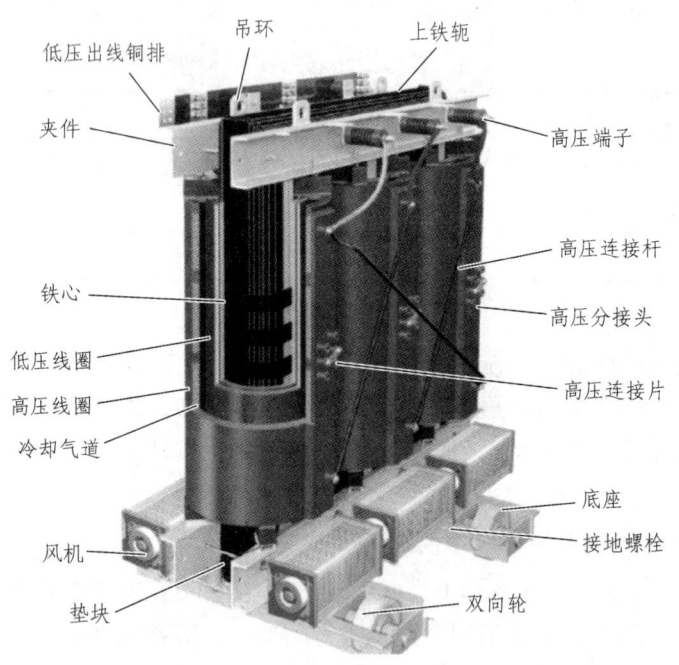

图2.14 干式变压器结构示意图

1）铁　心

铁心材料选用优质冷轧晶粒取向硅钢片45°全斜接缝，使磁通沿着硅钢片接缝方向通过。硅钢片表面涂以绝缘漆，防潮防锈、损耗低、噪声小。匝间、层间、段间绝缘以及绝缘筒等都用绝缘纸或成型件制成。

2）绕　组

绕组从结构上划分可分为：固体绝缘包封绕组和不包封绕组，主要有以下几种形式：

（1）缠绕式。

（2）环氧树脂加石英砂填充浇注式。

（3）玻璃纤维增强环氧树脂浇注（即薄绝缘结构）式。

（4）多股玻璃丝浸渍环氧树脂缠绕式（一般多采用玻璃纤维增强环氧树脂浇注，因为它能有效地防止浇注的树脂开裂，提高设备的可靠性）。

高压绕组一般采用多层圆筒式或多层分段式结构,低压绕组一般采用层式或箔式结构。

2. 工作原理

干式变压器的工作原理与单相变压器基本相同。

3. 型号含义

干式变压器的型号如下:SCB10-1 000 kV·A/10 kV/0.4 kV。

型号含义为:S 表示三相变压器,如果将 S 换成 D 则表示单相变压器;C 表示变压器的绕组为树脂浇注成形固体,也就是干式变压器;B 表示箔式绕组,如果用 R 代替则表示缠绕式绕组,如果是 L 则表示铝绕组,如果是 Z 则表示有载调压,如果是铜绕组则不标;10 表示设计序号,也称技术序号;1 000 kV·A 则表示变压器的额定容量(1 000 千伏安);10 kV 表示初级额定电压;0.4 kV 表示次级额定电压。

4. 优 点

干式变压器与油浸式变压器相比具有以下优点:

(1)干式变压器可以避免由于运行中发生故障而导致变压器油发生火灾或爆炸的危险。由于干式变压器绝缘材料均采用难以燃烧的材料,即使运行中变压器发生故障而引发火灾或有外来火源,也不会使火灾的灾情扩大。

(2)干式变压器不会像油浸式变压器那样存在渗漏油问题,更无变压器油老化问题,通常干式变压器运行维护和检修工作量很少,甚至可以免维修。

(3)干式变压器一般为户内式装置,对特殊要求的场所也可制成户外式,它可以和开关柜安装于同一室内,减少了安装面积。

5. 与油浸式变压器的不同点

(1)外观不同。干式变压器能直接看到铁心和线圈,而油浸式变压器只能看到变压器的外壳。

(2)引线形式不同。干式变压器大多采用硅橡胶套管,而油浸式变压器大部分使用磁套管。

(3)容量和电压不同。干式变压器一般适用于配电线路,容量大都在 1 600 kV 以下,电压在 10 kV 以下,也有个别做到 35 kV 电压等级的,而油浸式变压器可以从小到大做到全部容量,电压等级也做到了所有电压,我国正在建设的特高压 1 000 kV 试验线路,采用的就是油浸式变压器。

(4)绝缘和散热方式不同。干式变压器一般采用树脂绝缘,靠自然风冷却,大容量的干式变压器靠风机强迫风冷却。而油浸式变压器靠油进行绝缘,依靠变压器油在内部的循环将线圈产生的热量带到变压器散热片上进行散热。

(5)适用场所不同。干湿变压器多使用在"防火、防爆"的场所;油浸式变压器由于"出事"后可能有变压器油喷出或泄漏,造成火灾,大多应用在室外。

（6）对负荷的承受能力不同。一般干式变压器应在额定容量下运行，而油浸式变压器过载能力比较好。

（7）造价不同。对于同容量的变压器来说，干式变压器的采购价格比油浸式变压器价格要高许多。

思考与练习

综述题

1. 比较干式变压器与油浸式变压器的异同点。
2. 简述变压器在轻轨车辆中的作用。

任务六 自耦变压器和仪用互感器

任务目标

（1）了解自耦变压器的结构特点，正确使用自耦变压器；
（2）掌握电压互感器和电流互感器原理；
（3）能正确使用电压互感器和电流互感器；
（4）培养安全意识，提高动手能力。

任务内容

在高压输电系统中，自耦变压器主要用来连接两个电压等级相近的电力网，作联络变压器用。在实验室常用具有滑动触点的自耦调压器获得可任意调节的交流电压。此外，自耦变压器还常用作异步电动机的起动补偿器，对电动机进行降压起动。

互感器是一种测量用变压器，分为电压互感器和电流互感器。为了能够对高电压和大电流进行测量，并使测量回路与被测回路隔开，保证测量人员的安全，需用仪用互感器。

一、自耦变压器

前面叙述的变压器，其一、二次绕组是分开绕制的，它们虽装在同一铁心上，但相互之间是绝缘的，即一、二次绕组之间只有磁的耦合，而没有电的直接联系，这种变压器称为双绕组变压器。如果把一、二次绕组合二为一，使二次绕组成为一次绕组的一部分，这种只有一个绕组的变压器称为自耦变压器，如图 2.15 所示。

自耦变压器的工作原理与普通双绕组变压器相似，普通双绕组变压器的绕组经过适当的改接就成为自耦变压器。设一台普通的双绕组变压器的一、二次绕组匝数分别为 N_1、N_2，额定电压分别为 U_{1N}、U_{2N}，额定电流分别为 I_{1N}、I_{2N}，电压比为 $K = \dfrac{U_{2N}}{U_{1N}} = \dfrac{N_1}{N_2}$，额定容量为 $S_N = U_{1N}I_{1N} = U_{2N}I_{2N}$。

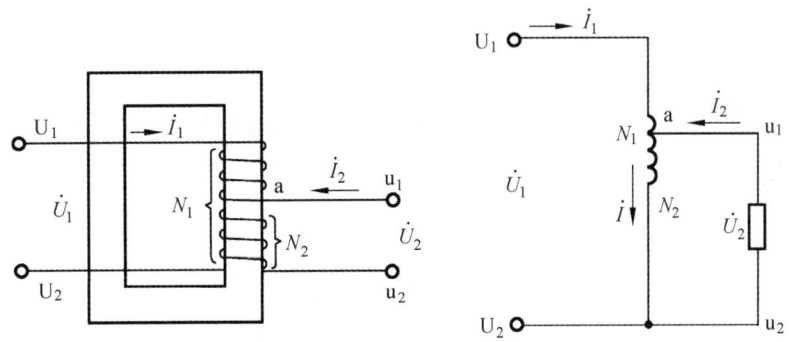

图 2.15 自耦变压器工作原理

若将其改接成自耦变压器,则自耦变压器的变比为

$$K_a = \frac{N_1 + N_2}{N_2} = K + 1 \qquad (2.31)$$

式中,K_a 为自耦变压器的电压比,所以 $K_a > 1$,为降压变压器。

自耦变压器工作时,其输出功率

$$S_2 = U_2 I_2 = U_2(I + I_1) = U_2 I + U_2 I_1 \qquad (2.32)$$

可见,自耦变压器的输出容量由两部分组成,一部分为电磁容量 $U_2 I$,它是通过电磁感应作用从一次侧传递到负载中去的,与双绕组变压器的传递方式相同;另一部分是传导容量 $U_2 I_1$,这部分容量是通过一、二次绕组之间电的联系直接传递给负载的,它不需要增加绕组的容量。

自耦变压器的一、二次绕组之间除了有磁的耦合外,还有电的直接联系。自耦变压器可节省铜和铁的消耗量,从而减小变压器的体积、质量,降低制造成本,且有利于大型变压器的运输和安装。

如果把自耦变压器的抽头做成滑动触点,就可构成输出电压可调的自耦调压器。为了使滑动接触可靠,这种自耦变压器的铁心做成圆环形,其上均匀分布绕组,滑动触点由碳刷构成,其外形和原理电路如图 2.16 所示。

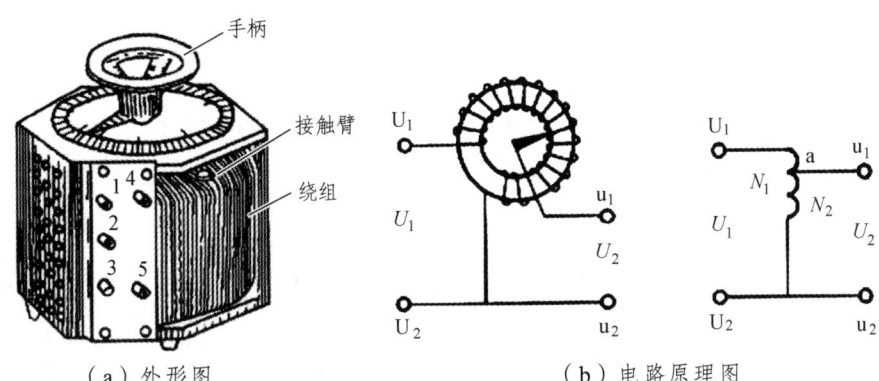

(a)外形图 (b)电路原理图

图 2.16 自耦调压器

自耦调压器的一次绕组匝数 N_1 固定不变,并与电源相连,一次绕组的另一端点和滑动触点 a 之间的绕组 N_2 就作为二次绕组。当滑动触点 a 移动时,输出电压 U_2 随之改变,这种调压器的输出电压 U_2 可低于一次绕组电压 U_1,也可稍高于一次绕组电压。如实验室中常用的单相调压器,一次绕组输入电压 $U_1 = 220$ V,二次绕组输出电压 $U_2 = 0 \sim 250$ V。

使用自耦调压器时必须注意以下事项:

(1)一、二次绕组的公共端 U_2 或 u_2 接中性线(零线),U_1 端接电源相线(火线),u_1、u_2 作为输出端。

(2)自耦调压器在接电源之前,必须把手柄转到零位,使输出电压为零,以后再慢慢顺时针转动手柄,使输出电压逐步上升。

二、仪用互感器

电工仪表中的交流电流表一般可直接用来测量 5~10 A 以下的电流,交流电压表可直接用于测量 450 V 以下的电压。而在实践中有时需要测量几百、几千安的大电流及几千、几万伏的高电压,此时必须加接仪用互感器。

1. 电流互感器

在电工测量中用来按比例变换交流电流的仪器称为电流互感器,如图 2.17 所示。

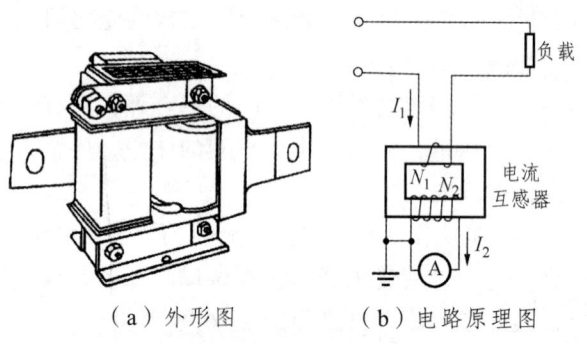

(a)外形图　　　　(b)电路原理图

图 2.17　电流互感器

电流互感器的基本结构形式及工作原理与单相变压器相似。它的一次绕组匝数为 N_1,与待测电路串联;二次绕组匝数为 N_2,与电流表(或瓦时计、功率表)相接。电流互感器实际上是一台升压变压器。一次电流为 I_1,二次电流为 I_2,其变压比为

$$K_1 \approx \frac{I_1}{I_2} = \frac{N_2}{N_1} \tag{2.33}$$

K_1 常标在电流互感器的铭牌上,只要读出接在电流互感器二次线圈一侧电流表的读数,则一次电路的待测电流就很容易从上式中得到。只要改变接入的电流互感

器的变流比，就可测量大小不同的一次电流。在实际应用中，与电流互感器配套使用的电流表已换算成一次电流，可以直接读数，不必再进行换算。

使用电流互感器时必须注意以下事项：

（1）电流互感器的二次绕组绝对不允许开路。因为二次绕组开路时，电流互感器处于空载运行状态，此时一次绕组流过的电流（被测电流）全部为励磁电流，使铁心中的磁通急剧增大，一方面使铁心损耗急剧增加，造成铁心过热，烧损绕组；另一方面将在二次绕组感应出很高的电压，可能使绝缘击穿，并危及测量人员和设备的安全。

（2）电流互感器的铁心及二次绕组一端必须可靠接地，以防止绝缘击穿后，电力系统的高压危及工作人员及设备的安全。

2. 电压互感器

在电工测量中用来按比例变换交流电压的仪器称为电压互感器，如图 2.18 所示。

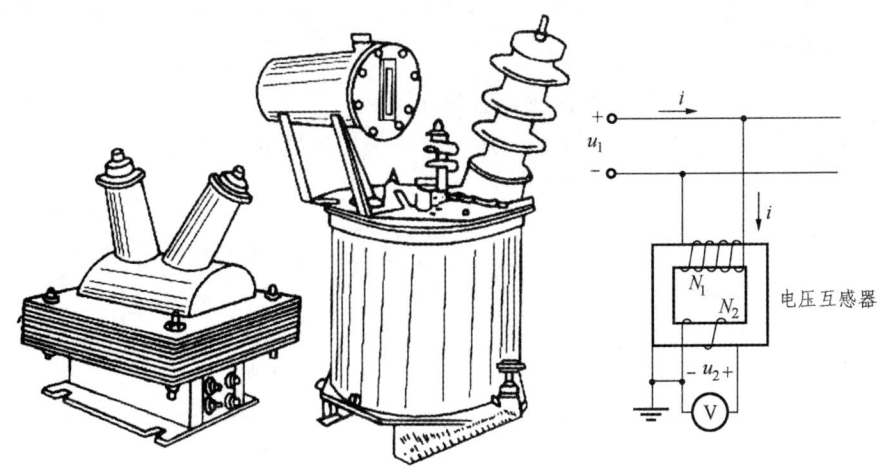

（a）外形图　　　　　　（b）电路原理图

图 2.18　电压互感器

电压互感器的基本结构形式及工作原理与单相变压器相似。它的一次绕组（一次线圈）匝数为 N_1，与待测电路并联；二次绕组（二次线圈）匝数为 N_2，与电压表并联。一次电压为 U_1，二次电压为 U_2，因此电压互感器实际上是一台降压变压器，其变压比 K_u 为

$$K_u = \frac{U_1}{U_2} = \frac{N_1}{N_2} \tag{2.34}$$

K_u 常标在电压互感器的铭牌上，只要读出二次电压表的读数，一次电路的电压即可由上式得出。改变接入电压互感器的变压比，就可测量高低不同的电压。在实际应用中，与电压互感器配套使用的电压表已换算成一次电压，可以直接读数，不必再进行换算。

使用电压互感器时必须注意以下事项：

（1）电压互感器的二次绕组在使用时绝对不允许短路。如二次绕组短路，将产生很大的短路电流，导致电压互感器烧坏。

（2）电压互感器的铁心及二次绕组的一端必须可靠接地，见图 2.18（b），以保证工作人员及设备的安全。

（3）电压互感器有一定的额定容量，使用时二次绕组回路不宜接入过多的仪表，以免影响电压互感器的测量精度。

思考与练习

一、填空题

1. 电流互感器在使用时副边不许_____。电压互感器在使用时副边不许_____。

2. 自耦变压器的一、二次绕组之间既有_____联系，又有_____联系。

二、判断题

1. 自耦变压器的设计容量比额定容量小。　　　　　　　　　　　　　（　　）
2. 电压互感器并联在被测电网，是一台降压变压器的空载运行。　　（　　）
3. 电流互感器并联在被测电网，相当于一台升压变压器的短路运行。（　　）

三、选择题

1. 电压互感器运行中，次级（　　）。
   A. 不允许开路　　　　　　　　B. 允许开路
   C. 不允许短路　　　　　　　　D. 允许短路
2. 电流互感器运行中，次级（　　）。
   A. 不允许开路　　　　　　　　B. 允许开路
   C. 不允许短路　　　　　　　　D. 允许短路

项目三 异步电动机

知识目标

（1）掌握三相异步电动机的结构和工作原理；
（2）熟悉三相异步电动机的功率和转矩平衡方程式；
（3）掌握三相异步电动机的起动、调速、反转和制动方法；
（4）掌握单相异步电动机的结构和工作原理。

异步电动机

能力目标

（1）能对三相异步电动机进行起动、调速、反转和制动；
（2）能分析三相异步电动机的工作特性和机械特性；
（3）能对单相异步电动机进行起动、调速和反转；
（4）弘扬社会主义核心价值观，加强爱国主义教育。

任务一　三相异步电动机的结构

任务目标

（1）了解异步电动机的基本结构和各部件的作用；
（2）熟知异步电动机的分类和基本参数；
（3）能正确进行异步电动机的星形（Y）或三角形（△）接线；
（4）树立安全意识，加强团队合作，提高动手能力。

任务内容

异步电动机也称感应电动机,其容量从几十瓦到几千千瓦,在国民经济的各行各业中应用极为广泛,主要应用于家用电器(如吊式电风扇、抽油烟机和洗衣机)、民用设备(如水泵、磨煤机、鼓风机和卷扬机)以及工业用机械(破碎机、轧钢机、切削机床、塔吊等)。

三相异步电动机与其他类型的电动机相比,具有结构简单、制造容易、维护方便、运行可靠、效率较高等优点,在机车和动车组上也得到广泛应用。

一、异步电动机的分类

1. 按定子相数分类

按照定子相数异步电动机可分为三相、单相和两相异步电动机 3 类。除约 200 W 以下的电机多做成单相异步电动机外,现代动力用电机大多数都为三相异步电动机。两相异步电动机主要用于微型控制电机。

2. 按转子形式分类

按转子形式异步电动机可分为绕线式转子和鼠笼式转子两大类。三相绕线式异步电动机外形如图 3.1 所示。

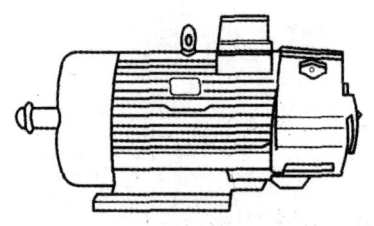

图 3.1 三相绕线式异步电动机外形

3. 按机壳防护方式分类

根据机壳不同的保护方式,鼠笼式异步电动机可分为开启式、防护式、封闭式和防爆式等,如图 3.2 所示。

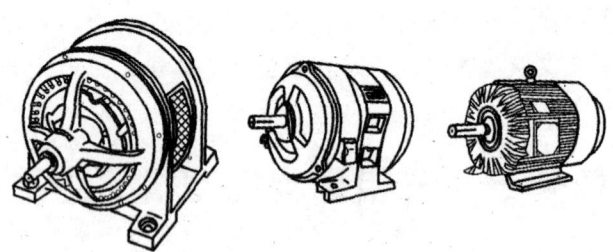

(a)开启式　　(b)防护式　　(c)封闭式

图 3.2 三相鼠笼式异步电动机外形

(1)防护式异步电动机具有防止外界杂物落入电机内部的防护装置,一般在转轴上装有风扇,冷却空气进入电动机内部冷却定子绕组端部及定子铁心后将热量带出来。J2 系列电机是鼠笼转子防护式异步电动机,JR 系列电动机是绕线转子防护式异步电动机。

（2）封闭式异步电动机的内部和外部的空气是隔开的。它的冷却是依靠装在机壳外面转轴上的风扇吹风，借机座上的散热片将电动机内部发散出来的热量带走。这种电动机主要用于尘埃较多的场所，例如机床上使用的电动机。JOR 系列及 Y 系列电动机就属于这种类型。

（3）防爆式异步电动机为全封闭式，它将内部与外界的易燃、易爆性气体隔离。这种电动机多用于有汽油、酒精、天然气、煤气等气体较多的地方，如矿井或某些化工厂等处。

二、三相异步电动机的基本结构

三相鼠笼式异步电动机的结构如图 3.3 所示，它主要是由定子和转子两大部分组成，定子和转子中间是气隙。此外，还有端盖、轴承、机座、风扇等部件。

三相鼠笼型异步电机的结构

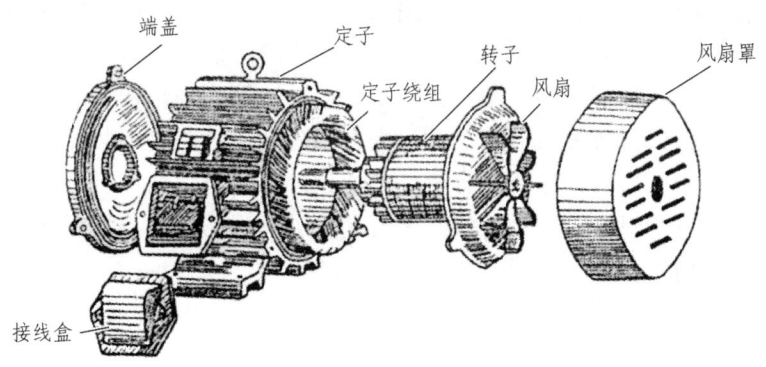

图 3.3　三相鼠笼式异步电动机组成部件

三相绕线式异步电动机的结构如图 3.4 所示，绕线式和鼠笼式异步电动机不同，它有三相转子绕组和集电环。

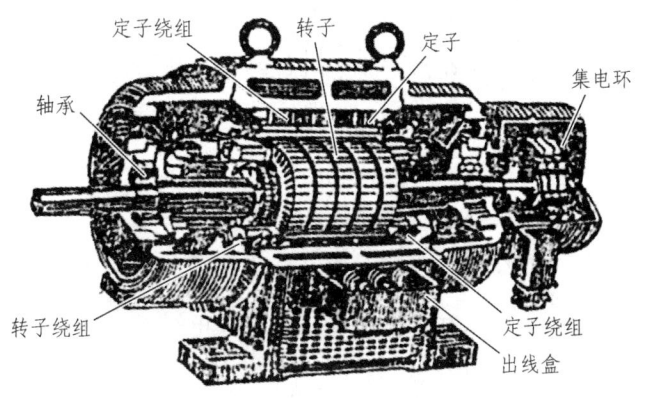

图 3.4　三相绕线式异步电动机组成部件

1. 定子部分

异步电动机的定子铁心和绕组是进行机电能量转换的枢纽,所以将异步电动机的定子称为电枢。定子部分主要包括定子绕组、定子铁心和机座。

1）定子绕组

定子绕组是定子部分的电路,它是把电能转换为机械能的关键部件。三相异步电动机的三相定子绕组是由 3 个在空间互隔 120°电角度、对称排列的绕组连接而成,这些绕组的各个线圈按一定规律分别嵌放在定子各槽内。按定子绕组在槽内的位置,可分为单层绕组和双层绕组。10 kW 以下的小容量异步电动机常用单层同心式、链式或交叉式绕组。双层绕组的优点是可以灵活选择节距以改变电动势和磁动势波形,因此容量较大的异步电动机都采用双层短距叠绕组或波绕组。

2）定子铁心

定子铁心是异步电动机磁路的一部分,由于主磁场以同步转速相对定子旋转,为了减小在铁心中引起的损耗,铁心采用 0.5 mm 厚的高导磁电工钢片叠成,电工钢片两面涂有绝缘漆以减小铁心的涡流损耗。中小型异步电动机的定子铁心一般采用整圆的冲片叠成,大型异步电动机的定子铁心一般采用扇形冲片拼成。在每个冲片内圆均匀地开槽,使叠装后的定子铁心内圆均匀地形成许多形状相同的槽,用以嵌放定子绕组。槽的形状由电机的容量、电压及绕组的形式而定。绕组的嵌放过程在电机制造厂中称为下线。完成下线并进行浸漆处理后的铁心与绕组成为一个整体一同固定在机座内。

3）机　座

机座又称机壳,它的主要作用是支撑定子铁心,并通过机座的底脚将电机安装固定。全封闭式电机的定子铁心紧贴机座内壁,机座外壳上的散热筋是电机的主要散热面。中、小型电机的机座一般采用铸铁制成。大型电机因机身较大浇注不便,常用钢板焊接成型。

2. 转子部分

异步电动机的转子部分主要由转子铁心、转子绕组及转轴组成。

1）转子铁心

转子铁心也是电机磁路的一部分,也是用 0.5 mm 厚的电工钢片叠成。与定子铁心冲片不同的是,转子铁心冲片是在冲片的外圆上开槽,叠装后的转子铁心外圆柱面上均匀地形成许多形状相同的槽,用以放置转子绕组。

2）转子绕组

转子绕组是异步电机电路的另一部分,其作用为切割定子磁场,产生感应电动势和电流,并在磁场作用下受力而使转子转动。其结构可分为鼠笼式转子绕组和绕线式转子绕组两种类型。

鼠笼式转子绕组结构与定子绕组大不相同。在转子铁心外圆有槽，每槽内放一根导条，在铁心两端用两个端环把所有的导条都连接起来，形成自行闭合的回路。如果去掉铁心，整个绕组的形状就像一个鼠笼，如图 3.5 所示。导条与端环的材料可用铜或铝。如果是用铜，就是事先把做好的裸铜条插入铁心槽中，再用铜端环套在两端铜条的头上，并用铜焊或银焊把它们焊在一起。

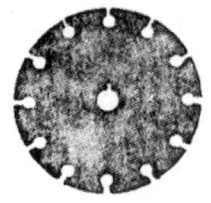 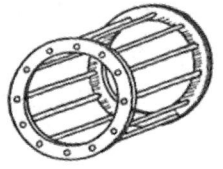 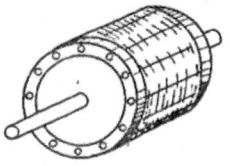

（a）转子冲片　　　（b）鼠笼式绕组　　　（c）鼠笼式转子

图 3.5　鼠笼式转子

对于中、小型电机一般都采用铸铝转子，是用熔化了的铝液直接浇铸在转子铁心槽内，连同端环以及风叶等一次铸成，如图 3.6 所示。

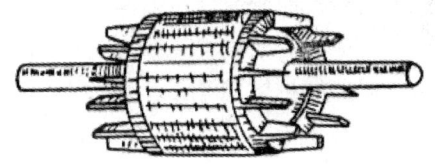

图 3.6　鼠笼式铸铝转子绕组

绕线式转子绕组是用绝缘导线制成的，嵌放在转子铁心槽内，转子三相对称绕组一般采用星形接法，3 根引出线分别接到 3 个集电环上，集电环固定在转轴上并互相绝缘。通过安装在端盖上的电刷装置与集电环接触把电流引出来，如图 3.7 所示。

绕线式转子的特点是可以通过集电环和电刷在转子回路中接入附加电阻，用以改善电动机的起动性能，或调节电动机的转速。与鼠笼式转子相比，绕线式转子的缺点是结构复杂，价格较贵，运行的可靠性也较差。因此，绕线转子异步电动机只用在要求起动电流小、起动转矩大，或需要调节转速的场合，例如，用来拖动频繁起动的起重设备。

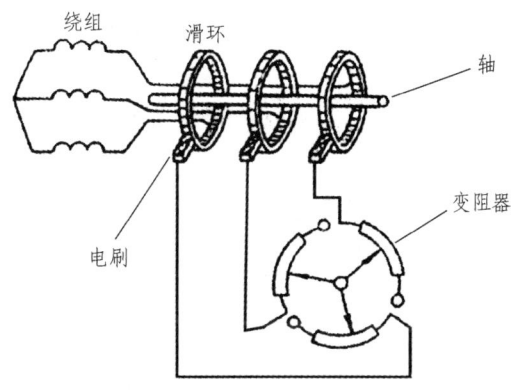

图 3.7　绕线式转子与外部变阻器的连接图

3）转 轴

转轴是整个转子部件的安装基础，又是机械功率的传输部件，整个转子靠轴和轴承被支撑在定子铁心内腔中。转轴一般由中碳钢或合金钢制成。

3. 气 隙

异步电动机的气隙很小，中小型电动机一般为 0.2~2 mm。气隙越大，磁阻越大，要产生同样大小的磁场，就需要较大的励磁电流。由于气隙的存在，异步电动机的磁路磁阻远比变压器的大，因而异步电动机的励磁电流也比变压器的大得多。变压器的励磁电流约为额定电流的 3%，异步电动机的励磁电流约为额定电流的 30%。

二、三相异步电动机的铭牌

每台异步电动机机壳上都装有铭牌，把它的运行额定值印刻在上面。异步电动机按铭牌上所规定的条件运行时，称为电动机的额定运行状态。根据国家标准规定，异步电动机的额定值主要有：

（1）额定功率 P_N：指电动机在制造厂（铭牌）所规定额定运行状态下运行时，轴端输出的机械功率，单位为 W 或 kW。

（2）定子额定电压 U_N：指电动机在额定状态下运行时，定子绕组应加的线电压，单位为 V 或 kV。

（3）定子额定电流 I_N：指电动机在额定电压下运行，输出额定功率时，流入定子绕组的电流，单位为 A。

对三相异步电动机，额定功率为

$$P_N = \sqrt{3} U_N I_N \eta_N \cos\varphi_N \tag{3.1}$$

式中　η_N——额定运行时异步电动机的效率；

$\cos\varphi_N$——额定运行时异步电动机的功率因数。

（4）额定转速 n_N：指电动机在额定状态下运行时，转子的转速，单位为 r/min。

（5）额定频率 f_N：我国工频为 50 Hz。

（6）额定功率因数 $\cos\varphi_N$：指电动机在额定负载时，定子边的功率因数。

（7）绝缘等级与温升。

除上述数据外，铭牌上有时还标明定子相数和绕组接法、额定运行时电动机的效率、定额、转子额定电动势 E_{2N}（指定子绕组加额定电压、转子绕组开路时，集电环之间的线电动势）和转子额定线电流 I_{2N}。

电动机的额定输出转矩可以由额定功率 P_N、额定转速 n_N 计算，公式为

$$T_{2N} = 9\,550 \frac{P_N}{n_N} \tag{3.2}$$

其中，功率的单位是 kW，转速的单位是 r/min，转矩的单位是 N·m。

四、三相异步电动机的接线

三相异步电动机一般有 6 个出线端 U_1、U_2、V_1、V_2、W_1、W_2，出线端置于机座外侧的接线盒内，如图 3.8 所示。根据额定电压和电源电压的配合情况，可接成星形（Y）或三角形（△），星形接法时额定电压为 220 V，改为三角形时就可用于 380 V 的电源上。高、中型容量的异步电动机三相绕组一般采用星形接法；小容量的异步电动机三相绕组用三角形接法。

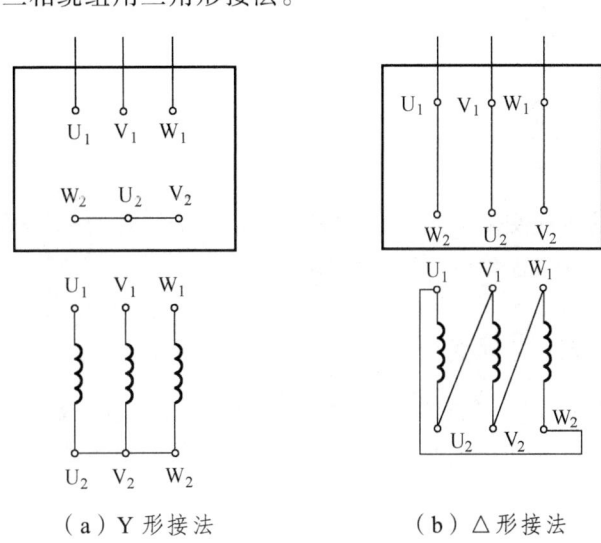

（a）Y 形接法　　　　　（b）△形接法

图 3.8　三相鼠笼式异步电动机出线端

思考与练习

一、填空题

1. 按照转子形式，三相异步电动机可分为_____异步电动机和_____异步电动机两大类。
2. 三相异步电动机由_____和_____两部分构成。
3. 三相异步电动机定子主要由_____、_____和_____组成。
4. 三相异步电动机转子主要由_____、_____及_____组成。
5. 三相异步电动机定子三相绕组的结构是____，根据需要可接成____或____。
6. 中、小型异步电动机的机座一般采用_____制成，大型电动机机座常用_____成型。

二、综合分析题

一台三相异步电动机铭牌上写明，额定电压 380/220 V，定子绕组接法 Y/△。如果使用时将定子绕组连成△，接在 380 V 的三相电源上，能否空载或带负载运行？为什么？

任务二 交流绕组

任务目标

（1）掌握三相异步电动机交流绕组的构成和连接方法；
（2）熟悉交流绕组的分类、特点及其应用；
（3）能绘制单层链式、双层叠式绕组展开图；
（4）培养严谨认真、精益求精的工匠作风。

任务内容

三相异步电动机的交流绕组是由许多嵌放在定子铁心槽中的线圈，按照一定的规律分布、排列并连接而成的。

一、交流绕组概述

交流绕组是把属于同相的导体绕成线圈，再按照一定的规律，将线圈串联或并联起来。交流绕组通常都绕成开启式，每相绕组的始端和终端都引出来，以便于接成星形或三角形。

1. 基本术语

1）机械角度和电角度

一个圆周所对应的几何角度为360°，该几何角度称为机械角度。从电磁方面来看，导体每经过一对磁极N、S，其电势就完成一个交变周期。对于4极电机，$p=2$，这时导体每旋转一周要经过两对磁极，对应的电角度为$2 \times 360° = 720°$，若电机有p对极，则电角度 = $p \times$ 机械角度。

2）每极每相槽数q

每极每相槽数q是指每相绕组在每个磁极下占的槽数，可由下式计算

$$q = \frac{z_1}{2pm} \tag{3.3}$$

式中 m——相数。

q个槽所占的区域称为一个相带。通常情况下，三相异步电动机每个磁极下可按相数分为3个相带，因一个磁极对应的电角度为180°，故每个相带占有电角度为60°，称为60°相带。

3）槽距角α

槽距角是指相邻的两个槽之间的电角度。可由下式计算

$$\alpha = \frac{360° \times p}{z_1} \quad (3.4)$$

4）极相组

极相组是指一个磁极下属于同一相的线圈按一定方式串联成的线圈组。

2. 交流绕组的基本要求

三相交流绕组的构成主要从设计制造和运行两方面考虑。绕组的形式有多种多样，具体要求为：

（1）在一定的导体数下，绕组的合成电势和磁势在波形上应尽可能为正弦波，在数值上尽可能大，而绕组的损耗要小，用铜量要省。

（2）对于三相绕组，各相的电势和磁势要求对称，各相的电阻和电抗要求相同。为此，必须保证各绕组所用材料、形状、尺寸及匝数都相同，各相绕组在空间的分布应彼此相差120°电角度。

（3）绕组的绝缘和机械强度要可靠，散热条件要好。

（4）制造、安装、检修要方便。

总之，上述对交流电枢绕组的要求，从原理上来看，可以归纳为对绕组感应电动势和产生磁动势的要求。对三相交流电机来说，要求三相绕组能感应出波形接近正弦、有一定数值的三相对称电动势；要求当三相绕组中流过三相对称电流时，能产生接近圆形的旋转磁动势。

3. 三相交流绕组的分布、排列与连接要求

三相交流绕组的作用是产生旋转磁场，要求交流绕组是对称的三相绕组，其分布、排列与连接应按下列要求进行：

（1）各相绕组在每个磁极下应均匀分布，以达到磁场的对称。为此，先将定子槽数按极数均分，每一等分代表180°电角度（称为分极）；再把每极下的槽数分为3个区段（相带），每个相带占60°电角度（称为分相）。

（2）各相绕组的电源引出线应彼此相隔120°电角度。

（3）同一相绕组的各个有效边在同性磁极下的电流方向应相同，在异性磁极下的电流方向相反。

（4）同相线圈之间的连接应顺着电流方向进行。

4. 交流绕组的分类

交流绕组按槽内层数来分，可分为单层绕组、双层绕组和单双层混合绕组；按每极每相所占的槽数来分，可分为整数槽绕组和分数槽绕组；按绕组的结构形状来分，可分为链式绕组、交叉式绕组、同心式绕组、叠绕组和波绕组等。以下介绍三相单层绕组和三相双层绕组。

二、三相单层绕组

单层绕组是指每一个槽内只有一条线圈边，整个绕组的线圈数等于定子总槽数一半的绕组。按照线圈的形状和端部连接方式的不同，单层绕组可分为链式绕组、交叉式绕组和同心式绕组等几种形式。

1. 链式绕组

链式绕组是由相同节距的线圈组成，其结构特点是线圈一环套一环，形如长链，每极每相槽数 q 一般为 2 槽。国产 JO2-21-4 型、JO2-22-4 型、Y802-4 型等三相异步电动机的定子绕组都是采用这种链式绕组。

2. 同心式绕组

同心式绕组的结构特点是各相绕组均由不同节距的同心式线圈连接而成，其每极每相槽 q 一般为 4 槽。国产 JO2-12-2 型、JO2-31-2 型、Y112M-2 型等三相异步电动机的定子绕组都是采用这种同心式绕组。

3. 交叉式绕组

交叉式绕组主要用于每极每相槽数 q 为 3 槽的 4 极或两极小型三相异步电动机中。这种绕组可看成是链式绕组和同心式绕组的一个综合。它采用不等距的线圈，比同心式绕组的端部短，且便于布置。国产 JO2-31-4 型、JO2-32-4 型、Y132M-4 型等三相异步电动机的定子绕组都是采用这种交叉式绕组。

【例 3.1】 国产 Y90L-4 型三相异步电动机，定子绕组为单层链式绕组，定子槽数为 24，节距 $y_1 = 5$ 槽，试绘出其绕组展开图。

（1）分极、分相。

$$每极所占槽数\ \tau = \frac{z_1}{2p} = \frac{24}{2 \times 2} = 6\ 槽$$

$$每极每相槽数\ q = \frac{z_1}{2pm} = \frac{24}{2 \times 2 \times 3} = 2\ 槽$$

分极：如图 3.9（a）所示，将定子全部槽数按极数均分，则每极下分有 6 槽。磁极按 S、N、S、N 排列。

分相：将每个磁极下的槽数按相数均分为 3 个相带，则每个相带占有 2 槽。因一个磁极下有 3 个相带，则每对磁极共有 6 个相带，将这 6 个相带按 U_1、W_2、V_1、U_2、W_1、V_2 的顺序排列，如图 3.9（a）所示。

（2）标出线圈有效边的电流方向。

按相邻两个磁极下线圈边中的电流方向相反的原则，设 S 极下线圈边的电流方向向上，则 N 极下线圈边的电流方向向下，如图 3.9（a）中箭头方向所示。

（3）按绕组节距的要求把相邻异极性下同一相槽中的线圈边连成线圈。

由图 3.9（a）可知，U 相绕组包含第 1、2、7、8、13、14、19、20 共 8 个槽中

的线圈边。线圈边 1、2 与 7、8 分别处于 S 极与 N 极下面，它们的电流方向相反，故线圈边 1、2 中的任意一个与线圈边 7、8 中的任意一个都可组成一个线圈；同样 13、14 中任意一个与 19、20 中任一个也都可组成一个线圈。本题中，节距 $y_1 = 5$，故可将 U 相带下 8 个槽中的导体组成以下 4 个线圈：2-7、8-13、14-19、20-1，如图 3.9（b）所示。同理，V 相的 4 个线圈为 6-11、12-17、18-23、24-5；W 相的 4 个线圈为 10-15、16-21、22-3、4-9，如图 3.9（c）所示。

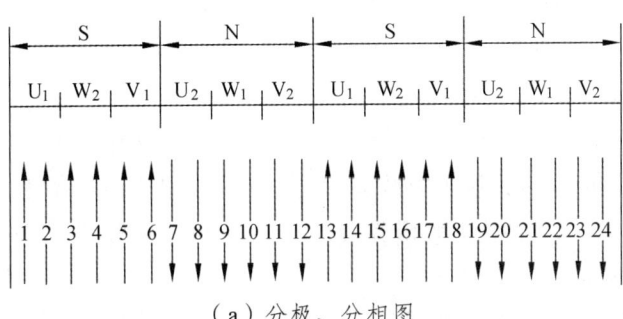

（a）分极、分相图

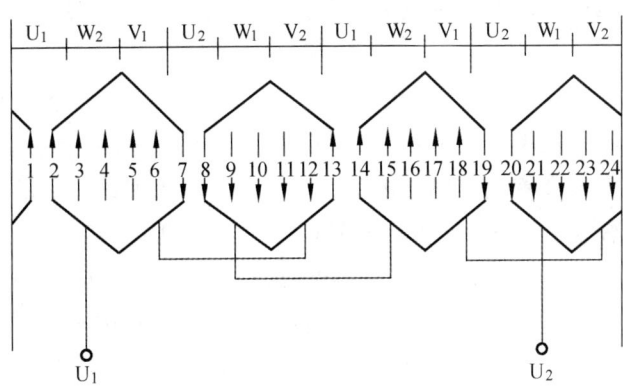

（b）U 相绕组

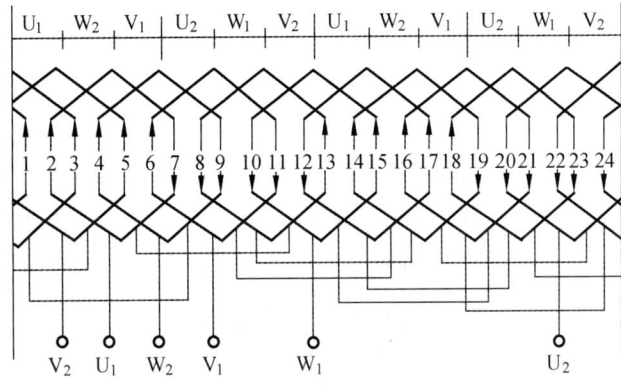

（c）三相绕组

图 3.9 链式绕组

（4）确定各相绕组的出线端。

各相绕组的出线端彼此相隔120°电角度。由于本题电机的槽距角为

$$\alpha = \frac{360° \times p}{z_1} = \frac{360° \times 2}{24} = 30°$$

则120°电角度相隔 $\frac{120°}{30°} = 4$ 槽。

将U相绕组出线端的首端U_1定在第2槽，则V相首端V_1应定在第6槽（2+4），W相首端W_1定在第10槽，如图3.9（c）所示。

（5）顺着电流方向把同相线圈连接起来。

将U相各线圈沿电流方向连接起来，便形成U相绕组的展开图，如图3.9（b）所示。显然，上述的连接方法是各线圈的"头接头、尾接尾"，这种连接方法称为反串联。按同样的方法，可连成V相绕组和W相绕组，从而得到三相绕组的展开图，如图3.9（c）所示。

单层绕组的构成最主要的是确定三相绕组的各个线圈在定子槽中的分布规律，只要保证每相绕组所属的槽号及电流方向，改变绕组元件的端接形式，对电磁效果就基本上没有影响。

上面讨论的3种形式的单层绕组，它们从外部结构上看虽各不相同，但从产生的电磁效果角度看则基本上是一致的。因此到底选用哪种结构形式，主要从缩短端接部分的长度（即节省有色金属）出发，当然也要考虑嵌线工艺的可能性。同心式绕组因端节部分较长，一般只在嵌线比较困难的两极电机中采用，功率较小的4极、6极、8极电机采用链式绕组，少部分的两极、4极电机采用交叉式绕组。

单层绕组的优点是结构简单，嵌线比较方便，槽的利用率高（因无层间绝缘）。其最大的缺点是产生的磁场和电势波形较差（与正弦波相差较大），从而使电机铁损和噪声都较大，起动性能不良，故多用于小容量的三相异步电动机。

三、三相双层叠绕组

双层绕组的每个槽内有上层、下层两个线圈边，每个线圈的一条边嵌放在某一槽的上层，另一条边嵌放在另一槽的下层，整个绕组线圈数正好等于槽数。

双层绕组可以选择最有利的节距，所有线圈具有同样的形状和尺寸，便于制造，端部形状排列整齐，有利于散热和增加机械强度，所以容量较大（10 kW以上）的三相异步电动机的定子绕组一般均采用双层绕组。

双层绕组可分为叠绕组和波绕组两种形式。叠绕组在嵌线时，两个互相串联的线圈，总是后一个叠在前一个上面，所以称为叠绕组。以下举例说明三相双层叠绕组的结构及展开图的绘制方法和步骤。

【例 3.2】 一台三相 4 极异步电动机，定子绕组为双层叠绕组，定子槽数为 36，节距 $y_1 = 7$，试绘出其绕组展开图。

（1）分极、分相。

$$每极所占槽数\ \tau = \frac{z_1}{2p} = \frac{36}{2 \times 2} = 9\ 槽$$

$$每极每相槽数\ q = \frac{z_1}{2pm} = \frac{36}{2 \times 2 \times 3} = 3\ 槽$$

由计算可知，该电机每极下共有 9 个槽，整个定子可分为 12 个相带，每相带内有 3 个槽，采用与【例 3.1】相同的方法分极、分相，如图 3.10（a）所示。

（2）标出 U 相线圈有效边的电流方向。

图 3.10 中，实线表示上层边，虚线表示下层边，每个线圈都由一根实线和一根虚线组成，各线圈的编号都用其上层边所在的槽号表示。设 S 极下线圈上层边的电流方向向上，则 N 极下线圈上层边电流方向向下。

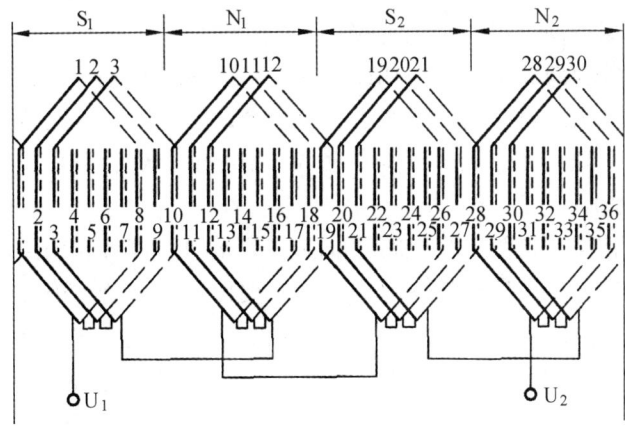

（a）U 相绕组

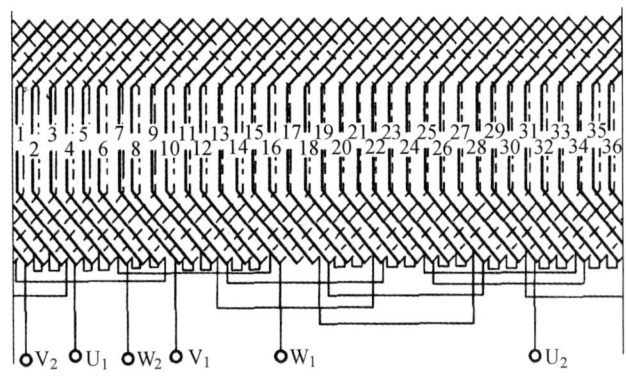

（b）三相绕组

图 3.10 双层叠绕组

(3) 按绕组节距的要求把同一相的线圈边按电流方向连成线圈并组成极相组。

对 U 相绕组来说，因线圈节距 $y_1=7$ 槽，则第 1 槽的上层边与第 8 槽的下层边连接起来构成线圈 1，第 2 槽的上层边与第 9 槽的下层边连接起来构成线圈 2，以此类推，即可构成定子绕组 U 相的全部 12 个线圈。

将线圈 1、2、3 串联起来，19、20、21 串联起来，分别组成了两个对应于 S 极下的极相组；将线圈 10、11、12 串联起来，28、29、30 串联起来，分别组成了两个对应于 N 极下的极相组，如图 3.10（a）所示。

(4) 确定各相绕组的出线端。

各相绕组的出线端彼此相隔 120°电度角。本题电机的槽距角为

$$\alpha = \frac{360° \times p}{z_1} = \frac{360° \times 2}{36} = 20°$$

由于 U、V、W 三相绕组出线端的首端应相隔 120°电角度，将 U 相出线端的首端 U_1 定在第 1 槽，则 V 相首端 V_1 在第 7 槽，W 相首端 W_1 在第 13 槽，如图 3.10（b）所示。

(5) 顺着电流方向把各极相组连接起来。

U 相绕组中各线圈的电流方向如图 3.10（a）所示，沿电流方向将 U 相绕组的 4 个极相组按"头接头，尾接尾"的方法连接起来，便形成 U 相绕组的展开图，如图 3.10（a）所示。同理，可连成 V 相绕组和 W 相绕组，从而得到三相绕组的展开图，如图 3.10（b）所示。

上述绕组的连接，是假定绕组的并联支路数 $a=1$，即各相绕组的 4 个极相组串联成一条支路。若要求并联支路数 $a=2$，则只要改变各相绕组的 4 个极相组之间的连接。以 U 相为例，把第一对极中 S 极下的极相组 1-2-3 与 N 极下的极相组 10-11-12 用"尾接尾"的方法连接起来组成一条支路，而把另一对极中 S 极下的极相组 19-20-21 与 N 极下的极相组 28-29-30 用"尾接尾"的方法连接起来组成另一条支路，然后再把这两条支路的首端与首端（线圈 1 和线圈 19 的首端）相连，作为 U 相绕组的首端 U_1，尾端与尾端（线圈 10 和线圈 28 的首端）相连，作为 U 相绕组的尾端 U_2，即得到两条并联支路。

由上所述可知，双层叠绕组每相的极相组数正好等于电机的极数。而每个极相组都可单独成为一条支路，因此，双层叠绕组每相的最大并联支路数等于电机磁极数。

双层叠绕组的优点是：

(1) 可以灵活地选择线圈节距 y_1 来改善电动势和磁动势波形。

(2) 短距时能节省端部用铜。

(3) 便于得到较多的并联支路数。

其缺点是：

(1) 一台电机最后几个线圈的嵌线较困难。

(2) 线圈组间连接线较长，极数多时耗铜多。

为了克服双层叠绕组间连接线较长，极数多时耗铜多的缺点，可采用双层波绕组。交流电机的波绕组与直流电机的波绕组类似，其线圈的示意图如图 3.11 所示，相邻线圈沿绕制方向波浪形前进。

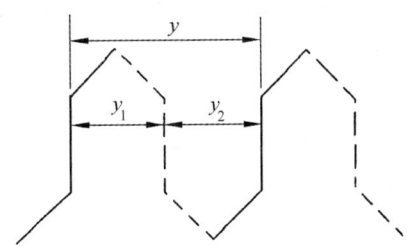

图 3.11 波绕组线圈与节距

绕组的节距有第一节距 y_1、第二节距 y_2 和合成节距 y。

第一节距 y_1：是每个线圈两个有效边之间的距离。

第二节距 y_2：是前一线圈的下层边与相连的后一线圈的上层边之间的距离。

合成节距 y：是两个相连线圈对应边之间的距离，3 个节距均用槽数来表示。

第一节距 y_1 的确定与叠绕组线圈节距 y_1 相同，等于极距 τ 或略小于 τ。为使相连线圈的磁动势或电动势相加，两个相连的线圈应处于相邻两对磁极的对应位置，故合成节距 y 通常选为一对极距，即

$$y = y_1 + y_2 = 2\tau = \frac{z}{p} \quad (3.5)$$

与单层绕组相比，双层绕组的优点是可以采用短距，以改善磁动势和电动势的波形，绕组端部排列方便，便于整形，可以得到较多的并联支路数。其缺点是线圈数目多一倍，绕线下线费事，槽内上下层线圈边之间应垫层间绝缘，降低了槽的利用率，短距时，有些槽的上下层线圈边不属于同一相，存在相间绝缘击穿的薄弱环节。适用于电机容量大于 10 kW 的交流电机。

思考与练习

一、填空题

1. 交流绕组通常都绕成开启式，以便于接成_____形或_____形。
2. 单层绕组多用于_____的三相异步电机中，双层绕组适用于_____的三相异步电机。
3. 三相交流绕组的作用是产生_____。
4. 三相交流双层绕组可分为_____绕组和_____绕组两种形式。

二、判断题

1. 三相交流双层叠绕组每相的并联支路数始终等于电机磁极数。（　　）
2. 极对数多时，双层叠绕组间比双层波绕组耗铜量要多。（　　）

任务三　三相异步电机的工作原理

任务目标

（1）了解三相交流绕组的合成旋转磁场；
（2）能根据转差率判断三相异步电机的运行状态；
（3）弘扬工匠作风，严于律己，宽以待人。

任务内容

异步电机是应用电磁感应原理进行能量转换的旋转电机之一。三相异步电机根据转差率的不同可分为3种运行状态：电动机状态、发电机状态和电磁制动状态。

一、三相定子绕组的电势

通过单层链式绕组、同心式绕组和交叉式绕组等的展开图，可以看出，这些绕组的线圈是按照一定的规律分布排列着，且它们的线圈节距均小于其极距，也就是说，它们是分布绕组。相比较而言，可以说变压器原、副边绕组都是集中绕组。根据电磁感应定律可以证明，三相异步电动机定子绕组的相电势 E_1 为

$$E_1 = 4.44 f_1 N_1 K_{\omega 1} \Phi_m \tag{3.6}$$

式中　f_1——三相定子绕组中电流的频率；
　　　N_1——每相定子绕组总的串联匝数；
　　　Φ_m——异步电动机的每极磁通；
　　　$K_{\omega 1} = K_y K_q$——绕组因数；
　　　K_y——节距因数，它的数值与线圈节距有关，它表示短距线圈和长距线圈电势的减小程度，短距线圈和长距线圈的 $K_y < 1$，整距线圈的 $K_y = 1$；
　　　K_q——分布因数，它的数值与线圈分布有关，它表示分布线圈电势的减小程度，分布线圈的 $K_q < 1$，集中线圈的 $K_q = 1$。

二、三相定子绕组的磁势

1. 单相绕组的磁势

在三相定子绕组中通入三相正弦波的电流，则三相定子绕组中的每一个单相绕组所产生的磁势为脉动磁势。所谓脉动磁势，就是磁势的轴线（即磁势幅值所在的位置）在空间固定不动，但振幅不断随时间而变化的磁势。

可以证明，单相绕组脉动磁势，$f_\Phi(x,t)$ 的数学表达式可以写成

$$f_\Phi(x,t) = F_\Phi \cos x \cos \omega t \tag{3.7}$$

式中　　F_Φ——磁势的幅值；

　　　　x——空间坐标；

　　　　t——时间坐标；

　　　　ω——绕组中正弦交流电的角频率。

从式（3.7）可见，在任一瞬间，磁势的空间分布为一余弦波，但在空间任何一点的磁势，则又随时间作余弦变化。或者说，该磁势既是空间函数又是时间函数。

可以证明，单相绕组脉动磁势的幅值 $F_\Phi = 0.9 I N_1 K_\omega / p$，说明单相绕组脉动磁势的幅值与绕组中的电流 I 成正比，与相绕组总的串联匝数 N_1 成正比，与绕组因数 K_ω 成正比，与电机的极对数 p 成反比。

2. 三相绕组的磁势

三相绕组由 3 个单相绕组组成，这 3 个单相绕组分别产生脉动磁势。在三相异步电动机中，3 个单相绕组是对称的，即 U、V、W 三相绕组在空间互相间隔的距离为 120°电角度。电机在对称运行时，通入三相绕组中的三相电流亦是对称的，其幅值相等，在时间相位上互差 120°电角度，即

$$i_U = \sqrt{2} I \cos \omega t \tag{3.8}$$

$$i_V = \sqrt{2} I \cos(\omega t - 120°) \tag{3.9}$$

$$i_W = \sqrt{2} I \cos(\omega t - 240°) \tag{3.10}$$

在 U、V、W 三相绕组的磁势分别为

$$f_{\Phi U} = F_\Phi \cos x \cos \omega t \tag{3.11}$$

$$f_{\Phi V} = F_\Phi \cos(x - 120°) \cos(\omega t - 120°) \tag{3.12}$$

$$f_{\Phi W} = F_\Phi \cos(x - 240°) \cos(\omega t - 240°) \tag{3.13}$$

将这 3 个脉动磁势分别进行分解，可得

$$f_{\Phi U} = \frac{1}{2} F_\Phi \cos(\omega t - x) + \frac{1}{2} F_\Phi \cos(\omega t + x) \tag{3.14}$$

$$f_{\Phi W} = \frac{1}{2} F_\Phi \cos(\omega t - x) + \frac{1}{2} F_\Phi \cos(\omega t + x - 120°) \tag{3.15}$$

$$f_{\Phi V} = \frac{1}{2} F_\Phi \cos(\omega t - x) + \frac{1}{2} F_\Phi \cos(\omega t + x - 240°) \tag{3.16}$$

把上述 3 个公式相加，可知前三相余弦互相叠加，后三相之和为零。故三相合成磁势为

$$f(x,t) = 1.5 F_\Phi \cos(x - \omega t) \tag{3.17}$$

上式表明,当三相对称电流流过三相对称绕组时,三相绕组的合成磁势为一个圆形旋转磁势。

圆形旋转磁势的幅值为单相绕组脉动磁势幅值 F_Φ 的 1.5 倍,其旋转速度为同步转速,用 n_1 来表示,其计算公式为

$$n_1 = \frac{60 f_1}{p} \qquad (3.18)$$

式中　　f_1——三相定子绕组中电流的频率;

　　　　p——三相异步电动机的磁极对数。

一个三相对称绕组流过三相对称电流时,它所产生的合成磁势是一个圆形旋转磁势。这个概念可以进一步用图 3.12 来解释。图 3.12 中 U_1U_2、V_1V_2、W_1W_2 是定子上的三相绕组,它们在空间互相间隔 120°电角度。三相电流的变化曲线如图 3.13 所示。

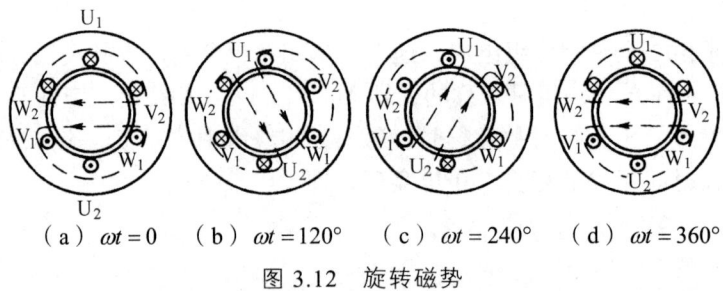

图 3.12　旋转磁势

在图 3.12 中,假设:A、B、C 三相电流分别流入 U、V、W 三相绕组,正值电流是从绕组的首端流入(用 ⊗ 来表示流入)而从尾端流出(用 ⊙ 来表示流出),负值电流则从绕组的尾端流入而从首端流出。

在图 3.13 中,当 $\omega t = 0$ 时,A 相电流具有正的最大值,相应地在图 3.12(a)中,A 相电流是从 U 相绕组的首端点 U_1 流入,而从尾端点 U_2 流出,此时,B 相及 C 相电流均为负值,所以电流 I_B 和 I_C 分别从 V 相绕组及 W 相绕组的尾端 V_2 和 W_2 流入,而从首端 V_1 和 W_1 流出。从图 3.12(a)中电流的分布情况可以清楚地看到:合成磁势的轴线正好与 U 绕组的中心线相重合。

在图 3.13 中,当 $\omega t = 120°$ 时,B 相电流达到正的最大值,A 相及 C 相电流则为负值,因此相应地在图 3.12(b)中,B 相电流是从 V 相绕组的首端 V_1 点流入,而从尾端 V_2 点流出,A 相及 C 相电流分别从它们的尾端 U_2 及 W_2 点流入,而从首端 U_1 及 W_1 点流出,此时合成磁势的轴线便与 V 相绕组的中心线相重合。

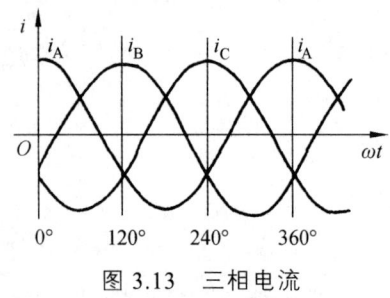

图 3.13　三相电流

根据同样的方法可以解释,当 $\omega t = 240°$ 时,C 相电流有最大值,合成磁势的轴

线便与 W 相绕组的中心线相重合。分析图 3.12（a）、（b）、（c）3 个图形中磁势的位置，可以明显地看出：合成磁势是一个旋转磁势。旋转磁势的轴线总是与电流达到最大值的那一相绕组的中心线相重合。

如果三相绕组流过的是正序电流，则 A 相电流首先达到最大值，而后依次是 B 相及 C 相电流达到最大值，则合成磁势的轴线首先与 U 相绕组的中心线相重合，而后再依次同 V 相绕组和 W 相绕组中心线相重合。所以合成磁势的旋转方向是从 U 相到 V 相，再从 V 相到 W 相。也就是说：旋转磁势的转向总是从超前电流的相转向滞后电流的相。

如果三相绕组流过的是负序电流，则 A 相电流首先达到最大值，而后依次是 C 相及 B 相电流达到最大值，所以合成磁势的轴线首先与 U 相绕组的中心线相重合，而后再依次同 W 相绕组和 V 相绕组中心线相重合。合成磁势的旋转方向是从 U 相到 W 相，再从 W 相到 W 相。

可见：要改变旋转磁势的转向，只要改变通入电流的相序。也就是说，只要把三相绕组中的任何两个出线端的位置对换就可以了。

综上所述，三相绕组合成磁势具有以下性质：

（1）三相合成磁势在任何瞬间保持着恒定的振幅，它是单相脉振磁势振幅的 1.5 倍。

（2）三相绕组合成磁势的转速仅决定于电流的频率和电机的极对数。

（3）当某相电流达到最大值时，合成磁势波的波幅就与该相绕组的轴线重合。

（4）合成磁势的旋转方向决定于电流的相序。

三相异步电动机的工作原理

三、三相异步电动机的工作原理

三相异步电机作为电动机运行是其最普遍的工作状态。三相电流流入三相定子绕组，产生旋转磁势，并在气隙中产生相应的旋转磁场。旋转磁场也是以同步转速 n_1 在旋转。为了便于说明问题，在图 3.14（a）中用一对旋转的磁极来表示该旋转磁场。

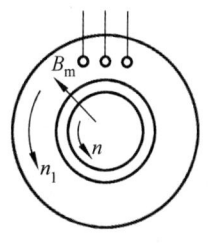 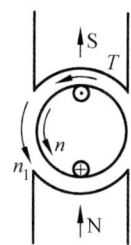 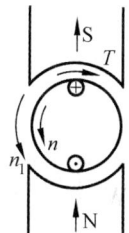 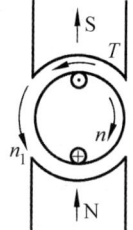

（a）示意图　　（b）电动机运行　　（c）发电机运行　　（d）制动运行

图 3.14　三相异步电机的工作原理

当旋转磁场切割转子导体时,在其中产生感应电动势,使转子导体中有电流流过。其方向可利用右手定则判断。转子电流与旋转磁场作用而产生电磁转矩,使转子以转速 n 旋转,从而把电能转换成机械能,作电动机运行。由左手定则判断可知:转子方向与磁场旋转方向相同,如图 3.14(b)所示。

当异步电机作为电动机运行时,为了克服负载的阻力转矩,三相异步电动机的转速 n 总是略低于同步转速 n_1,以便气隙中的旋转磁场能够切割转子导体而在其中产生感应电动势和感应电流,从而能够产生足够的电磁转矩来拖动转子旋转。如果转子的转速与同步转速相等,转向又相同,则气隙旋转磁场与转子导体之间没有相对运动,因而转子导体中就不会产生感应电动势和电流,电机的电磁转矩也将为零。可见,异步电机产生电磁转矩的必要条件是,磁场的同步转速 n_1 和转子的转速 n 不相等,即 $n_1 \neq n$。

把同步转速 n_1 和转子转速 n 的差值称为转差,转差与同步转速 n_1 的比值称为转差率,转差率用 s 来表示,即

$$s = \frac{n_1 - n}{n_1} \tag{3.19}$$

转差率是异步电机的一个基本变量,它可以表示异步电机的各种不同运行状态。

(1)在电机刚起动时,转子转速 $n = 0$,则 $s = 1$,转子切割旋转磁场的相对速度为最大,转子中的电势及电流也最大。如果电动机产生的电磁转矩足以克服机械负载的阻力转矩,转子就开始旋转,转速会不断上升。

(2)随着转子转速 n 的上升,转差率 s 减小,转子切割旋转磁场的相对速度减小,转子中的电势及电流也减小。在额定状态下,转差率 s 的数值通常都是很小的,中小型异步电动机的转差率为 0.01~0.07,转子转速与同步转速相差并不很大。而空载时,因阻力矩很小,转子转速 n 很高,转差率则更小,为 0.004~0.007,可以认为转子转速近似等于同步转速。

(3)假设 $n_1 = n$,则转差率 $s = 0$,此时转子导体不切割旋转磁场,转子中就没有感应电势及电流,也不产生电磁转矩。

可见,作电动机运行时,转速 n 在 $0 \sim n_1$ 的范围内变化,而转差率则在 1~0 的范围内变化。

三相异步电动机的转速可用转差率来计算,即

$$n = (1-s)n_1 \tag{3.20}$$

四、三相异步电机作为发电机运行

若异步电机的转轴上不是机械负载,而是用原动机拖动异步电机的转子以大于同步转速的速度与旋转磁场同方向旋转,如图 3.14(c)所示。此时,转子导体相对于旋转磁场的运动方向与图 3.14(b)相反,转子导体中的电势及电流也反向。由

左手定则可知，转子导体所产生的电磁转矩也与转子转向相反，起着制动作用。为了克服电磁转矩的制动作用，使转子能继续旋转下去，并保持 $n>n_1$，原动机就必须不断向电机输入机械功率，而电机则把输入的机械功率转换为电功率输出给电网，此时异步电机成为发电机。异步发电机运行时，转差率 s 为负值。

五、三相异步电机在制动状态下运行

若在外力作用下，使转子逆着旋转磁场方向转动，如图 3.14（d）所示。比较图 3.14（b）和图 3.14（d）可见，此时，转子导体相对于磁场的运动方向与电动机运行状态相同，故转子导体中的电势和电流方向仍与电动机状态相同，作用在转子上的电磁转矩方向与旋转磁场方向一致，但却与转子转向相反，起了阻止转子旋转的作用，故称为三相异步电动机的制动运行。在这种情况下，它一方面消耗原动机的机械功率，同时也从电网吸收电功率，这两部分功率均变为三相异步电动机内部的损耗。制动运行时，由于转子逆着磁场方向旋转，$n<0$，则转差率 $s>1$。

在 3 种运行状态下，转子转速总是与旋转磁场转速（同步转速）不同，因而称为异步电机。又由于异步电机的转子绕组并不直接与电源相接，而是依靠电磁感应的原理来产生感应电势和电流，从而产生电磁转矩使电动机转动，因而异步电机又称为感应电机。

实际上，异步电机绝大多数都是作为电动机运行。异步发电机的性能不如同步发电机优越，因此仅用在特殊场合。制动运行往往是吊车等设备的一种特殊运行状态。

思考与练习

一、填空题

1. 当转差率 s 为负值时，三相异步电机做_____运行，当转差率 s 大于 1 时，三相异步电机做_____运行。

2. 三相感应电机转速为 n，定子旋转磁场的转速为 n_1，当时 $n<n_1$ 时为_____运行状态；当 $n>n_1$ 时为_____运行状态；当 n 与 n_1 反向时为_____运行状态。

二、选择题

1. 一台 50 Hz 三相感应电动机的转速为 720 r/min，该电机的极数和同步转速为（　　）。
   A. 4 极，1 500 r/min　　　　　　B. 6 极，1 000 r/min
   C. 8 极，750 r/min　　　　　　　D. 10 极，600 r/min

2. 额定转速为 980 r/min 的三相感应电动机，其额定转差率为（　　）。
   A. 0.01　　　　B. 0.02　　　　C. 0.1　　　　D. 0.2

三、计算题

已知三相异步电动机的额定频率为 50 Hz，额定转速为 970 r/min，该电机的极数是多少？额定转差率是多少？

任务四　三相异步电动机的功率和转矩

任务目标

（1）正确分析三相异步电动机的功率平衡关系；
（2）掌握三相异步电动机的转矩平衡方程式；
（3）用发展的眼光看问题，提高解决实际问题的能力。

任务内容

一、三相异步电动机的损耗

当三相异步电动机接在电网上稳定运行时，由电网供给的电功率称为三相异步电动机的输入功率 P_1。

$$P_1 = 3U_1I_1\cos\varphi_1 \tag{3.21}$$

式中　U_1——三相异步电动机定子绕组相电压；
　　　I_1——三相异步电动机定子绕组相电流；
　　　φ_1——相电压 U_1 与相电流 I_1 之间的相位角；
　　　$\cos\varphi_1$——三相异步电动机的功率因数。

输入功率中的一小部分将消耗于定子绕组的电阻上，该部分称为定子绕组铜耗 p_{Cu1}。

$$p_{Cu1} = 3I_1^2 r_1 \tag{3.22}$$

式中　r_1——三相异步电动机定子绕组相电阻。

输入功率的另外一小部分将消耗于定子铁心上，该部分称为铁耗 p_{Fe}。

转子铁心损耗可忽略不计。这是因为正常运行时，三相异步电动机转子转速接近于旋转磁场的同步转速，转差率 s 很小，转子铁心中磁通变化的频率很小，再加上转子铁心和定子铁心都是用硅钢片叠成，因而转子铁心中铁耗很小。所以，三相异步电动机的铁耗主要是定子铁心损耗。

输入功率减去定子铜耗和铁耗以后，余下的功率全部送入转子，这部分功率称为电磁功率 P_M。电磁功率是借助电磁感应作用通过气隙旋转磁场由定子传递到转子的。

$$P_M = P_1 - p_{Cu1} - p_{Fe} \tag{3.23}$$

传递到转子的电磁功率，一部分将消耗于转子绕组中的电阻上，这部分功率称为转子绕组铜耗 p_{Cu2}。

$$p_{Cu2} = 3I_2^2 r_2 \quad (3.24)$$

式中　I_2——三相异步电动机转子绕组相电流；
　　　r_2——三相异步电动机转子绕组相电阻。

传递到转子的电磁功率减去转子铜耗 p_{Cu2} 后余下的功率称为全机械功率 $P_全$。

$$P_全 = P_M - p_{Cu2} \quad (3.25)$$

全机械功率实际上是传递到电机转轴上的机械功率，它是转子绕组中的电流与旋转磁场相互作用产生电磁转矩，带动转子以转速 n 旋转时所对应的功率。

电机转子转动时，会产生轴承摩擦及风阻等阻力转矩，为克服此阻力转矩将消耗一部分功率，这部分功率称为机械损耗 p_Ω。

定子及转子绕组中流过电流时，除产生基波磁通外，还产生高次谐波磁通及其他漏磁通，这些磁通穿过导线、定子及转子铁心、机座、端盖等金属部件时，在其中产生感应电动势和电流并引起损耗，这部分损耗称为杂散损耗 p_S。杂散损耗的大小与气隙的大小和制造工艺等因素有关。

全机械功率减去机械损耗和杂散损耗以后，就是三相异步电动机转轴上输出的机械功率 P_2。用 $p_{\Omega+S}$ 表示机械损耗和杂散损耗之和，则

$$P_2 = P_全 - p_{\Omega+S} \quad (3.26)$$

铁耗 p_{Fe}、定子绕组铜耗 p_{Cu1}、转子绕组铜耗 p_{Cu2} 都属于电磁损耗，这 3 项损耗主要与电机的电磁负荷有关，即与电机中的磁场强度、绕组中的电流大小、铁心和绕组的几何尺寸等有关。机械损耗 p_Ω 主要与电机的转速、摩擦系数等因素有关。以上 4 项损耗属于电机的基本损耗。杂散损耗 p_S 的值很小，一般可以忽略不计。

二、三相异步电动机的功率平衡方程式

三相异步电动机从电网吸收电功率，从转轴上输出机械功率，其功率流程如图 3.15 所示。

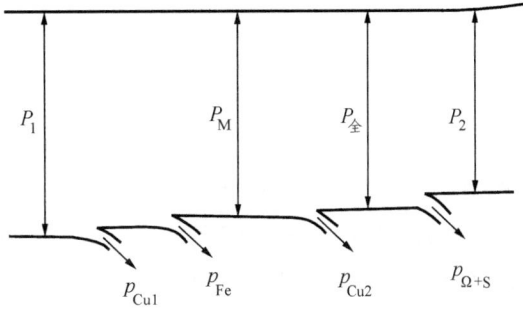

图 3.15　三相异步电动机功率流程图

由图 3.15 可以得出三相异步电动机的功率平衡方程为

$$P_1 = p_{Cu1} + p_{Fe} + p_{Cu2} + p_{\Omega+S} + P_2 = \sum p + P_2 \tag{3.27}$$

电动机的总损耗

$$\sum p = p_{Cu1} + p_{Fe} + p_{Cu2} + p_{\Omega+S} \tag{3.28}$$

电磁功率

$$P_M = p_{Cu2} + p_{\Omega+S} + P_2 \tag{3.29}$$

全机械功率

$$P_全 = p_{\Omega+S} + P_2 \tag{3.30}$$

除以上功率关系外,三相异步电动机的转子绕组铜耗与电磁功率之间存在着一定的关系:转子绕组铜耗与电磁功率之比等于异步电动机的转差率,即

$$p_{Cu2} = sP_M \tag{3.31}$$

上式说明,转差率越大,电磁功率中转变为转子铜耗的部分就越大。转子电阻越大时转子的铜耗便越大,因此转差率越大,转速便越低。

根据三相异步电动机功率流程图和式(3.28)、式(3.29)、式(3.30)可知,全机械功率与电磁功率之间的关系为

$$P_全 = P_M - p_{Cu2} = (1-s)P_M \tag{3.32}$$

三、三相异步电动机的转矩平衡方程式

在三相异步电动机中,输入定子的电能转换为转子上的机械能输出是通过转子上产生电磁力(载流导体在磁场中的受力),由电磁力产生电磁转矩使转子旋转而实现的。因此,电磁转矩是电机中能量形态变换的基础。

对于已制造好的异步电动机,电磁转矩的大小与旋转磁场磁通的大小及转子电流大小密切相关。通过数学分析可知,电磁转矩 T 的大小与旋转磁场的每极磁通 Φ_m 及转子电流 I_2 成正比,可用公式表示为

$$T = C_T \Phi_m I_2 \cos \varphi_2 \tag{3.33}$$

式中　　C_T——电机常数;

　　　　$\cos \varphi_2$——转子的功率因数。

从动力学知道,作用在旋转体上的转矩等于旋转体的机械功率除以它的机械角速度。因此,在三相异步电动机的功率关系式 $P_全 = p_{\Omega+S} + P_2$ 中,两边都除以转子的机械角速度 Ω,便得到三相异步电动机的转矩平衡方程式,即

$$T = T_0 + T_2 \tag{3.34}$$

上式中，电磁转矩 $T = P_{全}/\Omega$，也就是说，在三相异步电动机中，转子转轴上的电磁转矩等于全机械功率除以转子机械角速度；$T_0 = p_{\Omega+s}/\Omega$ 为三相异步电动机的空载转矩，它等于机械损耗与杂散损耗之和除以转子机械角速度；$T_2 = P_2/\Omega$ 为三相异步电动机的输出转矩，它等于输出功率除以转子机械角速度。

三相异步电动机的转矩平衡方程表明，电动机稳定运行时，电磁转矩减去空载转矩后，才是电动机转轴上的输出转矩。

由于全机械功率 $P_{全} = (1-s)P_M$，转子的机械角速度 $\Omega = (1-s)\Omega_1$，Ω_1 为旋转磁场的同步角速度，则可以得到

$$T = \frac{P_{全}}{\Omega} = \frac{P_M}{\Omega_1} \tag{3.35}$$

思考与练习

一、填空题

1. 三相异步电机的损耗包括_____损耗、_____损耗和附加损耗。
2. 三相异步电机的电磁转矩 T 的大小与旋转磁场_____及转子_____成正比。

二、判断题

1. 只要电源电压不变，感应电动机的定子铁耗和转子铁耗基本不变。（　　）
2. 三相异步电机的转差率越大，转子铜耗就越大。（　　）

三、综合题

画出三相异步电动机的功率流程图，并分析电磁功率与输出功率的关系。

任务五　三相异步电动机的工作特性和机械特性

任务目标

（1）掌握三相异步电动机的转速特性；
（2）正确分析三相异步电动机的转矩特性；
（3）熟知三相异步电动机的机械特性；
（4）学以致用，提高运用知识解决实际问题的能力。

任务内容

为了保证电机能够可靠、经济地运行，在设计和制造电机时，必须保证电机的性能满足国家标准所规定的技术指标。三相异步电动机的工作特性和机械特性就反映了这些技术指标的变化规律。

一、三相异步电动机的工作特性

三相异步电动机的工作特性是指在额定电压及额定频率时,转速 n、电磁转矩 T、定子电流 I_1、定子功率因数 $\cos\varphi_1$ 以及效率 η 随着输出功率 P_2 而变化的关系曲线。

1. 转速特性

三相异步电动机在额定电压及额定频率下,输出功率 P_2 变化时,转速 n 的变化规律曲线 $n = f(P_2)$ 称为转速特性,如图 3.16 所示,它是一条略微下倾的曲线。对一般的三相异步电动机,为保证有较高的效率,转子铜耗 p_{Cu2} 不能过大,所以转差率 s 的数值很小。在额定负载时的转差率为 $s_N = 0.01 \sim 0.07$(其中小的数字对应于容量大的电机),这表明额定转速仅比同步转速低 1%～7%。

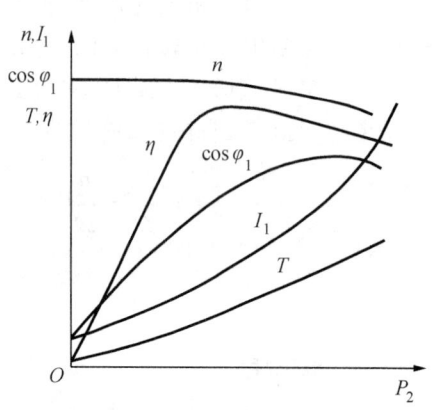

图 3.16 三相异步电动机的工作特性

2. 转矩特性

三相异步电动机在额定电压及额定频率下,输出功率 P_2 变化时,电磁转矩 T 变化规律 $T = f(P_2)$ 曲线称为转矩特性。

由三相异步电动机的转矩平衡方程式可知

$$T = T_0 + T_2 = T_0 + \frac{P_2}{\Omega} \tag{3.36}$$

电机从空载到额定负载之间,空载转矩 T_0 可认为不变,假设电动机的转速也不变,则转矩特性 $T = f(P_2)$ 为一条直线。实际上,随着 P_2 的增加,电动机的转速略有下降,所以,转矩特性 $T = f(P_2)$ 是一条比直线略有上翘的曲线。

3. 定子电流特性

三相异步电动机在额定电压及额定频率下,输出功率 P_2 变化时,定子电流 I_1 变化规律曲线 $I_1 = f(P_2)$ 称为定子电流特性,如图 3.16 所示。

电机空载运行时,转子电流 $I_2 \approx 0$,此时定子电流 I_1 几乎全部为励磁电流。当负载增加以后,输出功率增大,转子转速下降,转子电流增加,以产生足够的电磁转矩与负载转矩相平衡,通过电磁感应关系,定子电流也随着增加,输入功率增大,从而满足功率平衡方程的要求。

4. 功率因数特性

三相异步电动机在额定电压及额定频率下,输出功率 P_2 变化时,定子功率因数 $\cos\varphi_1$ 的变化规律曲线 $\cos\varphi_1 = f(P_2)$ 称为功率因数特性,如图 3.16 所示。

电机空载运行时,定子电流中的大部分是励磁电流,由于励磁电流中的主要成分是无功的磁化电流,所以空载时的功率因数很低,通常为 $\cos\varphi_0 < 0.2$。加上负载后,由于要输出一定的机械功率,因此,定子电流中的有功分量增加,电动机的功率因数逐渐提高。一般电动机在额定功率附近,功率因数将达到最大数值,额定功率因数 $\cos\varphi_N = 0.7 \sim 0.9$。

5. 效率特性

三相异步电动机在额定电压及额定频率下,输出功率 P_2 变化时,效率 η 的变化规律曲线 $\eta = f(P_2)$ 称为效率特性。

三相异步电动机的效率 η 为输出功率与输入功率之比

$$\eta = \frac{P_2}{P_1} = \frac{P_2}{P_2 + \sum P} \tag{3.37}$$

空载时,输出功率 $P_2 = 0$,故 $\eta = 0$。随着负载的增大,输出功率逐步增大,效率也相应增大。异步电动机在运行过程中的转速及气隙磁通是近似不变的,故机械损耗与定子铁耗之和基本上是常数,称为不变损耗;定子、转子铜耗与电流平方成正比,随电流的变化而变化,称为可变损耗。当不变损耗与可变损耗相等时,出现最大效率。出现最大效率后,若负载继续增大,电动机的效率就要下降,效率特性 $\eta = f(P_2)$ 曲线形状如图 3.16 所示。

二、三相异步电动机的机械特性

三相异步电动机输出机械功率主要表现在输出转矩和转速上,当三相异步电动机的外加定子电压及频率不变,转差率 s 变化时,电磁转矩 T 的变化规律曲线 $T = f(s)$ 称为机械特性。通过数学分析,可以得到用参数表示的电磁转矩 T 的计算公式

$$T = \frac{3pU_1^2 r_2'/s}{2\pi f_1[(r_1 + r_2'/s)^2 + (x_{1\sigma} + x_{2\sigma}')^2]} \tag{3.38}$$

式中　p——极对数;

　　　U_1——电动机相电压;

　　　f_1——定子频率;

　　　r_1、$x_{1\sigma}$——定子绕组的电阻和电抗;

　　　r_2'、$x_{2\sigma}'$——转子绕组的折算电阻和电抗。

当异步电机的定子电压、频率及各参数都为定值时,改变转差率 s 的大小,根据式(3.38)可算出相应的电磁转矩 T,画出机械特性 $T = f(s)$ 曲线,如图 3.17 所示。

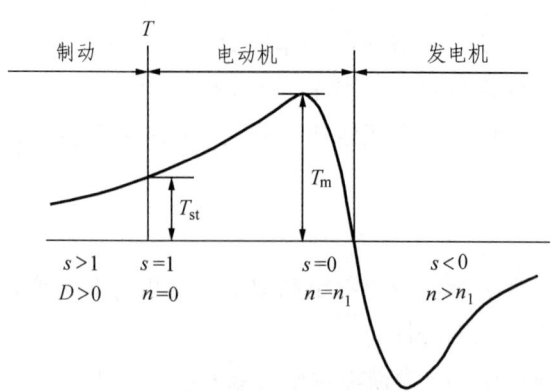

图 3.17 三相异步电机的机械特性

三、三相异步电动机的特点

通过机械特性曲线,可以看到三相异步电动机具有以下一些特点:

(1)在起动的瞬间,即 $s=1$ 时的电磁转矩称为起动转矩 T_{st}。起动时,电动机的起动电流 I_{st} 很大,但转子功率因数很小,而 $T=C_T\Phi_m I_2\cos\varphi_2$,故起动转矩 T_{st} 并不很大。

(2)如果转子达到同步转速,即 $s=0$,则转子电流 $I_2=0$,此时的电磁转矩 $T=0$。

(3)当转差率 s 达到某一值时,电磁转矩达到最大值,称为最大转矩 T_m,对应于此时的转差率称为临界转差率 s_m,一般异步电动机的 $s_m=0.04\sim0.14$。

(4)对应于额定负载时的转矩称为额定转矩 T_N,相应的转差率称为额定转差率 s_N。

(5)最大转矩与额定转矩之比,称为电动机的过载能力 k_m,它是衡量电动机带载能力的一个重要指标。

$$k_m=\frac{T_m}{T_N} \quad (3.39)$$

一般三相异步电动机的过载能力 $k_m=2\sim2.2$。

(6)起动转矩与额定转矩之比,称为电动机起动转矩倍数 K_{st},有

$$K_{st}=\frac{T_{st}}{T_N} \quad (3.40)$$

希望 K_{st} 尽量大一些为好。JO2 系列电动机的 $K_{st}=0.9\sim2$,Y 系列电动机的 $K_{st}=1.8\sim2.2$。

当异步电机作为电动机运行时,电机在 $0<s<1$ 范围内运行,其中:$s=0\sim s_m$ 一段是电动机的稳定运行范围;当 $s>s_m$ 后,电动机的转矩将明显减少,使电动机转速越来越低,直到停转。所以 s 在 $(s_m\sim1)$ 区段是电动机不稳定运行区。

思考与练习

一、填空题

1. 三相异步电动机的机械特性是指_____和_____的关系。
2. 工作特性是指在额定电压及额定频率时，_____、_____、_____、_____，以及效率 η 随着输出功率 P_2 而变化的关系曲线。
3. 三相感应电动机空载运行时，电机损耗包括____损耗、____损耗、____损耗和附加损耗，电动机空载输入功率与这些损耗相平衡。
4. 当三相感应电动机_____与_____相等时，效率最大。

二、选择题

1. 三相异步电动机的起动转矩倍数是指起动转矩与（　　）之比。
   A. 最大转矩　　　B. 额定转矩　　　C. 负载转矩　　　D. 电磁转矩
2. 三相异步电动机气隙增大，其他条件不变，则空载电流（　　）。
   A. 增大　　　　　B. 减小　　　　　C. 不变　　　　　D. 不能确定

三、判断题

1. 三相感应电动机转子自成回路，无固定的极对数。　　　　　　　　　（　　）
2. 三相感应电动机的功率因数 $\cos\phi_1$ 总是滞后的。　　　　　　　　（　　）
3. 感应电动机运行时，总要从电源吸收一个滞后的无功电流。　　　　（　　）

任务六　三相异步电动机的起动和反转

任务目标

（1）掌握三相异步电动机的起动方法；
（2）正确实施三相异步电动机的反转；
（3）培养学生的组织协调能力，应变能力。

任务内容

一、三相异步电动机的起动方法

起动是指从电动机接入电网开始转动，到达正常运转为止的这一过程，简称起动。一般衡量三相异步电动机起动性能的好坏，主要有 4 点：

（1）起动转矩 T_{st} 足够大，以保证生产机械能正常起动。
（2）在保证起动转矩 T_{st} 足够大的前提下，起动电流 I_{st} 尽可能小。

（3）起动过程中的功率损耗要尽量小，起动时间要尽量短（有特殊要求的负载除外）。

（4）起动所需用的设备简单、经济、操作方便。

异步电动机在起动时存在着两种矛盾：电动机的起动电流大，而供电线路承受冲击电流的能力有限；电动机的起动转矩小，而负载又要求有足够的转矩才能起动。在不同的情况下，应采取不同的起动方法。

1. 直接起动

一般小容量电动机空载或带轻载时，可以直接起动。这是因为小容量电动机的起动电流相对较小，对电网的冲击小。由于轴上所带的负载轻，可以满足起动转矩比负载转矩大的条件。

直接起动就是将电动机定子绕组直接接到具有额定电压的电网上。这种起动方法的优点是操作和起动设备都简单。直接起动时电流较大，如果负载的惯量较大，起动时间可能较长。为了保证电动机起动时不引起太大的电网压降，电动机应满足下列经验公式的要求

$$\frac{I_{st}}{I_N} \leq \frac{3}{4} + \frac{供电变压器的容量}{4 \times 电动机额定容量} \tag{3.41}$$

电动机能否采用直接起动方法，不仅取决于电动机本身的容量大小，而且还与供电电网容量、供电线路长短、起动次数及其他用户的要求有关。

2. 降压起动

降压起动是指电动机在起动时降低加在定子绕组上的电压，起动结束后再加上额定电压运行。对于大、中容量的笼型电动机，当负载较轻时，可以采用降压起动以降低电动机的起动电流。

起动电流为

$$I_{st} = \frac{U_1}{\sqrt{(r_1+r_2')^2+(x_{1\sigma}+x_{2\sigma}')^2}} \propto U_1 \tag{3.42}$$

起动转矩为

$$T = \frac{3pU_1^2 r_2'}{2\pi f_1[(r_1+r_2')^2+(x_{1\sigma}+x_{2\sigma}')^2]} \propto U_1^2 \tag{3.43}$$

由起动电流和起动转矩表达式可知：异步电动机的起动转矩和电压的平方成正比，因此降压起动时，电动机的起动转矩也相应降低。常用的降压起动方法有星-三角降压起动、自耦变压器降压起动。

1）星-三角（Y/△）降压起动

星-三角降压起动是指在额定电压下正常运行时为三角形接法的电动机，在起动

时采用星形接法从而使三相定子绕组所承受的相电压降至额定电压（电源线电压）的 $\frac{1}{\sqrt{3}}$。其原理线路如图 3.18 所示。

起动时，先将转换开关 SA_1 置于"起动"位，这时定子三相绕组作星形连接；然后将开关 SA_2 置于"星形"，电动机开始起动，待电动机转速升高到一定值后，再把 SA_2 置于"三角形"位，此时定子三相绕组作三角形连接，电动机就在额定电压下正常运行。

当定子绕组接成星形起动时，每相绕组所加电压为 $\frac{U_1}{\sqrt{3}}$，设电动机起动时每相阻抗为 Z_{st}，则起动时的线电流为

$$I_{st(Y)} = \frac{U_1}{\sqrt{3}|Z_{st}|} \quad (3.44)$$

如用三角形直接起动时，每相所加电压为 U_1，此时线电流为

$$I_{st(\triangle)} = \sqrt{3}\frac{U_1}{|Z_{st}|} \quad (3.45)$$

两种接线方法起动电流的比值是

$$\frac{I_{st(Y)}}{I_{st(\triangle)}} = \frac{1}{3} \quad (3.46)$$

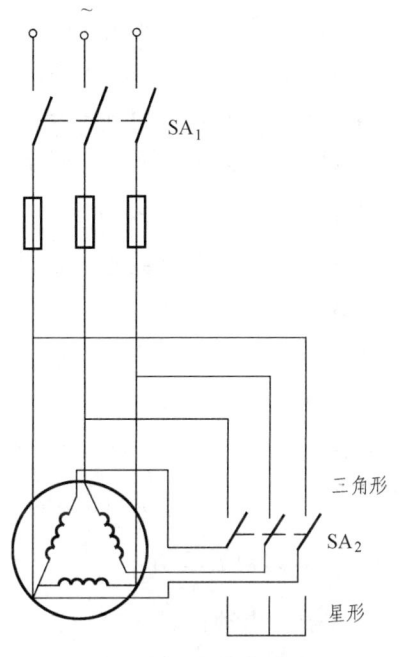

图 3.18　星-三角降压起动原理线路图

由此可见，用星-三角降压起动，起动电流为采用三角形接法直接起动时的1/3，对降低起动电流很有效，但由于起动转矩 T_{st} 正比于 U_1^2，因此起动转矩也相应降低，为采用三角形接法直接起动时的1/3，即起动转矩也降低很多，故此种方法只能用于空载或轻载起动的设备上。

2）自耦变压器降压起动

自耦变压器降压起动也称起动补偿器起动，这种起动方法是利用自耦变压器来降低起动时加在定子三相绕组上的电压，其原理线路如图 3.19 所示，它由三相自耦变压器和控制开关等组成。

起动时，先将开关置于"起动"位，这时经过自耦变压器降压后的交流电压加到电动机三相定子绕组上，电动机开始降压起动，待电动机转速升高到一定值后，再把开关置于"运行"位，电动机就在额定电压下正常运行，此时自耦变压器已从电网上被切除。

设自耦变压器的变比为 K，原边电压为 U_1，则副边电压为 $U_2 = U_1/K$，副边电流也减小为额定电压下直接起动时起动电流的 $1/K$。根据变压器原副边的电流关系是 $I_1 = I_2/K$，可知此时电源供给电动机的起动电流为直接起动时的 $1/K^2$，起动转矩也会相应降低到直接起动的 $1/K^2$。

这种起动方法的优点是可以按容许的起动电流和所需的起动转矩选择自耦变压器的变比从而实现降压起动，而且不论电动机定子绕组采用星形接法或三角形接法都可使用；缺点是投资较大，设备体积大。

3. 软起动器起动

在要求电动机频繁起动和制动的场合，希望在快速起动电动机的同时能减小起动电流、起动平滑性良好。在电动机控制过程中加入了软起动器，软起动器与传统起动方式的起动电流比较如图 3.20 所示。

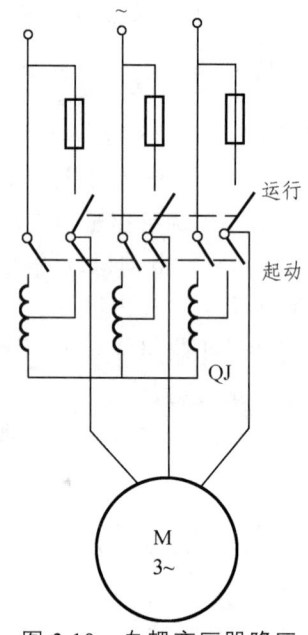

图 3.19　自耦变压器降压起动原理线路图

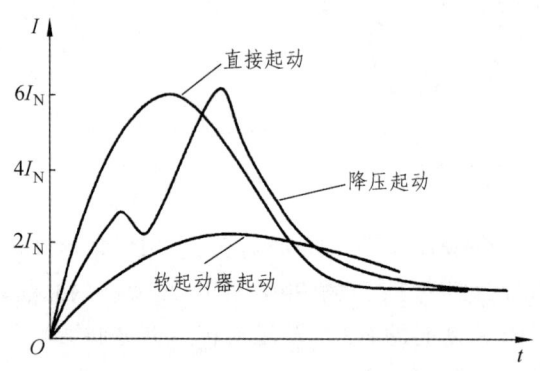

图 3.20　软起动器与传统起动方式的起动电流比较

1）系统组成

软起动器系统具有软起动、软停车、轻载节能和保护功能。电子式软起动器系统包括主电路和控制电路两部分。主电路采用 3 对反并联的晶闸管 SCR 组成交流调压电路，如图 3.21 所示。图中 KM_1 为旁路接触器，电机 M 起动完成时 KM_1 闭合将软起动器切除；AL_1-AL_2、BL_1-BL_2、CL_1-CL_2 为电流互感器，用来监测电机 M 的起动电流；RC 阻容吸收装置和 U 压敏电阻用来吸收换相过电压。

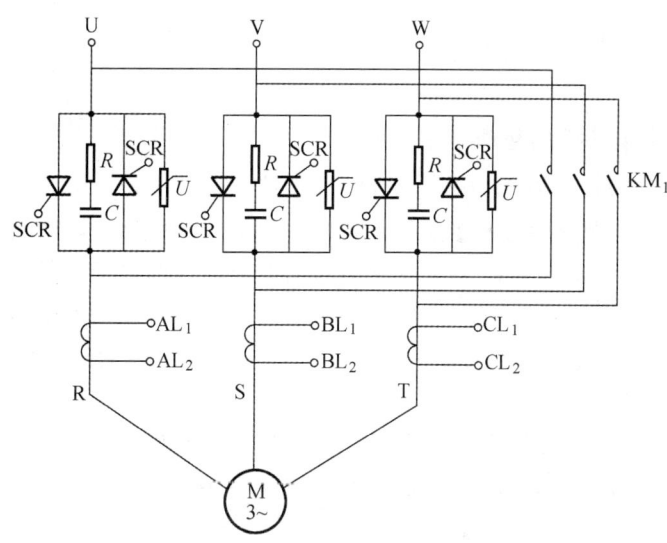

图 3.21 软起动器系统主电路框图

控制电路主要由微处理器控制单元、同步电路、检测电路、驱动电路等组成，如图 3.22 所示。微处理器控制单元是软起动器的控制核心，可以是各种单片机和 DSP。同步电路是确保触发脉冲和电网电压同步。电压、电流检测电路在起动过程中起保护作用。驱动电路将软起动器的输出 PWM（脉宽调制）电压转换成晶闸管的控制角 α。

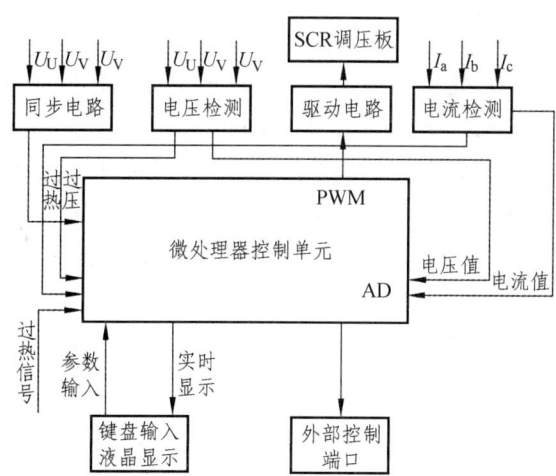

图 3.22 软起动器系统控制电路框图

2）工作原理

首先在控制单元设定电压和电流或转矩的目标参考值（目标函数），由检测电路检测其实际值。将实际值与设定的目标参考值进行比较，得到偏差值。利用偏差值来调节输出电压，形成晶闸管 SCR 的控制角 α。通过控制晶闸管的控制角 α 来控制电动机定子电压，使电动机的输入电压或电流按预设的函数关系逐渐变化，直到起动结束。当起动完成后，软起动器输出额定电压，旁路接触器接通，电动机进入稳定运行状态。

4. 绕线异步电动机的起动

绕线电动机常采用转子串接电阻或转子串接频敏变阻器的方法来改善起动性能（详见三相异步电动机变转差率调速）。绕线电动机转子串接电阻时，如果阻值选择合适，既可以增大起动转矩，又可以减小起动电流，使两对矛盾都得到解决，当然投入的设备要多一些，成本较高。另外，对于频繁起动、制动的电机来说，即使容量不大，但起动、制动的时间占整个电机工作时间的比例较大，大电流持续时间长，发热严重。如果选用鼠笼电机，哪怕只是空载，每小时来回起动、制动次数过多也会过热。这时也应采用绕线电机，利用转子外接电阻来控制起动、制动，起动时大部分热量产生在电机外面，电机本身的发热也就小多了。

二、三相异步电动机的反转

三相异步电动机的旋转方向取决于定子旋转磁场的旋转方向，并且两者的方向相同。只要改变旋转磁场的方向，就能使三相异步电动机反转。因此，将三相接线端中的任意两相接线端对调，就改变了旋转磁场的方向，从而使三相异步电动机反转。

思考与练习

一、填空题

1. 当三相感应电动机定子绕组接于 50 Hz 的电源上作电动机运行时，定子电流的频率为_____，定子绕组感应电势的频率为_____。

2. 感应电动机起动时，转差率 $s =$ _____，此时转子电流 I_2 的值_____，$\cos\phi_2$ _____，主磁通比正常运行时要_____，因此起动转矩_____。

3. 一台频率为 $f = 60$ Hz 的三相感应电动机，用在频率为 50 Hz 的电源上（电压不变），电动机的最大转矩为原来的_____，起动转矩变为原来的_____。

4. 三相异步电动机常用的降压起动方法有_____和_____。

二、选择题

1. 三相异步电动机直接起动时起动电流很大，但（　　）很小，故起动转矩并不大。

　　A. 功率　　　　B. 电压　　　　C. 功率因数　　　D. 同步转速

2. 三相异步电动机的旋转方向取决于（　　）磁场的旋转方向。

　　A. 定子脉动　　B. 定子旋转　　C. 转子脉动　　　D. 转子旋转

三、综述题

一台三相异步电动机定子绕组为星形接法，如果把三相引出线中的两个头对调一下再接电源，问转向是否变化？如果定子绕组为三角形接法，转向又将如何？

任务七　三相异步电动机的调速和制动

任务目标

（1）掌握三相异步电动机的调速、制动方法；
（2）能选择三相异步电动机的制动方式；
（3）提高动手能力以及发现问题、解决问题的能力。

任务内容

电动机的调速和制动是应用电动机必须解决的问题，其实质都是电动机转速的调节，电动机的转速表达式均适用。

一、三相异步电动机的调速

由同步转速表达式和转差率表达式，可推导出异步电动机的转速表达式为

$$n = n_1(1-s) = \frac{60 f_1}{p}(1-s) \tag{3.47}$$

可见，异步电动机可通过改变定子绕组的极对数 p、改变电源频率 f_1 和改变转差率 s 进行调速。

1. 变极调速

变极调速就是改变电动机定子绕组的极对数，可以成倍地改变其同步转速。由于电动机正常运行时，转差率 s 很小，因此电动机的转速也将近似成倍地变化。这种调速是有级调速。由于只有当定转子极数相等时才能产生平均电磁转矩，因此这种方法一般只适用于鼠笼式转子。

改变磁极对数的异步电动机称为多速异步电动机，其中有双速、三速、四速等多种，我国目前已大量生产，老产品有 JD02 系列，新产品有 YD 系列。

2. 变转差率调速

变转差率调速方法很多，这里主要介绍绕线转子异步电动机转子回路串电阻调速。在电动机转子回路中接入附加电阻 R'_2 可以改变电动机的特性曲线形状，其机械特性如图 3.23 所示。假设在不同的转速时负载转矩 T_2 恒定，在转子回路未接入附加电阻 R'_2 时，电动机稳定在 a 点运行，这时电动机的电磁转矩刚好与负载转矩 T_2 相平衡。随着转子电阻的增大，电动机的稳定运行点逐渐向左移动（a-b-c-d）。可见，随着转子电阻的增加，转差率 s 变大，电动机的转速降低。

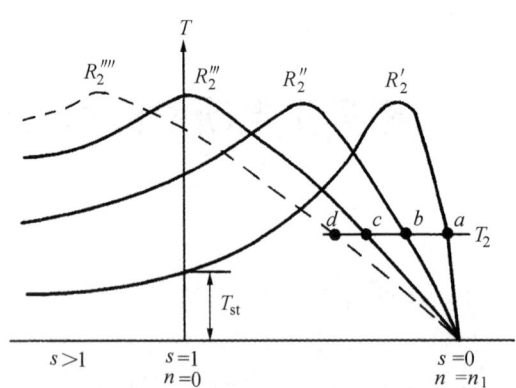

图 3.23 在转子回路中串电阻调速

转子回路中接入附加电阻后，将使转子铜耗增加，降低了电动机效率。但由于此法比较简单，在中小容量的电动机中使用较多，例如交流供电的桥式起重机，大部分采用此法调速。

3．变频调速

当改变电源频率 f_1 时，旋转磁场的同步转速与电源频率 f_1 呈正比变化，于是转子转速也相应改变，达到调节转速的目的。

1）电压与频率的配合

若忽略异步电动机定子阻抗，定子外加相电压 U_1 近似为感应电动势 E_1，表达式为

$$U_1 \approx E_1 = 4.44 f_1 N_1 K_{\omega 1} \Phi_m \quad (3.48)$$

由上式可得

$$\Phi_m \approx \frac{U_1}{4.44 f_1 N_1 K_{\omega 1}} = K \frac{U_1}{f_1} \quad (3.49)$$

式中，当电机制造好后，K 为常数。当 $U_1 = U_{1N}$，且 $f_1 = f_N = 50\text{ Hz}$（基频）时，$\Phi_m = \Phi_{mN}$。为了充分利用铁心，电机的额定磁通 Φ_{mN} 设计在磁化曲线的微饱和区，铁心已经接近饱和。

（1）基频以下调速。

若调节 $f_1 < f_N$（基频下调），当电压 $U_1 = U_{1N}$ 保持不变时，由式（3.49）知，这时 $\Phi_m > \Phi_{mN}$，使磁路饱和，励磁电流明显增大，功率因数增大，铁耗增加，铁心发热严重。因此，要求电压和频率成比例地调节，即

$$\frac{U_1}{f_1} = \frac{U_{1N}}{f_N} \quad (3.50)$$

这种电压和频率同时改变的调速方式称为变压变频调速，简写为 VVVF。电机采用变压变频调速可保证主磁通近似不变，使电磁转矩和最大转矩基本保持不变。基频以下调速的机械特性如图 3.24 所示。

（2）基频以上调速。

若调节 $f_1 > f_N$（基频上调），不允许电压 $U_1 > U_{1N}$，否则绝缘材料有可能损坏。若改变频率时，保持电压 $U_1 = U_{1N}$，由式（3.49）可知，当 $f_1 > f_N$ 时，有 $\Phi_m < \Phi_{mN}$，主磁通在减小，从而导致电磁转矩和最大转矩减小，类似直流电动机的弱磁调速。基频以上调速的机械特性如图 3.25 所示

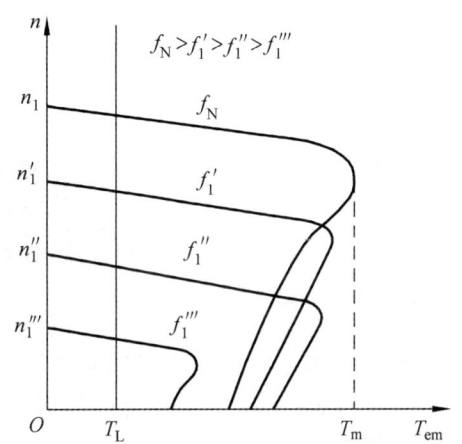
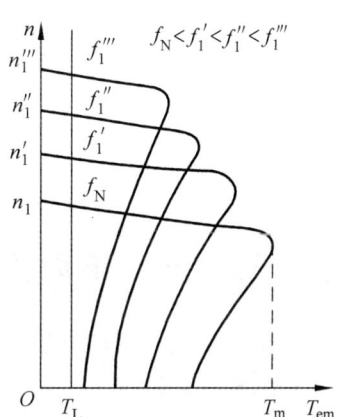

图 3.24　基频以下调速的机械特性　　图 3.25　基频以上调速的机械特性

2）容许输出功率和转矩

（1）基频以下调速。

假定基频下调时，电机的功率因数 $\cos\varphi_1$ 及效率 η 都保持不变，为了充分利用电机，电流为额定电流 I_{1N}，则三相异步电动机容许输出功率为

$$P_2 = 3U_1 I_{1N} \cos\varphi_{1N} \eta_N = K_1 U_1 = C_1 \left(\frac{U_1}{f_1}\right) f_1 \quad (3.51)$$

容许输出功率 P_2 随着频率 f_1 的改变而改变，因此基频以下调速不是恒功率调节方式。

三相异步电动机容许输出转矩为

$$T_2 = 9\,550\frac{P_2}{n} \approx 9\,550\frac{P_2}{n_1} = 9\,550\frac{C_1}{\dfrac{60}{p}f_1}\left(\frac{U_1}{f_1}\right) = C_2\frac{U_1}{f_1} = 常数 \quad (3.52)$$

由于基频以下调速时，U_1/f_1 保持不变，所以容许输出转矩为常数。可见，基频以下调速为恒转矩调速方式，对应的特性曲线如图 3.26 所示。

（2）基频以上调速。

假定基频上调时，电机的功率因数 $\cos\varphi_1$ 及效率 η 都保持额定值不变，为了充分利用电机，电流为额定电流 I_{1N}，考虑到基频上调时，电压

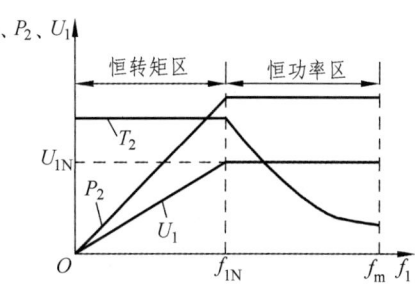

图 3.26　变频调速时的容许输出
功率和转矩

$U_1 = U_{1N}$ 保持不变，则三相异步电动机容许输出功率为

$$P_2 = 3U_1 I_{1N} \cos\varphi_{1N} \eta_N = K_1 U_1 = 常数 \tag{3.53}$$

当频率 f_1 变化时，容许输出功率 P_2 不变，所以基频以上调速属于恒功率调节方式。

三相异步电动机容许输出转矩为

$$T_2 = 9\,550 \frac{P_2}{n} = C_2 \frac{U_1}{f_1} \tag{3.54}$$

基频以下调速时，容许输出功率与频率 f_1 成反比，对应的特性曲线如图 3.26 所示。

刹车也精彩

二、三相异步电动机的电气制动

三相异步电动机的制动方法有两类：机械制动和电气制动。机械制动是利用机械装置（如电磁抱闸机构）来使电动机迅速停止转动，常用于起重机械设备上。电气制动是使异步电动机所产生的电磁转矩的方向和电动机转子的旋转方向相反，电气制动通常可分为反接制动、能耗制动和回馈制动。

1. 反接制动

在分析异步电机工作原理时指出的制动状态就是反接制动，此时转子的转向与定子旋转磁场的转向相反，实现反接制动可用下述两种方法。

1）电源反接制动

将正在电动机状态下运行的异步电动机的定子绕组的 3 根供电线任意对调两根，则定子电流的相序改变，其相应的旋转磁场立即反转，从原来与转子转向一致变为与转子转向相反，于是电机立即进入相当于 $s \approx 2$ 时的制动状态。为了使反接时电流不致过大，若为绕线型异步电动机，反接时应在转子回路中串入附加电阻。当电动机转速下降至零时，必须立即切断定子电源，否则电动机将向相反方向旋转。

电源反接制动速度下降快，但能量损耗大。一些运行时频繁正、反转的异步电动机，经常采用反接制动停车接着反向起动，以提高生产效率。

2）电阻倒拉反接制动

起重机下放重物时，绕线型异步电机定子仍按电动机运行时的接法（正接），在转子回路串入电阻 R_t。转子电阻 R_t 逐步增至很大时，转子转速减小至零，如图 3.27 中 a-b-c 所示。如果 R_t 继续增加，电磁转矩将小于总负载转矩（$T_2 + T_0$），转子就开始反转（重物向下降落）而进入制动状态。当 R_t 增加到 R_{t3} 时，电动机稳定运行在 d 点，转差率 $s = 1.2$，转子反转的速度为 $0.2 n_1$，从而保证重物以较低的均匀转速慢慢下降。可调节 R_t 的大小来平滑控制重物下降的速度。

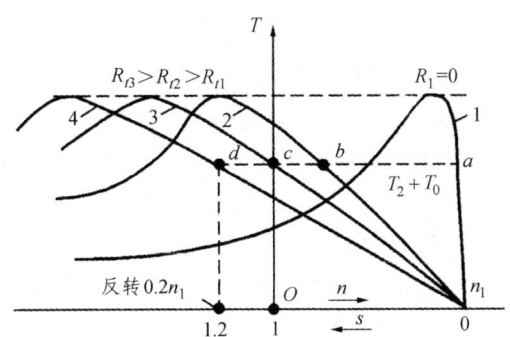

图 3.27 绕线电动机电阻倒拉反接制动

电阻倒拉反接制动时，电动机输入的电磁功率和负载送入的机械功率将全部损耗在转子回路的电阻上，因此能量损耗很大。

2. 能耗制动

将正在运行中的异步电动机的定子绕组从电网断开，接到一个直流电源上，由直流电流励磁而在气隙中建立一个静止的磁场。于是，从正在旋转的转子上来看此磁场将是向后旋转的，因此由它感应出转子中的电流所产生的电磁转矩的方向应为向后转，即对转子起制动作用。这种制动方法是利用转子旋转时的惯性，使转子导体切割静止磁场的磁通而产生制动转矩，把转子的动能消耗于转子回路的电阻上成为铜耗，故称能耗制动。

能耗制动的优点是制动力强、制动平稳、对电网影响小。其缺点是需要一套直流电源装置，而且制动转矩随着电动机转速的减小而减小，不易制停。

3. 回馈制动

当异步电机作电动机运行时，如果由于外来因素，使转子加速到超过同步转速，则异步电动机进入回馈制动（发电机运行）状态。例如前述的起重机放下重物时，如果仍按电动机状态运行，即转子转向和定子旋转磁场转向相同，则在电动机的电磁转矩和重物的重力产生的转矩共同作用下，重物以越来越快的速度下降，当转子转速由于重力的作用超过同步转速，即 $n > n_1$ 时，异步电机就进入发电机状态运行，电磁转矩方向立即改变，一直到电磁转矩与重力转矩平衡时，转子转速以及重物下降速度才稳定不变，使重物恒速下降。这时重物下降减少的位能转换为电能送给电机所接的电网，因此称为回馈制动。

回馈制动的优点是经济性能好，可将负载的机械能变为电能返送回电网。缺点是应用范围窄，只有在电动机转速大于同步转速时才能实现。

思考与练习

一、填空题

1. 三相异步电动机的调速方法有_____、_____和_____。
2. 三相异步电动机的制动有_____、_____、_____3 种形式。

二、选择题

1. 一台三相感应电动机拖动额定恒转矩负载运行时，若电源电压下降10%，此时电机的电磁转矩（　　）。

　　A. $T = T_N$　　　　B. $T = 0.81T_N$　　　　C. $T = 0.9T_N$　　　　D. $T > T_N$

2. 三相异步电动机气隙增大，其他条件不变，则空载电流（　　）。

　　A. 增大　　　　B. 减小　　　　C. 不变　　　　D. 不能确定

3. 三相绕线式感应电动机拖动恒转矩负载运行时，采用转子回路串入电阻调速，运行在不同转速上时，其转子回路电流的大小（　　）。

　　A. 与转差率成反比　　　　　　　　B. 与转差率成正比

　　C. 与转差率无关　　　　　　　　　D. 与转差率呈某种函数关系

三、判断题

1. 三相异步电动机在调速和控制性能上较直流电动机优越。（　　）
2. 变极调速就是改变电动机定子绕组的极对数来调速。（　　）
3. 变转差率调速是平滑无级调速。（　　）
4. 变频调速就是改变供电电源的频率来调速。（　　）

四、简答题

1. 三相异步电动机基频以下调速时，为什么变频的同时要改变电压？
2. 三相异步电动机在什么情况下，可以实施回馈制动？

任务八　单相异步电动机

任务目标

（1）能描述单相异步电动机的基本结构和工作原理；

（2）能描述单相异步电动机的起动、调速和反转方法；

（3）培养敏锐的观察能力，严谨的工作作风。

任务内容

单相异步电动机是利用单相交流电源供电的一种小容量交流电机。它具有结构简单、成本低廉、运行可靠、维修方便等优点及可以直接在单相220 V交流电源上使用的特点，在家用电器（如电扇、洗衣机、电冰箱、空调器等）及轻工业装置上得到了广泛的应用。与同容量的三相异步电动机比较，单相异步电动机的体积大，运行性能较差，效率较低。因此，单相异步电动机只做成小容量的，从几瓦到几百瓦。

一、基本结构

单相异步电动机的类型很多，除罩极电动机的定子具有凸出的磁极外，其余各类单相异步电动机定子铁心和普通三相异步电动机的相似。单相异步电动机的结构特点是：定子铁心上通常有两个绕组。一个称为主绕组（工作绕组），用以产生主磁场和从电源吸收电功率输入给电机；另外一个称为辅绕组（起动绕组），用来起动电动机。这两个绕组的轴线在空间错开一定的位置。为节省层间绝缘，提高槽利用率，单相异步电动机定子绕组一般选用单层绕组。从改善电动机性能出发，可采用正弦绕组。所谓正弦绕组，从结构上看就是一种每槽导体数不等的同心式绕组。辅绕组电路常接入电容器和起动开关触头，起动开关的离心器（离心式）套在转子轴上。转子是普通的鼠笼式转子，其结构示意图如图 3.28 所示。

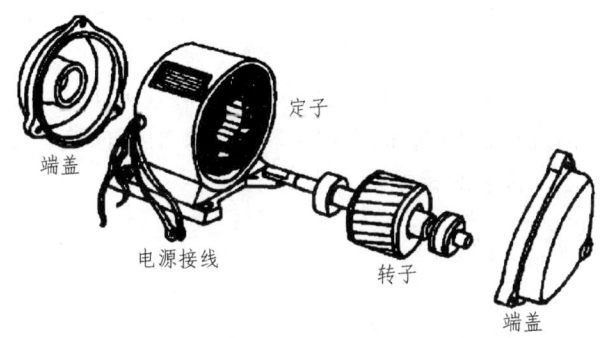

图 3.28 单相鼠笼式异步电动机的结构

二、工作原理

1. 脉动磁动势

在单相定子绕组中通入单相正弦波的电流，所产生的磁动势为脉动磁动势。所谓脉动磁动势，就是磁动势的轴线（即磁动势幅值所在的位置）在空间固定不动，但振幅不断随时间而变化的磁动势。

可以证明，单相绕组脉动磁动势 $f_\Phi(x,t)$ 的数学表达式可以写成

$$f_\Phi(x,t) = F_\Phi \cos x \cos \omega t \tag{3.55}$$

式中　F_Φ——磁动势的幅值；
　　　x——空间坐标；
　　　t——时间坐标；
　　　ω——绕组中正弦交流电的角频率。

在任一瞬间，磁动势的空间分布为一余弦波，但在空间任何一点的磁动势，则又随时间作余弦变化。或者说，该磁动势既是空间函数又是时间函数。

2. 基本原理

当单相异步电动机的定子绕组（工作绕组）接单相交流电源时，产生一个脉动

113

磁场，此脉动磁场可分解为两个大小相等、转速相等而转向相反的旋转磁场 B_{1+} 和 B_{1-}（证明略）。

旋转磁场 B_{1+} 和 B_{1-} 切割转子导体，在导体中感应出相应的电动势和电流。正向磁场 B_{1+} 与转子正向电流作用产生正向电磁转矩 T_{m+}，企图使转子顺着正向磁场旋转的方向转动；反向磁场 B_{1-} 与转子反向电流作用产生反向电磁转矩 T_{m-}，企图使转子顺着反向磁场旋转的方向转动，如图 3.29 所示。

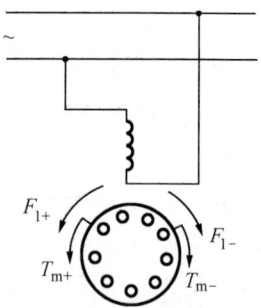

图 3.29 单相异步电动机示意图

当异步电动机的转子静止不动时，转子对正向旋转磁场 B_{1+} 和反向旋转磁场 B_{1-} 的转差率都等于 1，电磁转矩 T_{m+} 和 T_{m-} 大小相等、方向相反。因此，合成电磁转矩为零，电动机不能自行起动。如果借助外力使电动机的转子以转速 n 向某一方向（如向正向旋转磁场 B_{1+} 的方向）转动，则对正向旋转磁场（与转子同方向的旋转磁场）而言，转子的转差率 s_+ 为

$$s_+ = \frac{n_1 - n}{n_1} = s \tag{3.56}$$

对反向磁场，由于反向磁场的转速为 $-n_1$，故转子对它的转差率 s_- 为

$$s_- = \frac{-n_1 - n}{-n_1} = 2 - \frac{n_1 - n}{n_1} = 2 - s \tag{3.57}$$

图 3.30 表示单相异步电动机的机械特性曲线。假如电动机沿正向旋转磁场 B_{1+} 的方向旋转，当 $0 < s < 1$ 时，正向旋转磁场所产生的电磁转矩 T_{m+} 大于反向旋转磁场所产生的电磁转矩 T_{m-}，于是转子就受到一个合成电磁转矩 T_m 的作用。因为 T_{m-} 是反向转矩，对转子起制动作用，所以合成转矩 T_m 小于 T_{m+}。

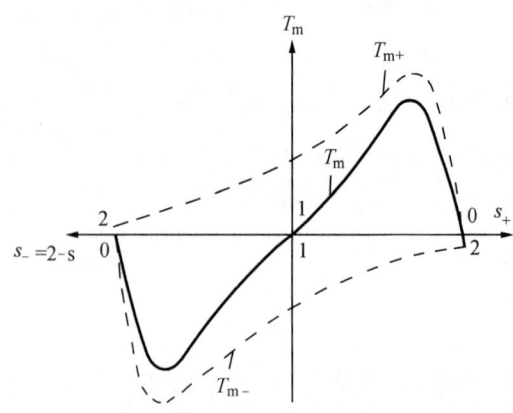

图 3.30 单相异步电动机的机械特性曲线

在转差率 $s=1$ 的两边，合成转矩是对称的，因此单相异步电动机没有固定的转向，在两个方向都可以旋转，运行时的旋转方向由起动时的转动方向而定。只要外

力把转子向任一方向驱动,转子就将沿着该方向继续旋转,直到接近同步转速。

由于在单相异步电动机中始终存在一个反向旋转磁场,因此单相异步电动机的损耗较大,效率较低,功率因数也较低。这样,就使得单相异步电动机的效率总是低于三相异步电动机。

三、分类和起动方法

根据起动方法或运行方法的不同,单相异步电动机可分为以下 4 种基本形式。

1. 单相电容起动电动机

单相电容起动电动机的接线原理如图 3.31 所示。装在定子铁心上的辅绕组 Z_1Z_2(又称起动绕组)与主绕组 U_1U_2(又称工作绕组)在空间互差 90° 电角度。主绕组电感大,辅绕组 Z_1Z_2 与起动电容器 C 串联后,通过起动开关(离心开关)触点与主绕组 U_1U_2 一起并接到同一电源上。转子上有离心开关。

在图 3.31 中,适当选择电容器值,使辅绕组中的电流超前主绕组中的电流约 90° 相角,则在定子内圆气隙中就会产生一个近似圆形的旋转磁动势,相应地产生旋转磁场,在该磁场的作用下,能产生较大的起动转矩,使电动机转动起来。

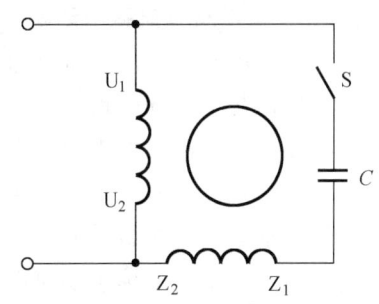

辅绕组是按照短时运行方式设计的,如果长期通过电流,会因过热而损坏。因此,起动过程中,当电机的转速达到同步转速的 75%~85% 时,由离心开关把辅绕组从电源断开,电动机便作为单绕组异步电动机运行。

图 3.31 单相电容起动电动机

单相电容起动电动机有较大的起动转矩,但起动电流也较大,适用于各种满载起动的机械,如小型空气压缩机,在部分电冰箱压缩机中也有采用。

2. 单相电容运转电动机

如果辅绕组不仅供起动用,而且允许长期接在电源上工作,这种电机就称为单相电容运转电动机,如图 3.32 所示,主绕组电感大,辅绕组电路中串入运转电容器 C,呈容性。

单相电容运转电动机实质上是一台两相异步电动机,其两个绕组在空间相隔 90° 电角度,绕组中的电流也相差约 90° 相角,产生的旋转磁场近似为圆形旋转磁场,起动及运行过程中主、辅两绕组同时工作。单相电容运转电动机的性能有较大的改善,其功率因数、效率及最大转矩都比单绕组单相异步电动机高。

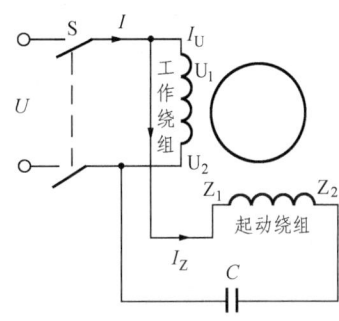

图 3.32 单相电容运转电动机

115

单相电容运转电动机结构简单，维护保养方便，只要任意改变主绕组（或辅绕组）的首端、末端与电源的接线，即可改变旋转磁场的转向，从而使电动机反转。这类电动机常用于吊扇、台扇、洗衣机、吸尘器等。

3. 单相电阻起动电动机

将图 3.32 中的电容器换成电阻就构成单相电阻起动电动机，如图 3.33 所示。这种电动机的特点是辅绕组 Z_1Z_2 的导线直径较细，匝数少，又与起动电阻串联，则该支路的总电阻远大于感抗，可近似看作流过绕组中的电流与电源电压同相位；主绕组 U_1U_2 的导线直径较粗，匝数较多，则感抗远大于绕组的直流电阻，可近似

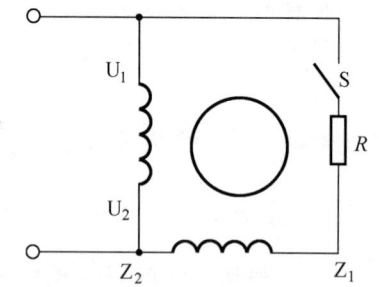

图 3.33 单相电阻起动电动机

看作流过绕组中的电流滞后电源电压约 90° 电角度。因此，可近似看作辅绕组中的电流与主绕组中的电流相差 90° 电角度，从而在定子与转子气隙中产生旋转磁场，使转子获得转矩而旋转。这种电动机起动转矩不大，宜于空载起动。

4. 单相双值电容电动机

单相电容起动电动机与单相电容运转电动机比较，起动转矩较大。单相电容运转电动机的效率、功率因数及最大转矩都比单相电容起动电动机高。为了综合单相电容起动电动机与单相电容运转电动机各自的优点，出现了单相双值电容电动机，如图3.34所示。接在单相交流电源上的主、辅两绕组在空间错开 90° 电角度，主绕组电感大，辅绕组电路中串入了两个并联的

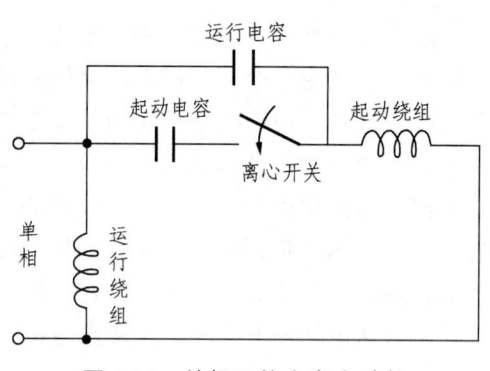

图 3.34 单相双值电容电动机

电容器，其中一个与起动开关触头串联，鼠笼转子上有离心开关。

起动过程中，主、辅绕组及两个电容器同时工作，当电机的转速达到同步转速的 75%~85%时，起动开关断开，切除起动电容器，其他部分始终参与工作。

单相双值电容电动机具有相对较高的起动转矩、效率及功率因数，适用于机床、农副产品加工机械、医疗器械等。

四、单相异步电动机在家用电器中的应用

由于单相异步电动机有一系列的优点，所以使得它的使用领域越来越广泛，尤其在家用电器的使用上获得了迅速的发展。

1. 电冰箱的起动

家用电冰箱中拖动压缩机的单相异步电动机较多采用电阻 R 起动，如图 3.35 所示，图中 U_1U_2 为主绕组，Z_1Z_2 为副绕组。它是利用一个热敏电阻 R（称为 PTC 组

件)与副绕组 Z_1Z_2 串联。PTC 组件的工作特性如图 3.36 所示,当温度 t 较低时,PTC 组件本身的电阻值 R 很小;当高于一定温度后,即呈高电阻值状态。这种特性刚好满足压缩机的起动需要。

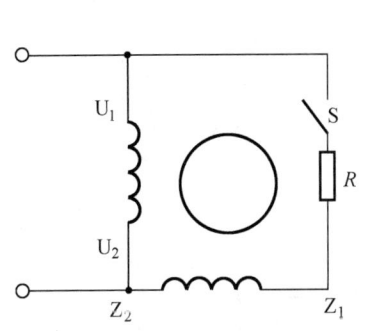
图 3.35　单相电阻起动电动机

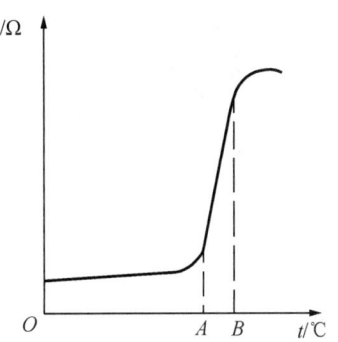
图 3.36　PTC 组件的工作特性图

将起动继电器 S、PTC 组件与副绕组 Z_1Z_2 串联后接入电路,在电路通电的开始一段时间内(1~5 s),由于 PTC 中通过的电流时间较短,所产生的热量较少,故 PTC 组件的电阻值很小,相当于图 3.36 中曲线 $O \sim A$ 段;副绕组中流过一定电流后,使电动机起动完毕,由于电流的热效应,PTC 组件温度升高到 B 点,使 PTC 组件的电阻值变得很大,则副绕组相当于处在断路状态,完成起动过程。

由于该类电动机起动转矩小,因此当电冰箱在工作中突然断电后又很快恢复供电时,压缩机有残压而可能使电动机无法拖动压缩机工作,这有可能导致烧毁电动机。因此,应经过几分钟后,让压缩机压力下降,才能重新通电起动电动机。

2. 电风扇的调速

单相异步电动机的调速方法很多,对于电风扇用电动机调速,目前常用的有电抗法和抽头法。

1)串电抗器调速

将电抗器与电动机定子绕组串联,通电时,利用在电抗器上产生的电压降,使加到电动机定子绕组上的电压低于电源电压,从而达到降低转速的目的。因此用串电抗器调速时,电动机的转速只能由额定转速往低调。图 3.37 为电容运转电动机带有指示灯的调速电路。图中 U_1U_2 为主绕组, Z_1Z_2 为副绕组。

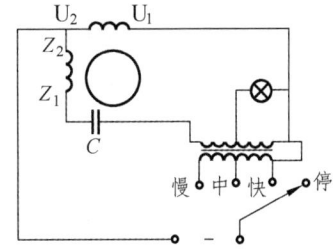
图 3.37　电容运转电动机调速电路

2)绕组抽头调速

电容运转电动机较多地采用定子绕组抽头调速,此时电动机定子铁心槽中嵌有工作绕组 U_1U_2、起动绕组 Z_1Z_2 和中间绕组 D_1D_2。通过调速开关改变中间绕组与起动绕组及工作绕组的接线方法,从而改变电动机内部气隙磁场的大小,达到调节电动机转速的目的，这种调速方法通常有 L 形接法和 T 形接法两种，如图 3.38 所示。与串电抗器调速比较，用绕组内部抽头调速不需电抗器，耗电少，缺点是绕组嵌线和接线比较复杂，电动机与调速开关的接线较多。

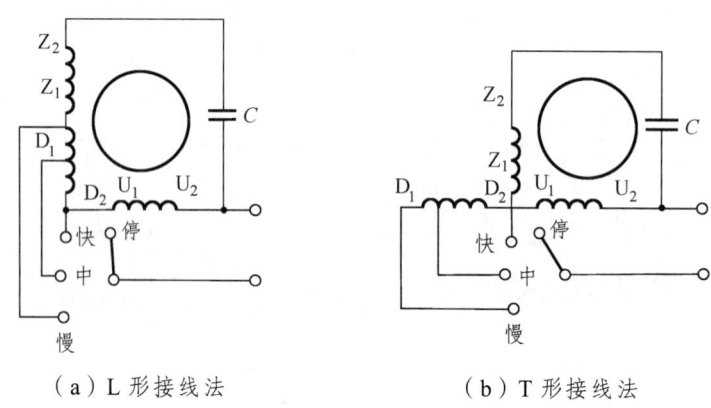

（a）L 形接线法　　　　（b）T 形接线法

图 3.38　电容电动机绕组抽头调速接线图

3. 洗衣机的反转

洗衣机工作时，要求电动机在定时器的控制下正反交替运转。改变单相电容运转电动机转向的方法有两种：一是在电动机与电源断开时，在主绕组或副绕组中任何一组的首尾两端换接，以改变旋转磁场的方向，从而改变电动机的转向；二是在电动机运转时，将副绕组上的电容器串接于主绕组上，即主、副绕组对调，从而改变旋转磁场和转子的转向。

洗衣机所采用的大都是后一种方法，因为洗衣机在正反转工作时情况完全一样，所以两相绕组可轮流充当主副相绕组，因而在设计时，主副相绕组应具有相同的线径、匝数、节距及绕组分布形式。

图 3.39 为洗衣机电动机与定时器的接线图，当主触点 K 与 a 接触时，流进绕组 I 的电流超前于绕组 II 的电流某一角度。假如这时电动机按顺时针方向旋转，那么当 K 切换到 b 点，流进绕组 II 的电流超前绕组 I 的电流一个电角度，电动机便逆时针旋转。

洗衣机脱水所用电动机也是采用电容运转式电动机，它的原理和结构同一般单相电容运转电动机相同。由于脱水时一般不需要正反转，故脱水用电机按一般单相电容运转异步电动机接线，即主绕组直接接电源，副绕组和移相电容串联后再接入电源。由于脱水用电动机只要求单方向运转，所以主副绕组采用不同的线径和匝数绕制。

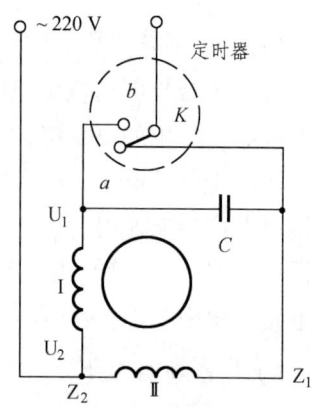

图 3.39　洗衣机所用电容运转电动机的正、反转控制

思考与练习

一、填空题

1. 单相异步电动机_____自行起动,家用冰箱采用_____起动。
2. 改变_____或_____的首端、末端与电源的接线,可使单相电动机反转。

二、选择题

1. 电风扇用电动机常采用(　　)和抽头法调速。
   A. 电抗法　　　　B. 电阻法　　　　C. 电容法
2. 单相异步电动机的效率总是(　　)三相异步电动机。
   A. 大于　　　　　B. 等于　　　　　C. 小于

三、简答题

1. 家用冰箱突然断电后,一般要停几分钟才能重新通电,为什么?
2. 家用洗衣机采用哪种电机?如何从正转变反转?

项目四

三相异步牵引电机

知识目标

（1）了解异步牵引电机的优点和设计特点；
（2）掌握交-直-交变频器的结构和工作原理。

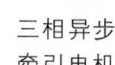

三相异步
牵引电机

能力目标

（1）能指出典型异步牵引电机的结构特点和悬挂方式；
（2）熟悉异步牵引电动机运行的方式和特性调节；
（3）强化大局意识、创新意识，培养职业道德，提高综合分析能力。

任务一　三相异步牵引电机概述

任务目标

（1）掌握三相异步牵引电机的优点；
（2）熟悉交流牵引电机的分类和应用；
（3）培养职业道德，提高综合分析能力。

三相异步
牵引电机概述

任务内容

随着大功率晶闸管，特别是可关断晶闸管的迅速发展，可调压、调频逆变器成功地解决了交流电动机的调速问题。交流传动电动车组采用三相交流电机作为牵引电机，具有优异的运行性能，显著的节能效果，良好的可靠性，等效干扰电流小等诸多优点。

一、异步牵引电机的优点

近30年来，由于电子技术特别是大功率可控硅变流技术的迅速发展，研制出了体积小、质量轻、功率大、效率高的静止变流装置——静止逆变器，作为三相异步电机的变频电源，使三相异步牵引电机在轨道交通中的应用取得了突破性的进展。

地铁牵引电机普遍采用三相鼠笼型异步电机，绕线型异步电机一般不作为地铁的牵引电机。采用三相异步牵引电机具有以下优点。

1. 结构简单、牢固，维修方便

三相异步牵引电机没有换向器和电刷装置等需要经常维护修理的易损部件，无须检查换向器和更换电刷，电机的故障率也大大降低，提高了地铁电动车组运行的可靠性。尤其是鼠笼型异步牵引电机，其转子无绝缘的绕组，除了轴承需要润滑之外，几乎不需要做日常的维护和保养。上海地铁1号线将原有的直流传动系统升级改造成交流传动系统，不仅动力提高30%，而且寿命延迟30年。

2. 功率大、体积小、质量轻

与带换向器的直流牵引电机相比，在输出功率相同的条件下，异步牵引电机与直流牵引电机的质量比为1∶1.6。这是因为三相异步牵引电机没有换向器，可以以更高的圆周速度旋转，且不受换向器电机中电抗电势数值和片间电压的限制。

3. 有良好的牵引性能

由于三相交流牵引电机的功率较大，可以允许其在任何速度下持续运行，而且它对瞬时过电压、过电流不像带换向器的直流电机那么敏感。合理设计三相异步牵引电动机的调频、调压特性，可以实现大范围的平滑调速，充分发挥电动机的功率。同时，三相异步电动机的机械特性很硬，在地铁电动车组运行时，若个别轮对由于黏着下降发生空转时，它的转速也不会超过定子频率的同步转速，即不会发生"飞速"。这时，由于轮对的滑动量很小，因而即使发生空转也容易恢复黏着，以满足电动车组牵引的需求。

4. 节省电气设备，操作简便

交流电传动电动车组采用静止变流器和电子控制系统，电动机转向的改变以及从牵引到再生制动的转换，只需通过控制系统改变变频输出电源的相序或频率即可自动完成，不需要采用传统的开关电器来进行电路的转换。电动车组的操纵控制可以更多地依靠自动装置来实现。

5. 可以得到更高的功率因数和更小的电网谐波干扰电流

采用变压变频（VVVF）牵引逆变器控制地铁电动车组，可以使牵引电动机从电网取得的电流波形十分接近正弦波，可以保持电动车组在广泛的负载范围内使电网的功率因数接近于 1。这对改善电网供电条件，减轻通信干扰，改善接触网电压质量有着重大意义。

二、异步牵引电机的设计特点

与一般工业用异步电机相比，异步牵引电机在设计上有如下特点。

（1）为减小转矩不平衡，额定转差率通常设计得比一般异步电动机大；为了确保所需的转差率，转子导条通常使用高电阻、高强度的铜锌合金材料；为了尽量抑制热膨胀，端环采用低电阻的纯铜；为了提高转子的强度和可靠性，将转子导条和端环焊牢后，还在端环上加装保持环；为了保证电动机的转速-转矩特性相近，选择电阻分散性小、温度变化率小、截面尺寸均匀的导条材料；并在轴端设置高精度的转速检测器，以便对转速进行精确控制。

（2）来自逆变电路的高次谐波电流分量较大，为了防止集肤效应引起的交流电阻增大而增加温升，采取减小导体截面面积，限制导体高度的措施，例如增加定子线圈的并联支路数，线圈断面形状趋于扁平。

（3）异步电机无换向器，允许提高额定转速，缩小体积、减轻质量，因而减速器采用尽可能大的传动比。

（4）适当加大气隙。由于牵引电机运行环境恶劣，无法避免砂尘和垃圾侵入，为了方便拆装，气隙通常为同样大小的普通异步电机的两倍。

（5）加大通风量，改善散热效果，并留有一定的温度裕量。考虑电流谐波分量损耗，电机表面和进出风口滤网污染使散热效果变差，应有 30~50 °C 的温度裕量。

（6）定子加强防尘、耐热的结构。适当增加定子有效材料，提高转轴强度。

三、三相交流牵引电机的类型

三相交流牵引电机，可分为异步型与同步型两种类型。两者各有所长，就目前发展情况来说，西欧国家以德国、瑞士为代表重点在发展异步牵引电机。其代表型机车为 DE2 500（干线内燃机车）和 E120（干线电力机车）。而俄罗斯则在发展同步牵引电机，代表型机车为 BJI83（干线电力机车），它所用的牵引电机型号为 HB-604 型，该机车为单电机转向架，电动机的小时功率为 1 800 kW。上述两种类型的三相交流牵引电机，就电机本身而论，异步型电机简单牢固，而同步型电机的转子仍需励磁电源供电，在空间利用、维修和功率因数及谐波干扰方面均不如异步型。但就机车的传动系统来说，同步型的变频装置却较异步型的大为简单，它没有明显的直流环节和强迫换流装置，从而节省了大量的可控硅、二极管、电容及电抗器等，因而成本较低。另外同步型传动系统的效率亦较高。但是，随着快速大功率可控硅性能的进一步提高和成本的降低，并主要考虑到异步型电机的结构简单和它对于交直流电网的适应能力及前述的若干优点，采用异步型机车有着较大的吸引力。

顺便指出，对于异步和同步牵引电机的争议，只限于大功率的干线机车，而对于功率较小的城市交通运输电动车普遍采用异步牵引电机。原因是同步电机需要有滑环，在大功率时，由于定子内径大，在定子绕组端部，有足够的空间在轴上可安装滑环，而在功率较小时，就无此可能。另一原因是，机车轮径不同，牵引电机转速有差别，而每台同步电机转子轴位置又必须与定子磁场严格一致。1台逆变器不适用于多台同步电机并联工作。电动车牵引功率较小时，往往是两台或4台电机并联，由1台逆变器供电。此外，电动车起动和停止频繁，亦不宜用同步电机。所以对于地铁电动车组和轻轨车仅研究异步牵引电机的变频调速系统。

思考与练习

一、填空题

1. 地铁牵引电机普遍采用三相_____异步电机。
2. 为方便拆装，三相异步牵引电机的气隙通常为同样大小的普通异步电机的_____倍。

二、选择题

1. 为了减小转矩不平衡，牵引电机的额定转差率通常比一般异步电动机的（　　）。
   A. 小　　　　　B. 大　　　　　C. 相等
2. 对于地铁电动车组和轻轨车通常采用（　　）牵引电机的变频调速系统。
   A. 直流　　　　B. 同步　　　　C. 异步

任务二　异步牵引电机的基本结构

任务目标

（1）掌握异步牵引电机的悬挂方式；
（2）掌握异步牵引电机的基本结构；
（3）提高安全防范意识，提高解决实际问题的能力。

任务内容

异步电机与同步电机不同，其转速和同步转速间存在一定差异（即所谓异步），这是它产生转矩的必要条件。由于转子绕组电流是感应产生的，所以异步电机也称为感应电机。

一、4LCA2138型异步牵引电机

南京地铁1号线采用鼠笼型异步牵引电机，型号为4LCA2138。该牵引电机按逆变器特性进行设计，由VVVF逆变器供电。

1. 主要技术参数

电机型号　　　　　4LCA2138
磁极对数　　　　　2
连续功率　　　　　185 kW
额定电压　　　　　1 170 V（线电压）
额定电流　　　　　116 A
额定转速　　　　　2 000 r/min
额定频率　　　　　67.4 Hz
转速范围　　　　　0 ~ 3 660 r/min
冷却方式　　　　　自动风冷

2. 牵引电机的安装

每两台牵引电机分别横向安装于同一转向架的两轴上，车辆驱动装置如图 4.1 所示。

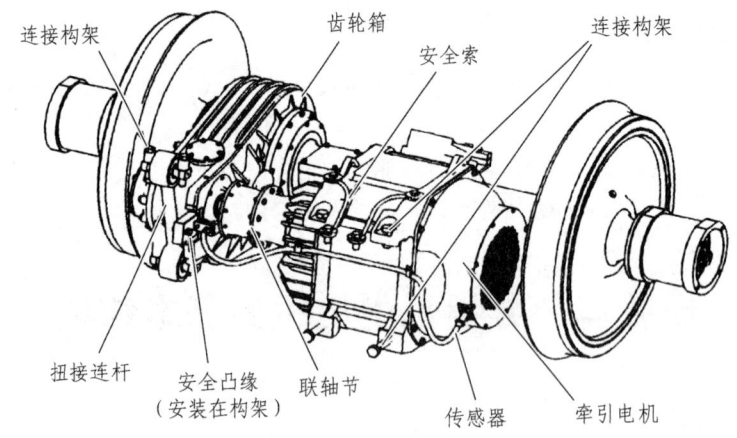

图 4.1　南京地铁 1 号线车辆驱动装置

1）电机的悬挂

为了适应高速列车运行的需要，异步牵引电机大多采用全悬挂方式（或称架承式悬挂），利用实心轴传动球形万向联轴节，置于轴伸和小齿轮之间，以补偿运行中轮对与电机之间的相对垂直位移，避免电机承受弯矩和轴向力，延长轴承寿命。

南京地铁 1 号线动车组的每个动力转向架配备有两台牵引电机，采用架承式悬挂，横向安装在转向架构架横向构件上。如果连接件发生故障，连接转向架横向构件的两根安全索和牵引电机上的安全凸缘则防止电机下落到轨道上。

2）联轴器

动力通过挠性联轴节从牵引电机传输给齿轮箱。联轴节包括两个半联轴节，每个半联轴节都通过压力安装在牵引电机或齿轮箱的锥轴上。

3）齿轮箱

采用两级减速齿轮箱，一个输入轴装有一级小齿轮（27齿），一个中间轴装有一级齿轮（78齿）、二级小齿轮（27齿）和装有一二级齿轮（65齿）的输出轴。传动比为（65×78）/（27×27）=6.954 7。齿轮由调质钢制成，并采用圆柱形螺旋齿形结构以减小齿轮箱的噪声。齿轮箱安装在车轴，通过配备两个弹性末端轴承的扭接连杆连接转向架横向构件。

3. **牵引电机的部件构成**

地铁动车中的异步牵引电机的外形结构与一般的直流牵引电机类似，所不同的是异步牵引电机不需要换向器观察孔，异步牵引电机外形如图4.2所示。

转向架上的电机支座由3个压入电机机座的弹性支撑组成，机座多采用钢板焊接结构。电机采用自通风机并配有空气过滤器和消音器，其结构如图4.3所示。

图4.2 异步牵引电机外形

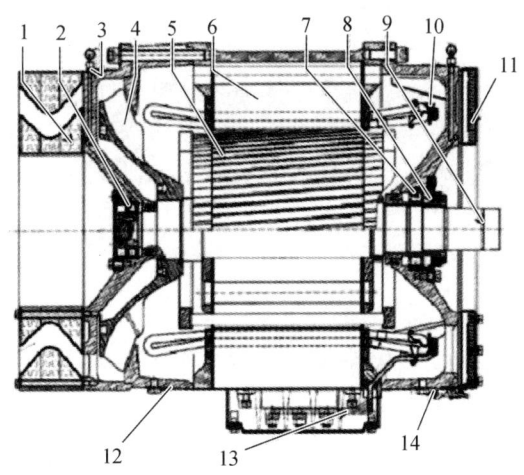

1—消声器；2—圆柱滚柱轴承；3—注油孔；4—风扇；5—转子；6—定子叠片；
7—圆柱滚柱轴承DE；8—迷宫式密封环；9—转轴；10—定子绕组；
11—空气滤洗器；12—端板ND；13—电气接线盒；14—端板DE。

图4.3 4LCA2138异步牵引电机结构

1）定子部分

定子被设计成没有外壳的结构，牵引电机钢条束通过在驱动端（DE）和非驱动端（ND）的绕环以及4个纵向牵引杆焊接，成为可防止自身扭矩的结构。定子结构如图4.4所示。

轴向冷却通风排风口直接布置在定子钢条上，以迅速驱散热量。端板位于 ND 侧，用螺栓固定在进气口处。两个空气滤洗器用于过滤冷却空气，通过一个快速缓解阀安装在端板上。空气过滤器可以使进入电机内部的空气为清洁空气，并防止异物进入。一个适配凸缘、端板 ND 和消音器安装在 ND 侧。

固定轴承 DE 的圆柱形滚筒安装在端板上，活动式圆柱形的滚筒轴承位于端板上侧，采用重新润滑的方式处理旧的润滑剂，其目的是避免形成空隙。

图 4.4　牵引电机定子示意图

定子铁心选用 0.5 mm 厚的高导磁、低损耗的冷轧硅钢片，要求内外圆同时落料，以保证气隙的均匀度。定子由硅钢片堆叠而成并与刚性端板焊接在一起，定子铁心固定在钢制机架上。

定子一般采用开口槽，可以采用成型的线圈以获得良好的绝缘性能，增加运行的可靠性。对于选用气隙较小的电机，可在定子槽口开通风槽口，以提高通风效果，同时可增加电机漏阻抗，减小谐波电流的影响。

定子线圈的绝缘等级为 200 级，采用由绝缘矩形侧断面的圆边铜导线绕制，再捆扎上一根附加绝缘线圈，一并插入到与绝缘热箔平行的凹槽内。定子线圈连接电路与 Y 形连接点构成无驱动端的端部绕组。所有连接都是硬焊，绝缘端部绕组交织有大量的玻璃纤维束。线圈连接点及其分支都连接到线圈接线片上，在注入和硬化后，线圈耐用力会增强，以避免因冲击和短路引起的形变。

2）转子部分

转子铁心同样选用 0.5 mm 厚的高导磁、低损耗的冷轧硅钢片，要求内外圆同时落料，以保证气隙的均匀度，转子结构如图 4.5 所示。

转子铁心内孔采用热套固定，取消键槽配合，以满足牵引电动机频繁正反转起动的要求。转子铁心末端有两个鼠笼端环和两个用于固定层压片的转子缠绕环。转子层压片也开有用于散热的轴向通风孔。配有内螺纹的孔，用来固定转子缠绕环 D 和 N 的平衡锤，保证转子平衡旋转。

图 4.5　电机转子结构示意图

转子采用热叠压工艺制成，在端环的外围设有套环，以提高转子的强度和可靠性。转子导体由铜合金制成，楔入铁心中将其锁定位置。转子导体和铁心经过树脂造型，可提高导体的冷却效果。转子导体通过高频感应加热银焊在端翼上，端翼的设计使电机能够承受最大运行速度 1.2 倍的超速运转。

为了改善起动性能，转子槽有时做成深槽形，但由于变频调节的异步牵引电动机均采用低频起动，实际上起动时的集肤效应很小，这时转子绕组有效电阻的增加和漏电感的减小作用已不明显，故从磁路饱和和结构简单的角度考虑，多采用一般的槽形（或槽底为半圆形的矩形）槽。当电动机功率较大时也采用矩形槽。异步牵引电动机一般不采用斜槽转子。

使用绝缘轴承，以防止由于三相电流不平衡时产生的轴电流流过轴承，避免轴承受到电腐蚀，保证轴承寿命。轴承由高强度钢制成，轴承部位设有注油孔，做成能够中间加油（1次）的方式。

在电机反向输出端有1个润滑轴，每3年需要用油枪对其充油1次，电机每6年需要1次大修。

风扇由铝合金制成，安装在轴上，用螺栓紧固于转子端面板上。冷却空气可通过电机架上的内置式过滤空气器进入。

3）速度传感器

为了配合变频调速系统进行转速（差）闭环控制和提高控制精度，在电机内部应考虑设置非接触式转速检测器（脉冲发射机）。电机的旋转转速和方向可通过脉冲发射机来测量，安装在齿轮箱的传动装置上。

地铁动车组配备速度传感器可将电动机速度数据传输到车身内的控制和监视系统。

4）温度检测

电机温度是通过两个冗余设计的PT-100的温度监控器测量，其位于排气孔侧的定子缠绕孔上。

5）防腐保护

电机表面覆盖了一层由两种成分构成的氧化材料底漆，中间喷涂和最外层饰面材料为含有带两种成分的聚亚氨酯清漆。

二、YQ-190-6型异步牵引电机

昆明地铁首期工程电客列车运用的是YQ-190-6型异步牵引电机，为4极自通风三相鼠笼式异步电机，按逆变器特性进行设计，由VVVF逆变器供电。

1. 主要技术参数

型号	YQ-190-6
电机类型	交流异步牵引电机
供电方式	VVVF逆变器供电
定额方式	连续制
额定功率	190 kW
第三轨额定电压	DC 750 V

第三轨电压	DC 500 V ~ 900 V
额定转矩	955 N·m
额定电压	568 V（基波有效值）
额定电流	240 A（基波有效值）
额定转速	1 900 r/min
额定频率	64.2 Hz
额定功率因数	0.87
额定效率	93%（基波值）
绝缘等级	200 级（IEC60349-2）
极对数	2
转向	U-V-W 正常相序时顺时针方向旋转（从传动端看）
最高转速	4 364 r/min
质量	590 kg（不含联轴节、弹性关节、三相电缆、紧固件）
冷却方式	自通风
悬挂方式	全悬挂
齿轮传动比	6.333
齿轮传动效率	98%

2. 牵引电机的部件构成

牵引电机由定子、转子、传动端端盖、轴承、总装零件、测速装置等部件组成。

1）定子部分

电机的定子由定子铁心、定子绕组和机座等组成，定子和接线盒外观如图 4.6 所示。

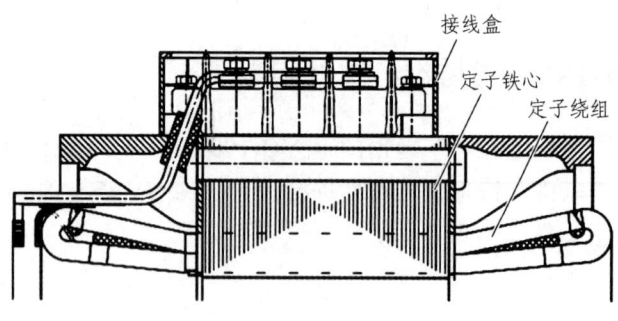

图 4.6　定子断面图

定子绕组为双层成型绕组，成型的定子线圈嵌进定子槽中。为了得到足够的机械强度、良好的电气性能与优良的热稳定性，定子绕组端部用端箍以及绑扎绳固定。电机的绝缘等级为 200 级，电机定子整体真空压力浸 200 级无溶剂漆（VPI），然后旋转烘焙固化，达到固定和绝缘的双重要求。

定子铁心采用无机壳焊接结构。定子铁心由 50W470 冷轧硅钢板叠压而成,两端采用齿压板,用拉板将定子冲片、两端的压圈焊接成一整体。定子冲片上开有通风孔。在定子上方设有接线盒,并自带 3 根 70 mm^2 引出线电缆,接线盒的防护等级为 IP65。

2)转子部分

电机的转子由转子铁心、转子绕组和转轴等部件组成,转子与风扇外观如图 4.7 所示。

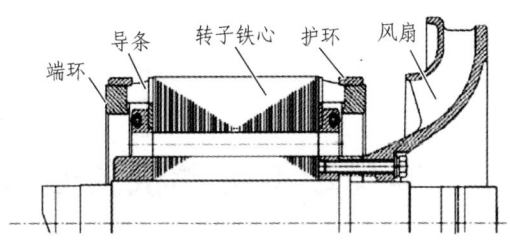

图 4.7　转子断面图

转子铁心由 50W470 冷轧硅钢板叠压而成,两端用压圈压紧。转子冲片和压圈上开有通风孔。转子导条采用无氧铜,端环采用铬锆铜。转子导条插入槽中后,通过冲紧将导条固定在槽中,以克服导条在电机运行中因磁拉力和离心力作用而产生的径向振动和位移。转子导条与端环之间的焊接采用中频感应整体焊接。转轴采用高强度合金钢 35CrMo。

3. 轴承、端盖及总装零件

电机两端均需要用轴承支撑转子。牵引电机两端均采用绝缘轴承,传动端为 SKF 圆柱轴承 NU216ECM/C4VA3091;非传动端采用 SKF 球轴承 6215M/C4VL0241,两端油封都采用迷宫式密封结构。传动端端盖与非传动端端盖均为球铁结构,都装有注油嘴(注油油杯 M10×1),具有补充润滑脂的功能;在传动端端盖开有进风口;非传动端端盖上开有出风口。

4. 电机的通风

电机采用自通风,在非传动端装有铸铝合金离心式风扇。电机进风口装滤尘器,可使进入电机内部的空气为清洁空气。

5. 速度传感器

在电机的非传动端安装有非接触式、高精度的速度传感器。

6. 温度传感器

在电机定子铁心上安装有温度传感器,用于检测电机绕组的温度,给控制系统提供电机的过热保护。

思考与练习

一、填空题

1. 异步牵引电机通常采用_____悬挂方法,一般为_____对主磁极。
2. 异步牵引电机的速度传感器安装在_____,其作用为_____。
3. 异步牵引电机的温度传感器安装在_____,其功能为_____。

二、判断题

1. 地铁所用牵引电机通常采用自通风,在传动端装有离心式风扇。（　　）
2. 地铁所用牵引电机两端均采用绝缘轴承。（　　）
3. YQ-190-6 型交流异步牵引电机采用第三轨供电。（　　）

任务三　异步牵引电动机的变频调速

任务目标

（1）掌握交-直-交变频调速的工作原理；
（2）掌握直接转矩控制的思路和应用；
（3）了解直接转矩控制的交-直-交变频调速系统原理；
（4）提高获取信息的能力以及综合分析判断能力。

任务内容

一、交-直-交变频调速基本电路

交-直-交变频调速基本电路如图 4.8 所示。频率固定的电网三相交流电经过变频器转变为频率可变的三相交流电,再向交流电动机供电。变频器主要由整流器、直流环节和逆变器 3 部分组成。

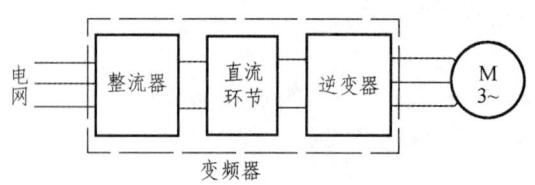

图 4.8　交-直-交变频调速基本电路

整流器的主要作用是将电网三相交流电整流成直流电,分为不可控整流器和可控整流器。不可控整流器中的电子器件为二极管,而可控整流器中的电子器件大多采用双极型或复合型电子器件,如可控硅、GTR、GTO、IGBT、IPM 等,如图 4.9 所示。

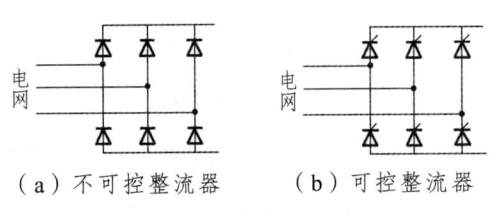

(a) 不可控整流器　　　（b) 可控整流器

图 4.9　整流器电路

直流环节分电压型和电流型两种,如图 4.10 所示, C_d 主要起稳压作用, L_d 主要起稳流作用。

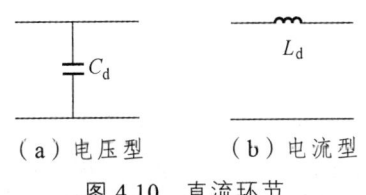

(a) 电压型　　　（b) 电流型

图 4.10　直流环节

逆变器的作用主要是将直流电逆变为频率可调的三相交流电,并向三相异步牵引电动机供电,分为电压型逆变器和电流型逆变器,其基本电路如图 4.11 所示。

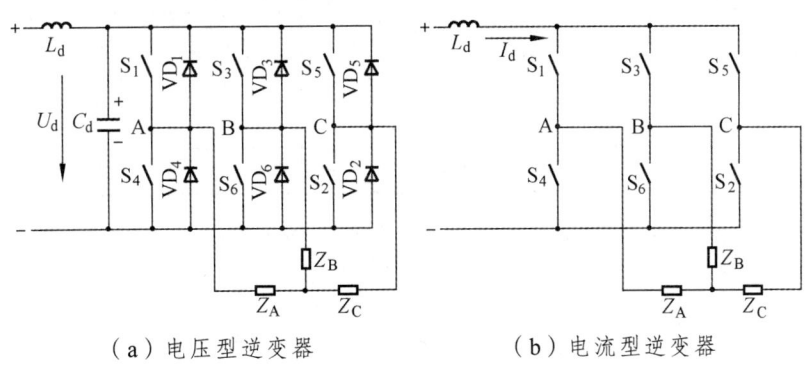

(a) 电压型逆变器　　　（b) 电流型逆变器

图 4.11　逆变器

二、逆变器基本原理

1. 电压型逆变器

图 4.11（a）中,直流电源并联有大容量滤波电容器 C_d,使直流输出电压具有电压源特性,内阻很小。电感 L_d 的电感量较小,起限流作用。$S_1 \sim S_6$ 为功率开关,根据实际需要可以选用可控型电子器件。$VD_1 \sim VD_6$ 为续流二极管,为负载的滞后电流提供一条反馈到电源的通路。每只功率开关每隔 60°电角度触发导通一次,相邻两相的功率开关触发导通时间互差 120°,一个周期共换相 6 次,对应 6 个不同的工作状态（又称六拍）。根据功率开关的导通持续时间不同,可以分为 180°导电型和 120°导电型两种工作方式。

131

以 180°导电型工作方式为例，功率开关的导通规律如表 4.1 所示。经计算各个工作状态下的相电压和线电压如表 4.2 所示。逆变器输出电压波形如图 4.12 所示。

表 4.1　180°导电型逆变器功率开关导通规律

工作状态	S_1	S_2	S_3	S_4	S_5	S_6
状态 1（0~60°）	导通				导通	导通
状态 2（60°~120°）	导通	导通				导通
状态 3（120°~180°）	导通	导通	导通			
状态 4（180°~240°）		导通	导通	导通		
状态 5（240°~300°）			导通	导通	导通	
状态 6（300°~360°）				导通	导通	导通

表 4.2　负载为 Y 形接法时各个工作状态下的相、线电压

工作状态		状态 1	状态 2	状态 3	状态 4	状态 5	状态 6
相电压	u_A	$U_d/3$	$2U_d/3$	$U_d/3$	$-U_d/3$	$-2U_d/3$	$-U_d/3$
	u_B	$-2U_d/3$	$-U_d/3$	$U_d/3$	$2U_d/3$	$U_d/3$	$-U_d/3$
	u_C	$U_d/3$	$-U_d/3$	$-2U_d/3$	$-U_d/3$	$U_d/3$	$2U_d/3$
线电压	u_{AB}	U_d	U_d	0	$-U_d$	$-U_d$	0
	u_{BC}	$-U_d$	0	U_d	U_d	0	$-U_d$
	u_{CA}	0	$-U_d$	$-U_d$	0	U_d	U_d

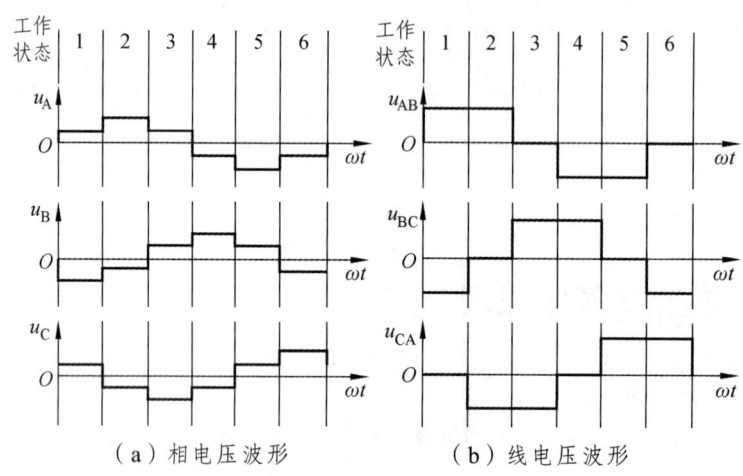

（a）相电压波形　　　　（b）线电压波形

图 4.12　逆变器输出电压波形图

2. 电流型逆变器

图 4.11（b）中，直流电源串联大容量滤波电感 L_d，起限流作用，为逆变器提供的直流电流波形平直、脉动小，具有电流源特性。同时又是缓冲负载无功能量的储能元件。S_1~S_6 为功率开关，根据实际需要可以选用可控型电子器件。

以120°导电型工作方式为例,功率开关的导通规律如表4.3所示。经计算各个工作状态下的相电流和线电流如表4.4所示。逆变器输出电流波形如图4.13所示。

表4.3 120°导电型逆变器功率开关导通规律

工作状态	S_1	S_2	S_3	S_4	S_5	S_6
状态1(0~60°)	导通					导通
状态2(60°~120°)	导通	导通				
状态3(120°~180°)		导通	导通			
状态4(180°~240°)			导通	导通		
状态5(240°~300°)				导通	导通	
状态6(300°~360°)					导通	导通

表4.4 负载为△形接法时各个工作状态下的相、线电流

工作状态		状态1	状态2	状态3	状态4	状态5	状态6
线电流	i_A	I_d	I_d	0	$-I_d$	$-I_d$	0
	i_B	$-I_d$	0	I_d	I_d	0	$-I_d$
	i_C	0	$-I_d$	$-I_d$	0	I_d	I_d
相电流	i_{AB}	$2I_d/3$	$I_d/3$	$-I_d/3$	$-2I_d/3$	$-I_d/3$	$I_d/3$
	i_{BC}	$-I_d/3$	$I_d/3$	$2I_d/3$	$I_d/3$	$-I_d/3$	$-2I_d/3$
	i_{CA}	$-I_d/3$	$-2I_d/3$	$-I_d/3$	$I_d/3$	$2I_d/3$	$I_d/3$

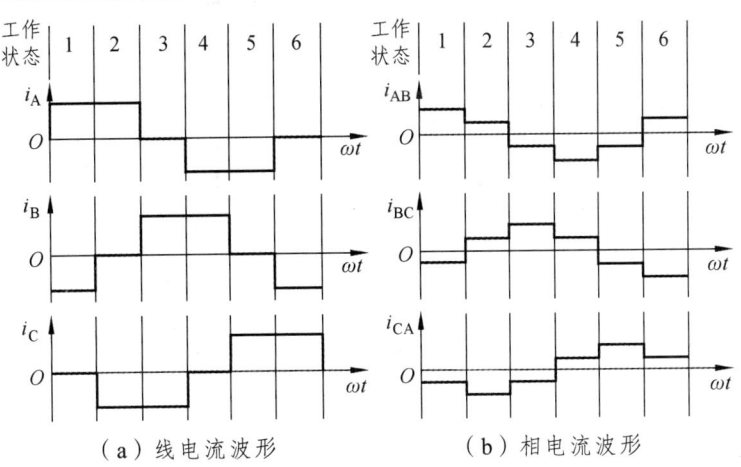

(a)线电流波形　　　　(b)相电流波形

图4.13 逆变器输出电流波形图

三、交-直-交变频调速系统

交-直-交变频调速系统经过多年的发展,出现了许多形式,如电压、频率协调

控制的变频调速系统，转差频率控制的变频调速系统，谐振型变频调速系统，矢量控制的变频调速系统和直接转矩控制的变频调速系统等。纵观当今控制技术的主流和发展趋势，直接转矩控制是高性能交流控制策略之一。该系统直接进行转矩的 Band-Band 控制，简化了控制系统结构，所以干线机车常采用这种系统。

1. 直接转矩控制思路

异步电动机的直接转矩控制理论是建立在异步电动机的动态方程上的。当忽略空转阻力矩时，异步电动机的运动方程可表示为

$$T - T_L = J\frac{d\Omega}{dt} \tag{4.1}$$

式中　T——电磁转矩；

　　　T_L——负载转矩；

　　　J——电动机转动惯量；

　　　Ω——转子机械角速度（$\Omega = \frac{\pi Dn}{60}$，$D$ 为转子直径，n 为转子转速）。

根据上式，调节转速可以通过调节电磁转矩来实现。

在保持定子磁链不变的情况下，通过调节定子电压即可调节电磁转矩，从而达到调速的目的。由定子磁链模型组成的磁链闭环使定子磁链保持不变，而转矩模型组成的转矩闭环实现电动机的调速。

2. 交-直-交变频调速系统原理

图 4.14 为直接转矩控制交-直-交变频调速系统的基本框图。该系统主要由主电路和控制系统两部分组成。

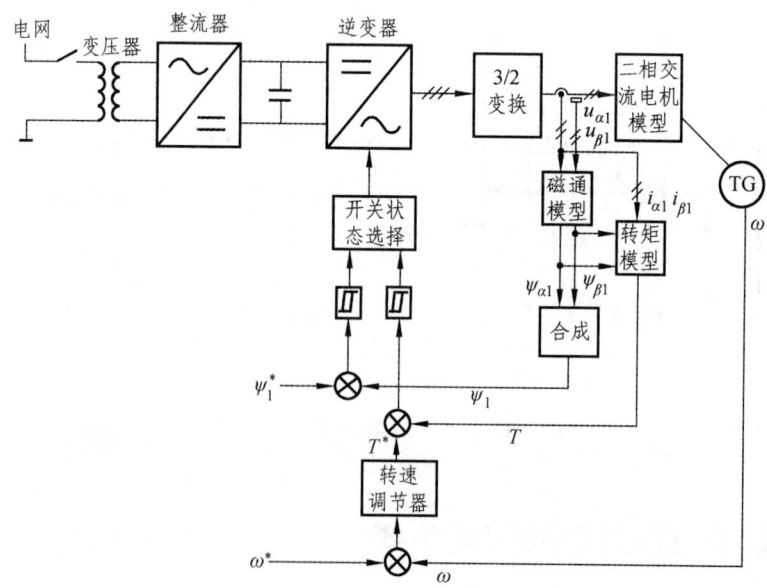

图 4.14　直接转矩控制交-直-交变频调速系统框图

主电路：电网单相交流电经主断路器送入变压器主绕组，经降压从次级输出单相频率不变的交流电，经整流器整流成直流电，再由逆变器转变为频率可调的三相交流电，输送给三相异步牵引电动机。

控制系统：三相异步牵引电动机经 3/2 变换，转变为二相交流电机，由电流互感器检测出两相电流 $i_{\alpha 1}$ 和 $i_{\beta 1}$，由电压互感器检测出两相电压 $u_{\alpha 1}$ 和 $u_{\beta 1}$，一起送入定子磁链模型，输出磁链 $\psi_{\alpha 1}$ 和 $\psi_{\beta 1}$，再合成为定子磁链 ψ_1，与给定定子磁链 ψ_1^* 进行比较，输出差值信号 $\Delta\psi_1$，经磁链滞环调节后送入开关状态选择。$i_{\alpha 1}$、$i_{\beta 1}$ 和 $\psi_{\alpha 1}$、$\psi_{\beta 1}$ 经转矩模型输出转矩 T。给定转速 ω^* 与经过转速传感器 TG 检测出来的转子实际转速 ω 进行比较，输出的转速差值信号 $\Delta\omega$ 经转速调节器转变为转矩给定信号 T^*，T^* 与 T 进行比较，输出转矩差值信号 ΔT，经转矩滞环调节后送入开关状态选择。最后由开关状态选择去控制逆变器中功率开关的导通状态，通过调节电压矢量的大小达到调节牵引电动机转速的目的。

直接转矩控制的核心思想是通过不同时刻给出不同的电压矢量，以控制定子按一定幅值的正六边形磁链轨迹运行并控制其旋转速度（参阅有关资料），在机车控制级的控制下，即可按直接转矩控制的思想控制电动机的输出力矩，使机车组获得预期的牵引特性。

思考与练习

一、填空题

1. 交-直-交变频器主要由_____、直流环节和_____3 部分组成。
2. 交-直-交变频器按直流环节的不同分为_____型和_____型两种。

二、选择题

1. 干线机车一般采用（　　）型的逆变器。
   A. 电阻　　　　　　B. 电压　　　　　　C. 电流
2. 转差频率控制、矢量控制和直接转矩控制中性能最优的是（　　）。
   A. 转差频率控制　　　　　　B. 矢量控制
   C. 直接转矩控制

任务四　异步牵引电动机变频运行方式及其特性

任务目标

（1）掌握异步牵引电动机的变频调速方式及其机械特性；

（2）了解异步牵引电动机的恒转差频率运行方式及其机械特性；

（3）了解异步牵引电动机的恒功率运行方式及其机械特性。

任务内容

异步牵引电动机变频调速系统的基本控制方式是变压变频（VVVF），在基频以下采用恒压频比带定子压降补偿的控制方式，基本上保持磁通 Φ_m 为恒定，输出转矩基本不变，属于恒转矩调速。在基频以上，基本上保持电压 $U_1 = U_{1N}$，类似于直流电动机的弱磁升速，可近似地看作恒功率调速。

一、异步电动机的机械特性

由异步电机原理可知：在一定的电压和频率下，异步电动机的机械特性如图 4.15 所示。

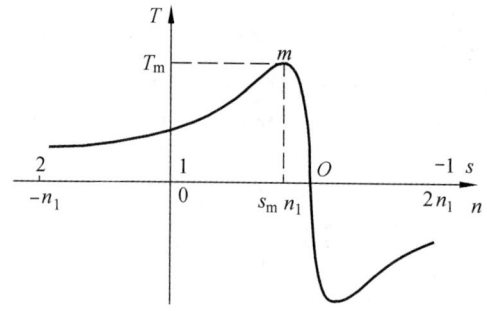

图 4.15　一定频率和电压下异步电动机的机械特性

当异步电机作为电动机运行时，电机在 $0 < s < 1$ 范围内运行，图中 s_m 为电动机最大转矩时的临界转差率。其中：$s = 0 \sim s_m$ 一段是电动机的稳定运行范围；当 $s > s_m$ 后，电动机的转矩将明显减少，使电动机转速越来越低，直到停转。所以 s 在 $(s_m \sim 1)$ 区段是电动机不稳定运行区。

二、变频调速方式及其机械特性

1. 保持额定磁通的恒磁通运行

为了充分利用铁心材料，在设计电机时，一般将额定工作点选在磁化曲线开始弯曲处。因此，调速时希望保持每极磁通 Φ_m 为额定值，即 $\Phi_m = \Phi_{mN}$。因为磁通增加，将引起铁心过分饱和，励磁电流急剧增加，导致绕组过分发热，功率因数降低；而磁通减少，将使电动机输出转矩下降，如果负载转矩仍维持不变，势必导致定、转子过电流，也要产生过热，故而希望保持磁通恒定，即实现恒磁通变频调速。

1) $\dfrac{E_1}{f_1}$ 恒定运行

根据异步电动机定子每相绕组感应电动势

$$E_1 = 4.44 f_1 N_1 K_{\omega 1} \Phi_m$$

为了保持 Φ_m 不变，在改变电源频率 f_1 的同时，必须按比例改变感应电动势 E_1 亦即保持 $E_1/f_1 = \text{const}$，这就要求对电动势和频率进行协调控制。显然，它是一种理想的保持磁通恒定的控制方法。保持 E_1/f_1 恒定进行变频调速时，对应于同一转矩 T，转速降 Δn 基本不变，亦即直线部分斜率不变（硬度相同），机械特性平行地移动，如图 4.16 所示。

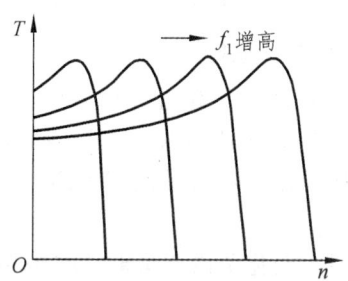

图 4.16 E_1/f_1 恒定时变频调速机械特性

在变频调速过程中，即频率变化前后，电动机的过载能力应相等。过载能力为

$$k_m = \frac{T_m}{T_N}$$

设调速前 $k_m = T_m/T_N$，调速后 $k_m' = T_m'/T_N'$，按照过载能力相等的条件，保持 E_1/f_1 恒定时，$T_m = T_m'$，则 $T_N = T_N'$。说明输出转矩不变，属于恒转矩调速。

2）U_1/f_1 恒定运行（或恒定子电流运行）

实际上，由于感应电动势难于直接控制，保持 E_1/f_1 恒定只是一种理想的控制方法。当忽略定子漏阻抗压降时，近似地可以认为定子相电压

$$U_1 \approx E_1 = 4.44 f_1 N_1 K_{\omega 1} \Phi_m$$

因此，保持 $U_1/f_1 = \text{const}$，可以近似地维持 Φ_m 恒定，从而实现近似的恒磁通调速，这可通过对定子相电压和频率进行协调控制来实现。保持 U_1/f_1 恒定进行变频调速时，最大转矩将随 f_1 的降低而降低。此时直线部分的斜率仍不变，机械特性如图 4.17 实线所示。

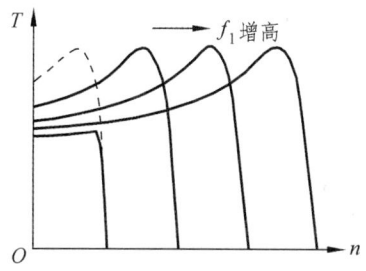

图 4.17 U_1/f_1 恒定时变频调速机械特性

采用 $U_1 \approx E_1$，使控制易于实现，但也带来误差。显然，被忽略的定子漏阻抗压降在 U_1 中所占比例的大小决定了它的影响。当频率 f_1 的数值对较高时，此时 E_1 数值较大，定子漏阻抗压降在 U_1 中比例较小，认为 $U_1 \approx E_1$ 不致引起太大误差；当频率相对较低时，E_1 数值变小，U_1 也变小，此时定子漏阻抗压降在 U_1 中所占比例增大，已经不能满足 $U_1 \approx E_1$，此时若仍以 U_1/f_1 恒定代替 U_1/f_1 恒定，将带来较大误差。为此，可在低频段提高定子电压 U_1，目的是补偿定子漏阻抗压降，近似地维持 U_1/f_1 恒定。补偿后的机械特性如图 4.17 虚线所示。

2. 保持电压为额定值的恒电压运行

在额定频率（基波）以上调速时，超过额定电压运行将受到绕组绝缘强度的限制，因此定子电压不可能与频率成正比地升高，只能保持在额定电压，即 $U_1 = U_{1N}$。此时气隙磁通 Φ_m 将随着频率 f_1 的升高而反比例下降，类似于直流电动机的弱磁升速。机械特性如图 4.18 所示。

当保持电压为额定值、且 s 变化范围不大时，如果频率 f_1 增加，则转矩 T 减少，而同步机械角速度 $\Omega = 2\pi f_1/p$ 将随频率而增加。这就是说，随着频率增加，转矩减少，而转速增加。根据 $P_M = T\Omega$，可近似地看作恒功率调速。综合额定频率以下及以上两种情况，其定子电压和气隙磁通的控制特性如图 4.19 所示。

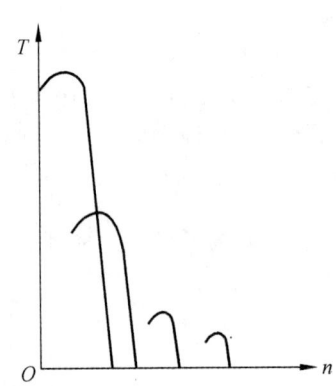
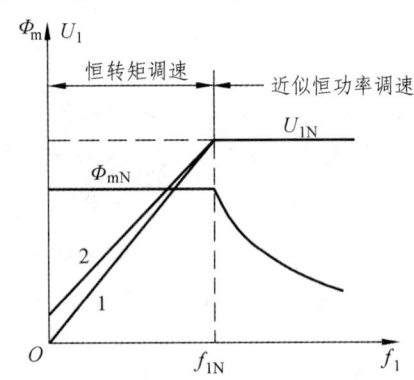

1—不含定子压降补偿；2—含定子压降补偿。

图 4.18 保持 $U_1 = U_N$ 时变频调速的机械特性 　图 4.19 异步牵引电动机变频调速的控制特性

三、恒转差频率运行及其机械特性

这是一种在逆变电路的输出电压达到最大值后，仅仅通过改变逆变电路输出频率的运行方式。由于

$$f_1 = \frac{pn_1}{60} \tag{4.2}$$

$$T \propto \left(\frac{U_1}{f_1}\right)^2 f_s \tag{4.3}$$

式中，$f_s = n_1 - n$ 称为转差频率。

根据式（4.3），当 U_1 达到最大值后，如果保持 f_s 不变，则

$$T \propto \frac{1}{f_1^2} \tag{4.4}$$

其运行机械特性如图 4.20 所示，相当于直流串励牵引电动机的自然转矩特性。

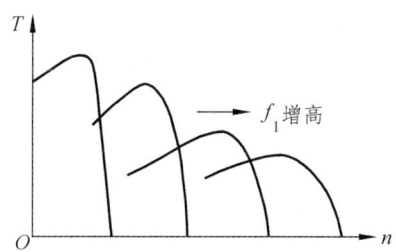

图 4.20　保持 U_1 和 f_s 不变时变频调速的机械特性

四、恒功率运行及其机械特性

恒转差频率运行时，随着转速 n 的增加，为保持 f_s 不变，n_1 必然要同步增加，所以 f_1 增大，导致 T 急剧下降。如果设计上 f_s 对于最大值留有余地，在 n 增加的同时，增加 f_s 可以防止 T 急剧下降，其运行机械特性如图 4.21 所示。

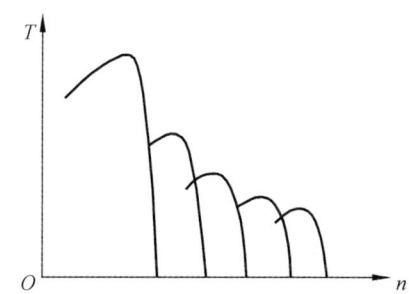

图 4.21　保持功率不变时变频调速的机械特性

T 与 f_1 成正比增加，防止 T 下降过快。这种电源电压恒定、转差频率与电源频率成正比、输入电流也基本恒定的运行方式称为牵引电动机恒功率运行，相当于直流牵引电动机在磁场削弱工况下运行。

根据上述分析可知，异步电动机在低频条件下，T_m 不变的特性可以满足机车、电动车组起动时具有较大而稳定不变的牵引力，而在高速运行时牵引力较小，使异步电动机输出功率可基本保持不变。显然，这种特性很适合城市轨道交通牵引动力的要求。

思考与练习

一、填空题

1. 异步牵引电动机基频以下，采用_____的控制方式，基本上保持磁通恒定。

2. 异步牵引电动机基频以上，基本上保持_____不变，可近似地看作_____调速。

二、判断题

1. 异步牵引电动机在基频以下调速基本上保持功率为恒定。　　　　（　　）
2. 异步牵引电动机变频调速时，采用 $U_1 \approx E_1$，易于控制，但误差较大。（　　）
3. 异步牵引电动机在高速区采用恒磁通控制。　　　　　　　　　　（　　）

任务五　电动车组异步牵引电动机的调节特性

任务目标

（1）掌握异步牵引电动机 3 个运行调节区的特点及其应用；
（2）了解异步牵引电动机输出转矩、功率与定子频率的关系；
（3）学习先进的电动车组控制技术，发扬精益求精的工匠精神。

任务内容

三相异步电动机作为干线动车组、地铁动车组的牵引电动机，根据动车牵引的要求，只要对异步电动机的电压、频率采取不同的调节方式，三相异步电动机同样具有起动牵引力大、调速范围广、过载能力强等优点。牵引运行时，异步牵引电动机可分为：起动加速区、恒功率输出区、提高速度区（或自然特性区）这 3 个运行调节区，如图 4.22 所示。

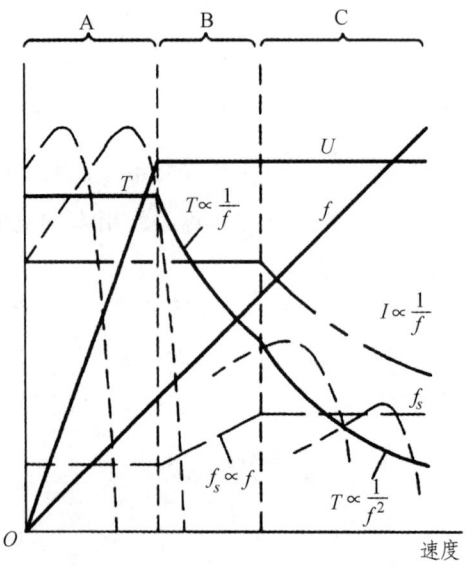

A—恒转矩区；B—恒功率区；C—自然特性区。

图 4.22　U_1、f_2、T、P、I_1 与 f_1 的变化关系

在动车起动加速阶段，一般要求牵引力尽可能接近黏着牵引力，以获得大而稳定的起动牵引力，这时异步电动机应按恒转矩要求进行变频调节；起动后，随着速度的提高，牵引电动机输出功率也不断增大。起动过程结束，则希望牵引电动机按在各种运行速度下保持恒功率输出的要求进行变频调节。为了满足机车起动和运行时牵引特性的要求，需要在调节频率的同时相应调节牵引电动机的电压。下面简要分析异步牵引电动机工作在不同运行区的变频调节规律。

一、恒转矩特性的变频调节

通常运行在固定频率下的三相异步电动机，其起动电流为额定电流的 5~6 倍。但由于此时转子的频率高、漏抗大、功率因数很低，所以起动转矩实际上并不大。而采用变频调节时，则可使异步电动机在较低频率下起动，此时定、转子漏抗都很小，从而改善了转子的功率因数，增大了起动转矩。

一般来说，电动车组起动时，异步电动机低频起动电流大致为两倍额定电流的情况下，可使电机起动转矩为最大转矩的 70% 左右，并保持不变。由于异步电动机最大转矩正比于 $(U_1/f_1)^2$，U_1 与 f_1 之比通常称为"伏赫比"。要使电动车组获得恒定的起动转矩，电机必须保持"伏赫比"不变，即电机的端电压随频率的提高而正比例增加，这时，电动机的气隙磁通也近似不变。这就是电动车组起动加速区异步电动机变频调节规律。

应当注意的是：电动机起动开始时，频率很低，因此 $x_{1\sigma}$ 和 $x_{2\sigma}$ 很小，这时电阻在阻抗中的比例相当大，忽略 r_1 会产生较大的误差。若要保持磁通不变，则在起动时必须适当增加电压 U_1，以克服 r_1 所产生电压降。在恒转矩下变频调节时，电机电压 U_1 和定子电流 I_1 随频率 f_1 的变化曲线如图 4.23 所示。

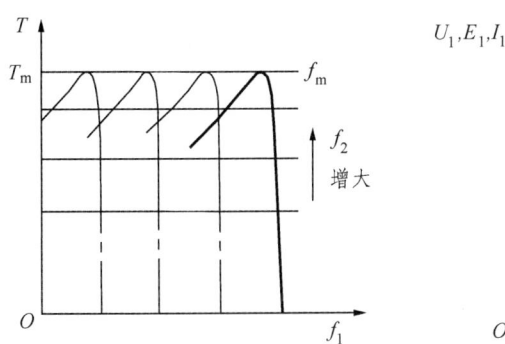
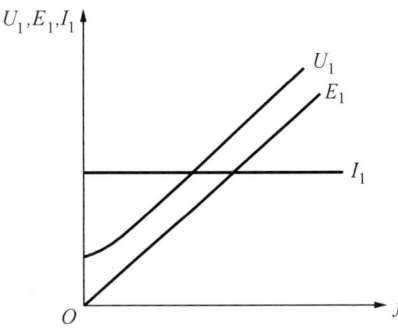

（a）转矩与定子频率的关系　（b）电动机定子电流、电压、电势与定子频率的关系

图 4.23　恒转矩调节特性

由图 4.23 可知，恒磁通运行时，在 U_1/f_1 不变时，无论 f_1 如何变化，定子电流 I_1 维持不变，这时变频器在恒电流下运行，可以充分利用变频装置的容量，使变频装置的设计更为经济。

二、恒功率特性的变频调节

在恒转矩运行中,随着电动机转速的上升,电压 U_1 的提高,电机输出功率增大。但电压的提高受到电机功率或变频器最大电压的限制,当电压升高到一定数值后将维持不变,或者电压不再正比于 f_1 上升。此后,异步牵引电动机将以恒功率输出为条件进行电压和频率的调节。

为使异步牵引电动机有恒定的输出功率,电压和频率的调节方式分为:恒功率变电压变频调节和恒功率恒电压变频调节两种。

1. 恒功率变电压变频调节

恒额定功率运行时,有

$$\frac{U_1^2}{f_1} = 常数 \quad 或 \quad U_1 = K_2/\sqrt{f_1} \tag{4.5}$$

式中,K_2 为比例常数。由式(4.5)可见,为保持不同运行速度下输出功率不变,异步电动机的电压 U_1 应随定子频率 f_1 的平方根正比变化。这就是保持异步牵引电动机工作在额定工况下输出功率恒定时所应遵循的变频调节规律。所以,这种调节方式称为恒功率变电压变频调节,其牵引特性曲线如图 4.24 所示,电压、电流和功率曲线如图 4.25 所示。

电动机起动转矩为 1.6~1.8 倍的额定转矩并保持不变。转速增加时电压和功率正比增加,电流不变。电动机起动结束进入恒功率运行区,电压按式(4.5)关系变化,电流随转速增加而减小,两者乘积保持恒定,作恒功率运行。

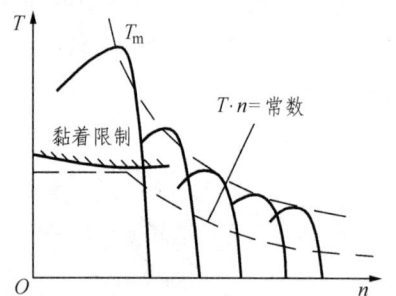
图 4.24 异步电动机恒功率变电压变频调速时的牵引特性

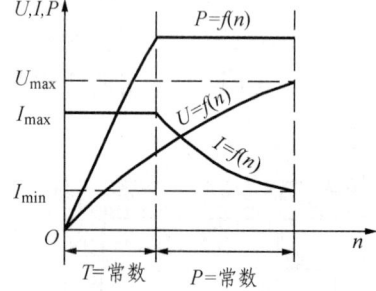
图 4.25 恒功率变电压变频调速时的电压、电流和功率曲线

2. 恒功率恒电压变频调节

动车运行时,保持异步电动机的电压和功率都不变的变频调速方法,称为恒功率恒电压变频调节。

在电压不变的情况下,电动机输出功率恒定的条件是

$$\frac{A}{f_1} = 常数 \tag{4.6}$$

由式（4.6）可见，在恒功率恒电压条件下，频率调节的规律是：随着频率的增加，电机额定转矩与最大转矩之比 A 也应正比增加，即电机工作点越来越接近电动机的最大转矩。为了保证电机正常工作，必须使最高频率时的工作转矩低于最大转矩。图 4.26 所示为该种调频方式所得的牵引特性曲线。

恒功率恒电压变频调速时异步牵引电动机的电压、电流和功率曲线如图 4.27 所示。由于这种调节方式采用了逆变器输出电压恒定，所以转速增加时，电动机实际上随 f_1 的增加，维持在磁场削弱工况下运行，使定子电流不致下降（恒定），以保持电动机输出的功率不变。

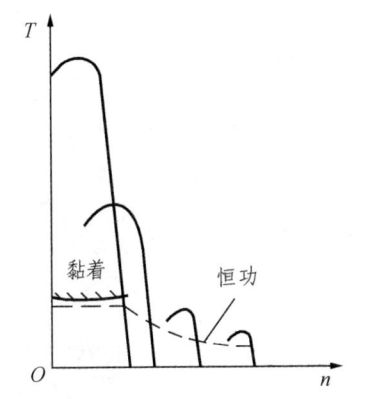

图 4.26　异步电动机恒功率、恒电压变频调速时的牵引特性曲线

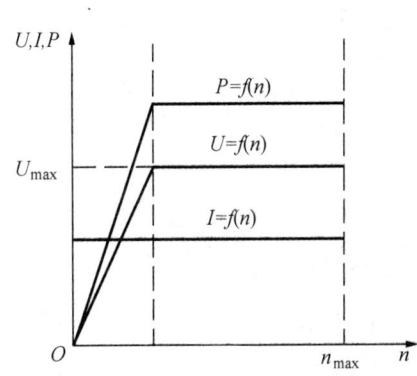

图 4.27　恒功率恒电压变频调速时的电压、电流和功率曲线

以上是从两种极端情况来分析异步牵引电动机的变频调节规律，实际的最佳控制规律则应从异步牵引电动机和逆变器两方面的经济技术指标来考虑，以求得两者的最佳配合。

思考与练习

一、填空题

1. 牵引运行时，异步牵引电动机可分为：起动加速区、_____区和_____区。

2. 为了使异步牵引电动机有恒定的输出功率，有_____调节和_____调节两种。

二、判断题

1. 三相异步牵引电动机的直接起动电流为额定电流的 3～5 倍。　　（　　）

2. 三相异步牵引电动机起动电流大，但转矩实际上并不大。　　　（　　）

3. 三相异步牵引电动机电压的提高受到电机功率或变频器最大电压的限制。
　　　　　　　　　　　　　　　　　　　　　　　　　　　　　（　　）

项目五

永磁同步牵引电机和直线牵引电机

永磁同步牵引电机和
直线牵引电机

知识目标

(1) 掌握同步电机的分类、结构和工作原理;
(2) 掌握直线电机的分类、结构和工作原理。

能力目标

(1) 能正确描述永磁同步电机在城市轨道交通中的应用;
(2) 能正确描述直线电机在城市轨道交通中的应用;
(3) 培养创新意识、综合分析能力和获取信息的能力。

任务一 同步电机的基本知识

任务目标

(1) 掌握同步电机的用途、分类和基本结构;
(2) 能正确分析同步电机的工作原理;
(3) 培养创新意识、大局意识。

任务内容

同步电机是一种交流电机,与异步电机一样,其结构可分为定子和转子两部分。从机电能量转换的角度来看,同步电机既可作发电机运行,也可作电动机运行,还可以作为调相机运行。

一、同步电机的用途

同步电机是交流机械能和电能相互转换的装置。世界上绝大多数电能是依靠同步发电机产生的，主要有汽轮发电机、水轮发电机和风力发电机等。同步电动机主要用来拖动功率较大、转速不需要调节的生产机械，如钢铁厂轧钢机、矿井送风机、球磨机等；同步调相机提供无功功率，主要用于工厂无功补偿，提高电网功率因数。

随着交流调速技术和稀土永磁材料的发展，同步电机将得到更加广泛的应用。

二、同步电机分类

同步电机是一种定子边用交流电流励磁以建立旋转磁场，转子边用直流电流励磁构成旋转磁极的双边励磁的交流电机，按照励磁方式不同分为电励磁同步电机、永磁同步电机、混合励磁同步电机、磁阻同步电机和磁滞同步电机。

同步电机按照旋转部件的不同分为旋转磁极式同步电机和旋转电枢式同步电机；按照磁极形状不同分为凸极同步电机和隐极同步电机；按照驱动轮机不同分为汽轮发电机、水轮发电机和风力发电机等。

三、同步电机的结构

同步电机按其结构形式可分为旋转电枢式（如图5.1所示）和旋转磁极式（如图5.2所示）两种。旋转电枢式只用于小容量同步电机中，对于高压、中大容量的同步电机都采用旋转磁极式。目前，旋转磁极式已成为同步电机的基本结构形式。

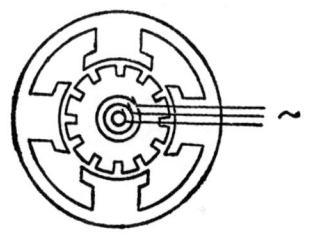

图 5.1 旋转电枢式同步电机

在旋转磁极式中，按照磁极的形状又可分为隐极式和凸极式两种，如图 5.2 所示。隐极式同步电机的气隙是均匀的，转子呈圆柱形，一般汽轮发电机采用隐极式。凸极式同步电机的气隙是不均匀的，极弧下较小，而极间较大，一般水轮发电机、同步电动机、由内燃机拖动的同步发电机和同步调相机都做成凸极式，少数高速同步电动机也有做成隐极式的。

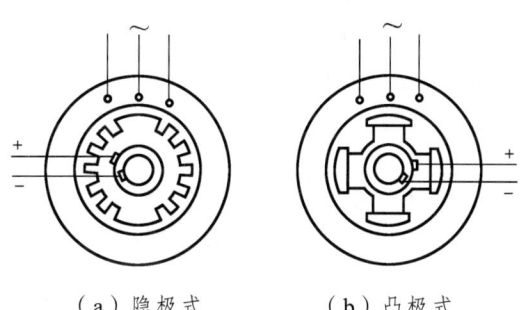

（a）隐极式 　　（b）凸极式

图 5.2 旋转磁极式同步电机

1. 旋转电枢式同步电机的结构

小型旋转电枢式同步电机的结构如图 5.3 所示。从图中可以看出，其电枢铁心与直流发电机极为相似，也是由硅钢片冲槽后叠装而成。在这些槽内嵌放的绕组占大部分的是交流绕组，另外小部分的则为直流绕组。在绕组之间以及绕组与铁心间均用衬隔绝缘，交流绕组与滑环连接，直流绕组则与换向器连接。这种发电机的磁场也与直流发电机相似，通常磁轭是一个由低碳钢制成的圆形外壳，磁极则由低碳钢或硅钢片制成。磁极上面励磁线圈的励磁电流则由换向器引出的直流电来供给。

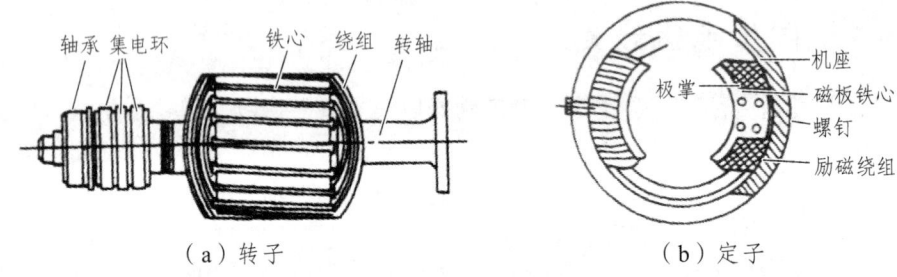

图 5.3 旋转电枢式同步电机结构图

2. 旋转磁场式同步电机的结构

旋转磁场式同步电机根据其转子结构的不同，分为凸极和隐极两种结构形式。图 5.4 为隐极式与凸极式同步电机的结构图。图 5.5 为凸极旋转磁场式发电机组装后的剖面结构图。凸极旋转磁场同步发电机的定子铁心是由硅钢片冲成的叠片压装而成，在铁心槽内嵌放有绕组，硅钢片的外面是一个由铸钢或铸铁制成的外壳（也有用钢板焊接而成的）。在靠近外壳处开有径向通风孔。凸极同步发电机的转子常具有很多的磁极，每个磁极由 1~2 mm 厚的钢板叠成，用铆钉装成整体，磁极上套有励磁绕组。励磁绕组通常用扁铜线绕制而成。磁极的极靴上还常装有阻尼绕组。它是一个由极靴阻尼槽中的裸铜条和焊在两端的铜环形成的一个短接回路。磁极固定在转子磁轭上，磁轭由铸钢铸成。

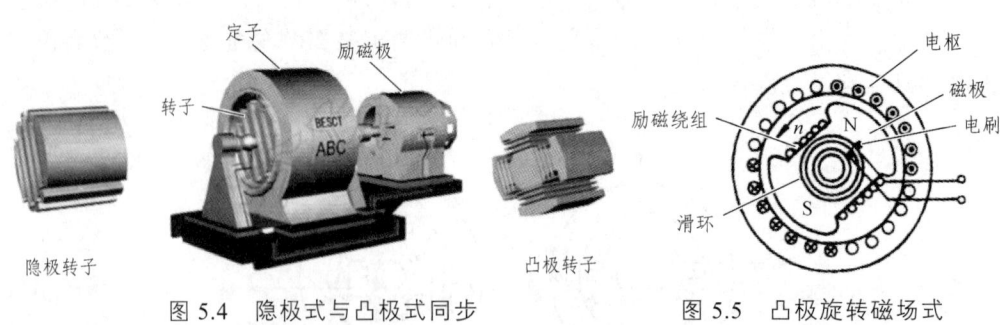

图 5.4 隐极式与凸极式同步电机的结构图

图 5.5 凸极旋转磁场式发电机的结构图

隐极式同步发电机的转子，在构造上有整块式和组合式两种。隐极式转子一般由高强度合金钢整块锻成，外表呈圆柱形，在圆柱表面开槽以安放直流励磁绕组，并用金属槽楔固紧，电机具有均匀的气隙。通常在发电机转速不高的情况下，转子材料多用含硫、磷很低的普通碳钢制成；而在转速较高的情况下，由于高速旋转时巨大的离心力，要求转子有很高的机械强度，则需要用铬、镍、钼合金钢制成。转子槽采用铣刀铣出，槽形一般为开口形，以便安装励磁绕组。槽形如图5.6所示，分为辐射式和平行式两种，辐射式的应用比较多些。

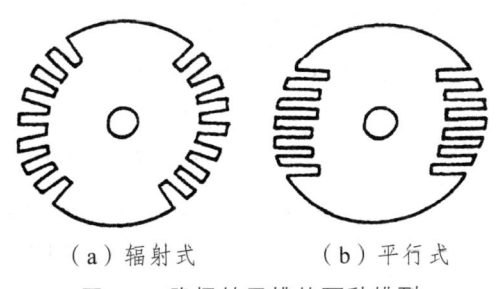

（a）辐射式　　　（b）平行式

图5.6　隐极转子槽的两种排列

在每一个极距内约有1/3部分不开槽，形成大齿，其余部分的齿较窄，称作小齿。大齿中心即为转子磁极的中心。有时大齿也开一些较小的通风槽，但不嵌放绕组；有时还在嵌线槽底部铣出窄而浅的小槽作为通风槽。隐极式转子在转子本体轴向两端还装有金属的护环和中心环。护环是由高强度合金制成的厚壁圆筒，用以保护励磁绕组端部不致被巨大的离心力甩出；中心环用以防止绕组端部的轴向移动，并支撑护环。此外，为了把励磁电流通入励磁绕组，在电机轴上还装有集电环和电刷。

四、同步电机的工作原理

一般同步电机的定子和异步电机的定子相同，即在定子铁心内圆均匀分布的槽内嵌放三相对称绕组。同步电机的定子又称电枢，转子主要由主磁极铁心与励磁绕组组成。当励磁绕组通以直流电流后，转子即建立恒定磁场。

同步电机作为发电机运行，当原动机拖动转子旋转时，其磁场切割定子绕组而产生交流电势。如果同步发电机接上负载，将有三相电流流过。同步发电机将机械能转换为电能。

如果同步电机作为电动机运行，同步电动机将电能转换为机械能。需要在定子绕组上施以交流电压，以使电机内部产生一个旋转速度为同步转速 n_1 的旋转磁场，此刻在转子绕组加以直流励磁。转子将在定子旋转磁场的带动下，拖动负载沿定子磁场的方向以相同的速度旋转，转子的转速 n 等于同步转速 n_1，即

$$n = n_1 \tag{5.1}$$

同步电机无论作为发电机还是电动机，其转速和频率之间都将保持严格不变的关系。即同步电机在恒定频率下的转速恒为同步转速，这是同步电机和异步电机的基本差别之一。

五、同步电机的铭牌

每台同步电机机壳上都装有铭牌，将其运行的额定值印刻在上面。电机按铭牌上所规定的条件运行时，称为电机的额定运行状态。根据国家标准规定，同步电动机的额定值主要有：

（1）额定功率 P_N（kW）：对于同步电动机，额定功率是指额定状态下转子轴上输出的机械功率；对于同步发电机，额定功率是指额定状态下定子侧输出的有功功率。

（2）额定电压 U_N（V 或 kV）：额定状态下定子绕组的线电压。

（3）额定电流 I_N（A 或 kA）：额定状态下定子绕组的线电流。

（4）额定功率因数 $\cos\varphi_N$：额定状态下定子侧的功率因数。

（5）额定频率 f_N（Hz）：我国的额定频率为 50 Hz。

（6）额定转速 n_N（r/min）：额定状态下转子的转速，即同步转速。

（7）额定效率 η_N：额定状态下同步电机的输出功率与输入功率之比。

除此之外，同步电机铭牌上还标有额定励磁电压和额定励磁电流等数据。

思考与练习

一、填空题

1. 旋转磁场式同步电机根据其转子结构的不同分为＿＿＿＿和＿＿＿＿两种。

2. 按照励磁方式不同，同步电机可分为＿＿＿＿同步电机、＿＿＿＿同步电机、混合励磁同步电机、磁阻同步电机和磁滞同步电机。

二、判断题

1. 同步电机在恒定频率下的转速恒为同步转速。 （   ）
2. 同步电机的定子又称为电枢，其结构与异步电机的相同。 （   ）
3. 同步电机的转子结构和异步电机的转子结构相差较大。 （   ）
4. 隐极式同步电机气隙均匀，转子铁心开有槽。 （   ）

任务二　永磁同步牵引电机在轨道交通车辆的应用

任务目标

（1）掌握永磁同步牵引电机的基本结构；

（2）熟悉永磁同步牵引电机在轨道交通车辆的应用和发展；

（3）培养获取信息的能力以及查找资料的能力。

任务内容

高速铁路和城市轨道的发展需要牵引电机的体积进一步减小。永磁同步牵引电机相对异步牵引电机而言具有效率高、体积小、质量轻、噪声低、维修量小等优点,已成为高速铁路和城市轨道车辆牵引电机又一个新的发展方向。

一、永磁牵引电机

电机是机电能量变换的装置,而能量的变换是通过电机定子磁场与转子磁场交互作用进行的,因此磁场是电机进行机电能量交换的核心。根据励磁方式的不同,电机可以分为永磁励磁机(简称永磁电机)与电励磁电机。19 世纪初,法拉第发明的世界上第一台电机就是永磁电机,但当时采用的永磁材料是铁磁材料,磁能积不高,很快被后来居上的电励磁电机所取代。

进入 20 世纪后半叶,随着磁能积高、矫顽力强的稀土永磁材料的发展,永磁电机又逐步回到大家的视野。尤其是钕铁硼材料的发展与应用,有效降低了稀土永磁材料的成本,使得稀土永磁电机开始在工业与民用领域大规模应用。永磁牵引电机是当前轨道交通牵引系统技术研究的热点,是业界公认的下一代牵引电机的发展方向。

二、国外技术发展情况

法国阿尔斯通分别为低地板轻轨车辆和 AGV 动车组开发了 120 kW 和 720 kW 永磁同步电机。装有 2 个转向架的永磁同步牵引系统在 2007 年帮助阿尔斯通创造了 574.8 km/h 的世界第一速。永磁同步牵引电机采用全封闭自冷却方式,转子钢板为表面式安装,齿轮传动,极对数 6,功率质量比 0.99,总效率 97%,最大转速 4 500 r/min,接触网电压 3 000 V。AGV 于 2008 年 2 月下线,意大利已订购 35 列,首批已于 2010 年交付。

加拿大庞巴迪制造装有永磁同步电机牵引系统的车辆已在瑞典的 Stochholm 与 Vasteras 之间运行,采用 MTRAC 自通风永磁同步电机,持续功率 302 kW,质量 550 kg,额定效率可达 97.1%,相比异步电机提高了 3.5%。速度 300 km/h 时的牵引力为感应电机的 2.65 倍,电机噪声低,245 km/h 时为 65 dB。法国国家铁路公司向庞巴迪订购 49 列装有永磁同步牵引系统的区域双层列车,第一批列车已于 2013 年 6 月交付。

德国西门子为地铁开发了直驱式永磁牵引电机,取消了传动齿轮箱。转向架、永磁电机和制动装置集合一体的新型转向架 Syntegra,将轴距由 2.5 m 降至 1.6 m。永磁同步牵引直接驱动如图 5.7 所示。

采用全封闭、水冷、转子磁钢表面式安装的永磁同步电机,极对数 12,额定功率 150 kW,总效率 97%。与同功率的感应牵引电机相比,体积减小了 30%,系统效率提高了 3%,噪声降低了 15 dB。2008 年 8 月投入载客试运行。德国 RNV 公司已经订购 19 列装有永磁牵引系统的 EC04 的轻轨车。

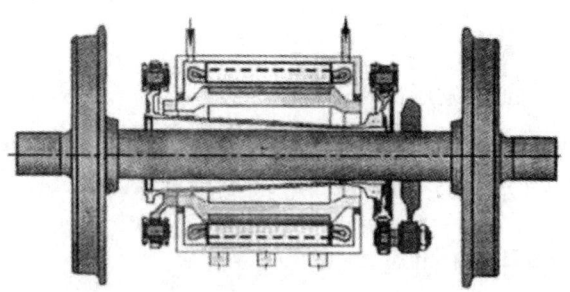

图 5.7 永磁同步牵引电机直接驱动示意图

基于实现 360 km/h 运营速度的大功率化，牵引系统的小型化，低噪声化和低寿命成本的理念，日本东芝为新干线开发了下一代具有永磁同步牵引系统的 E954/E955 系列列车。永磁同步牵引电机采用全封闭自冷却方式，转子磁钢为表面式安装，齿轮传动，极对数 6，电机功率 355 kW，功率质量比 0.81，总效率 97%，最大转速 4 500 r/min，并已于 2005 年 6 月下线。

东芝开发的 AC 系列列车，采用直接驱动式牵引电机，全封闭自冷却方式。电机功率 160 kW，总效率 95%，从 2002 年开始搭载运行。东芝针对地铁车辆开发了全封闭永磁同步牵引电机，比异步牵引电机节能 10%，噪声降低 2～6 dB。1990 年，日本铁道综合技术研究所试制成功第一台 RMT1 型直接驱动永磁同步牵引电机样机，它以窄轨高速列车 NEXT250 为基础设计，安装在独立车轮转向架上。牵引电动机全长可达 525 mm，选用 Nd-Fe-B 永磁材料，持续额定输出功率为 80 kW，结构如图 5.8 所示。此后，日本铁道综合技术研究所开发了 RMT9、RMTI1、RMT17 永磁同步牵引电机，外形结构如图 5.9 所示。

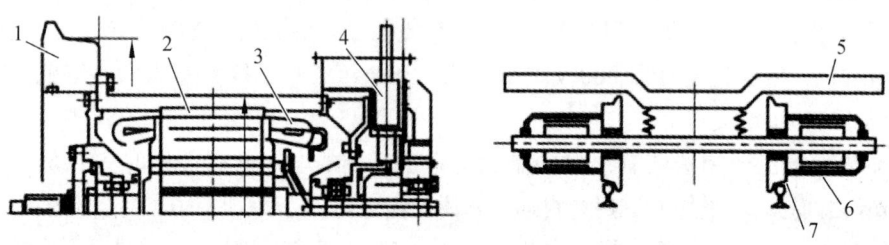

1、7—车轮；2—永磁体；3—电枢；4—速度传感器；5—转向架结构；6—牵引电机。

图 5.8 RMT1 型永磁同步牵引电机

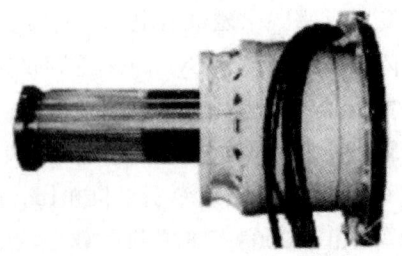

图 5.9 RMT17 型永磁同步牵引电机外形

三、国内技术发展情况

中国中车从 2003 年开始永磁电机牵引系统的基础研究工作，先后攻克了永磁电机牵引系统的关键技术和工艺，同时建立了永磁牵引电机系统仿真平台、设计平台与试验平台。2011 年，中车在沈阳地铁 2 号线成功实现了永磁同步牵引系统在轨道交通车辆的首次装车应用，并完成了载客运营 60 000 km。采用 JD155 型永磁牵引电机，转子为内置式磁路结构、自冷却方式、极对数 8、电机功率 190 kW、总效率 96.3%、最大转速 3 686 r/min。

2014 年，中车承担国家 863 计划项目开发的高速动车组永磁牵引系统，成功实现装车应用。永磁牵引电机的效率达到 98.2%，功率密度超过 1 kW/kg。

2015 年，中车开发的 120 kW 永磁电机牵引系统在低地板车上成功应用，电机采用强迫水循环冷却，额定效率达 96%，体积小的优势有力地解决了低地板车转向架空间紧张的难题。

2016 年，中车在长沙地铁 1 号线成功装车应用一整列车永磁同步牵引系统，完成载客运营考核 5 万千米后，通过中国城市轨道交通协会组织的专家评审，同意在地铁领域开始批量应用。

浙江大学研制的永磁同步牵引电机用于速度 350 km/h 永磁高速列车，采用强迫风冷方式，转子磁铁为内置式安装，齿轮传动，极对数为 4。电机功率 600 kW，功率质量比大于 1，电机效率 97.7%，最大转速 5 800 r/min。

北车永济电机公司研制的永磁牵引电机及控制装置用于燃料电池轻轨列车，于 2010 年 11 月投入使用。

四、永磁牵引系统的技术特点

（1）永磁牵引电机为同步电机，必须采用轴控供电方式，而异步牵引电机可以采用车控或架控等群控供电方式。轴控供电方式增加了电力电子开关数量，但也在故障冗余方面带来优势。通过合理地选择元器件，轴控供电方式并不会明显增加成本。

（2）永磁牵引电机转子采用永磁体励磁，系统故障时无法通过封锁逆变脉冲关断牵引电机反电势，因此逆变器与牵引电机之间需要设计隔离接触器，用来在系统故障时隔离牵引电机反电势以避免影响系统。

（3）永磁牵引电机设计难度大，制造难度大，只能采用一个逆变器控制一台牵引电机的模式，电机和逆变器之间需增设接触器，控制系统复杂，存在失磁的风险，造价高。

五、永磁同步电机结构

1. 基本结构

永磁同步电机的基本结构包括定子和转子两部分，如图 5.10 所示。

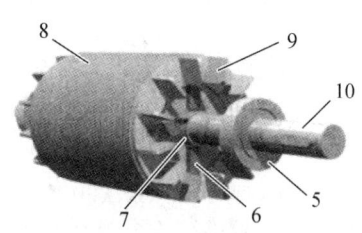

（a）定子部分　　　　　　　　　　（b）转子部分

1—机座；2—接线盒；3—定子铁心；4—定子绕组；5—轴承；6—永磁体；
7—隔磁材料；8—转子铁心；9—转子风扇；10—转轴。

图 5.10　永磁同步电机基本结构

永磁同步电机依靠装在转子上的永久磁铁产生磁场。它也由定子、转子和端盖等部件构成。定子与普通异步电机基本相同，是由叠压硅钢片构成的定子铁心和嵌在定子铁心槽内的定子线圈组成，当线圈连接三相交流电，会产生旋转磁场。转子的基本结构是永磁同步电机和其他电机的区别。转子永磁体结构不同，电机的运行性能、控制系统、制造工艺和适用场合也不同。

2. 转子结构

永磁同步电机按转子结构不同可分为凸装式、嵌入式和内埋式 3 种形式，如图 5.11 所示。

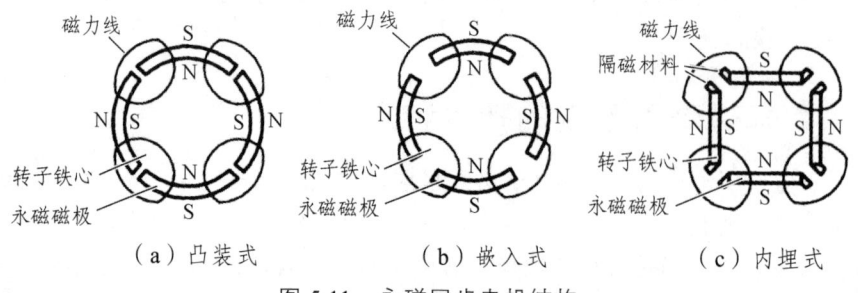

（a）凸装式　　　　　（b）嵌入式　　　　　（c）内埋式

图 5.11　永磁同步电机结构

1）凸装式同步电机

永磁体磁极安装在转子铁心圆周表面上，称为凸装式永磁转子，如图 5.11（a）所示，图中已标明磁极的极性与磁通走向。根据磁阻最小原理，即磁通总是沿磁阻最小的路径闭合，利用磁引力拉动转子旋转，于是永磁转子就会跟随定子产生的旋转磁场同步旋转。

定子包括定子铁心、定子绕组和机座等。定子铁心由 0.5 mm 厚硅钢片叠成，因直径较大，一般采用几片扇形硅钢片拼成一个圆形。大、中容量凸极电机定子绕组采用波绕组，小容量凸极电机定子绕组采用叠绕组。机座用来固定和支撑定子铁心，并形成风道，因直径大通常采用分瓣机座。

转子包括转子铁心、转轴、永磁体和阻尼绕组等。转子铁心即磁极，磁轭与转轴间用转子支架支撑，转子支架固定在转轴上。转轴采用高强度钢锻成。因转速较低，转子铁心与转轴分开锻造。阻尼绕组由插入磁极极靴槽中的铜条和两端的端环焊成一个闭合绕组。在发电机状态不对称运行时，起削弱负序旋转磁场，抑制转子机械振荡的作用。

2）嵌入式

永磁体磁极嵌放在转子铁心表面称为嵌入式，为隐极式转子，如图5.11（b）所示。图中已标明磁极的极性与磁通走向。

定子包括定子铁心、定子绕组、机座和端盖等。定子铁心由0.5 mm厚的硅钢片叠成，沿轴向分成好几叠，每叠3~6 cm，叠与叠之间留有宽0.8~1 cm的通风沟。定子绕组由许多线圈按一定规律连接而成。由于大容量电机尺寸较大，可制成半匝式（线棒），每个线棒由若干铜线并在一起，分成一排或两排，两个线棒的一端焊在一起，形成一个线圈。机座用来固定和支撑定子铁心，并形成风道。

转子包括转子铁心、永磁体、护环和风扇等。转子铁心一般用整块合金钢锻成，转子表面约2/3部分铣有轴向凹槽、不铣槽的部分形成大齿，即磁极。

3）内埋式

永磁体磁极嵌放在转子铁心里面称为内埋式，为隐极式转子，如图5.11（c）所示。内埋式永磁电机的结构与嵌入式结构基本相同。内埋式永磁电机的永磁体在转子内受到保护；内埋式永磁电机结构简单、鲁棒性高，造价低，适宜作为城轨车辆的牵引电机。

永磁同步电机的磁场是由永磁体产生的，避免了通过励磁电流建立磁场导致的励磁损耗（铜损），提高了电机的效率，在许多场合开始逐步取代异步电动机。

思考与练习

一、填空题

1. 根据励磁方式的不同，电机可以分为_____电机和_____电机。
2. 永磁牵引电机为同步电机必须采用_____供电方式，异步牵引电机一般采用_____供电方式。
3. 隐极式转子表面约_____部分铣有轴向凹槽，不铣槽的部分形成大齿，即磁极。

二、选择题

1.（　　）永磁同步电机适宜作为城轨车辆的牵引电机。
    A. 凸装式   B. 内埋式   C. 嵌入式
2. 永磁同步电机是靠装在（　　）上的永久磁铁产生磁场的同步电机。
    A. 定子   B. 转子   C. 机座

任务三　直线电机的基本知识

任务目标

（1）了解直线电机的特点和分类；
（2）掌握直线电机的结构和工作原理；
（3）提高查找资料、整理资料、运用资料的能力。

任务内容

直线电机是一种不需要中间转换装置，而能直接做直线运动的电动机械。直线电机可以认为是旋转电机在结构上的一种演变，看作将一台旋转电机沿径向剖开，然后将电机的圆周展成直线。

一、直线电机的应用

在各种工程技术中需要直线运动时，一般是用旋转电机通过曲柄连杆或蜗轮蜗杆等传动机构来获得。但是，这种传动形式往往会带来结构复杂、质量重、体积大、啮合精度差且工作不可靠等缺点。随着科学技术的发展，目前在交通运输、机械工业和仪器仪表工业中，直线电机已得到推广和应用。在自动控制系统中，采用直线电机作为驱动、指示和信号元件也更加广泛。

利用直线电机驱动的高速列车——磁悬浮列车就是其中的典型一例，它的时速可达 500 km/h 以上。所谓磁悬浮列车，就是采用磁力悬浮车体，应用直线电动机驱动技术，使列车在轨道上浮起运行。

二、直线电机的优点

（1）直线电机由于不需要中间传动机械，因而使整个机械得到简化，提高了精度，减少了振动和噪声。

（2）快速响应。用直线电机驱动时，由于不存在中间传动机构的惯量和阻力矩的影响，因而加速和减速时间短，可实现快速起动和正反向运行。

（3）仪表用的直线电机，可以省去电刷和换向器等易损零件，提高可靠性，延长使用寿命。

（4）直线电机由于散热面积大，容易冷却，所以允许较高的电磁负荷，可提高电机的容量定额。

（5）装配灵活性大，往往可将电机和其他机件合成一体。

直线电机由于不需要任何中间转换机构就能产生直线运动，驱动直线运动的生产机械，所以整个装置或系统结构简单、运行可靠、精度高、效率高，是近年来国内外积极研究开发的电动机之一。

三、直线电机的分类和结构

直线电机有多种形式，原则上对于每一种旋转电机都有与之相应的直线电机。直线电机按其工作原理分为：直线感应电机、直线直流电机和直线同步电机等。由鼠笼型异步电机转化来的直线感应电机结构简单、应用广泛，主要有扁平型、圆筒型、圆弧型和圆盘型4种形式。

1. 扁平型

设想把旋转的感应电机沿着径向剖开，并将圆周展开成直线，即可得到扁平型直线感应电机，如图 5.12 所示。由定子演变而来的一侧称为初级（一次侧），由转子演变而来的一侧称为次级（二次侧）。

由图 5.12 演变而来的直线感应电机，其初级和次级长度是相等的。由于在运行时初级与次级之间要做相对运动，假定在运动开始时，初级和次级正好对齐，那么在运动过程中，初级和次级之间相互电磁耦合的部分就越来越少，影响正常的运行。为了保证在所需的行程范围内，初级和次级之间的电磁耦合始终不变，实际应用时，必须把初级和次级制造成不同长度。当然既可以是初级短、次级长，也可以是初级长、次级短。前者称为短初级，后者称为长初级。在图 5.12 中，由于短初级结构比较简单，制造成本和运行费用均较低，一般均采用短初级。

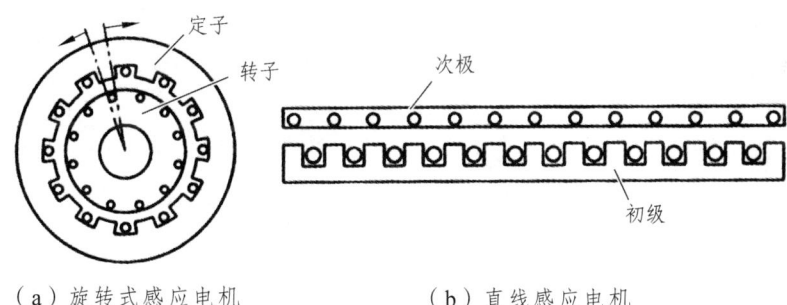

（a）旋转式感应电机　　　　（b）直线感应电机

图 5.12　直线感应电机的演变过程

图 5.13 所示的扁平型直线感应电机，仅在次级的一边具有初级，这种结构形式称为单边型。它的最大特点是在初级和次级之间存在着较大的法向吸力，这在大多数场合下是不希望的。若在次级的两边都装上初级，那么这个法向吸力就可以互相抵消，这种结构形式称为双边型，如图 5.14 所示。

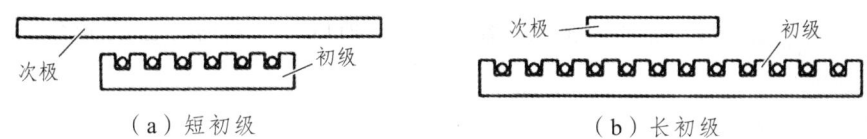

（a）短初级　　　　　　　　（b）长初级

图 5.13　扁平型直线感应电机

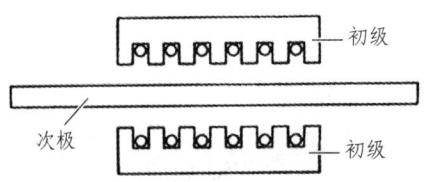

图 5.14　双边型直线感应电机

扁平型直线感应电机应用广泛，其初级铁心由硅钢片叠成，与次级相对的一面开有槽，槽中放置绕组。初级绕组可以是单相、两相、三相或者多相的。典型的直线感应电机结构如图 5.15 所示。初级绕组有单层与多层之分。

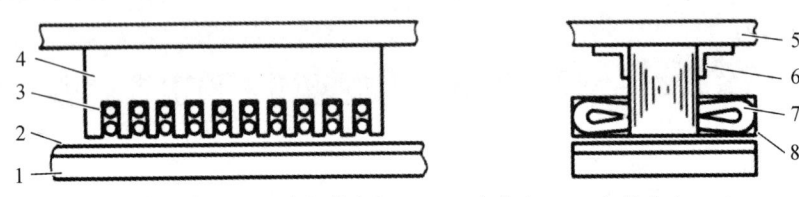

1—次级铁心；2—次级导电板；3—三相绕组；4—初级铁心；
5—支架；6—固定用角铁；7—初级绕组端部；8—环氧树脂。

图 5.15　单边扁平型短初级感应直线电机结构

图 5.16 所示为单层绕组，其极对数可以为奇数也可以为偶数，但偶数极更为常见。单层绕组分为同心式绕组和链式绕组。双层绕组是扁平型直线感应电机中常用的一种形式，与单层同心式绕组相比，具有线圈端部排列整齐的优点，且可以选择适当的短距以削弱磁势的高次谐波。双层绕组有叠绕组与波绕组之分，扁平型直线感应电机一般采用叠绕组。

扁平型直线感应电机的双层绕组与旋转电机的绕组有一个显著差别，在铁心两端有一些槽中只嵌入一个线圈边，这些槽成为半线槽或半填槽。图 5.17 为双层绕组分布图，由图可以看出，双层绕组在其端部有半填槽。由于三相绕组空间分布位置的不对称，即使在三相对称电压供电的情况下，三相电流也是不对称的。这对直线感应电机的磁场分布有一定影响。

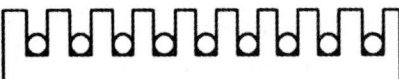

图 5.16　单层绕组分布图 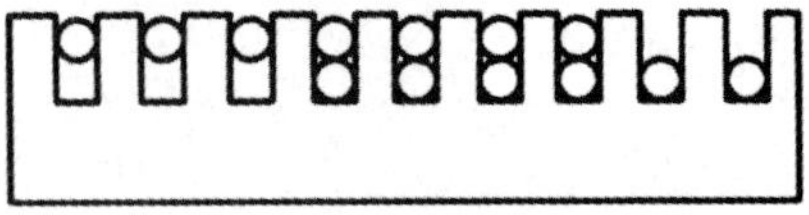　　　　图 5.17　双层绕组分布图

扁平型直线感应电机的次级有两种结构类型，一种是栅型结构，犹如旋转电动机的笼型结构，次级铁心上开槽，槽中放置导条，并在两端用端部导体连接所有槽中导条，如图 5.18 所示。另一种是实心结构，即采用整块均匀的金属材料，又分成磁性次级、非磁性次级和复合次级 3 种，如图 5.19 所示。磁性次级一般采用低碳钢板，其导电性能不好，从而使直线感应电机的效率较低。非磁性次极一般为铜或铝，其导磁性能较差，造成直线感应电机的功率因数较低。复合次级的直线感应电机具有较好的性能指标。

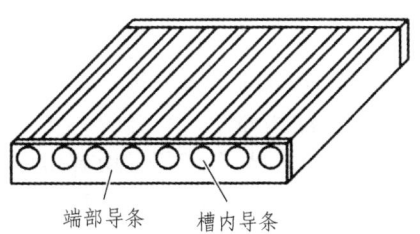

图 5.18 栅型结构直线感应电机

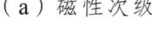

图 5.19 直线感应电机次级横截面图

短初级直线感应电机有以下特点：
(1) 初级在列车上，为列车驱动，运行速度由列车控制。
(2) 单边励磁，因此需要接触网/轨或变压器供电。
(3) 次级在地面，采用感应板（实心、无绕组），结构简单经济。
(4) 采用接触网/轨供电时，运行速度受到限制。

长初级直线感应电机有以下特点：
(1) 初级在地面励磁，为导轨驱动，运行速度由地面控制中心控制。
(2) 次级在列车上，采用感应板（实心、无绕组），结构简单，车体轻。
(3) 初级有三相绕组，系统成本较高。
(4) 采用非接触供电，安全性高。为了节省材料或简化供电，对于要求不高的场合，长初级可以做成分段的，当然这要损失一部分牵引力。

2. 圆筒型（管型）

图 5.20（a）所示为扁平型直线感应电机，将它沿着和直线运动相垂直的方向卷成筒形，就形成圆筒型直线感应电机，如图 5.20（b）所示。在某些特殊的场合，这种电机还可以做成既有旋转运动又有直线运动的旋转直线电机，旋转直线的运动体既可以是初级，也可以是次级。

图 5.20 圆筒型直线感应电机的形成

3. 圆弧型

圆弧型是将扁平型直线感应电机的初级沿运动方向改变成弧形，并安放在圆柱形次级柱体外侧。相当于将实心转子感应电机的定子部分切除掉一部分，其转子做旋转运动而不做直线运动，但其工作原理与直线感应电机相同，如图 5.21 所示。

图 5.21 圆弧型直线感应电机

4. 圆盘型

圆盘型直线感应电机，如图 5.22 所示。它的次级做成扁平的圆盘形状，并能够绕经过圆心的轴自由转动，将初级放在次级圆盘靠近外缘的平面上，使圆盘受切向力做旋转运动。初级可以是单面的，也可以是双面的。虽然它也做旋转运动，但运行原理和设计方法与扁平型直线感应电机相同，故仍属于直线电机的范畴。与普通旋转电机相比，具有以下一些优点：

（1）力矩与旋转速度可以通过多台初级组合的方式或通过初级在圆盘上的径向位置来调节。

（2）无须通过齿轮减速箱就能得到较低的速度，因而电机的振动和噪声很小。

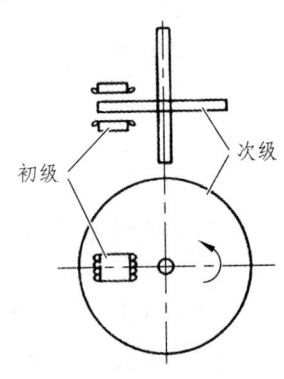

图 5.22 圆盘型直线感应电机

四、直线感应电动机的工作原理

直线感应电动机是由旋转电动机演变而来的，当初级的三相（或多相）绕组通入对称正弦交流电时，会产生气隙磁场。当不考虑由于铁心两端开断而引起的纵向边缘效应时，这个气隙磁场的分布情况与旋转电动机相似，沿着直线方向按正弦规律分布，但它不是旋转而是沿着直线平移，因此称为行波磁场，如图 5.23 中曲线所示。

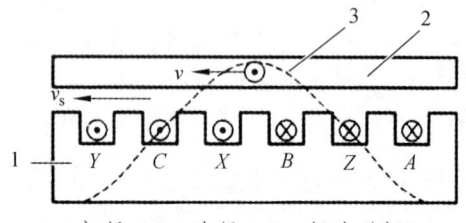

1—初级；2—次级；3—行波磁场

图 5.23 直线感应电动机的工作原理

显然，行波磁场的移动速度与旋转磁场在定子内圆表面上的线速度是一样的。行波磁场移动的速度称为同步速度，即

$$v_s = \frac{D}{2} \cdot \frac{2\pi n_1}{60} = \frac{D}{2} \cdot \frac{2\pi}{60} \cdot \frac{60 f_1}{p} = 2 f_1 \tau \tag{5.2}$$

式中　n_1——同步转速；

　　　D——旋转电动机定子内圆周的直径；

　　　τ——极距，$\tau = \pi D / 2p$；

　　　P——极对数；

　　　f_1——电源频率。

行波磁场切割次级导条，将在导条中产生感应电动势和电流，所有导条的电流（图中只画出其中一根导条）和气隙磁场相互作用，产生切向电磁力。如果初级是固定不动的，那么次级便在这个电磁力的作用下，顺着行波磁场的移动方向做直线运动。若次级移动的速度用 v 表示，转差率用 s 表示，则有

$$s = \frac{v_s - v}{v_s} \tag{5.3}$$

在电动机运行状态时，s 在 0 和 1 之间。

次级的移动速度

$$v = (1-s)v_s = 2\tau f_1(1-s) \tag{5.4}$$

由式可知，改变极距 τ 或电源频率 f_1，均可改变次级移动的速度。改变初级绕组中通电相序，可改变次级移动的方向。

此外，由于直线电动机的次级大多数用整块金属板或复合金属板制成，不存在明显的导条，在分析原理时可以将其看成是无限多导条的并联。

直线感应电机与旋转感应电机在工作原理上并无本质区别，只是所得的机械运动方式不同。但是两者在电磁性能上存在很大的差别，主要表现在 3 个方面。

（1）旋转感应电机定子三相绕组是对称的，因此所施加的三相电压对称，则三相电流就对称，但直线感应电机的初级三相绕组在空间位置上是不对称的，位于边缘的线圈与位于中间的线圈相比，其电感值相差较大，也就是说三相电抗是不相等的。因此即使三相电压对称，三相绕组电流也不对称。

（2）旋转感应电机定子、转子之间是圆形气隙，无头无尾，连续不断，不存在始端和终端。但直线感应电机初级、次级之间的气隙存在着始端和终端。当次级的一端进入或退出气隙时，都会在磁极导体中感应附加电流，这就是所谓的"边缘效应"。由于边缘效应的影响，直线感应电动机和旋转感应电动机在运行特性上有较大的不同。

（3）由于直线感应电动机初级、次级之间在直线方向上要延续一定的长度，且法向电磁力往往不均匀，因此在机械结构上一般将初级、次级之间的气隙做得较长。这样，其功率因数较旋转感应电动机要低。

思考与练习

一、填空题

1. 直线感应电机主要有_____、_____、_____和圆盘型 4 种形式。
2. 改变直线感应电动机初级绕组中通电相序，可改变_____的方向。

二、判断题

1. 同容量的直线感应电机,其功率因数较旋转感应电动机要高。　　（　）
2. 直线感应电动机和旋转感应电动机的运行特性基本相同。　　（　）
3. 直线感应电动机三相电压对称,三相绕组电流也对称。　　（　）

任务四　直线感应电机在轨道交通车辆的应用

任务目标

（1）了解直线感应电机轮轨交通系统的特点；
（2）熟悉轨道交通直线感应电机的分类；
（3）掌握车载直线感应电机的基本结构和悬挂方式；
（4）提高查找资料、阅读资料、归纳总结的能力。

任务内容

一、直线感应电机轮轨交通系统的特点

直线感应电机与传统的旋转电机不同，由直线运动实现牵引与制动。直线感应电机轮轨交通系统有其独特运载特性。

1. **爬坡能力强**

由于车辆的运动是依靠直线电机所产生的电磁力来推进，而车辆车轮仅起支撑承载作用，不传递力，不再受到轮轨黏着因素的制约。因此，车辆可以获得很强的起动、加速和减速动力性能，尤其具有突出的爬坡能力，线路最大坡度可以允许在 80‰ 以上，传统的地铁车辆最大允许 30‰，并能在恶劣的环境和轨面条件下保持良好的性能。

2. **转弯半径小**

由于直线电机的驱动方式，车轮不再传递牵引/制动力，所以轴箱定位结构可以简化，容易实现结构简单的径向转向架，提高了车辆的曲线通过性能和运行平稳性。由于转向架具有径向功能且轴距小，使地铁运营线路的最小曲线半径可低到 80 m 左右，传统的地铁车辆要 250 m 以上。

3. **横断面结构小型化**

直线电机驱动方式不需要中间传动装置，可以采用小的车轮直径 610 mm（传统地铁车辆为 860 mm）。由于不需要旋转电机的悬挂安装空间，车辆地板面可降至距轨面 700 mm（传统地铁车辆为 1 100 mm 以上）。综合各项小型化措施，使地铁车辆的横断面面积大大减小，与传统地铁车辆相比大约减少 40%。

4. **降低振动和噪声**

直线电机驱动的地铁车辆，没有齿轮传动机构的啮合振动和噪声；车轮也不是驱动轮，没有动力轮对与钢轨蠕滑滚动产生的振动和噪声；径向转向架良好的曲线通过性能，避免了过曲线时轮轨冲击带来的振动和噪声。所以地铁车辆具有振动小、噪声低的优点，有利于环境保护。

5. 良好的安全性和可靠性

直线电机驱动地铁车辆是非黏着驱动方式,牵引制动性能发挥不依赖于环境,是一种全天候的运载工具。

直线电机驱动电磁力的分力在轮轨间产生一定的附加压力,有利于提高轮轨运动的稳定性,因此其安全性指标高。

取消了旋转电机驱动所必需的滚动轴承、传动齿轮,磨损小,提高了车辆运行的可靠性和可维护性,维修工作量较小,维护成本较低。

6. 编组灵活性和运营适应性好

直线电机驱动的地铁车辆具有比传统车辆更强的加减速性能,有更高的停车位置控制精度,更容易实现小编组、高密度、自动驾驶的运行模式。可以 2~6 辆灵活编组来适应不同的客流量需要。

采用钢车轮和钢轨来支撑和引导车辆运行,采用轨道电路信号系统来实行对列车的信号传输、运行监控和集中调度,运营适应性较好。

7. 效率和功率因数低

地铁车辆上应用的直线电机,由于车载定子与地面转子是处在一个相对直线运动的弹性系统间,会造成相互间隙变化,因此气隙不能太小,否则会导致不安全因素,一般定在 12 mm 左右。再加上直线电机是有端部的,因此漏磁场较大,机电能量转化率低,所以直线电机效率较低,一般在 70%~80%,功率因数也较低,一般在 0.5~0.6。

二、轨道交通直线感应电机分类

1. 按定子长度分类

直线感应电机按定子长度可以划分为长定子直线感应电机和短定子直线感应电机。

长定子直线感应电机的定子(相当于初级线圈)设置在导轨上,其定子绕组可以在导轨上无限长地铺设,故称为"长定子"。长定子直线感应电机通常用在长大干线及城际铁路领域。

短定子直线感应电机的定子设置在车辆上。由于其长度受列车长度的限制,故称为"短定子"。一般来说,短定子(初级)电机的制造成本和运行成本,比长定子电机要低得多,目前的地铁车辆、中低速磁悬浮普遍采用的短定子单边型直线感应电机。

2. 按磁场是否同步分类

交流直线电机按磁场是否同步可以划分为直线同步电机 LSM(Linear Synchronous Motor)和直线感应电机 LIM(Linear Induction Motor)两种。

直线同步电机 LSM 导轨上的转子磁场与车辆上的定子磁场同步运行，故称为直线同步电机，一般采用长定子。高速、超高速磁浮铁路一般使用这种电机，如德国常导磁浮运捷 TR 和日本超导超高速磁浮 ML。

直线感应电机 LIM 转子磁场与定子磁场不同步运行，故称为直线异步电机，一般采用短定子。中低速磁悬浮铁路及直线感应电机轮轨交通一般使用该种电机，如日本中低速磁浮 HSSH 和中国北京中低速磁浮交通示范线 S1。

3. 按驱动方式分类

直线电机按驱动方式可以划分为导轨驱动和车辆驱动两种类型。

导轨驱动也称为路轨驱动或地面驱动，采用长定子直线同步电机 LSM，其运行工况及运行速度由地面控制中心控制，司机不能直接控制，一般用于长大干线铁路、城际轨道交通以及高速或超高速磁浮铁路。

车辆驱动也称为列车驱动，采用短定子直线感应电机 LIM。直线感应电机的初级线圈（定子）设置在车辆上，其运行工况及运行速度由司机控制，故称为车辆驱动。一般用于城市轨道交通，中低速磁悬浮铁路及轮轨直线感应电机铁路。

4. 按冷却方式分类

直线感应电机按冷却方式可以分为自然通风和强迫通风。目前，应用于城市轨道交通领域的直线电机主要有两种：一种是以日本为代表的，采用自然冷却方式的直线电机；另一种是以加拿大庞巴迪为代表的采用强迫风冷的直线电机。

随着城市轨道交通的发展，对直线电机的要求也越来越高，既要有足够大的功率，以满足不断增长的运载量要求，同时又得保证电机本身的质量和体积不能过大，大功率强迫风冷直线电机将能很好地满足这些要求。

三、车载直线感应电机

1. 基本结构

车载直线感应电机由初级（定子）和次级（转子）两部分构成，初级和次级之间有气隙存在，如图 5.24 所示。

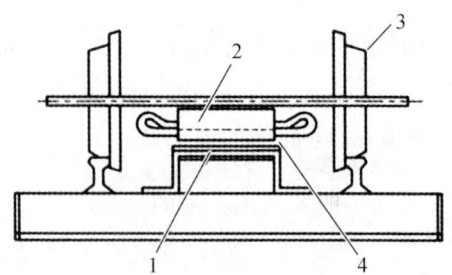

1—直线电机次级（感应板）；2—直线电机初级；3—车轮；4—气隙。

图 5.24 轮轨交通用直线感应电机截面

由图可见：作为一个完整的直线感应电机除了车载所必需的初级以外，还包括作为次级安置在导梁上的反应板。

1）初　级

在图 5.24 中，直线感应电机初级安装在列车上，采用列车驱动方式。温哥华 MK-I 型直线感应电机的初级由直线叠层铁心片和放置在线槽内三相串接的绕组组成，并经 H 级绝缘处理。10 个单独的风扇置于绕组和叠层铁心上面，从而使电机由上方向下方排气，以抽出空气来冷却直线感应电机。温度传感器提供过热保护，悬挂链环用于调节高度，以保证电机与反应板之间有 10 mm 的气隙。直线感应电机部件装置如图 5.25 所示。

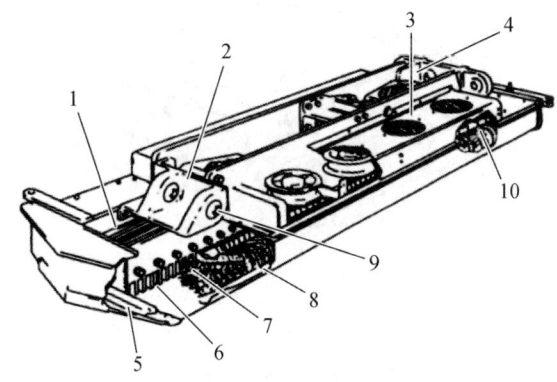

1—叠层铁心组件；2—结构固定装置；3—冷却系统和盖板；4—电源进线电缆连接器；
5—滑板；6—线槽；7—槽楔；8—初级绕组；9—球形轴承；10—温度传感器。

图 5.25　直线感应电机初级部件装置图

对于采用双层绕组的直线感应电机，由于存在半线槽，其铁心的有效长度比实际的长度短。另外，铁心开断的边缘效应，会产生一个脉振磁场。为了减小以上两个因素的影响，可以在铁心两端的半线槽内加置补偿绕组。对于极数大于 6 极的直线感应电机，以上两个因素所起的作用不大，一般不采用补偿绕组。

2）次　级

在图 5.24 中，直线感应电机的次级安装在轨道上，称为感应板（反应板或感应轨）。感应板由导电板（厚度约 5 mm）、导磁板（厚度约 35 mm）和支座等构成。

感应板按材质有铝＋铁（钢）和铜＋铁（钢）两种。在复合感应板中，铜和铝主要用于导电，而铁（钢）主要起导磁作用。从性能上来看，由于铜比铝的电阻率小，导电性能好，用铜材料的感应板能提高电机效率。由于铜材料比较贵，价格是铝材的几倍，从性价比考虑，庞巴迪一般选用铝＋铁的复合感应板；而日本厂家则采用在列车加减速度区间或大坡道区间铺设铜＋铁感应板，而在其他区间铺设铝＋铁感应板。例如日本福冈 3 号线铜铝两种感应板的铺设长度比为 3∶7。

感应板按结构有整体式感应板（加拿大）和叠片式感应板（日本）两种。整体式感应板的导磁板是一块整体,其内阻小、涡流损耗大,能量损失也较大;叠片式感应板的导磁板由若干块叠片组成,涡流损耗小,能量损失小,电磁利用率高。采用叠片式感应板的直线感应电动机推力比采用整体式感应板的直线感应电动机推力平均增大20%,低速状态下的效率提高了3.7%~5.7%。

感应板由整体或叠层低碳钢支撑铁架和一个挤压铝材的盖板组成,盖板的作用是减少次级漏磁感应。它们支承在一个能调节运行轨和反应板之间高度的装置上,并将力传递给导梁。叠层感应板通常用于需要最大推力的地段,其结构如图5.26所示。由于直线感应电机垂向吸引力的影响,对轨道铺设精度要求相当高。

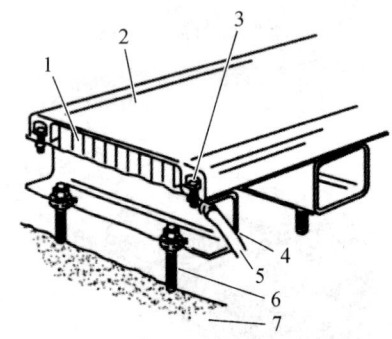

1—叠层/非叠层支撑铁架;2—铝制顶盖;3—支撑螺栓;4—反应板枕;
5—接地电缆;6—螺纹柱螺栓;7—导梁。

图5.26 感应板结构

3)气　隙

气隙一般是指初级底部至次级铝顶盖的距离。日本的标准气隙值为12 mm,加拿大的Sky Train气隙值为10 mm。气隙值越小,列车运行消耗的电能越少。

2. 主要技术参数

表5.1所示为部分城市地铁直线感应电机的主要技术参数。

表5.1　部分城市地铁直线感应电机的技术参数

参数 型号	相数	极数	额定电压/V	持续电流/A	额定功率/kW	最大推力/kN	垂直力/kN	冷却方式
MK-Ⅱ型车辆	3	6	570	400	187	18.6	25	强迫冷却
东京12号线车辆	3	8	1 100	170	120	13.2	26	自然冷却
福冈3号线车辆	3	8	1 100	—	120	—	—	自然冷却
大阪7号线	3	8	1 100	151	120	13.2	23.5	自然冷却
广州地铁4号线车辆	3	8	1 100	162	120	—	—	自然冷却

3. 工作原理

轮轨系统车辆是利用车轮起支承导向作用的,采用车载短定子直线感应电机驱动。当电流通过定子(初级线圈)时,会产生向前方向的行波磁场,行波磁场与该磁场相对应的地面位置上放置的感应板相互作用,在感应板中产生感应电流(涡流),由该电流切割磁场而产生反作用力,列车靠车轮支撑在轨道上,由于感应板固定在轨道上,反作用力推动定子,带动转向架和列车向前运行。这种驱动方式的驱动力不再受轮轨黏着的限制,是一种非黏着驱动方式。

四、轨道交通直线感应电机的悬挂

目前直线感应电机地铁车辆悬挂系统中,主要有加拿大的MK-Ⅰ型和MK-Ⅱ型转向架直线感应电机悬挂以及日本的LIM转向架电机架悬式。

MK-1型转向架轴距1 900 mm,电机采用强迫风冷,额定气隙10 mm;自导向径向转向架,一系悬挂是人字形橡胶弹簧,轴箱顶部和构架之间多加了一块橡胶,二系悬挂采用空气弹簧。牵引力由直线感应电机产生,通过连在悬挂链环上的牵引杆直接传递到摇枕,再通过摇枕传递到车体。

MK-Ⅱ型转向架采用副构架,轴距1 900 mm,全磨耗的车轮轮径584 mm,电机额定功率160 kW,采用强迫风冷,额定气隙10 mm;采用强迫导向径向转向架;牵引力由副构架两侧的牵引杆传递到主构架,然后在摇枕中心传递到摇枕,再通过摇枕两端的牵引杆传递到车体。

广州地铁4号线直线电机转向架如图5.27所示,采用庞巴迪BM3000型构架内置式转向架,新轮轮径730 mm,一系悬挂为金属橡胶弹簧,二系悬挂为空气弹簧带摇枕结构并设有抗侧滚扭杆。基础制动为盘形制动。电机采用自然冷却、额定功率155 kW,悬挂于两轴箱的支撑横梁上,共5个吊臂形成5点悬挂,使电机气隙相对稳定,可控制到9 mm,同时设3个牵引杆传递纵向力。

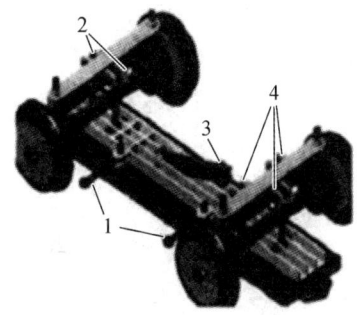

1—横向定位;2—5点悬挂的前2个点;3—牵引杆;4—5点悬挂的后3个点。

图5.27 广州地铁4号线直线电机悬挂

思考与练习

一、填空题

1. 直线感应电机按定子长度可以划分为＿＿＿＿＿＿＿＿＿＿直线感应电机和＿＿＿＿＿＿＿＿＿＿直线感应电机。

2. 交流直线电机按磁场是否同步可以划分为＿＿＿＿＿＿和＿＿＿＿＿＿两种。

3. 直线电机按驱动方式可划分为＿＿＿＿＿＿＿驱动和＿＿＿＿＿＿＿驱动两种类型。

二、判断题

1. 同容量的直线感应电机，其效率较旋转感应电动机要高。（　　）

2. 车载直线感应电机由安装在车辆上的初级和安置在导梁上的反应板组成。（　　）

3. 直线感应电机的二次侧安装在轨道上，称为感应板（反应板或感应轨）。（　　）

项目六

电器基础知识

知识目标

（1）了解电器的发热和散热，掌握电器的用途和分类；
（2）了解电动力的作用、危害；掌握电动力的判断方法；
（3）掌握电器传动装置的组成及工作原理。

能力目标

（1）能描述熄灭电弧的基本方法及装置；
（2）熟悉触头的主要参数、接触电阻及磨损；
（3）提高大局意识、服务意识、安全意识。

电器基础知识

任务一　电器的发热和散热

任务目标

（1）了解电器的定义、分类和在车辆中的作用；
（2）正确分析电器的发热和散热；
（3）提高安全意识和综合分析能力。

任务内容

分析电器的发热与散热问题，对保证电器正常可靠地运行及缩小电器体积、节约原材料、降低成本、增长使用寿命等方面具有重要意义。

一、电器的定义及分类

由于电能与其他形式的能量相比具有容易转换和便于控制、调整、输送等优点，因此在生产、生活及科学领域中获得了广泛的应用。然而电能从产生、输送到应用并不是一个简单的过程，需要一系列控制、调整、保护装置才能很好地完成。例如，对电路实行导通、关断控制；对电动机实行起动、停止、正转、反转控制；对用电设备进行过载、过压、短路、断相等故障保护；在电路中传递、变换、放大电或非电的信号，从而达到自动检测和调节的目的等。所以，凡是根据外界特定信号，自动或手动地接通和分断电路，对电量或非电量对象起控制、调整、保护及检测作用的电工设备，均称之为电器。根据这个定义，电机和一般的负载不属于电器的范畴。

由于电器的用途广泛、功能多样、工作原理各异，造成其产品种类繁多，无法用某一分类方法来说明其全部特点，因此，电器只能按不同的分类标准进行分类。

1. 按电压高低分类

高压电器：额定电压 500 V 及以上的电器，称为高压电器。如高速断路器、隔离开关、电抗器、电压互感器、电流互感器、避雷器等。

低压电器：额定电压 500 V 以下的电器，称为低压电器。如接触器、起动器、自动开关、低压熔断器、继电器和主令电器等。

2. 按用途分类

开关电器：用于自动或非自动地开闭有电流的电路，如闸刀开关、自动开关、转换开关、按钮开关、隔离开关和主断路器等。此类开关操作次数少，断流能力强。

控制电器：用于自动或非自动地控制电机的起动、调速、制动及反转等，如接触器。

保护电器：用于保护电路、电机或其他电器设备，使其免受不正常的高电压、大电流的损害，如各种保护继电器、避雷器、熔断器及电抗器等。

调节电器：用于自动调节电路和设备，使参数保持给定值，如电压调节器、温度调节器等。

仪用变流和变压器：用于将高电压及大电流变为低电压、小电流，以供仪表测量或继电器保护电路之用，如电流互感器、电压互感器等。

受流电器：用于接受电网电能，以作为车辆电源，如受电弓、集电靴。

成套电器：由一定数量的电器按一定的电路要求组合的整体电器屏柜，如高压柜、辅助柜、控制屏、信号屏等。

3. 按操作方式分类

手动电器：如刀开关、隔离开关、按钮开关等。

自动电器：如高速断路器、接触器、继电器等。自动电器还可根据传动方式分为电磁传动电器、电空传动电器、电动机传动电器等。

4. 按电器的执行功能分类

有触点电器：电器通断电路的执行功能由触头来实现。

无触点电器：电器通断电路的执行功能是根据开关元件输出信号的高低电平不同，由一些电子组件来完成的。

混合式电器：有触点与无触点结合的电器。一般正常工作由有触点部分完成，而转换过程由无触点部分完成。

5. 按电器使用场合和工作条件分类

一般工业企业用电器：适用于大部分工业企业环境，无特殊要求的电器。

特殊工业企业用电器：适用于矿山、冶金、化工等特殊环境的电器，例如矿用防爆电器和化工用电器。

热带用电器和高原用电器：适用于热带、亚热带地区及高原山区的电器。

家用电器：适用于家庭生活环境中的电器。

牵引、船舶、航空用电器：例如船用电器、航空电器、电气铁道用的牵引电器以及汽车、拖拉机用电器等。

二、电器的作用

电器的需求量随着电气化水平的提高而急剧增长。我国经济建设在不断发展，电网容量迅速增大，电力传动技术在革新，因此对电器提出了越来越高的要求。对低压电器，要继续提高使用寿命和操作频率，减小体积、减轻质量而提高容量，降低成本；在继续发展有触点电器的同时，发展无触点电器及混合式电器。对高压电器，则要发展大容量、快速动作、端口电压高的新系列产品，努力发展组合电器及成套配电装置。

电器在电气系统中的作用主要如下。

控制作用：能自动或非自动地控制电机的起动、调速、制动及反转等。

保护作用：能根据设备的特点，对设备、环境以及人身实行自动保护，如电动机的过热保护，电网的短路保护、漏电保护等。

测量作用：利用仪表及与之相适应的电器，对设备或其他非电参数进行测量，如电流、电压、功率、转速、温度、湿度等。

调节作用：低压电器可对一些电量和非电量进行调整，如温度的自动调节等。

指示作用：利用低压电器的控制、保护等功能，检测出设备运行状况与电气电路工作情况，如绝缘监测、保护指示等。

转换作用：在用电设备之间转换或对低压电器、控制电路分时投入运行，以实现功能切换，如励磁装置手动与自动的转换。

总的来说，电器沿着提高工作可靠性、电器寿命、提高分断能力及减小体积、简化拆装线路、降低费用的方向发展。随着我国电动车组更新换代速度的加快，将有更多性能及质量更好的电器产品应用在城轨车辆上。

三、城轨车辆电器的工作条件和基本要求

由于电器安装在高速运行的城轨车辆上,而车辆内部空间又极为有限,所以其工作条件与一般工业企业用电器有所不同,相应地也有一些不同的要求。

1. 工作环境问题

由于城轨车辆露天运行,电器工作的环境温度变化范围大,工作时车内温度很高,车底及车顶在冬天或温度很低时甚至可能结冰。因此要求城轨车辆电器允许的温度范围为 $-40 \sim +40$ ℃(其中 -40 ℃为存放温度,$-25 \sim +40$ ℃为工作温度)。由于大气中的粉尘及其他污染物对车辆电器的腐蚀也较为严重,从而降低了电器的绝缘能力,严重时会影响其正常工作。因此,在选择车辆电器时,相应的标准要高一些,并应经常对电器进行清扫、保养,以保证其工作正常。

2. 振动问题

城轨车辆运行中,当电动车组起动或制动时,产生沿车辆纵向的振动;当通过曲线或道岔时,产生沿车辆横向的振动;当轮对通过钢轨接缝时,产生垂直方向的振动。这样必然引起电器的各零件也产生振动。另外,电动车组内部的一些旋转性设备(如牵引电机、通风机、压缩机等)也会引起一些振动。由于振动,使电器各部件受到附加力的作用,严重时会影响电器的正常工作。为此,在选用、布置和安装电器时应考虑到振动因素的影响。要注意紧固件应有弹簧垫及防松装置,以防松脱。电器中弹簧的力量及电磁吸力应适当增加,以防振动发生误动作。连接线(如母线、电子线路)连接要坚固,避免发生由于振动而产生接触不良、内部发热而造成的事故。

3. 操作频率问题

电动车组常有起动、停车以及在不同工况时进行调速的操纵,所以电器的操作频率较高。另外,电动车组主电路的电压在较大范围内变动,而电流则随牵引电动机的工作状态而变化,故车辆电器的工作环境中电压、电流波动范围较大。对车辆电器而言则要求其操作频率的等级要高些。另外,其电气及机械寿命应长一些。

4. 空间安装位置问题

由于安装电器的车辆内部空间是有一定限制的,因此电器要有尽量小的安装尺寸。为了更有效地利用车辆内的有限空间,应尽量采用成套装置。同一电路中的电器应安装在同一屏柜中,这样既便于安装又便于检修。

总之,城轨车辆电器的工作条件及环境是相当恶劣的,对其正常工作有一定的影响。因此,对车辆的基本要求是:动作准确可靠、有较高的操作频率、有足够的电器寿命与机械寿命、能量消耗少和便于检修。在生产上则要求质轻体小、经济耐用和便于生产。

四、电器的允许温升

有触点电器是由导电材料、导磁材料和绝缘材料等组成的。电器在工作时由于有电流通过导体和线圈而产生电阻损耗。如果电器工作于交流电路，则由于交变电磁场的作用，在铁磁体内产生涡流和磁滞损耗，在绝缘体内产生介质损耗。所有这些损耗几乎全部转变为热能，其中一部分散失到周围介质中，另一部分加热电器本身，使其温度升高。

电器温度升高后，其本身温度与周围环境温度之差，称为温升。电器的温度超过某一极限值后，其中金属材料的机械强度会明显下降，绝缘材料的绝缘强度会受到破坏。若电器温度过高，会使其使用寿命降低，甚至遭到破坏。反之，电器工作时的温度也不宜过低，因为电器工作时温度太低，说明材料没有得到充分利用，经济性差，相对体积大、质量大。

因为电器的工作环境直接影响电器的散热过程，国家标准规定最高环境温度为 +40 °C（一般为 35 °C），从发热温度极限减去最高环境温度即为允许温升值，即

$$允许温升 = 发热温度极限 - 40\ °C \tag{6.1}$$

五、电器的发热

1. 电流通过导体的电阻损耗

直流电流通过导体时产生的电阻损耗为

$$W = I^2 Rt \tag{6.2}$$

式中　W——电阻损耗能量（J）；
　　　I——通过导体的电流（A）；
　　　R——导体电阻（Ω）；
　　　t——电流通过导体的时间（s）。

交流电流通过导体时在导体内将建立交变磁通，交变磁通感应电动势和电流用以阻止原电流流通。导体中心部分匝链的磁通较其表面部分多，因而使导体中心部分电流密度减小，导体表面部分电流密度增大，产生所谓集肤效应；当两导体平行且靠得较近时，导体中的交变电流建立的磁通彼此耦合，使导体截面中的电流分布不均匀，产生所谓邻近效应。集肤效应和邻近效应都使电流分布不均，导体有效截面面积减小，有效电阻增大，损耗增加。

2. 磁滞和涡流损耗

铁磁体在交变磁通的作用下，会在铁磁零件中产生一定的涡流。这是因为铁的磁导率很高，而磁通变化速度又快，因而产生相应的电动势和涡流损耗。同时，磁

通的方向和数值变化使铁磁材料反复磁化,产生磁滞与涡流损耗导致铁质零件发热。一般来说,这个损耗不大。但如果制造不当,如材料较差、铁片较厚或片间绝缘不好,则涡流损耗就比较大。

磁滞与涡流损耗一般与磁通密度大小、磁通变化率及铁磁材料有关。

3. 电介质损耗

绝缘介质中的介质损耗一般与电场强度及频率有关。电场强度和频率越高则介质损耗也越大。对于电场强度较小的低压电器而言,介质损耗较小,通常忽略不计。但在高压电器中,电压很高,介质中的电场强度很大,必须考虑电介质损耗及其产生的发热,以免引起过热而使绝缘老化加速,甚至引起热击穿而损坏。

六、电器的散热

电器工作时,只要电器温度高于周围介质及接触零件的温度,它便向周围介质散热,所以发热和散热同时存在于电器发热过程中。

当电器产生的热量与散失的热量相平衡时,电器的温升维持不变,这时称电器处于热稳定状态,此时的温升称为稳定温升。若温升随着时间而变化,则称为不稳定发热状态。

电器的散热以热传导、热对流与热辐射 3 种基本方式进行。

1. 热传导

热传导现象的实质是通过具有一定内部能量的物质基本质点间的直接相互作用,使能量从一个质点传递到另一相邻质点。热传导的方向是由较热部分向较冷部分传播,或由发热体向与它接触的物体传播。热传导是固体传热的主要方式,它也可在气体和液体中进行。

2. 热对流

热对流是通过流体(液体与气体)的运动而传递热量。热量的转移和流体本身的转移结合在一起。根据流体流动的原因,对流分为自然对流和强迫对流。车辆电器因受安装空间的限制,较多采用强迫对流,以加强散热。

3. 热辐射

热辐射是发热体的热量以电磁波形式传播能量的过程。热辐射可穿越真空和气体而传播,但不能透过固体和液体物质。

热传导、热对流、热辐射 3 种传热过程可通过相关公式进行计算,但是分别进行热计算是相当复杂的,而且结果并不十分准确。所以在实际计算发热体表面温升时,不进行单独考虑,而是在一定表面情况和周围介质条件下,把 3 种散热方式综合起来,用综合散热系数 K_T 来考虑散热,这就是通常采用的牛顿公式,即

$$P = K_T S\tau \tag{6.3}$$

式中　P——散热功率（W）；

　　　K_T——综合散热系数[W/（cm²·℃）]；

　　　S——有效散热面积（cm²）；

　　　τ——温升（℃）。

通过式（6.3）可得出，散热功率和温升及有效散热面积成正比，温升越高，有效散热面积越大，则散热功率越大。严格地讲，综合散热系数 K_T 不是常数，它是指温度升高 1 ℃，发热体单位面积发散到周围介质的功率，其大小和发热体结构、工作制、布置方式及周围介质密度、传热系数等诸多因素有关。

思考与练习

一、填空题

1. 我国国家标准规定最高环境温度为 40 ℃（一般为 35 ℃），从发热温度极限减去最高环境温度即为_____。

2. 电器的散热以_____、_____与_____3 种基本方式进行。

二、选择题

1. 温升就是发热物体的温度与其（　　）之差。
   A. 周围介质温度　　　　　　　　B. 周围介质温升
   C. 大气温度　　　　　　　　　　D. 大气温升

2. 高压电器是指电压超过（　　）的电器。
   A. 300 V　　　　　　　　　　　　B. 500 V
   C. 700 V　　　　　　　　　　　　D. 1 000 V

三、判断题

1. 热辐射可以穿过任何物体。　　　　　　　　　　　　　　　　　　（　　）
2. 散热功率和温升及有效散热面积成反比。　　　　　　　　　　　　（　　）
3. 电器工作时，发热和散热同时存在于电器发热过程中。　　　　　　（　　）

任务二　电器的电动力和触头

任务目标

（1）了解电动力的产生，会分析电动力的方向；

（2）掌握触头的分类和基本参数，正确分析触头的工作情况。

任务内容

载流导体处在磁场中会受到力的作用,载流导体间相互也会受到力的作用,这种力称为电动力。对于这种现象,有可利用的一面,如电动机的工作原理就是利用电动力将电能转换为机械能。但也有危害的一面,如对大容量输配电设备来说,在短路情况下电动力可达很大数值,对配电装置的性能和结构影响极大。

电路的通断和转换是通过电器中的执行部件,主要是其触头来实现的。触头是有触点电器的执行元件,由于它经常受到机械撞击、发热及电弧等的影响,极易损坏,因此触头是电器中最薄弱的环节之一,其工作性能的优劣直接影响到电器的性能。

一、电器的电动力

1. 载流导体的电动力

在电器中,载流导体间、线圈匝间、动静触头间、电弧与铁磁体间都有电动力的作用。在正常电流下电动力不至于使电器损坏,但动、静触头间的电动斥力过大会使接触压力减小,接触电阻增大造成触头的熔化或熔焊,影响触头的正常工作。有时在强大短路电流所形成的电动力作用下,使电器发生误动作或使导体机械变形,甚至损坏。利用电动力的作用改善和提高电器性能的例子也是很多的,例如接触器的磁吹灭弧、快速自动开关的速断机构等。

电动力的方向判断可用左手定则或磁通管侧压力原理来进行。左手定则是:伸平左手,磁通穿过左手掌,4个手指为电流方向,大拇指指的方向就是电动力方向。磁通管侧压力原理(米特开维奇定则)是:把磁力线看成磁通管,磁通管密度高的一侧具有推动导体向密度低的一侧运动的力,这个方向即为电动力的方向。

电动力方向判断的两种方法其结果是一样的,可根据具体情况采用某一种。在结构及产生磁场因素复杂的情况下用磁通管侧压力原理来判定电动力方向较为方便,如图 6.1~6.3 所示。

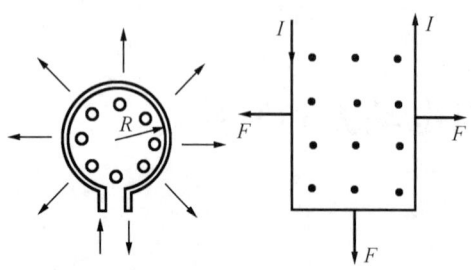

图 6.1 环形导体和 U 形导体所受电动力

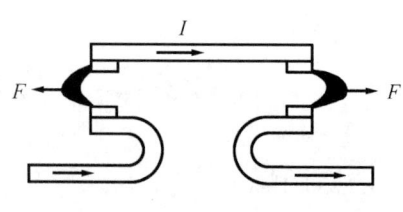

图 6.2 电弧受到的电动力

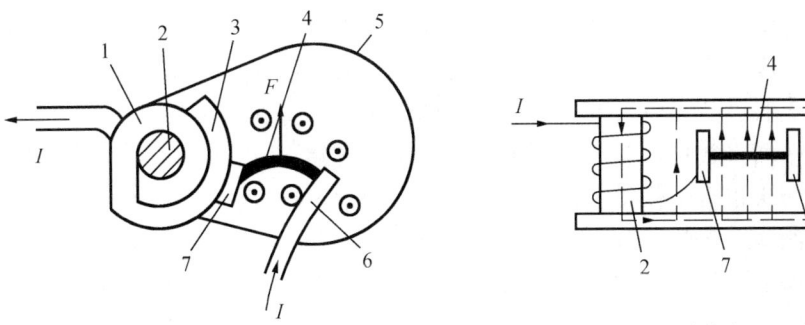

1—磁吹线圈；2—磁吹铁心；3—导弧角；4—电弧；5—铁夹板；6—动触头；7—静触头。

图 6.3　利用电动力的磁吹原理

2. 电器的电动稳定性

电器的电动稳定性是指当大电流通过电器时，在其产生的电动力作用下，电器有关部件不产生损坏或永久变形的性能；也可以说是电器有关部分在电动力作用下不产生损坏或永久变形所能通过的最大电流的能力。

触头闭合通过电流时，在触头间也有电动力存在。这是因为触头表面不管加工得再平整，从微观上看仍然是凹凸不平的，如图 6.4 所示。由于接触面积远小于触头表面积，电流线在接触点处产生收缩，由此而引起触头间的电动斥力。当电流很大时此电动力可将触头拉开或使触头间接触压力减小。触头处在闭合位置能承受短路电流所产生的电动力而不致损坏的能力，称为触头的电动稳定性。

二、触　头

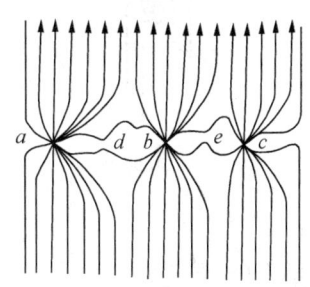

图 6.4　接触的触头间收缩电动力

1. 触头的基本要求

根据触头的工作情况，为了保证电器可靠工作和有足够的使用寿命，对触头有如下要求：

（1）工作可靠，接触电阻要小。

（2）有足够的机械强度。

（3）长期通过额定电流时，温升不超过规定值。

（4）通过短路电流时，有足够的电动稳定性与热稳定性。

（5）有足够抵抗外界腐蚀（如氧化、化学气体腐蚀）的能力。

（6）寿命长。

（7）所用的材料要少，质量轻，价格便宜，便于制造和维修等。

2. 触头的分类

（1）按触头工作情况：分为有载开闭和无载开闭两种。前者在触头开断或闭合过程中，允许触头中有电流通过；后者在触头开断或闭合过程中，不允许触头中有电流通过，而在闭合后才允许触头中通过电流，如转换开关。无载开闭触头，由于触头开断时无载，故无电弧产生，对触头的工作十分有利。

（2）按开断点数目：分为单断点式和双断点式触头。

（3）按触头正常工作位置：分为常开触头和常闭触头。

（4）按结构和形状：分为指形触头和桥式触头等。

（5）按触头的接触方式：分为面接触、线接触和点接触3种。

（6）按在电路中的作用：分为主触头和辅助触头。主触头用于主电路和辅助电路，辅助触头用于控制电路。由于辅助触头常常起到电气联锁作用，所以又称为联锁触头。联锁触头又分为正联锁触头（常开触头）和反联锁触头（常闭触头）。在无电情况下，触头是断开的为常开触头；触头是闭合的为常闭触头。

3．触头接触面形式

触头的接触面形式分为点接触、线接触和面接触3种，如图6.5所示。

（a）点接触　　　　　（b）线接触　　　　　（c）面接触

图6.5　触头的接触面形式

（1）点接触。点接触是一个很小的面积内的若干个点接触的触头（如球面对球面，球面对平面），如图6.5（a）所示。点接触用于20 A以下的小电流电器，如继电器、接触器和自动开关的联锁触头等。由于接触面积小，保证其工作可靠性所需的接触压力也较小。

（2）线接触。线接触是指两个导体沿着线或较窄的面积发生的接触（如圆柱对圆柱、圆柱对平面），如图6.5（b）所示。线接触的接触面积和接触压力适中，常用于几十安至几百安电流的中等容量电器，如接触器、自动开关及高压开关电器的触头等。

（3）面接触。面接触是指两个导体有着较大的表面接触（如平面对平面），如图6.5（c）所示。其接触面积和触头压力均较大，多用于大电流电器，如大容量的接触器和断路器的主触头等。

4．触头的参数

触头的参数主要有触头的结构尺寸、开距、超程、研距、触头初压力和终压力等。

（1）触头的结构尺寸。触头的结构尺寸主要是根据触头工作时的发热条件确定，同时要考虑到它的机械强度与工作寿命等条件。

（2）触头的开距。触头处于断开位置时，动静触头之间的最小距离 s 称为触头的开距（或行程），如图 6.6（a）所示。开距是触头的一个主要参数，它不仅要保证在开断正常电流时能可靠地熄弧，而且还能使触头间具有足够的绝缘能力，当电源出现不正常的过电压时不致击穿。它不仅影响触头与灭弧系统的尺寸，而且影响到电磁传动机构的尺寸。

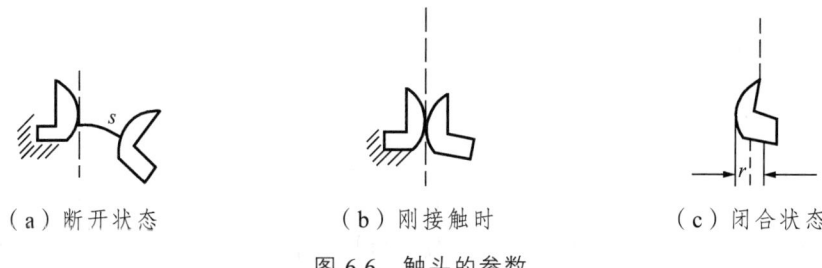

（a）断开状态　　　　（b）刚接触时　　　　（c）闭合状态

图 6.6　触头的参数

从减小电器的尺寸和减少触头闭合时振动的观点出发，在保证可靠开断电路的原则下，触头开距越小越好。触头开距的大小与开断电流大小、线路电压、线路参数以及灭弧装置等有关。

（3）触头的超程。触头的超程是指触头完全闭合后，如果将静触头移开，动触头在触头弹簧的作用下继续前移的距离 r，如图 6.6（c）所示。

触头超程是用来保证在触头允许磨损的范围内仍能可靠地接触。一般在计算时选取超程 $r = (0.6 \sim 0.8)d$，式中 d 为新触头的厚度。但应指出，超程不宜取得过大，因为当超程大时，在一定的吸力情况下，触头的初压力相应要小些。而初压力小，对减小触头振动是不利的。

（4）触头的初压力。触头闭合后，其接触处有一定的压力，称为触头压力。触头压力是由触头弹簧产生的。触头弹簧有一预压缩，使得动触头刚与静触头接触时就有一互压力 F_0，称为触头初压力，它是由调节触头弹簧预压缩量来保证的。初压力可以降低触头闭合过程的振动。

（5）触头终压力。动、静触头闭合终了时，触头间的接触压力称为终压力 F_Z。它是由触头弹簧最终压缩量来决定的。它使触头闭合时的实际接触面积增加，使闭合状态时的接触电阻小而稳定。

（6）触头的研距。一般线接触触头的动、静触头开始接触时，其接触线在 a 点处（见图6.7），在触头闭合过程中，接触线逐渐移动，最后停在 b 点处，以导通工作电流。动触头上的 ab 和静触头上的 a'b' 称为触头研距。研距是触头开闭过程中动静触头滚动距离与滑动距离之和。接触线的移动，使触头在闭合时的撞击处与最后闭合位置的工作点之间，以及开断电路时产生电弧处与闭合位置的工作点之间分开，保证工作点不受机械撞击与电弧的破坏作用，同时擦除触头表面所形成的氧化膜，使触头有良好的电接触。

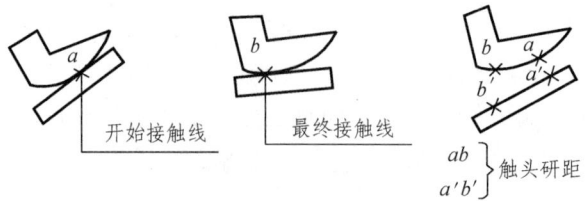

图 6.7 触头的研磨过程及研距

触头的开距、超程、初压力和终压力都是必须进行检测的重要参数。在电器的使用和维修中常用这些参数来反映触头的工作情况及检验电器的工作状态。

5. 触头的工作情况

（1）触头处于闭合状态。触头处于闭合状态时的主要任务是保证能通过规定的电流，且触头温升不超过允许值，主要问题是触头的发热及热稳定性和电动稳定性。触头的发热是由接触电阻引起的，故应设法减小接触电阻。

（2）触头处于断开状态。触头处于断开状态时，必须有足够的开距，以保证可靠地熄灭电弧和开断电路。

（3）触头闭合过程。从动、静触头刚开始接触到触头完全闭合，由于会发生振动，使它不是一次接触就能闭合，而是有一个过程，这个过程称为触头的闭合过程。由于触头在闭合过程中会因碰撞而产生机械振动，因此这个过程的主要问题是减小机械振动，从而减小触头的磨损，避免触头熔焊。

（4）触头开断过程。触头开断过程是触头最繁重的工作过程。由于在触头开断电路时，一般会在触头间产生电弧，因此这个过程的主要问题是熄灭电弧，减小由电弧而产生的触头电磨损。

6. 触头的接触电阻

1）接触电阻的产生

两个导电零件接触在一起实现电的连接，其导电能力显然比同样尺寸的完整导体要差。图 6.8（a）所示为一段完整的导体，通以电流 I，用电压表测量出其 AB 长度上的电压降为 U，则 AB 段导体的电阻为

$$R = \frac{U}{I} \tag{6.4}$$

如果将此导体截断，仍通以原来的电流，测得 AB 两点之间的电压降为 U_C，如图 6.8（b）所示。U_C 比 U 大得多，AB 点之间的电阻 R_C 为

$$R_C = \frac{U_C}{I} \tag{6.5}$$

R_C 除含有该段导体材料的电阻 R 外，还有附加电阻 R_j，即

$$R_C = R + R_j \tag{6.6}$$

附加电阻为收缩电阻与表面膜电阻之和,是由接触层之间直接产生的电阻,故称此附加电阻 R_j 为接触电阻。动静触头接触时同样也存在接触电阻。

(1)收缩电阻。

接触处的表面无论经过多么细致的加工处理,从微观角度分析,其表面总是凹凸不平的,它们不是整个面积接触,而是只有若干小的突起部分相接触,如图6.9所示,实际接触面积比视在接触面积小得多。当电流通过实际接触面积时,电流只从接触点上通过,在这些接触点附近,迫使电流线发生收缩。由于有效接触面积(即实际接触面积)小于视在接触面积,由此产生的附加电阻称为收缩电阻。

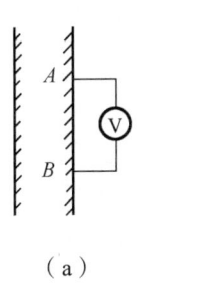 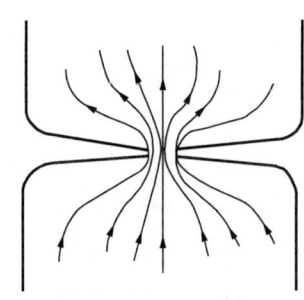

图6.8 接触电阻　　　　　　图6.9 电流线收缩

(2)表面膜电阻。

由于种种原因,在触头的接触表面上覆盖着一层导电性很差的薄膜,例如金属的氧化物、硫化物等,其导电性很差,也可能是落在接触表面上的灰尘、污物或夹在接触面间的油膜、水膜等,由此而形成的附加电阻称为表面膜电阻。

表面膜电阻的大小除和膜的种类有关外,还与薄膜的厚度有关,膜越厚,电阻越大。

2)影响接触电阻的因素

接触电阻与触头材料、触头压力、接触面形式、触头温度、触头表面和清洁状况及化学腐蚀等因素有关。

3)减小接触电阻的方法

根据接触电阻的形成原因,减小接触电阻一般可采用下列方法:

(1)增加接触点数目。选择适当的接触形式,用适当的方法加工接触表面,并在接触处加一定的压力,均可使接触点数目增加。

(2)选择合适的材料。采用本身电阻系数小,且不易氧化或氧化膜电阻较小的材料作为接触导体,或作为接触面的覆盖层。

(3)触头在开闭过程中应具有研磨过程,以擦去氧化膜。

(4)经常进行触头清扫,使触头表面无油污、尘埃,保持干燥。

7. 触头产生的振动

1) 触头产生振动的原因

触头在闭合过程中，触头间的碰撞、触头间的电动斥力和衔铁与铁心的碰撞都可能引起触头的机械振动。另外，在触头带电接通时，由于实际接触的只有几个点，在接触点处便产生电流线的密集或弯曲，如图6.10所示。畸变的电流线和通过反向电流的平行导体一样，相互作用产生斥力，使触头趋于分离，该电动力称为收缩电动力。收缩电动力也能引起触头间的振动，特别是在闭合大的工作电流或短路电流时，电动斥力的作用更为显著。

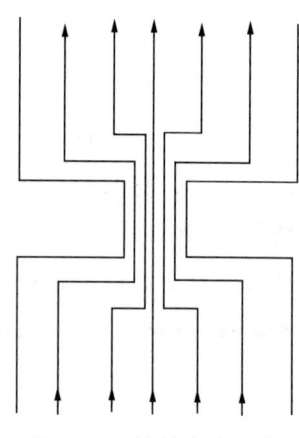

图 6.10 接触点电流线密集情况示意图

对于电磁传动的电器来讲，在触头闭合过程中，衔铁以一定的速度向静铁心运动，当衔铁吸合时，同样会因碰撞而产生振动，以致触头又发生第二次振动。

在触头振动过程中，若碰撞后触头不会分离，这样的振动不会产生电弧，对触头无害，因而称之为无害振动。反之，若碰撞后动静触头分离，在触头间隙中会出现金属桥，造成触头磨损或熔焊，甚至产生电弧，严重影响触头寿命，故称之为有害振动。两个触头在闭合时发生碰撞产生振动是不可避免的，所谓消除触头闭合过程中的振动，是指消除触头的有害振动。

2) 减小触头振动的方法

为了提高触头的使用寿命，必须减小触头的振动。减小触头振动有以下几种方法：

（1）使触头具有一定的初压力。增大初压力可减小触头反跳时的振幅和振动时间。但初压力增大是有限的，如果初压力超过了传动机构的作用力（例如电磁机构的吸力），则不仅触头反跳的距离增加，而且触头也不能可靠地闭合，反而加剧了触头的磨损。

（2）降低动触头的闭合速度，以减小碰撞动能。由实验可知，减小触头闭合瞬间的速度可减小触头振动的振幅。这要求吸力特性和反力特性良好配合。需要指出的是，当触头回路电压高于300 V时，若闭合速度过小，则在动、静触头靠近时，触头间隙会击穿形成电弧，反而会引起电磨损的增加。

（3）减小动触头的质量，以减小碰撞动能，从而减小触头的振幅。在减小触头质量的同时，必须考虑触头的机械强度、散热面积等问题。

（4）对于电磁式电器，应减小衔铁和静铁心碰撞时引起的磁系统的振动，以减小触头的二次振动。其方法是吸力特性与反力特性有良好的配合及铁心具有缓冲装置。

8. 触头磨损

触头在多次接通和断开有载电路后，其接触表面将逐渐产生磨耗和损坏，这种现象称为触头的磨损。磨损直接影响电器的寿命。

1）触头磨损的原因

触头磨损包括机械磨损、化学磨损和电磨损。机械磨损是在触头闭合和打开时研磨和机械碰撞所造成的，它使得触头接触面产生压皱、裂痕或塑性变形和磨损。化学磨损是由于周围介质中的腐蚀性气体或蒸汽对触头材料侵蚀所造成的，它使得触头表面形成非导电性薄膜，致使接触电阻变大且不稳定，甚至完全破坏了触头的导电性能。这种非导电性薄膜在触头相互碰撞及触头压力作用下，逐渐剥落形成金属材料的损耗。机械磨损和化学磨损一般很小，约占全部磨损的10%。

触头的磨损主要取决于电磨损。电磨损主要发生在触头的闭合和开断过程中，尤其以触头开断过程中产生的电磨损为主。在触头闭合电流时产生的电磨损，主要是由于触头碰撞引起的振动所产生的；在触头开断电流时所产生的电磨损，主要是由高温电弧造成的。

2）触头电磨损的形式

触头在分断与闭合电路过程中，在触头间隙中产生金属液桥、电弧和火花放电等各种现象，引起触头材料的金属转移、喷溅和气化，使触头材料损耗和变形，这种现象称为触头的电磨损。触头的电磨损形式主要有两种，即液桥的金属转移和电弧的烧损。

（1）液桥的形成和金属转移。

触头开断时，在从触头完全闭合到触头刚开始分离的时间内，先是触头的接触压力和接触点数目逐渐减小，接触电阻越来越大，这样就使接触点的电流密度急剧增加，由此产生的热量促使接触处的金属熔化，形成所谓的金属液体滴。触头继续断开时，将金属液体滴拉长，形成液态金属桥，简称液桥。由于温度沿液桥的长度分布不对称，且其最大值是发生在靠近阳极的地方，因此使金属熔液由阳极转移到阴极。实践证明，由于液桥的金属转移作用，经过很多次的操作后，触头的阳极因金属损耗而形成凹坑，阴极则因金属增多而形成针刺，凸出于接触表面。在弱电流电器（如继电器）中，液桥对触头的电磨损有着重要的影响。

（2）电弧的烧损。

电弧对触头的腐蚀十分严重，电弧磨损要比液桥引起的金属转移高出5~10倍。当负荷电流超过20A，甚至达到几百或上千安时，电弧的温度极高，触头间距离又较大，一般都有电动力吹弧，再加上强烈的金属蒸气热浪冲击，往往把液态金属从触头表面吹出，向四周飞溅。这种磨损与小功率电弧的磨损是不同的，金属蒸气再度沉积于触头接触表面上的概率已大大减小，使触头阴、阳极都遭到严重磨损，由于阳极温度高于阴极，所以阳极磨损更为严重。

3）减小电磨损的方法

减小触头的电磨损，提高触头的寿命，一般可从两方面着手，即减小触头在开断过程中的磨损和减小触头在闭合过程中的磨损。

（1）减小触头开断过程中的磨损，即减小触头在开断时的电弧。

（2）减小触头闭合时的磨损。触头闭合时的磨损主要是由于触头在闭合过程中的振动所引起的，因此，为了减小触头的电磨损，必须减小触头的机械振动。

思考与练习

一、填空题

1. 触头的接触形式有点接触、线接触和_____3种。

2. 增大触头的_____可以降低触头闭合过程的弹跳。

3. 触头的发热是由接触电阻引起的，因此应设法减小_____。

二、选择题

1. 触头的磨损主要有3种形式，即机械磨损、化学磨损和电磨损，主要是（　　）。

　　A．电磨损　　　　B．化学磨损　　　C．机械磨损

2. 触头的（　　）是指触头闭合后将静触头拿走，动触头可移动的距离。

　　A．研距　　　　　B．超程　　　　　C．开距

任务三　电弧的燃烧与熄灭

任务目标

（1）了解电弧产生和熄灭的物理过程；
（2）掌握熄灭电弧的常用方法；
（3）提高安全防范意识，提升应对突发事件的能力。

电弧熄灭的基本装置

任务内容

电弧是气体放电的一种形式。气体放电分为自持放电与非自持放电两类，电弧属于气体自持放电中的弧光放电。试验证明，当在大气中开断或闭合电压超过 10 V、电流超过 0.5 A 的电路时，在触头间隙（或称弧隙）中会产生一团温度极高、亮度极强并能导电的气体，称为电弧。由于电弧的高温及强光，它可被广泛应用于焊接、熔炼、化学合成、强光源及空间技术等方面。对于有触点电器而言，由于电弧主要产生于触头断开电路时，高温将烧损触头及绝缘，严重情况下甚至引起相间短路、电器爆炸，酿成火灾，危及人员及设备的安全。所以从电器的角度来研究电弧，目的在于了解它的基本规律，找出相应的办法，让电弧在电器中尽快熄灭。

一、电弧产生与熄灭的物理过程

当触头开断电路，在间隙中产生电弧时，电路仍然是导通的，这说明已分开的触头间的气体由绝缘状态变成了导电状态。但当电弧熄灭之后触头间又恢复了绝缘状态。那么，究竟有哪些物理过程在电弧的产生与熄灭过程中起了作用呢？下面就此进行分析。

1. 电弧产生的物理过程

金属材料表面在某些情况下能发射出自由电子，这种现象叫表面发射。自由电子的产生是由于金属内的电子得到能量，克服内部的吸引力而逸出金属。一个电子逸出金属所需的能量叫逸出功。不同金属材料逸出功的大小不一样。

从物质原子的结构而言，是由原子核与若干电子构成的。如果外界加到电子上的能量足够大，能使电子克服原子核的吸引力作用而成为自由电子，这种现象称为游离。游离所需的能量叫游离能，不同的物质其游离能不同。

触头开断电路时，产生电弧的原因主要有：阴极热发射电子、阴极冷发射电子、碰撞游离和热游离等。

1）阴极热发射电子

触头开断过程中，触头间的接触面积逐渐减小，接触处的电阻越来越大，电流密度也逐渐增大，触头表面的温度剧增，金属内由于热运动急剧活跃的自由电子就克服内部的吸力而从阴极表面发射出来，这种主要是由于热作用所引起的发射称为热发射。

温度越低、逸出的功越大时，热发射的电流密度越小。

2）阴极冷发射电子

在触头刚刚分开发生热发射的同时，由于触头之间的距离很小，线路电压在这很小的间隙内形成很高的电场，此电场将电子从阴极表面拉出，形成强电场发射。在强电场发射中，并不需要热功的参与，所以强电场发射也称作冷发射。当金属的温度越低、阴极表面电场越小时，电子发射的数量就越少。

通常阴极电子的发射，同时包含了热发射和冷发射的过程，只是不同的材料热发射和冷发射的程度各不相同。

3）碰撞游离

由于以上两种发射的作用，大量电子从阴极表面进入弧隙。它们在电场的作用下获得动能而加速，随着触头的分开不断地撞击气体的原子或分子（中性粒子），当此粒子具有的动能大于中性粒子的游离能时，该中性粒子则分解为带电荷的自由电子和正离子，这一现象叫作碰撞游离（或称电场游离）。碰撞游离后出现的自由电子在电场作用下又可同其他中性粒子发生新的撞击和游离，使得自由电子和正离子数累积增加。弧隙中的中性气体就变为导电的自由电子与正离子。在电场作用下，它们向阴极、阳极运动形成电弧,电路并未断开。若电子撞击中性粒子不足以使其立即游离,但经多次撞击,中性粒子所获得能量也使其发生了游离,这种过程称为累积游离。在带电粒子中,由于电子体小质轻,自由行程长,容易加速而获得能量,故其游离作用比正、负离子大得多。

4) 热游离

随着电弧的形成,弧隙中气体温度很高,气体中的中性原子或分子由于热运动而发生互相撞击,其结果也造成游离,这就是热游离。热游离实质上也是碰撞游离,只不过发生碰撞的原因是高温而不是电场。所以温度越低,热游离越弱;温度越高,热游离越强。

中性粒子热游离的程度与温度的高低、气压的大小、物质的游离能大小有关。在高温状况下,金属材料容易发生气化,金属蒸气的游离能比气体的小得多。当气体中混有金属蒸气时,游离程度更加迅速。

由上可见,电弧的产生:第一是由于热的作用,发生热发射和热游离;第二是由于电场的作用,发生冷发射和碰撞游离,在气隙间出现大量电子流,使气体由绝缘体变成导体。应该注意的是,在整个过程中几种物理作用并不是截然分开的,而是交叉进行或同时存在的。电弧燃烧期间,起主要作用的是热游离。因而,使电弧迅速冷却是熄灭电弧的主要方法。

2. 电弧熄灭的物理过程

电弧稳定燃烧时是处在热动平衡状态,此时不可能有电子和离子的积累。这说明电弧中气体游离的同时还存在一个相反的过程,称之为消游离。消游离就是正、负带电粒子中和而变成中性粒子的过程。消游离的形式主要有以下两种:

1) 复 合

带异性电荷的粒子相遇后相互作用中和而变成中性粒子称为复合。在游离过程中出现的电子和正、负离子,如果它们的运动速度不大,当它们接近时就互相吸引而成中性分子,这种复合称为直接复合。如果电子和正、负离子的运动速度较高时,它们不能直接复合,速度较高的电子撞击中性分子时,除形成撞击游离外,也可能附在中性分子上形成负离子。由于形成负离子后的质量比电子大得多,因而速度就减慢,当与正离子接近时,就互相中和成中性分子,这个过程称为间接复合。

复合的速度受温度的影响很大,因为温度升高,离子运动速度加大,它们复合的概率就减小;反之,温度低时,离子运动速度也低,它们复合的概率增大,因此冷却电弧是加强复合过程的重要因素。此外,加入大量的新鲜气体分子,也可增强复合作用。

2) 扩 散

带电粒子从电弧区转移到周围介质中去的现象称为扩散。电弧是一个电子和离子高度密集的空间,同时其中温度很高。它和气体分子一样,有均匀地分布在容积中的倾向，这样电子便从弧隙中向四周扩散，扩散出来的电子（或离子）因冷却互相结合而成为中性分子，这种过程的进行不在电弧的内部，而在电弧的表面空间。扩散的方向一般为从高温、高浓度区向低温、低浓度区，扩散出来的带电粒子因冷却很容易相互结合而形成中性粒子。因此，当弧柱表面温度降低时，即电弧内部与电弧表面之间的温差增大时，扩散就会加快。

综上所述，电弧中同时存在着游离和消游离两方面的作用。当游离作用占优势时，电弧就会产生和扩大；当消游离作用占优势时，电弧就趋于熄灭；当游离作用和消游离作用处于均衡状态时，则弧隙中保持一定数量的电子流而处于稳定燃烧状态。

游离与消游离作用与许多物理因素有关，如电场强度、温度、浓度、气体压力等。那么，应根据这些物理因素的变化情况，找出一些切实可行的方法，减少游离，增加消游离，使触头断开电路时产生的电弧尽快熄灭。

灭弧装置

二、熄灭电弧的基本方法

分析电弧产生和熄灭的物理过程，可以找出加速电弧熄灭的方法。例如，拉长电弧、降低温度、将长弧变为短弧、将电弧放置于特殊介质中、增大电弧周围气体介质的压力等。为了减少电弧对触头的烧损和限制电弧扩展的空间，通常把这些方法加以应用，为此而采用的装置称为灭弧装置。一个灭弧装置可以采用某一种方法进行熄弧。但在大多数情况下，则是综合采用几种方法以增强灭弧效果。例如拉长和冷却电弧往往是一起运用的。

1. 拉长电弧

电弧拉长以后，电弧电压增大，改变了电弧的伏安特性。在直流电弧中，其静伏安特性上移，电弧可以熄灭。在交流电弧中，由于燃弧电压的提高，电弧重燃困难。

电弧的拉长可以沿电弧的轴向（纵向）拉长，也可以沿垂直于电弧轴向（横向）拉长，如图 6.11 所示。

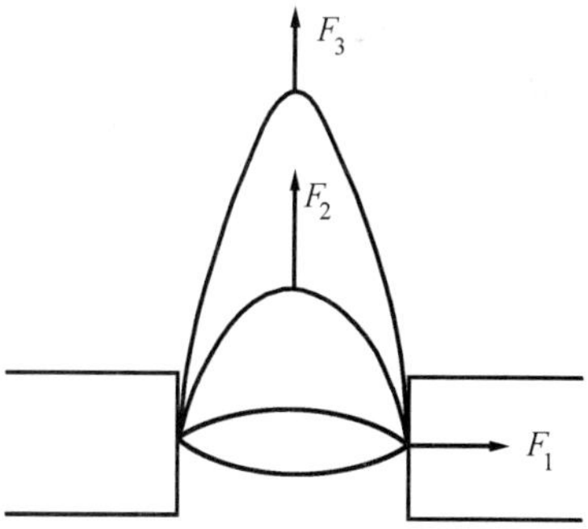

图 6.11 拉长电弧

1）机械力拉长

电弧沿轴向拉长的情况是很多的，电器触头分断过程实际上就是将电弧不断地拉长。刀开关中闸刀的拉开拉长电弧，电焊过程中将焊钳提高可使电弧拉长并熄灭。

2）回路电动力拉长

载流导体之间会产生电动力，如果把电弧看作一根软导体，那么受到电动力它就会发生变形，即拉长。如图 6.12 所示，在一对桥式双断点结构形式的触头断开时，电弧受回路电动力 F 的作用被横向拉长，也就是图 6.11 中受 F_2 作用力的情况。横向拉长时电弧与周围介质发生相对运动而加强了冷却，这样就加速了电弧的熄灭。有时为了使磁场集中，在触头上添加磁性片 6，以增大吹弧力，如图 6.12（b）所示。

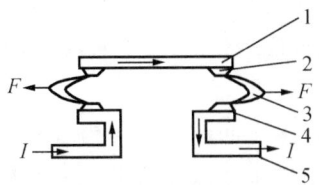 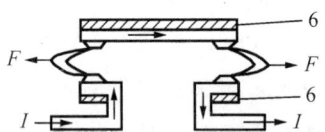

（a）常用触头回路电动力吹弧　　　　（b）增磁型触头回路电动力吹弧

1—触头桥；2—动触头；3—电弧；4—静触头；5—静触头座；6—磁性片。

图 6.12　触头回路电动力吹弧

因利用回路本身灭弧的电动力不够大，电弧拉长和运动的速度都较小，所以这种方法一般仅用于小容量的电器中。开断大电流时，为了有较大的电动力而专门设置了一个产生磁场的吹弧线圈，这种利用磁场力使电弧运动而熄灭的方法称为磁吹灭弧，如图 6.13 所示。由于这个磁场力比较大，其拉长电弧的效果更好，如图 6.11 中 F_3 所示的情况。

磁吹线圈 4 是接在引出线和静触头 6 之间，通过绝缘套与磁吹铁心绝缘，导弧角 2 和静触头 6 固装在一起。磁吹线圈 4 中的磁吹铁心 1 两端各装有一片导磁夹板 5，导磁夹板 5 同时夹于灭弧室两侧，用来加强弧区磁场。设在灭弧室中的动静触头就处在磁板之间。

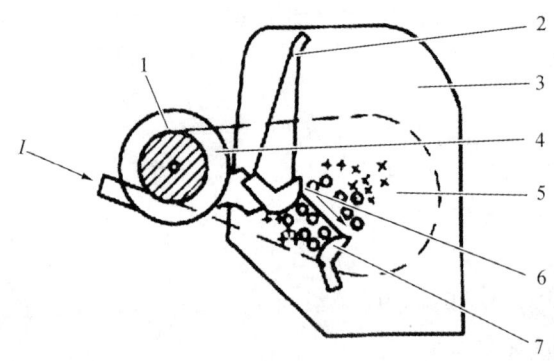

1—磁吹铁心；2—导弧角；3—灭弧罩；4—磁吹线圈；5—导磁夹板；6—静触头；7—动触头。

图 6.13　磁吹灭弧装置示意图

当触头分开有电弧燃烧时，磁吹线圈和电弧本身均在电弧周围产生磁场。由图 6.13 可见，在弧柱下方一侧，磁吹线圈的磁通和电弧的磁通是相叠加的，而在弧柱上方一侧，两磁通是相削弱的，因此就产生磁吹力。电弧在磁吹力的作用下发生运动，电弧被拉长，电弧的根部离开静触头而移到导弧角 2 上，进一步拉长电弧，使电弧迅速熄灭。

导弧角 2 是根据回路电动力原理设置的，用来引导电弧很快离开触头且按一定方向运动，以保护触头接触面免受电弧的烧伤。

2. 灭弧罩

灭弧罩是让电弧与固体介质相接触，降低电弧温度，从而加速电弧熄灭的常用装置。其结构形式多种多样，但其基本构成单元为"缝"。将灭弧罩壁与壁之间构成的间隙称作"缝"。根据缝的数量可分为单缝和多缝。根据缝的宽度与电弧直径之比可分为窄缝与宽缝。缝的宽度小于电弧直径的称窄缝，反之，大于电弧直径的称为宽缝。根据缝的轴线与电弧轴线间的相对位置关系可分为纵缝与横缝。缝的轴线和电弧轴线相平行的称为纵缝，两者相垂直的则称为横缝。

1) 纵缝灭弧罩

图 6.14 所示为一纵向窄缝的灭弧情况，当电弧受力被拉入窄缝后，电弧与缝壁能紧密接触。在继续受力情况下，电弧在移动过程中能不断改变与缝壁接触的部位，因而冷却效果好，对熄弧有利。但是在频繁开断电流时，缝内残余的游离气体不易排出，这对熄弧不利。所以此种形式适用于操作频率不高的场合。

图 6.15 所示为一纵向宽缝的灭弧情况，宽缝灭弧罩的特点与窄缝正好相反，冷却效果差，但排出残余游离气体的性能好。图 6.15 中所示情况是在一宽缝中又设置了若干绝缘隔板，这样就形成了纵向多缝。电弧进入灭弧罩后，被隔板分成两个直径较原来小的电弧，并和缝壁接触而冷却，冷却效果加强，熄弧性能提高。由于缝较宽，熄弧后残存的游离气体容易排出，所以这种结构形式适用于较频繁开断的场合。

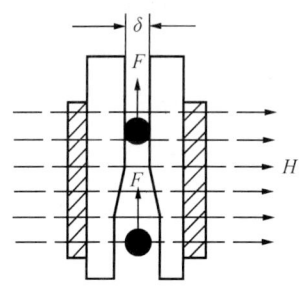

图 6.14　纵向窄缝式灭弧罩

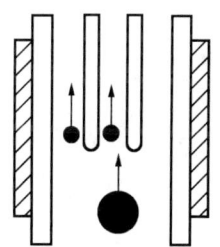

图 6.15　纵向宽缝式灭弧罩

图 6.16 所示为纵向曲缝式灭弧罩的灭弧情况。纵向曲缝式又称为迷宫式，它的缝壁制成凹凸相间的齿状，上下齿相互错开。同时，在电弧进入处齿长较短，越往深处，齿长越长。当电弧受到外力作用从下向上进入灭弧罩的过程中，它不仅与缝壁接触面积越来越大，而且长度也越来越长。这就加强了冷却作用，具有很强的灭弧能力。但是，也正因为缝隙越往深处越小，电弧在缝内运动时受到的阻力越来越大。所以，这种结构的灭弧罩，一定要配合以较大的让电弧运动的力，否则，灭弧效果反而不好。

2) 横缝灭弧罩

为了加强冷却效果，横缝灭弧罩往往以多缝的结构形式使用，也称为横向绝缘栅片，如图 6.17 所示。当电弧进入灭弧罩后，受到绝缘栅片的阻挡，电弧在外力作用下发生弯曲，从而拉长了电弧，并加强了冷却。为了分析电弧与绝缘栅片接触时的情况，以图 6.18 来放大说明：设磁通方向为垂直向里，电弧 *AB*、*BC* 和 *CD* 段所受的电动力都使电弧压向绝缘栅片顶部，而 *DE* 段所受的电动力使电弧拉长，*CD* 段和 *EF* 段相互作用产生斥力。这样一些力的作用，使电弧拉长并与缝壁接触面增大而且紧密，所以能收到比较好的灭弧效果。

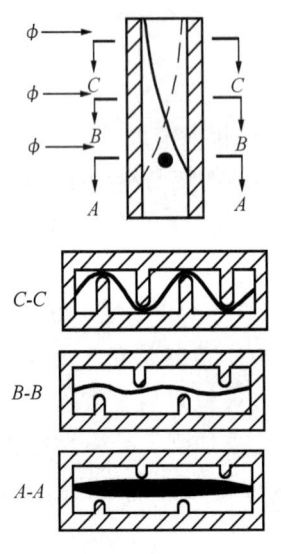

图 6.16　纵向曲缝式灭弧罩

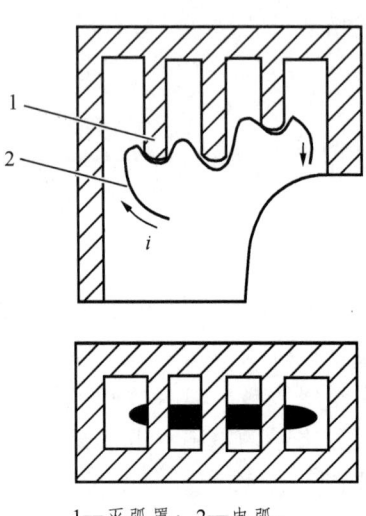

1—灭弧罩；2—电弧。

图 6.17　横向绝缘栅片式灭弧罩

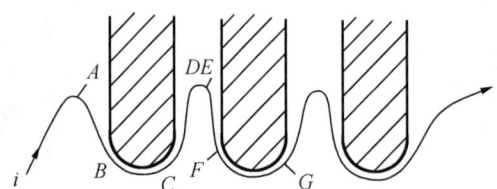

图 6.18　电弧在横向绝缘栅片灭弧罩中的放大图

由于灭弧罩要受电弧高温的作用，所以对灭弧罩的材料也有一定的要求，如：受电弧高温作用不会因热变形，绝缘性能不能下降，机械强度好且易加工制造等。灭弧罩材料过去广泛采用石棉水泥和陶土材料，现在逐渐采用耐弧陶瓷和耐弧塑料，它们在耐弧性能与机械强度方面都有所提高。

3. 气吹灭弧装置

气吹灭弧是利用压缩空气来熄灭电弧的。压缩空气作用于电弧，可以很好地冷却电弧，提高电弧区的压力，很快带走残余的游离气体，所以有较高的灭弧性能。按照气流吹弧的方向，它可以分为横吹和纵吹两类。横吹灭弧装置的绝缘件结构复杂，电流小时横吹过强会引起很高的过电压，故已被淘汰。

图 6.19 表示了纵吹（径向吹）的一种形式。压缩空气沿电弧径向吹入，然后通过动触头的喷口、内孔向大气排出，电弧的弧根能很快被吹离触头表面，因而触头接触表面不易烧损。因为压缩空气的压力与电弧本身无关，所以使用气吹灭弧时要注意熄灭小电流电弧时容易引起过电压。由于气吹灭弧的灭弧能力较强，故一般运用在高压电器中。

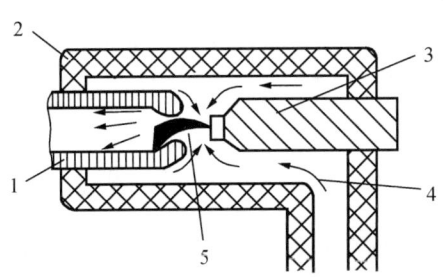

1—动触头；2—灭弧室瓷罩；3—静触头；4—压缩空气；5—电弧。

图 6.19　气吹灭弧装置

4. 横向金属栅片灭弧

横向金属栅片又称为去离子栅，它利用的是短弧灭弧原理。用磁性材料的金属片置于电弧中，将电弧分成若干短弧，利用交流电弧的近阴极效应和直流电弧的近极压降来达到熄灭电弧的目的。

横向金属栅片灭弧情况如图 6.20 所示。栅片的材料一般采用铁，当电弧靠近铁栅片时，由于铁片为磁性材料，所以栅片本身就具有一个把电弧拉入栅片的磁场力（当电弧移近金属栅的上沿时，铁栅片又具有把电弧拉回的特性，可防止电弧逸出栅外，烧损他物）。当电弧被这个磁场力或外力作用刚进入铁片栅中时，由于磁阻较大，铁片栅对电弧的吸力不大。为了减小电弧刚进入铁栅片时的空气阻力，铁栅片做成楔口并交叉装配，即只让电弧先进入一半铁片栅中以增大最初接触电弧的铁片片距。随着电弧继续进入铁片栅中，磁阻减小，铁片对电弧的拉力增大，足以使电弧进入

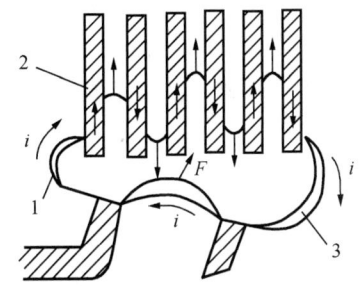

（a）电弧在横向金属栅中的状况　（b）横向金属栅对电弧的作用　（c）横向金属栅灭弧原理

1—入栅片前的电弧；2—金属栅；3—入栅片后的电弧。

图 6.20　横向金属栅片灭弧罩结构、原理示意图

所有的铁片栅中。电弧进入栅片后分成许多串联短弧，电流回路产生作用于各短弧上的电动力使短弧继续发生运动。此时应注意短弧被拉回向触头方向运动的力，它会使电弧重燃并烧损触头。为了消除这种现象，可以采用凹形栅片和 O 形栅片。铁栅片在使用时一般外表面要镀上一层铜，以增大传热能力和防止铁片生锈。

横向金属栅片灭弧装置主要用于交流电器，因为它可将起始介质强度成倍地增大。对于直流电弧而言，因无近阴极效应，只能靠成倍提高极旁压降来进行灭弧。由于极旁压降值较小，要想达到较好的灭弧效果，金属栅片的数量要大，这会造成灭弧装置体积庞大，所以直流电器中很少采用。

5. 真空灭弧装置

真空灭弧是指触头电弧的产生和熄灭在真空中进行，它是依据零点熄弧原理，以真空为熄弧介质工作的。

在真空中气体很稀薄，电子的自由行程远大于触头间的距离。自由电子在弧隙中做定向运动时几乎不会和气体分子或原子相碰撞，不会产生碰撞游离。所以将触头置于真空中断开时产生的电弧，则是由于阴极发射电子和产生的金属蒸气被电离而形成的。当电弧电流接近零时，阴极发射的电子和金属蒸气减少，弧隙中残留的金属蒸气和等离子体向周围真空迅速扩散。这样，弧隙可以在数微秒之内由导电状态恢复到真空间隙的绝缘水平。因此，在真空中触头有很高的介质恢复速度、绝缘能力和分断电流的能力。

思考与练习

一、填空题

1. 使电弧_____是熄灭电弧的主要方法。
2. 灭弧罩壁与壁之间构成的间隙称作"缝"。根据缝的数量可分为单缝和____。
3. 横向金属栅片又称为_____，它利用的是短弧灭弧原理。

二、选择题

1. 有触点电器的触头处于工作状态，有负载电流流过，要解决的核心问题是（　）。

　　A. 电弧的熄灭　　B. 机械振动　　C. 触头的发热

2. 有触点电器触头在（　）时会产生电弧

　　A. 闭合　　B. 断开　　C. 闭合和断开

三、判断题

1. 载流导体电动力的方向可用左手定则来判断。　　　　　　　　　（　　）
2. 载流导体的电动力和磁感应强度及电流的大小成正比。　　　　　（　　）

任务四　电器的传动装置

任务目标

（1）了解电磁传动装置的基本组成；
（2）能正确分析电磁传动装置的工作原理；
（3）掌握电空传动装置的组成及驱动原理；
（4）提高动手能力，激发学习兴趣。

电器的传动装置

任务内容

传动装置是电器的感测部分。传动装置接收外界的信号，并通过转换、放大、判断，作出有规律的反应，使电器的执行部分（触头）动作，输出相应的指令实现控制的目的。在城市轨道交通车辆电器中，主要采用电磁传动装置。

一、电磁传动装置

1. 基本组成

电磁传动装置实际上就是一个电磁铁，通过电磁铁将电磁能转换为机械能，带动触头使之闭合或断开，它是电磁式电器的重要组成部分之一。电磁铁主要由吸引线圈、铁心（静铁心）、衔铁（动铁心）、磁轭和空气隙等组成，如图 6.21 所示。它的形式有很多，如螺管式、直动式、E 形、U 形等，如图 6.22 所示。

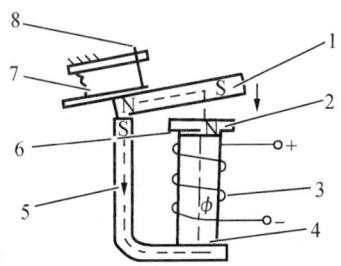

1—衔铁；2—极靴；3—线圈；4—铁心；5—磁轭；
6—非磁性垫片；7—反力弹簧；8—调节螺钉。

图 6.21　电磁铁的结构

2. 工作原理

下面以常用的拍合式电磁铁为例分析其工作原理。

在线圈未通电时，衔铁在反力弹簧的作用下，处于打开位置，衔铁与极靴之间保持一个较大的气隙。当线圈接通电源后，在导磁体中产生磁通 ϕ，根据磁力线流入端为 S 极，流出端为 N 极的规定，在工作气隙两端的极靴和衔铁相对的端面上产生异性磁极。由于异性磁极相吸，于是在铁心和衔铁间产生电磁吸力。当电磁吸力产生的转矩大于反力弹簧反作用力产生的转矩时，衔铁被吸向铁心，直到与极靴接触为止，这个过程称为衔铁的吸合过程。

当线圈中的电流减小或中断时，铁心中的磁通变小，吸力也随之减小，如果吸力小于反力弹簧的反力（归算后），衔铁在反力弹簧的作用下返回至打开位置，这个过程称为衔铁释放过程。

  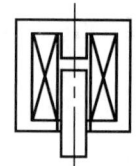 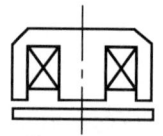

（a）拍合式　　　　（b）螺管式　　　　（c）装甲螺管式　　　　（d）盘式

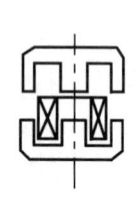 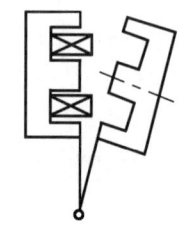 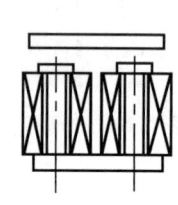

（e）双 E 直动式　　　（f）双 E 转动式　　　（g）单 U 直动式

图 6.22　常见电磁铁的结构形式

3. 电磁铁（电磁传动装置）的分类

电磁铁可根据线圈接入电路的方式、线圈电流种类、衔铁运动方式及磁系统形状等的不同分为多种形式和类型。

1）按吸引线圈与电路的连接方式分类

（1）并联电磁铁。并联电磁铁的线圈与电源并联，输入电量是电压，其线圈称为并联线圈或电压线圈。其阻抗要求大，电流小，故线圈匝数多且线径细，这种电磁铁应用较为广泛。

（2）串联电磁铁。串联电磁铁的线圈与负载串联，反映的是电流量，其线圈称为串联线圈或电流线圈。其阻抗要求小，故其匝数少且导线粗，应用较少。

2）按吸引线圈通电电流的性质分类

（1）直流电磁铁。直流电磁铁线圈通的是直流电流，当电流达到稳定值后，磁通是恒定的，在铁心中没有涡流和磁滞损耗，铁心可用整块钢或工程纯铁制造。

（2）交流电磁铁。交流电磁铁的吸引线圈通的是交流电流，导磁体中的磁通是交变的，有涡流和磁滞损耗，故其铁心和衔铁一般采用电工钢片制成。

3）按衔铁的运动方式分类

按衔铁的运动方式，电磁铁可分为直动式和转动式两大类。图 6.22 中（a）、（f）为转动式，其余均为直动式。

4）按磁系统的结构形状分类

按磁系统的结构形状，电磁铁可分为 U 形、E 形和螺管形。图 6.22 中（a）和（g）为 U 形，（b）和（c）为螺管形，（d）、（e）、（f）均为 E 形。

此外，还可以按电磁铁的动作速度分为快速电磁铁、一般速度和延时动作电磁铁。

二、电空传动装置

由电磁传动装置的吸力特性可知，电磁吸力随气隙的增加而下降，因此在需要长行程，大传动力的场合，用电磁传动装置就不适宜了。而电空传动装置却能将较大的力传递较远，而且城市轨道交通车辆和干线机车上有现成的压缩空气气源。所以，在城市轨道交通车辆和干线机车上还采用了电空传动的电器设备。

电空传动装置是一种以电磁阀（电空阀）控制的压缩空气作为动力，驱使触头按规定动作的执行机构，主要由电空阀和压缩空气驱动装置组成。

1. 电空阀

电空阀是借电磁吸力来控制压缩空气管路的导通或关断，从而达到远距离控制气动器械的目的。

1）电空阀的分类及结构

电空阀按控制对象（即流道口数量）可分为二通、三通、五通等；按控制效果（即阀门开启程度）可分为二位（通与断）、三位（通、断、控制开度）。按工作原理分为开式和闭式两种，但从结构来说都由电磁机构和气阀两部分组成，工作原理也类似。

（1）闭式电空阀。

闭式电空阀是城市轨道交通车辆和干线机车上应用较多的一种，原理结构如图6.23 所示。

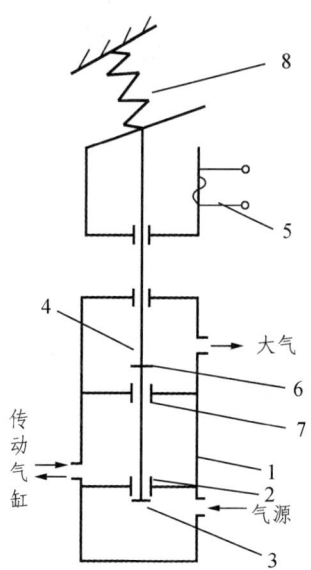

1—阀体；2—下阀门；3、6—阀块；4—阀杆；5—电磁铁；7—上阀门；8—反力弹簧。

图 6.23　闭式电空阀的原理结构

工作原理：当线圈有电时，衔铁吸合，阀杆动作，使上阀门关闭，下阀门打开，关断了传动气缸和大气的通路，打开了气源和传动气缸的通路，压缩空气从气源经电空阀进入传动气缸，推动气动器械动作。当线圈失电时，衔铁在反力弹簧作用下打开，带动阀杆上移，使下阀门关闭，上阀门打开，关断了气源和传动气缸的通路，打开了传动气缸与大气的通路，传动气缸的压缩空气经电空阀排向大气，气动器械恢复原状。其实际结构如图 6.24 所示。

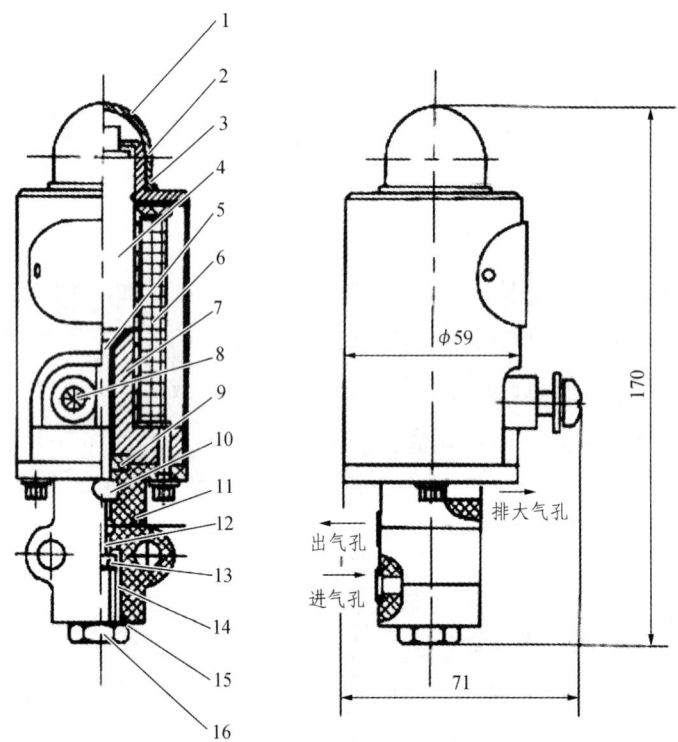

1—防尘罩；2—磁轭；3—铜套；4—动铁心；5—心杆；6—线圈；7—铁心座；8—接线座；9—滑道；10—上阀门；11—阀座；12—阀杆；13—下阀门；14—弹簧；15—密封垫；16—螺母。

图 6.24　TFK1B 型电空阀结构简图

（2）开式电空阀。

开式电空阀是在线圈失电时，使气源和传动气缸接通，大气和传动气缸关闭的阀，其原理结构如图 6.25 所示。

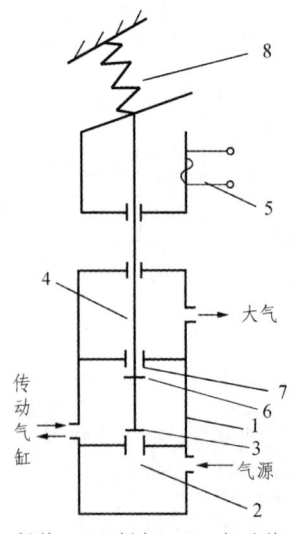

1—阀体；2—下阀门；3、6—阀块；4—阀杆；5—电磁铁；7—上阀门；8—反力弹簧。

图 6.25　开式电空阀原理结构

2）WMV-1NZG 电空阀

（1）基本结构。

WMV-1NZG 型电空阀由气动基础阀 2 和电磁铁 1 组成，如图 6.26 所示，它是三位二通阀。

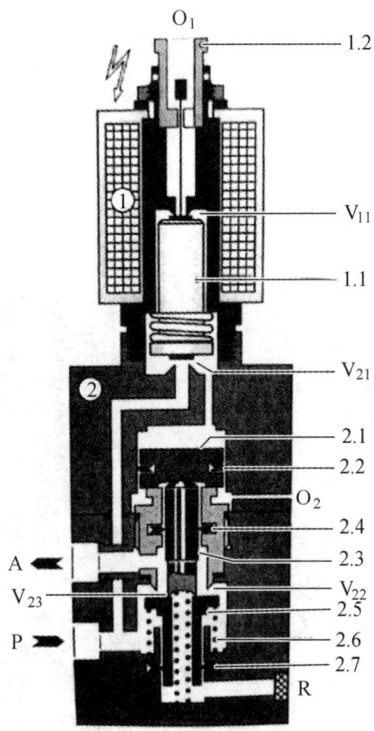

1—电磁铁；1.1—铁心；1.2—Knob 拉纽；2—基础阀；2.1—活塞；2.2—KNORR-K-环；
2.3—阀挺杆；2.4—KNORR-K-环；2.5—阀头；2.6—弹簧；2.7—KNORR-K-环；
A—耗气口；P—压缩空气口；R—排气口；O—排气孔；V—阀座。

图 6.26　WMV-1NZG 型电磁阀结构

（2）工作原理。

① 失电状态。电磁铁线圈失电状态时，在从压缩空气口 P 进入的压缩空气和基础阀内的弹簧共同作用下，阀挺杆上移，压缩套在铁心上的弹簧，使铁心上移，（下）阀座 V_{23} 关闭，耗气口 A 至排气 R 的通道连通；（上）阀座 V_{21} 关闭，压缩空气口 P 至耗气口 A 的通道被切断。

② 得电状态。电磁铁线圈得电，铁心克服压缩空气的压力下移，使（上）阀座 V_{21} 打开，压缩空气口 P 贯通至耗气口 A；同时（下）阀座 V_{23} 关闭，关闭排气口 R 到耗气口 A 的通道。

③ 人工操作。当电磁铁线圈失电状态下，要检查气路情况，可按下按钮 1.2，使铁心下移，使基础阀处于得电状态。

(3) 工作条件。

① 工作压力范围为 1.6~10 bar。

② 电压在 DC 24 V~220 V 之间变化。

3) WIMHV-5 型脉冲阀

(1) 基本结构。

WIMHV-5 型脉冲阀安装在一个印制电路板上和一个底阀上，并用两个 M6 的螺钉固定住。压缩空气的出口位于底阀 a 的连接表面上，其基本结构如图 6.27 所示。它主要由以下部件构成：气动的底阀 a、两个阀盖 b、用螺钉固定在阀盖 b 上的阀用电磁铁 c_1 和 c_2。

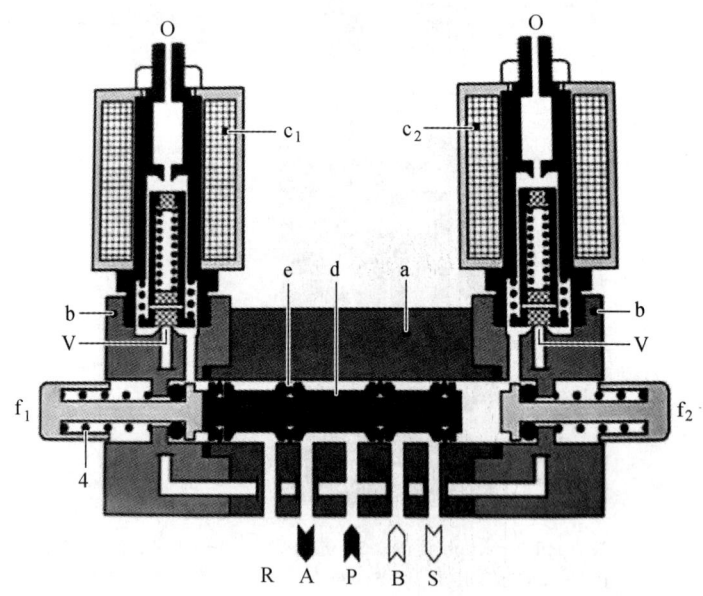

a—底阀；b—盖；c_1、c_2—阀用电磁铁；d—活塞；e—KNORR-K 环；f_1、f_2—手动按钮；
A、B—用气单元接口；O—排气孔；P—压缩空气接口；R、S—排气接口；V—阀座。

图 6.27 WIMHV-5 型脉冲结构示意图

底阀 a 由一个外壳和一个装有 4 个密封件 e（KNORR-K 形密封环）的换向活塞 d 组成。通过对阀用电磁铁（c_1 和 c_2）的交互激励和去激励来转换脉冲阀。控制空气在内部被分流；没有外部控制空气供给接口。

两个手动按钮 f_1 和 f_2 用于应急控制，例如在停电时。通过这两个按钮可以手动转换脉冲阀。脉冲电磁阀即可用作二位三通阀。当此阀作为二位三通阀时，两个出口 A 或 B 中的一个口和相关的排气孔（R 或 S）必须被关闭。

(2) 工作原理。

① 阀用电磁铁未励磁。

脉冲在静止位置上，底阀 a 的换向活塞 d 总是位于两个端位中的一个上。在图 6.27 中，活塞 d 处在左端位上。这时，压缩空气气源接口 P 的通道向用气单元接口

A打开。同时,用气单元的接口B通过孔S排气。当活塞d处在右端位上,P的通道向用气单元接口B打开。同时,用气单元管口A通过孔R排气。

② 阀用电磁铁励磁。

当两个电磁线圈中的一个励磁时,相应的阀用电磁铁c_1或c_2打开阀座V,控制空气流向底阀a的换向活塞d的端面。在控制空气脉冲的作用下,活塞d移向相对的端位。当电流脉冲结束时,控制空气的供给又被中断,活塞d保持在已到达的位置上,控制空气室通过孔O排气。活塞d停留在已到达的端位上,直到另一个电磁线圈被激励并引起换向。

③ 脉冲(作为二位五通换向)的换向位置。

阀用电磁铁c_1未激励,c_2激励:P的通道向用气单元接口A打开;用气单元接口B通过孔S排气。阀用电磁铁c_1激励,c_2未激励:P的通道向用气单元接口B打开;用气单元接口A通过孔R排气。

WIMHV-5型脉冲阀也可作为二位三通换向阀使用。为此,需要将两个用气单元接口中的一个A或B以及支承板上相关的排气接口R或S堵住。

④ 手动操作。

在断电时,可以手动操作脉冲阀(也就是当电磁阀不在得电状态或没有控制压力的情况)。为此,需要将相应的手动操作按钮f_1或f_2按到底,换向活塞d被移到相对的端位。在释放按钮之后,按钮在弹簧力的作用下回到初始位置;活塞d保持在已到达的端位上。

2. 压缩空气驱动装置

压缩空气驱动装置按其结构形式分为气缸式传动装置和薄膜式传动装置。

1)气缸式传动装置

(1)单活塞压缩空气驱动装置。

图6.28(a)所示为单活塞压缩空气驱动装置,气缸内压缩空气的进入和排出是由电空阀控制的。当电空阀有电时,其控制的压缩空气进入传动气缸,推动活塞,压缩弹簧,使活塞杆右移,带动触头闭合。当电空阀失电时,其控制的气源被关断,在弹簧的作用下,推动活塞,带动活塞杆左移,使触头打开。

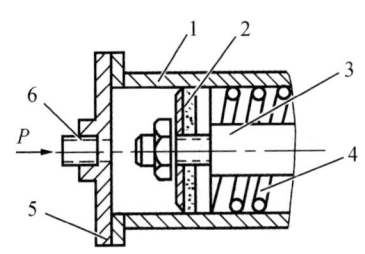
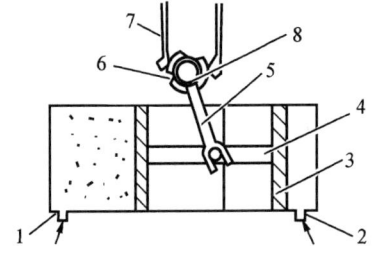

(a)单活塞压缩空气驱动装置　　　　　(b)双活塞压缩空气驱动装置

1—气缸;2—活塞;3—活塞杆;4—弹簧;　　1、2—气口;3—活塞;4—活塞杆;5—曲柄;
5—气缸盖;6—进气孔。　　　　　　　　　6—转鼓;7—静触头;8—动触头。

图6.28 气缸式传动装置

通常活塞由皮碗或耐油橡胶制成，活塞上涂有机油，以减少摩擦力并具有良好的密封性能。该传动装置的优点是工作行程可以选择，以满足开距和超程的要求；缺点是摩擦力较大，动作较慢。

（2）双活塞压缩空气驱动装置。

图 6.28（b）所示为双活塞压缩空气驱动装置。与活塞杆 4 相连的两个活塞均由压缩空气驱动，压缩空气由电空阀控制，它有两个位置。当气口 1 开通与气源的通路时，气口 2 则开通与大气的通路，压缩空气从气口 1 进入气缸，活塞被推向右侧，活塞杆 4 带动曲柄 5 使转鼓 6 反方向转过一个角度，带动触头开闭转换，传动装置处在第一个工作位。反之，若气口 2 开通与气源的通路，则气口 1 开通与大气的通路，动作过程相反，传动装置处在第二个工作位置。

传动装置的特点是：活塞通过胀圈与气缸内侧进行配合，所能控制的行程受到一定限制，且对被控制的触头不具有压力的传递，所以应用较少。

2）薄膜式传动装置

薄膜式传动装置结构如图 6.29 所示。当电空阀有电时，压缩空气进入气缸内，作用在弹性薄膜上的压力增大到大于右侧弹簧等反作用力时，鼓动弹性薄膜推动活塞杆右移，驱动电器触头闭合或开断。当电空阀失电时，气缸内的压缩空气排出，在弹簧等反力作用下，使活塞杆复原，驱动电器触头动作。

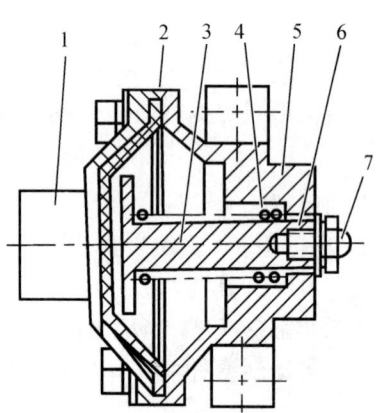

1—气缸盖；2—弹性薄膜；3—活塞杆；4—复原弹簧；5—气缸座；6—衬套；7—杆头。

图 6.29　薄膜式传动装置

该传动装置的优点是动作灵活，摩擦力和磨损较小，加工制作及维修方便；缺点是活塞杆行程小，在低温条件下，薄膜易开裂，需经常更换。

思考与练习

一、选择题

1. 电器的执行机构是（　　）。

　　A. 联锁　　　　　　B. 触头　　　　　　C. 铁心

2. 传动装置是电器的（   ）部分。
   A. 执行　　　　　B. 动作　　　　　C. 感测

二、判断题

1. 电路的通断和转换是通过电器中的执行部件，主要是线圈来实现的。（   ）
2. 开式电空阀在线圈得电时，气源和传动气缸接通，大气和传动气缸关闭。（   ）
3. 单活塞压缩空气驱动装置，气缸内压缩空气的进入和排出是由电磁阀控制的。（   ）
4. 在城轨车辆电器中主要采用电磁传动装置。（   ）

项目七

接触器和继电器

知识目标

（1）掌握接触器、继电器的基本结构和功能；
（2）熟悉城轨车辆上各接触器、继电器的工作原理和工作特点。

能力目标

（1）熟知城轨车辆上各接触器、继电器的位置和使用注意事项；
（2）能对城轨车辆上各接触器、继电器进行维护和检修；
（3）树立爱岗敬业的思想，培养观察能力、分析能力和动手能力。

接触器和继电器

任务一　接触器的基本知识

任务目标

（1）熟悉电磁、电空接触器的结构；
（2）会分析电磁、电空接触器的工作原理；
（3）树立为人民服务的思想，强化安全意识。

任务内容

接触器在工业控制中应用十分广泛，是一种用于频繁地、远距离地接通或分断带有负载的较大容量电路的自动切换电器。在城轨车辆上，接触器可用于频繁地接通或切断正常情况的主电路、辅助电路以及大容量的控制电路，其性能的好坏直接影响列车的正常运行。

一、接触器的特点

与其他开关电器相比,接触器具有以下特点:
(1)动作次数频繁,每小时开闭次数可达 150~1 500 次。
(2)能通、断较大电流。一般情况只开断正常额定电流,而不能开断短路或故障电流。
(3)可以实现一定距离的控制。
(4)具有失压保护功能,即电压降低很多时,能自动关断。

二、接触器的组成

接触器一般由以下几部分组成:
(1)触头装置。触头装置分为主触头和辅助触头两部分。主触头由动、静主触头和触头弹簧支持件等组成,它是接触器的执行部分,用于直接实现电路的通、断。主触头额定电流比较大,通常为数安到数百安,甚至可能高达数千安。

辅助触头通常由两对以上常开触头和两对以上常闭触头组成,用于控制其他电器、信号或电气联锁等。辅助触头接通和分断的是控制电路,额定电流只有 5~10 A。
(2)传动装置。传动装置包括驱使触头闭合的装置和开断触头的弹簧机构以及缓冲装置,用来可靠地驱使触头按规定要求动作,完成接触器本身的职能。
(3)灭弧装置。灭弧装置一般与主触头配合使用,主要用于熄灭触头开断电路时产生的电弧,减少电弧对触头的破坏作用,保证触头可靠地工作。根据电流的性质、灭弧方法和原理,可以制成不同的灭弧装置。
(4)安装和固定装置。属于非工作部分,用于安装和布置电器各部件,使接触器构成一个整体。安装和固定装置应有足够的机械强度,并能对内部部件起到保护作用,保证接触器达到一定的寿命。

三、接触器的分类

接触器的用途很广,种类繁多,一般有以下几种分类方法:
(1)按传动方式分类。按传动方式可分为电磁接触器和电空接触器。电磁接触器通过电磁铁将电磁能转换为机械能,带动触头使之闭合或断开。电空接触器是电磁阀(电空阀)控制压缩空气作为动力,驱使触头按规定动作。
(2)按主触头通断电流的性质分类。按主触头通断电流的性质可分为交流接触器和直流接触器。对于某些在触头系统中控制的是交流电路,而线圈接入的是直流电路的接触器,都称之为交流接触器。
(3)按主触头所处的介质分类。按主触头所处的介质可分为空气式接触器和真空式接触器。空气式接触器的主触头敞开在大气中,采用的是常用的灭弧装置。而真空式接触器的主触头却密封在真空装置中，它利用的是真空灭弧原理，具有很高的切换能力。

（4）按主触头数目分类。按主触头数目可分为单极接触器和多极接触器。单极接触器只有一对主触头，多极接触器有两对以上的主触头，它们分别用于控制单相和多相电路。

（5）按线圈所接入的电路方式分类。按线圈所接入的电路方式可分为串联和并联电磁接触器。一般常用并联电磁接触器。

思考与练习

一、填空题

1. 接触器一般只开断正常额定电流，而不能_____电流。
2. 接触器按传动方式分为_____和_____两类。
3. 电磁式接触器主要由_____、_____、_____组成。
4. 接触器按线圈接入电路的方式分为_____、_____。
5. 接触器按通断电流的性质可分为_____和_____。

二、选择题

1. （　　）一般由动、静主触头等组成，用于直接控制相应电路的通断。
   A．联锁触头　　　　B．辅助触头　　　　C．主触头
2. （　　）是接触器在无负载操作下无零部件损坏的极限动作次数。
   A．电器寿命　　　　B．机械寿命　　　　C．操作频率
3. 下列关于接触器的说法正确的是（　　）。
   A．可进行远距离控制　　　　　　　B．不能断开过载电流
   C．不能频繁动作

任务二　接触器在地铁车辆上的应用

任务目标

（1）掌握电磁接触器的常见类型及应用；
（2）了解电空接触器的常见类型及应用；
（3）掌握直流电磁接触器在地铁车辆的应用情况；
（4）强化责任担当意识、提高安全防范意识。

任务内容

接触器是一种用于频繁地接通或分断交直流主电路、大容量控制电路等大电流

电路,并且可以实现远距离控制的电器。接触器生产方便、成本低,主要用于控制电动机、电热设备、电容器组等,是电力拖动自动控制电路中使用最广泛的一种低压电器元件。

一、电磁式接触器

电磁式接触器采用的是电磁传动装置,由主触头、辅助触头、电磁铁、灭弧室及支架和外壳等组成。其中,主触头用于接通和分断主电路,其额定电流比较大,通常为数安到数百安,甚至高达数千安;而辅助触头用于接通和分断控制电路,额定电流只有 5~10 A。灭弧室用来熄灭主触头的电弧。电磁式接触器根据所控制的电流种类可分为直流接触器和交流接触器两大类。

1. 直流电磁接触器

1) 作 用

直流电磁接触器一般用于控制直流供电负载和各种直流电动机。在地铁车辆中,直流电磁接触器应用于控制电路。

2) 基本原理

其工作原理类同电磁铁的工作原理。当吸引线圈得电时,铁心与衔铁产生的电磁吸力将衔铁吸合,带动常开触头闭合,常闭触头断开;而当接触器的吸引线圈断电或线圈外加电压太低时,衔铁在反力弹簧作用下打开,使常开触头断开,常闭触头闭合。

3) 图形符号

直流电磁接触器的图形符号如图 7.1 所示。

(a) 线圈　　　　(b) 主触头　　　　(c) 辅助触头

图 7.1　直流电磁接触器的图形符号

4) 基本结构

直流电磁接触器主要由触头装置、灭弧装置和传动装置等组成,如图 7.2 所示。

(1) 触头装置。触头装置由单相主触头、两常开和两常闭联锁触头组成。静主触头为铜质 T 形结构,与弧角一起装在支架上;动主触头为铜质指形结构,直接装于衔铁上。动联锁触头为指形结构,亦装于衔铁上,静联锁触头为半球形,装于螺杆上。为了提高触头寿命,在联锁触头的紫铜块上镶有耐弧材料——银氧化镉片。另外,动主、辅触头上都有触头弹簧,防止触头闭合时产生有害振动。

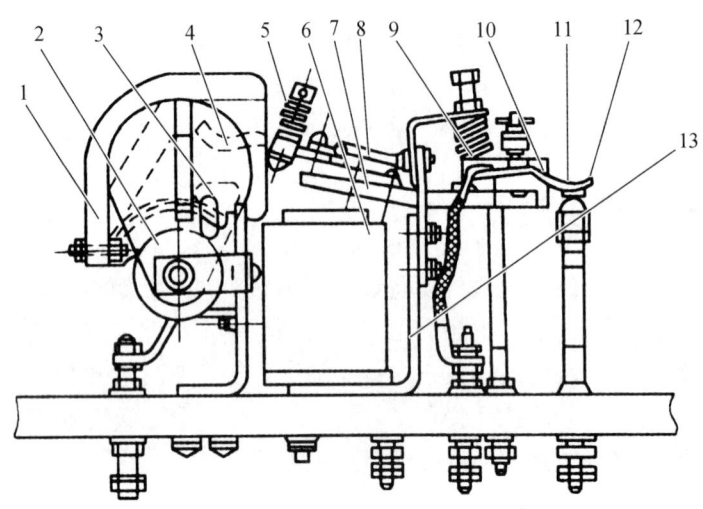

1—灭弧罩；2—吹弧线圈；3—主静触头；4—主动触头；5—触头弹簧；6—吸引线圈；7—衔铁；
8—软连接；9—反力弹簧；10—绝缘基座；11—动联锁触头；12—静联锁触头；13—磁轭。

图 7.2　直流电磁接触器结构图

（2）灭弧装置。灭弧装置由带有灭弧罩的磁吹灭弧装置构成，只设在主触头上。磁吹线圈与主触头串联，当主触头在打开过程中产生电弧时，电弧受到磁吹线圈产生的电场力而被拉向灭弧罩，使电弧变长变冷而熄灭。

（3）传动装置。传动装置由直流拍合式电磁铁组成，为了改善吸力特性，静铁心端面装有极靴，改变反力弹簧和工作气隙可改变其动作值。为了防止剩磁将衔铁黏住，在衔铁的磁极端面处装有 0.1～0.2 mm 厚的紫铜片，亦称非磁性垫片。在铁心的磁极端面处一般还加装了极靴，以使直流接触器的吸引力特性平坦，减少吸合时的冲击。由于直流接触器的线圈通入直流电，为减小涡流作用而导致的铁心发热，直流接触器的铁心可采用整块铸钢制成

2. 交流电磁接触器

1）作　用

交流电磁接触器主要用于交流 50 Hz、电压为 380 V 的电路中操纵负载的接通或断开。

2）基本原理

交流电磁接触器基本工作原理如图 7.3 所示。

按钮 7 在断开位置，交流接触器处于不得电的状态，其常闭触头闭合，常开触头断开。按动按钮 7，电磁线圈 6 得电，电磁机构产生电磁力吸动衔铁，衔铁 3 向下运动，带动触头 1 动作，反作用力弹簧 4 被压缩。常闭触头断开，常开触头闭合。松开按钮 7，电磁线圈断电，电磁铁电磁力消失，衔铁在反作用力弹簧 4 的作用下向上运动回到常态的位置，常开触头断开、常闭触头复位。可以把交流接触器理解为一个由电磁铁控制的多触头开关。

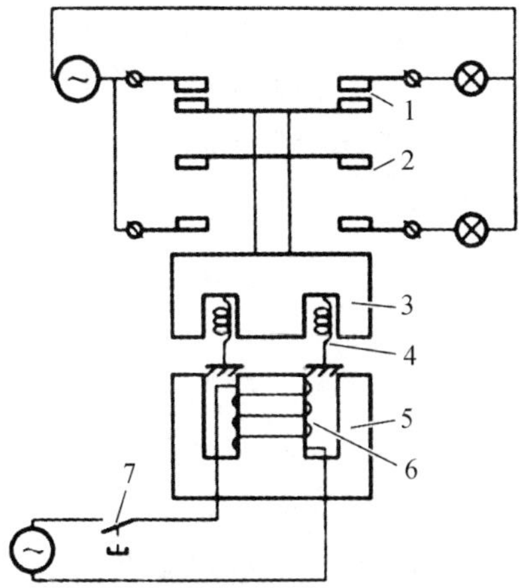

1—常闭触头；2—常升触头；3—衔铁；4 反作用力弹簧；5—铁心；6—电磁线圈；7—按钮。

图 7.3　交流接触器工作原理示意图

3）基本结构

接触器主要由电磁机构、触头系统、灭弧系统及其他部分组成。

（1）电磁机构。电磁机构是接触器的感测部分，其作用是将电磁能转换为机械能，带动触点使之接通或断开。它由铁心、电磁线圈、衔铁、反作用力弹簧和缓冲弹簧等组成，是接触器的重要组成部分，依靠它带动触点的闭合与断开。衔铁的运动形式有绕轴转动的拍合式和直线运动的直动式。

（2）触头系统。触头系统是接触器的执行部分，包括主触头和辅助触头。主触头的作用是接通和分断电流较大的负荷电路即主回路，控制较大的电流。所以，主触头截面积较大，一般为平面型。而辅助触头截面积较小，一般为球面型，用于接通断开控制电路、信号电路等。交流接触器的主触头多为常开触头，辅助触头则有常开触头及常闭触头两种，有桥式双断点和指式单断点等形式。

（3）灭弧装置。交流接触器的主触头在切断具有较大感性负荷的电路时，动、静触头间会产生强烈的电弧，灭弧装置可使电弧迅速熄灭，减轻电弧对触头的烧蚀和防止相间短路。交流接触器的灭弧装置有栅片灭弧、电动力灭弧、纵缝灭弧、磁吹灭弧等几种，一般采用半封式纵缝陶土灭弧罩，并配有强磁吹弧回路。

3. 真空接触器

真空接触器由于其灭弧原理上的特点（依据以真空为灭弧介质的零点熄弧原理），比较适用于交流电路（若熄灭直流电弧，需采取适当的措施）。它比传统的空气交流接触器有更多的优点，具有耐压强度高，介质恢复速度快，接通、分断能力大，电气和机械寿命长，体积小、质量轻、无飞弧距离，运行安全可靠，适于频繁操作等特点。

真空接触器主要组成部分与电磁接触器相似，所不同的是它的主触头密封在高度真空的玻璃或陶瓷圆筒内，构成真空灭弧室。由于真空既是一种很好的绝缘介质又是一种很好的熄弧介质，因此真空接触器触头只要分开很小距离就能可靠地熄灭电弧，它的开距比其他类型接触器要小得多。

单极真空接触器由真空开关管、联轴节、电磁驱动机构等组装在绝缘夹板上组成，结构如图 7.4 所示。

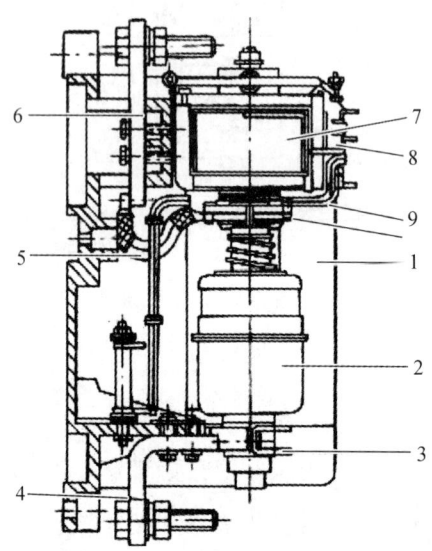

1—基座；2—真空开关管；3—连接卡圈；4—下连接板；5—软连接；
6—上连接板；7—电磁驱动机构；8—辅助开关；9—联轴节。

图 7.4 真空接触器结构剖视图

在真空接触器的基座上，驱动机构和装在其旁的辅助开关组件位于真空开关管的上方。真空开关管的动触头经联轴节组件和驱动机构连接，并经软连接和上连接板连接。真空开关管的静触头支杆经连接卡圈和下连接板连接。

在断开状态下，真空开关管的两触头拉开 1.5 mm。由于在真空中断开，这么小的距离已能完全断开电路。触头被拉开的状态由驱动系统中压力弹簧来实现。

真空接触器的触头和灭弧室的结构如图 7.5 所示，它是一个真空部件。静导电杆的上、下端分别焊接上金属法兰盘和静触头，动导电杆的上端部与动触头相焊接，稍下部焊有一金属屏蔽罩。屏蔽罩的下端与波纹管相连。波纹管的下部和导向套的端部焊接在下金属法兰盘上。上、下金属法兰盘间为玻璃或陶瓷的外壳。壳内的空气由排气管排出，上部设有保护帽。动触头上、下运动时，由导向套导向。

屏蔽罩的作用：一是有效地凝结从触头间隙扩散出来的金属蒸气，以利于电弧熄灭；二是防止金属蒸气飞溅到绝缘外壳上，降低外壳内壁的绝缘强度；三是提高灭弧后介质强度恢复速度。波纹管是可伸缩的弹性元件，利用波纹管的可伸缩性，可以保证外部操作力通过动导电杆使真空管内的动、静触头分，从而不会破坏真空管内的真空度，以防止漏气和保证机械寿命。

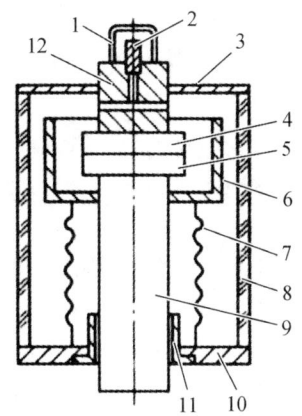

1—保护帽；2—排气管；3—上金属法兰盘；4—静触头；5—动触头；6—屏蔽罩；7—波纹管；
8—外壳；9—动导电杆；10—下金属法兰盘；11—导向套；12—静导电杆。

图 7.5 真空开关管结构示意图

二、电空接触器

电空接触器是用来接通、断开带有负载的主电路和大容量的控制电路的自动电器，主要用于通、断正常工作电流，而不能通、断故障电流，特别是短路电流。其主要特点是能实现远距离的自动控制，操作频率较高（每小时通、断 150～1 500 次），通、断电流大，应用范围广。

在直流传动机车中，电空接触器主要用于控制牵引电动机电源及进行磁场削弱。由于主电路电流大（一般在几百安以上），触头闭合时需要很大的压力。主电路的电压较高，触头的开距要大，故需要较大的行程。基于上述情况，如果采用电磁接触器，就必须要较大的电磁功率，使电磁装置的体积较大，将导致控制功率增大。采用压缩空气作为动力，仅需功率不大的电空阀控制气路即可。

1. 基本结构

电空接触器主要由触头装置、灭弧装置、传动装置组成，其结构如图 7.6 所示。

2. 工作原理

当电空阀线圈得电时，其控制的压缩空气进入传动气缸，推动活塞，压缩开断弹簧而向上运动，使动静触头闭合。当电空阀线圈失电

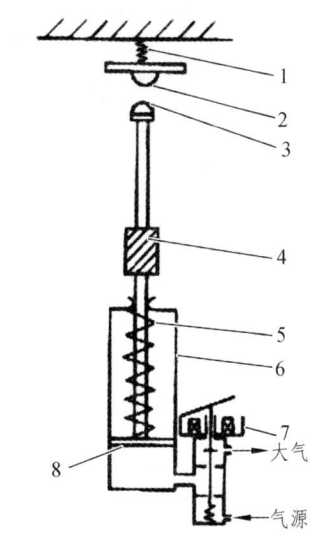

1—缓冲弹簧；2—静主触头；3—动主触头；
4—绝缘块及活塞杆；5—开断弹簧；
6—缸体；7—电空阀；8—活塞。

图 7.6 电空接触器的结构和
工作原理示意图

时,其控制的压缩空气排向大气,在开断弹簧的作用下,推动活塞带动活塞杆和动触头下移,动静触头打开,同时灭弧。在主触头动作的同时,联锁触头也相应动作。

三、直流接触器在地铁车辆上的应用

TJ10 系列直流接触器,适用于轨道交通牵引系统——地铁车辆中作为短接接触器使用,满足为牵引逆变器供电的需要。TJ10 系列直流接触器的主触头、辅助触头具有稳定持久的接触压力、良好的电接触性能、足够的载流能力及机械强度,能经受列车的振动和冲击。以昆明地铁用 TJ1015/08-E-22-110V-S1 型接触器为例进行说明。

1. 型号含义

TJ1015/08-E-22-110V-S1 型号含义:TJ10——接触器系列型号;15——主触头标称工作电压;08——主触头标称工作电流;E——灭弧方式(E 为电磁灭弧);22——辅助触头数(2 常开 2 常闭);110 V——标称控制电源电压(直流 110 V);S——设计方案;1——主触头数。

2. 工作原理

直流接触器 KM_1 主电路工作电压为 AC 970 V/DC 1 500 V,作为短接接触器控制牵引变流器或高压电器箱主电路输入的接通和断开,交流电网供电牵引系统主电路如图 7.7 所示,直流电网供电牵引系统主电路如图 7.8 所示。

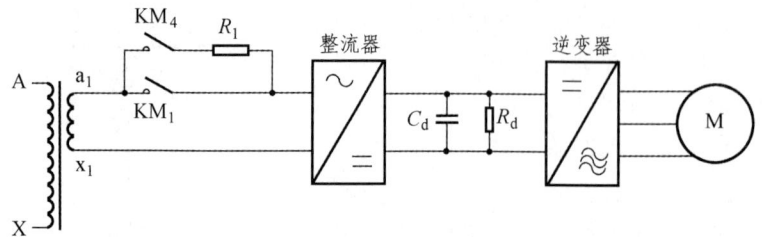

图 7.7 交流电网供电牵引系统主电路

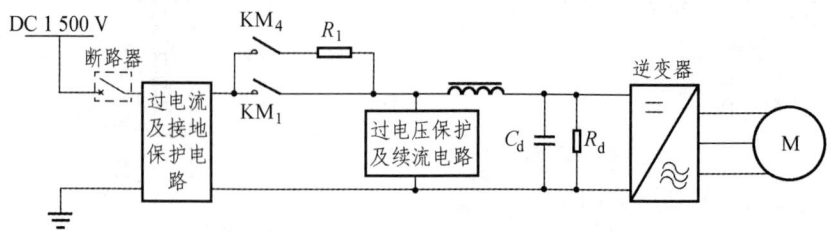

图 7.8 直流电网供电牵引系统主电路

3. 安 装

直流接触器(KM1)安装在牵引变流器或高压电器箱柜体内,自然冷却,用 2

个M8安装螺栓安装在安装座上,并与安装座一同用3个M8的安装螺栓安装在柜体内。地铁高压电器箱吊装在地铁动车底架上。

直流接触器（KM₁）控制电路如图7.9所示。控制电路由DC 110 V控制电源供电,控制回路与充电接触器KM₄联锁。

4. 主要技术参数

直流接触器KM₁主要技术参数见表7.1。

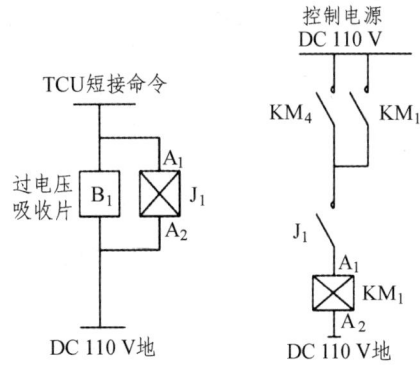

图7.9　直流接触器（KM₁）控制电路

表7.1　直流接触器KM₁主要技术参数

序号	项目	指标要求
1	接触器型号	TJ 1015/08-E-22-110 V-S1
2	接触器形式	直流电磁接触器
3	主触头数量	1常开
4	辅助触头数量	2常开+2常闭
5	额定工作电压	a）主触头电路额定工作电压：DC 1 800 V b）辅助触头电路额定工作电压：DC 110 V c）控制电源电压：标称电压 DC 110 V，范围 DC 77 V～DC 137.5 V
6	额定工作电流	a）主触头额定工作电流：800 A b）辅助触头额定工作电流：1 A
7	额定工作制	周工作制，典型工作周期为日工作时间18小时，年工作时间300天，每天最高通断次数30次（无载或轻载分断）
8	短路接通电流	主触头：8 kA，100 ms
9	接通和分断能力	主触头接通和分断：800 A，（DC 1 500 V，t = 15 ms） 辅助触头接通：30 A（137.5 V，t = 15 ms） 辅助触头分断：2.5 A（137.5 V，t = 15 ms）
10	线圈功率	吸合≤50 W，保持≤50 W
11	电寿命	a）主触头不少于2 000次（分为5个循环），接通分断电流800 A，DC 150 V通断； b）辅助触头不少于$1×10^5$次，1 A，DC 137.5 V通断
12	机械寿命	主触头不少于$2×10^5$次 辅助触头不少于$1×10^6$次
13	灭弧方式	电磁式灭弧

四、接触器的维护与检修

接触器在使用时应经常或定期地检查其运行情况,并进行必要的合理维护,以延长其使用寿命,保证其安全可靠地运行。

1. 接触器的日常维护

接触器维护、检修时应首先断开电源,再按照如下步骤进行操作。

(1) 外观检查。用压缩空气清除接触器各部件的灰尘,铁心极面上的灰尘也可以用毛刷清除。若有油污,可先用棉布蘸少量酒精擦拭,然后再用干布擦净,并仔细观察接触器外观是否完好无损,注意拧紧所有紧固件。

(2) 灭弧室维护。取下灭弧罩,用毛刷清除罩内落物及金属颗粒,如发现有破裂或严重烧损及零部件(如灭弧栅片)变形、松脱或位置变化等现象而不易修复时,应及时更换新灭弧室。重新安装时应装回原位,不能随意更换到另一极上,以免影响其灭弧效力。

(3) 触头维护。定期检查触头的温升是否超过标准(主触头温升 75 ℃),银或银基粉末冶金制成的触头表面有烧毛发黑的现象是正常的,不会影响其实际工作能力,一般可不必清理。如触头接触处有金属颗粒或毛刺,可以用细锉轻轻锉平,但不能用砂纸或砂布擦拭。对于具有铜触头的转动式接触器,若长时间没使用或连续工作 8 h 以上,在使用前应先开闭 1~2 次,以便除去触头的氧化膜。触头如有开焊、裂缝或磨损到原厚度 1/3 的情况时,则应更换新触头。

(4) 线圈维护。观察线圈外表层有无过热变色,定期检查线圈温升是否超过所规定的值(一般规定,当环境温度为 40 ℃,A 级绝缘的线圈用温度计测得的表面温升不得超过 60 ℃),引线与导线是否有松动、开焊或将断的情况,线圈骨架有无碎裂、磨损或固定不正常现象。此外,还应注意缓冲件是否完整。

(5) 铁心维护。观察铁心极端面有无变形、松开现象。可用棉纱蘸少量汽油擦拭极面上的污垢。注意交流电磁铁的分磁环有无断裂,中柱气隙是否保持在 0.1~0.3 mm(如发现过小可略锉去一些);观察直流电磁铁铁心的非磁性垫片是否磨损或脱落,缓冲件是否完整,位置是否正确。

(6) 转轴维护。经常注意接触器的转轴转动是否灵活,在转轴与轴承处可注入少量润滑油,以保持转动灵活。

2. 电磁接触器的检修

接触器在闭合过程、闭合状态或断开过程中,都不可避免地会产生机械磨损或疲劳裂损,触头系统产生电磨损,线圈及绝缘件出现过热、老化现象。如不及时检查修理,就会影响其工作的可靠性。因此,对接触器进行预防性的检查、修理,及时更换超过限度的零部件,是十分必要的。

1）检修范围

电磁接触器检修范围见表 7.2 所示。

表 7.2　接触器检修范围

序号	检修项目	检修内容及要求	检修范围		
			辅修	小修	中修
1	外观检查	1. 外观清洁，不许有破损，接线端、安装螺栓紧固齐全，接触器吸合时动作灵活，不许有异声	√	√	√
		2. 清理接触器外部，保持清洁，线号清晰	√	√	√
		3. 清扫擦拭动、静触头，清除烧痕，保持接触面洁净	√	√	√
		4. 动、静触头位置正常，不许有松动、移位现象	√	√	√
2	试验	在额定控制电压 DC 88 V 下检查吸合、释放状态，三相动作一致，保持可靠灵活			√

2）机械磨损

机械操作的次数增加对接触器触头的机械和电气寿命的影响比较小，主要有以下几种机械磨损。

（1）交流噪声。

如果在铁心表面有垃圾，接触器吸合时，接触器会有轻微的声音。可以用一块干的软布来清洁。交流噪声也有可能由铁心表面变形造成。如果铁心上的短路环损坏，交流噪声会较大，因为磁场会使接触器产生抖动。如果这样的话，接触器就需更换。

产生交流噪声的另外一个原因，可能是在超出接触器技术规范上允许的环境下使用而产生了腐蚀。接触器应该在无凝露的环境下使用，这样可以避免铁心表面受腐蚀。

（2）触头抖动。

接触器的线圈工作电压范围应在额定电压的 85%～110%。电压波动范围在 ±5% 范围内时，触头的磨损最小。电压过高会导致铁心吸合的速度加快，低电压则会降低吸合速度。以上因素都会在吸合时导致较高的触头抖动。高电压及吸合时的速度会导致吸合时声音增加。

3）主触头的维护

如果仅是触头表面粗糙及变色，此时触头并未破坏或完全磨损。在图 7.10、图 7.11 中，触头看上去比较差，但经验告诉我们，这样的触头比一套新的还要好。这是因为触头已经"电气对位"，整个触头表面已完全接触。根据这一点，如果仅根据触头表面外观来判断是否需更换触头，可能是完全错误的。

图 7.10 接触器动作次数很少的情况下，触头外观

图 7.11 触头达到"良好磨合"程度的外观

随着触头材料的发展及接触器性能的提高，锉、打磨或其他尝试修复触头或触头表面的方法都是不需要的。根据以往的经验，这样做会增加产生其他问题的风险。例如砂纸的残留物会增加触头的阻抗等。同样在试图修复触头过程中，未进行清洁工作也会影响接触器的性能。

触头维护应仅限于检查触头的磨损程度。这样是为了保证到下一次维护这段时间内，接触器可以无故障运行。

思考与练习

一、选择题

1. 触头如有开焊、裂缝或磨损到原厚度（　　）的情况时，则应更换新触头。

A. 2/3　　　　B. 1/3　　　　C. 1/2

2. 电磁接触器组装后，应测量触头开距，超程及压力，电压为（　　）时，电磁接触器动作应灵活可靠，传动机构及触头系统的工作正常。

A. 110 V　　　B. 100 V　　　C. 88 V

二、判断题

1. 在直流传动机车中，电磁接触器主要用于控制牵引电动机电源及进行磁场削弱。　　　　　　　　　　　　　　　　　　　　　　　　　　（　　）

2. 接触器主要用于通、断正常工作电流，而不能通、断故障电流。（　　）

3. 真空接触器具有耐压强度高，介质恢复速度快，接通、分断能力大，电器和机械寿命长等特点。　　　　　　　　　　　　　　　　　　　（　　）

4. 接触器维护、检修时不用断开电源。　　　　　　　　　　　（　　）

任务三 继电器的基本知识

任务目标

（1）掌握继电器的基本结构和分类；
（2）会分析继电器的动作原理和继电特性；
（3）提高查找资料，运用资料的能力。

继电器的基本知识

任务内容

在城轨车辆控制电路中，继电器具有控制、保护或转换信号的作用。

一、继电器的定义

继电器是一种根据某一输入量来控制执行机构的电器，用于控制电路。继电器也可认为是传递信号的电器。

二、继电器的组成

（1）结构组成。对于有触点的继电器，从其结构组成方面可认为是由触头装置和传动装置（一般没有灭弧装置）组成。

（2）原理组成。继电器是根据外界输入的一定信号来控制电路中电流的"通"与"断"的，一般由测量机构、比较机构和执行机构等部分组成，其原理组成方框图如图 7.12 所示。

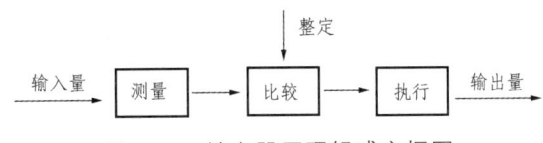

图 7.12 继电器原理组成方框图

对于大部分继电器来说，输入量可以是电量，如电压、电流、阻抗、功率等，也可以是非电量，如压力、速度、温度等。输入量可以是一个量，也可以是两个或多个量。

测量机构是反映继电器输入量的装置，用于接收输入量，并将其转换成继电器工作所必需的物理量。比如电磁型继电器，测量机构是线圈和铁心构成的电磁系统，用来测量输入电量的大小，并在衔铁上将电量的大小转换成相应的电磁吸力。

比较机构是将输入量（或转换量）与其预设的整定值进行比较，根据比较结果决定执行机构是否动作，如电磁继电器的反力弹簧等。当电磁力大于反力时，衔铁

213

吸合，执行机构动作；当电磁力小于反力时，衔铁不吸合，执行机构不动作，没有输出。一般可以在比较环节上调整（整定）继电器的动作值。

执行机构是反映继电器输出的装置，它作用于被继电器控制的相关电路中，以得到必需的输出量。执行机构根据比较的结果决定是否动作。有触点电器中触点的分、合动作，无触点电器中晶体管的饱和、截止两种状态，都能实现对电路的"通""断"控制。

输出量是根据比较结果来决定有无的。不管输入是何种形式的物理量，输出量往往是电量。

三、继电器的特点

在城轨车辆上，继电器一般不直接控制主电路或辅助电路，而是通过接触器或主、辅电路中的其他电器对主电路及辅助电路进行控制。同接触器相比较，继电器具有以下特点：

（1）继电器触头容量小，采用点接触形式，没有灭弧装置，体积和质量也比较小。

（2）继电器的灵敏度要求高，输入、输出量易于调节。

（3）继电器能反映多种信号（如各种电量、速度、压力等），其用途很广，外形多样。

（4）继电器不能用来开断主电路及大容量的控制电路。

四、继电器的分类

继电器的用途广泛，种类繁多，下面根据城轨车辆的使用情况来分类：

（1）按用途分：可将继电器分为控制继电器和保护继电器等。

（2）按动作原理分：可将继电器分为电磁式、电子式和机械式（温度继电器、压力继电器）等。

（3）按输入电流性质分：可将继电器分为直流继电器和交流继电器。

（4）按输入的物理量分：可将继电器分为有电量继电器和无电量继电器。

轨道交通车辆上使用的继电器有过载继电器、过热继电器、延时继电器、中间继电器、接地继电器和差动继电器等。

五、继电器的动作原理

电磁式继电器的工作原理如下：测量机构是电磁机构，执行机构是触头，通过接收输入量（电压或电流信号），并将其转变为继电器工作所必需的物理量（电磁吸力），通过比较机构进行比较，当达到其动作参数或释放参数（电磁吸力大于或小于反力）时，促使执行机构动作（触头的闭合或开断）。

六、继电特性

继电器的输入量与输出量之间有一特定的关系,这就是继电器最基本的输入-输出特性,亦称继电特性。图 7.13 所示为具有常开接点继电器的继电特性,输入量用 X 来表示,输出量用 Y 表示。图中 X_{dz} 称为继电器的动作值,X_{fh} 称为继电器的返回值。

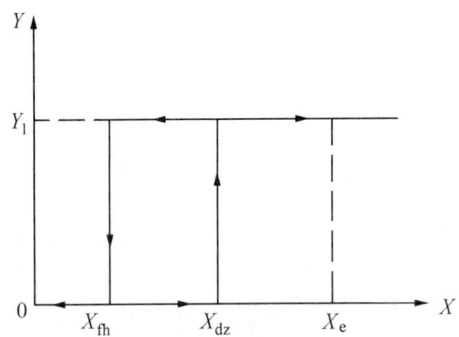

图 7.13 具有常开触点继电器的继电特性

当输入量从零增加时,在 $X < X_{dz}$ 的过程中,衔铁不吸合,常开接点保持打开,继电器不动作,输出量 $Y = 0$;当 $X = X_{dz}$ 时,衔铁吸合,常开接点闭合,输出量即达到 $Y = Y_1$,继续增加 X 到 X_e(额定输入量),输出仍保持 Y_1(常开接点继续闭合)。当输入量 X 从 X_e 减少时,在 $X > X_{fh}$ 过程中,常开接点继续闭合,输出保持 Y_1 不变。当 $X = X_{fh}$ 时,输入量产生的吸力不足以吸合衔铁,衔铁释放,常开触头打开,继电器返回,输出量 Y 到零,继续减少输入量 X 到零,输出均保持在 $Y = 0$ 的状态。

由继电特性曲线可知,继电器的特性实际上是一种连续输入、跃变输出的特性。

七、基本参数

(1)额定参数。额定参数是指输入量的额定值及触点的额定电压、额定电流等。

(2)动作值。动作值是指使继电器吸合动作所需要的最小物理量的数值,如电流继电器的动作电流,电压继电器的动作电压,风压继电器的动作风压等,有时也称为整定值。

(3)返回值。返回值是指使触点打开所需要的最大物理量的数值。需要注意的是衔铁的释放值不一定是继电器的返回值。

(4)返回系数。返回系数是指继电器输入量的返回值 X_{fh} 与动作值 X_{dz} 之比,用 K_{fh} 表示,即

$$K_{fh} = \frac{X_{fh}}{X_{dz}} \qquad (7.1)$$

返回系数是继电器的重要参数之一,对继电器来说一般 $K_{fh}<1$。K_{fh} 越接近于 1,继电器动作越灵敏,但抗干扰能力较差,所以返回系数也不是越高越好。对控制继电器返回系数要求不高;对保护继电器要求有较高的返回系数。

(5)动作值的调整。继电器的动作值(或返回值)的调整,也称为继电器参数的整定。对电磁继电器的整定,可通过改变反力弹簧和工作气隙来实现。对电子继电器来说,可改变比较环节的电位器的阻值等来实现。

思考与练习

一、填空题

1. 从继电器的工作原理考虑,继电器一般由_____、_____、_____等部分组成。
2. 对于控制继电器返回系数要求_____;对于保护继电器要求_____的返回系数。
3. 继电器按用途分为_____继电器和_____继电器。

二、选择题

1. 对于大部分继电器来说,输入量可以是( )。
   A. 电量　　　　B. 非电量　　　　C. 都可以
2. 继电器一般采用( )接触形式,体积和质量也比较小。
   A. 点　　　　　B. 线　　　　　　C. 面

任务四　继电器在地铁车辆中的应用

任务目标

(1)掌握地铁车辆用电磁式继电器的类型、作用、符号及技术参数;
(2)了解地铁车辆用机械式继电器的类型、作用及技术参数;
(3)提升组织能力、团队合作能力和沟通能力。

任务内容

继电器是一种自动电器,它的功能是当输入的激励量达到规定要求时,在电气输出电路中,被控参量发生预定的阶跃变化的电器。

一、电磁式继电器

电磁式继电器的测量机构是电磁铁,执行机构是触头,通过电磁铁的电磁力使其可动的机械部分运动,并带动继电器的接点转换,实现输出信号的改变。

电磁式继电器具有动作可靠、结构简单、输出功率大、易于制造、便于维护等特点，所以得到了广泛的应用。电磁式继电器包括电压继电器、电流继电器、中间继电器、时间继电器、接地继电器和热继电器。按输入电流性质可将继电器分为直流继电器和交流继电器。

1. **电流继电器**

电流继电器的输入量是电流信号，使用时电流继电器的线圈和负载串联，特点是线圈匝数少，线径较大。电流继电器一般接在主回路，起过电流保护作用。

在地铁动车中由于主电路有牵引电机，一般很少发生短路故障，较多出现过流故障。过载的出现会对牵引电机的绝缘性能产生较大影响，甚至引起重大火灾事故，所以必须加以防护。电流继电器的结构如图7.14所示。

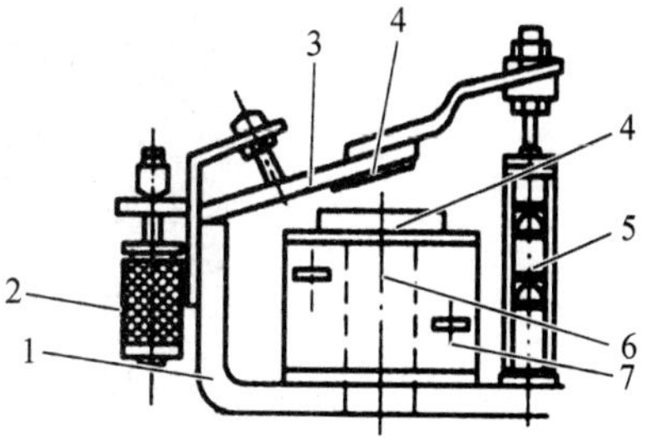

1—磁轭；2—反力弹簧；3—衔铁；
4—非磁性垫片；5—极靴；
6—触头组；7—铁心；
8—线圈。

图7.14 电流继电器的结构

电流继电器的测量机构是一个拍合式电磁铁，铁心上套装有线圈，线圈串接于主回路。当主回路正常工作时，由于工作电流小于继电器的动作整定值，继电器处于释放状态，其常闭触头闭合，常开触头断开；当主回路出现过载时，电流迅速上升，当达到继电器的动作整定值时，电磁铁克服反力弹簧的阻力使衔铁吸合，带动其上的常闭触头动作，断开主回路，起到保护的作用。

2. **电压继电器**

电压继电器是反映电压变化的控制电器，当继电器线圈上的电压达到吸合值时，电磁机构将衔铁吸合，触点系统动作；而当电压减小到释放值时，触点系统复位。

电压继电器的输入量是电压信号，使用时电压继电器的线圈和负载并联，主要起控制作用，其特点是线圈匝数多，线径较小。根据电压继电器用途不同分为过电压继电器、欠电压继电器和零压继电器。

（1）过电压继电器在电路中电压为额定电压的105%~120%时吸合，对电路进行过电压保护。

（2）欠电压继电器在电路电压正常时吸合，当电路电压减小到额定电压的40%~70%时释放，对电路进行欠电压保护。

（3）零电压继电器在电压降至额定电压的5%~25%时动作，对电路进行零电压保护。

运用时，可调整其动作整定值，以达到控制的目的。

3. **中间继电器**

中间继电器在控制电路中作为逻辑传递的一个环节元件，用于增加信号的大小及数量、开闭逻辑状态转换。

1）基本结构

中间继电器的电磁机构采用螺管式电磁铁，其基本结构如图 7.15 所示。

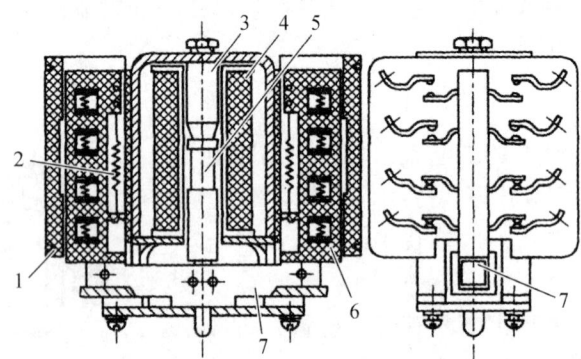

1—外壳；2—反力弹簧；3—挡铁；4—线圈；
5—动铁心；6—动触头支架；7—横梁。

图 7.15　中间继电器结构

2）工作原理

中间继电器就工作原理而言，属于电磁式电压继电器，但动作参数无须调整。线圈通电时，动铁心被吸向锥形挡铁，带动横梁运动，两侧的动触头支架向上运动，使触头动作，即常开联锁闭合，常闭联锁断开。当线圈断电时，在反力弹簧的作用下，动铁心和动触头支架恢复原位，即常开联锁断开，常闭联锁闭合。

3）符　号

中间继电器的文字符号 KA，图形符号如图 7.16 所示。

4）3TH 系列中间继电器

3TH 系列中间继电器，又称为接触式继电器，适用于交流 50 Hz 或 60 Hz、电压 660 V 以下，和直流电压 600 V 以下的控制电路，用来控制各种电磁线圈及电信号的放大

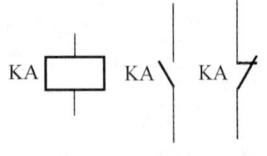

图 7.16　中间继电器符号

和传递，符合 IEC947、VDE0660、GB14048 等标准，与普通继电器的区别在于，要有灭弧装置。其结构特点为：

（1）继电器采用 E 形铁心，双断点桥式触点系统的直动式运动结构，动作可靠。TH4080 有 4 对触点可组合；3TH4282 有 8 对触点可组合；3TH30 可接插辅助触头座（3TX4），可自由组合。

（2）继电器动作机构灵活，手动检查方便，结构设计紧凑，可防止外界杂物及灰尘落入继电器的活动部位。接线端都有罩覆盖，人手不能直接接触带电部位，安全防护性很高。

（3）继电器外形尺寸小巧、安装面积小。安装方式可用螺钉坚固，也可扣装在 35 mm 宽的标准导轨上，具有装卸迅速方便之优点。

(4)触点为桥式双断点结构,触点材料由导电性能优越的银合金制成,具有使用寿命长及良好的接触可靠性。

(5)灭弧室均呈封闭型,并由阻燃性材料阻挡电弧向外喷溅,保证人身及邻近电器的安全。

继电器电磁铁工作可靠、损耗小、噪声小,具有很高的机械强度,线圈的接线端装有电压规格标志牌,标志牌按电压等级著有特定的颜色,清晰醒目,接线方便,可避免因接错电压规格而导致线圈烧毁。

3TH42 系列的 3TH4262-0LF4、3TH4244-0LF4、3TH4253-0LF4 的触点形式如图 7.17 所示。

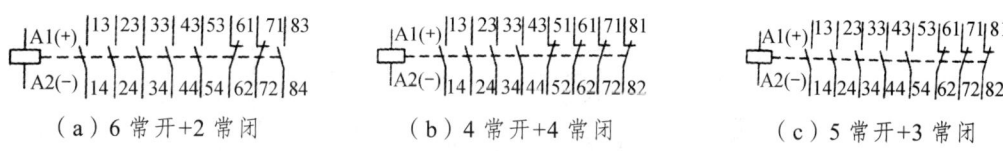

(a)6常开+2常闭　　　　(b)4常开+4常闭　　　　(c)5常开+3常闭

图 7.17　3TH42 系列中间继电器触点形式

3TH42 系列继电器线圈吸合功耗与保持功耗均为 5.2 W,触点额定电流为 10 A。

5)D-U200 系列瞬动中间继电器

D-U200 系列瞬动中间继电器是 MORS-SMITT 公司生产的小型插入式轨道专用瞬动继电器,主要应用于铁路、高铁、地铁等的列车及相关设备中。

(1)型号含义。

型号形式:D-U2 ××-×

其中 D-U2:继电器的型号。××:额定电压,01——24VDC;02——48VDC;03——72VDC;04——110VDC;05——96VDC;06——12VDC;07——36VDC。×:特征代码,C——低温(-40 ℃);E——镀金触点;K——特殊防尘保护;L——线圈上带 LED 指示灯;Q——双齐纳二极管;T——测试按钮;Y——双断/双闭;Z——无浪涌保护二极管。

(2)触点形式。

U204-KLC+V23BR 型继电器的触点形式如图 7.18 所示,具有防尘外罩,线圈上带 LED 指示灯,适用低温条件下工作,其额定电压为 DC 110 V,线圈功率为 2 W,其触点的额定电流为交流 10 A。

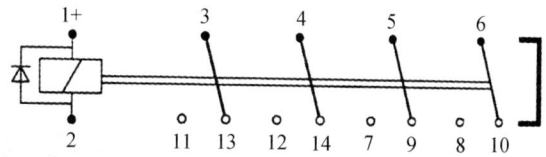

图 7.18　D-U204-KLC+V23BR 继电器触点形式

由图 7.18 可知,该型号继电器带有 4 组转换触点。接控制电源时,应注意极性。其触点对 3-13、4-14、5-9、6-10 为常闭触点,触点对 3-11、4-12、5-7、6-8 为常开触点。D-U200 系列继电器，装有反电动势保护和电磁吹弧装置。可以直接插入对应底座，无须其他特殊安装。底座的安装可以采用标准导轨安装或者用螺栓固定于合适位置。

6）RB4P 系列继电器

（1）触点形式。

RB4P 系列继电器的特点是内置密封的贝斯达 R25 触点，其触点形式如图 7.19 所示。RB4P 系列继电器控制线圈的额定电压为 DC 110 V，最低控制电压为 DC 77 V。

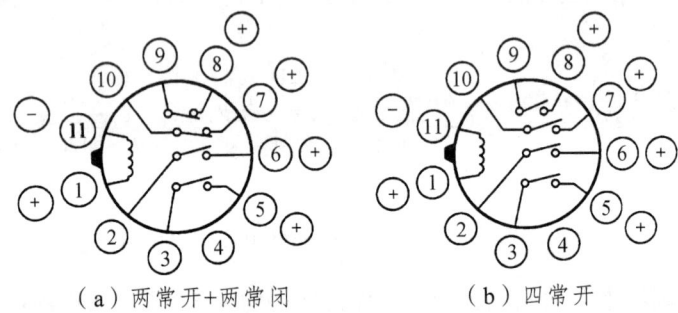

（a）两常开+两常闭　　　（b）四常开

图 7.19　RB4P 系列继电器触点形式

（2）使用注意事项。

① 需要利用绑带将继电器固定好，防止因振动等原因造成脱落，底座进行相应的接线，将继电器插到底座上扣上耐振绑带。

② 控制线圈是有极性的。将端子符号①安装在正极，端子符号⑪安装在负极。

④ 在直流回路中使用时，端子符号⑤⑥⑦⑧连接在正极。

7）中间继电器的检查

（1）准备工作。

① 断开电源。

② 采取必要的预防措施以防止隔离开关再次闭合。

③ 按经核准的方法进行无电压测试。

④ 按经核准的方法确保接地和短路。

⑤ 用盖板和屏蔽物保护邻近带电部件，并符合相关警告注意事项。

（2）车上检查。

① 目视检查紧固螺栓，如松动、断裂，需拧紧、更换。

② 目视检查电缆与接线端子，如接触不良、松动，须拧紧。

4. 接地继电器

1）制动工况时的接地保护用继电器

接地继电器的结构与过流继电器基本相同。在制动工况下，当主回路某处发生接地故

主回路接地
继电器结构

主回路接地
继电器原理

障时，电流达到 0.2~0.3 A，接地继电器吸合，常闭触头打开，从而保护主回路不受故障的影响。在早期的北京地铁 1 号线车辆上使用的接地继电器代号为 DJ，其保护原理如图 7.20 所示。

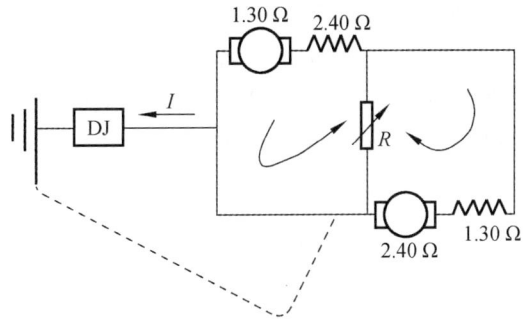

图 7.20　接地继电器保护原理

制动工况下，主回路构成交叉励磁独立回路，两组直流牵引电机稳定地给电阻供电。牵引电机发出的电能消耗在制动电阻，从而实现制动。当主回路无接地故障时，DJ 支路无电流通过，接地继电器处于释放状态。当主回路某处发生接地故障时，接地继电器将与地端构成回路，使 DJ 支路有电流通过。当此电流达到 0.2~0.3 A 时，DJ 吸合，与其公用触头的过载继电器 GJ 的常闭触头打开，切断主回路接触器受电回路，主回路接触器断开，将主回路切断从而保护主回路不受故障的影响。

2）牵引工况下的接地保护用差动继电器

主回路在牵引工况下的接地保护一般使用的是差动继电器（用于所有牵引电机串联的情况）。差动继电器属于拍合式电磁机构，有低压线圈和电流线圈（只有两匝），利用这两组线圈电流差而工作。

差动式继电器工作原理如图 7.21 所示。正常工作时，通过两组线圈的电流 I_1、I_2 大小相等，即 $I_1 = I_2$，而方向相反，产生的磁场大小相同且方向相反，因此电磁吸力相互抵消，差动继电器不动作。牵引工况时，若主电路出现接地故障，会有电流泄漏 $I_{地}$ 产生。此时，$I_1 = I_2 + I_{地}$，通过两组线圈的电流不相等，即 $I_1 > I_2$，产生的电磁吸力不相等，在铁心周围产生的磁场吸力克服了弹簧的拉力，衔铁吸合，差动继电器动作（动作值为 80 A），常闭联锁打开，切断主回路，达到保护主电路的目的。

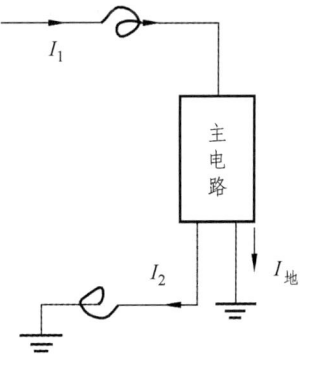

图 7.21　差动式继电器工作原理图

5. 时间继电器

时间继电器是接收信号后，经过一定时间才输出信号（即触头动作）的继电器，用以实现触头延时接通或断开。

1）分　类

时间继电器的种类很多，常用的有电磁式、空气阻尼式、半导体式 3 种结构形式。时间继电器的延时方式有两种。

（1）通电延时型时间继电器。这种时间继电器接收到输入信号延时一定时间后，输出信号才发生变化，而当输入信号消失后输出瞬时复原。

（2）断电延时型时间继电器。这种时间继电器接收到输入信号时瞬时产生相应的输出信号，而当输入信号消失后，延迟一定时间，输出才复原。

2）符　号

时间继电器的文字符号 KT，图形符号如图 7.22 所示。

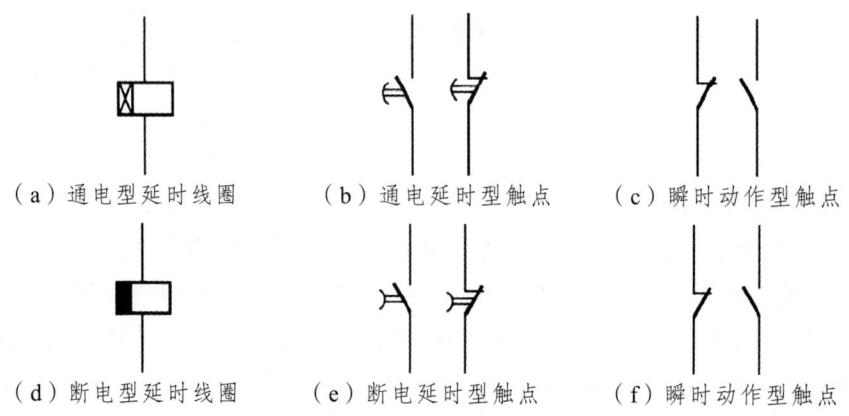

图 7.22　时间继电器的图形符号

时间继电器触点的图形符号主要是触点半圆符号的开口方向，遵循的原则是：半圆开口的方向是触点延时动作的方向。

3）基本结构和工作原理

图 7.23 所示为直流电磁式时间继电器，其铁心和磁轭采用圆柱体整体电工钢板，使铁心和磁轭成为一体，采用浇注的铝基座可降低磁阻，有利于提高继电器的灵敏度。另外，在磁轭上加装有一个阻尼套筒。

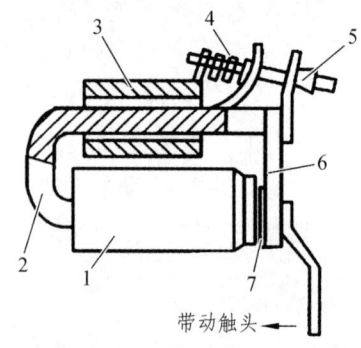

1—线圈；2—铁心；3—阻尼套筒；4—反作用力弹簧；
5—调节螺钉；6—衔铁；7—非磁性垫片。

图 7.23　直流电磁式时间继电器的结构

以断电延时型时间继电器为例，工作原理为：当继电器线圈通电时，在磁路中产生磁通。当磁通增加到能使电磁铁吸动衔铁的数值时，衔铁开始运动，随着衔铁与铁心之间气隙的减小，磁通相应增加。当衔铁和铁心吸合后，磁通最大（此时的磁通大于将衔铁吸合所需要的磁通）。在线圈通电时，因为磁通的增长和衔铁的运动时间很短，因此联锁触头的动作几乎是瞬间完成的。

当继电器线圈断电时，电流将瞬间下降为零，相应电流产生的主磁通也应迅速消失。由于其变化率很大，根据楞次定律，在铜套内部将产生感应电势并流过感应电流。此电流产生的磁通与主磁通方向相同，将阻止主磁通下降，使主磁通缓慢衰减，直到铁心不能吸住衔铁，衔铁才释放，延时结束。延时时间的长短与铜套的电阻有关。电阻越小，延时时间越长。

4）空气阻尼式时间继电器

空气阻尼式时间继电器是利用空气阻尼作用获得延时的。其优点是延时范围比较大，而且不受电源电压和频率波动的影响，结构简单、寿命长久、价格低廉，且不受电源电压及频率波动的影响。其缺点是延时误差大，无调节刻度指示，适用于延时精度不高的场合。

空气阻尼时间继电器有通电延时型和断电延时型两种，电磁机构也有交流和直流两种，如图7.24所示。

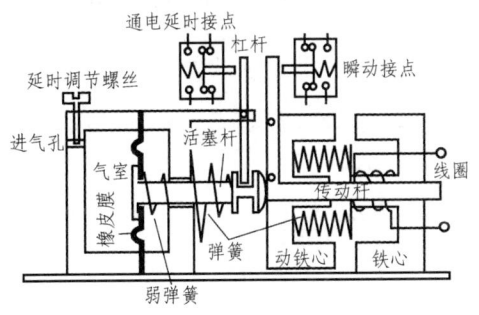 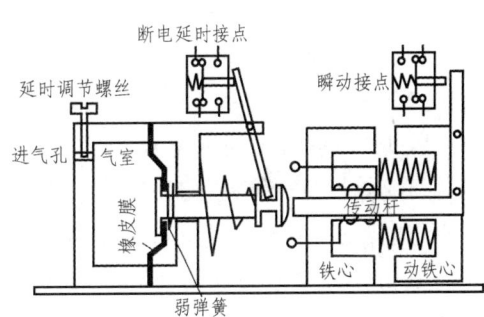

(a) 通电延时型时间继电器结构　　　　(b) 断电延时型时间继电器结构

图7.24　空气阻尼式时间继电器结构

图7.24（a）所示为通电延时型时间继电器线圈不通电时的情况。当线圈通电后，动铁心吸合，带动L形传动杆向右运动，使瞬动接点受压，其接点瞬时动作。活塞杆在塔形弹簧的作用下，带动橡皮膜向右移动，若弹簧将橡皮膜压在活塞上，橡皮膜左方的空气不能进入气室，形成负压，因此只能通过进气孔进气，活塞杆缓慢向右移动，其移动速度和进气孔的大小有关。经过一定时间的延时，活塞杆移动到右端，通过杠杆压动微动开关（通电延时接点），使其常闭触头断开，常开触头闭合，起到通电延时的作用。通过调节螺丝调节进气孔的大小可以改变延时时间。

当线圈断电时，电磁吸力消失，动铁心在反力弹簧的作用下释放，并通过活塞杆将活塞推向左端，这时气室内的空气通过橡皮膜和活塞杆之间的缝隙排掉，瞬动接点和延时接点迅速复位，无延时。

如果将通电延时型时间继电器的电磁机构反向安装，就可以将其改为断电延时型时间继电器，如图 7.24（b）所示。线圈不通电时，塔形弹簧将橡皮膜和活塞杆推向右侧，杠杆将延时接点压下，此时原来通电延时型的常闭接点现在变成断电延时型的常开接点。当线圈通电后，动铁心吸合，带动 L 形传动杆向左运动，使瞬动接点受压动作，同时推动活塞杆向左移动。如前所述，活塞杆向左移动不延时，延时接点瞬时动作。当线圈断电时，动铁心在反力弹簧的作用下释放，瞬动接点迅速动作，延时接点延时动作。

5）电子式时间继电器

（1）特点和分类。

我国地铁采用由单片机控制的电子式时间继电器，它由晶体管或集成电路和电子元器件等构成，又称半导体时间继电器。采用微型大功率密封中间继电器作为执行单元，集成电路和元器件封装于一个金属盒内，具有延时时间长、调节方便、延时精度高、体积小、使用寿命长等优点，但是延时易受环境温度变化及电源波动的影响，抗干扰性较差。

电子式时间继电器统一可分为通电延时型和断电延时型两种。从延时原理可分为数字式和阻容式。电子式时间继电器主要是利用电容器的充、放电特性，通过调节 RC 电路的电阻及电容的大小，即改变充、放电时间常数的大小来调节延时时间的长短，实现延时功能。

（2）工作原理。

以 JS20 系列时间继电器为例分析电子式时间继电器工作原理。JS20 系列时间继电器所用电路分两类，一类是单结晶体管电路，一类是场效应管电路。图 7.25 所示是 JS20 系列单结晶体管通电延时原理框图，电路由 RC 延时环节、电压鉴别电路、输出电路、指示电路及整流和稳压电路 5 部分组成。

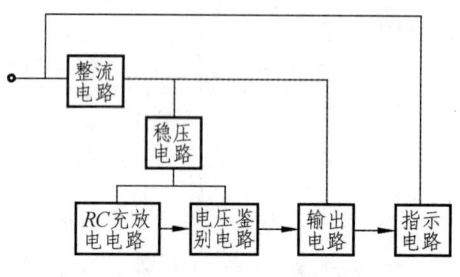

图 7.25　JS20 系列单结晶体管通电延时原理框图

图 7.26 所示为 JS20 系列单结晶体管通电延时电路，电路的工作原理如下：当接通电源后，经二极管 VD_1 整流、电容 C_1 滤波及稳压管 VD_3 稳压的直流电压，立即通过 RP_2、R_4 及 VD_5 向电容 C_2 以极低的时间常数充电，与此同时也通过 RP_1 和 R_2 向 C_2 充电；C_2 上的电压在相当于 U_{R5} 预充电压的基础上，按指数函数逐渐上升，当此电压大于单结晶体管 VD_4 的峰点电压时，单结晶体管导通，输出电压脉冲，触发小型晶闸管 VT_2；VT_2 导通后使继电器线圈通电而吸合，其触点用于接通或分断外电路，并有一个动触点闭合将 C_2 短路，使之迅速放电。同时氖指示灯泡 N 起辉。当切断电源时，继电器 K 释放，电路恢复初始状态，等待下次动作。

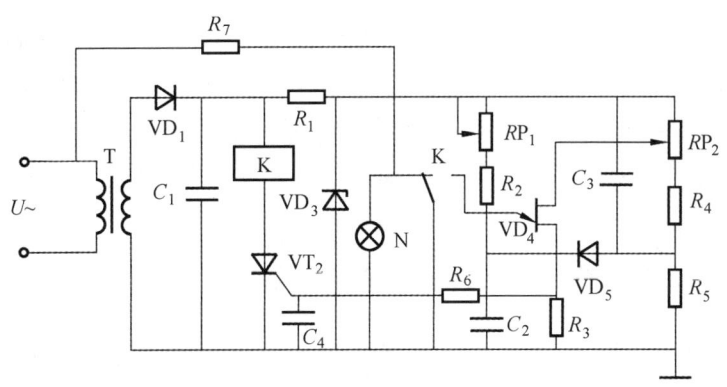

T—单相变压器;VD_1、VD_5—二极管;VT_2—晶闸管;VD_3—稳压管;VD_4—单结晶体管;
N—氖指示灯;$R_1 \sim R_7$—电阻;$C_1 \sim C_4$—电容;RP_1、RP_2—电位器;K—继电器。

图 7.26 JS20 系列单结晶体管通电延时电路

JS20 系列时间继电器既可用于直流电路也可用于交流电路,其额定电压直流 24~110 V、交流 36~380 V。有通电延时型,延时范围 0.1~3 600 s,分为 11 挡,也有断电延时型,延时范围 0.1~180 s,分为 7 挡。该时间继电器有两对触头,可以均为延时动作触头,也可以一对触头延时动作,另一对触头瞬时动作。

6. 热继电器

热继电器是利用电流流过发热元件时产生的热效应,使双金属片受热弯曲而推动机构动作的一种保护电器。具有反时限保护特性,主要用于电动机及其他电器设备的过载、断相及电流不平衡的保护。

1)基本结构

热继电器主要由热元件、双金属片和触头系统组成,此外还有执行机构、整定调整装置和温度补偿元件,如图 7.27 所示。

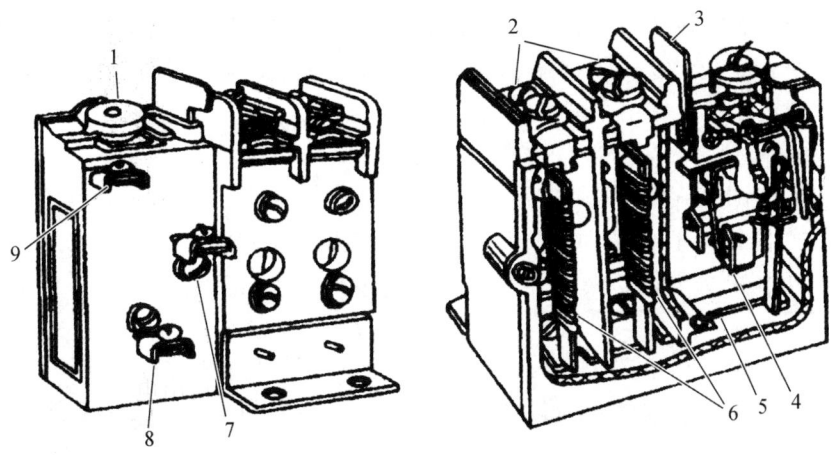

1—整定电流装置;2—主电路接线柱;3—复位按钮;4—常闭触点;5—动作机构;
6—热元件;7—公共触点接线柱;8—常闭触点接线柱;9—常开触点接线柱。

图 7.27 热继电器基本结构

双金属片作为感测元件，可将热能转变为机械能。它是由两种热膨胀系数不同的金属，用机械碾压或焊接方式使之紧密地结合，一端被固定另一端为自由端。受热后双金属片向膨胀系数小的金属一侧弯曲，如图7.28所示。

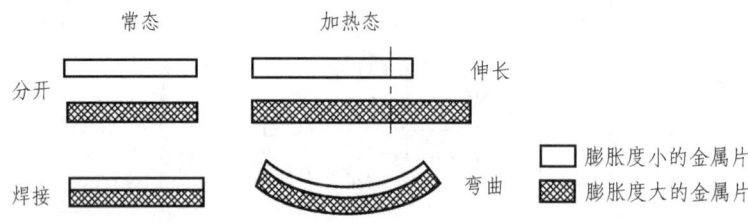

图7.28 双金属片工作原理图

2）工作原理

热继电器常用双金属片式，其工作原理如图7.29所示。

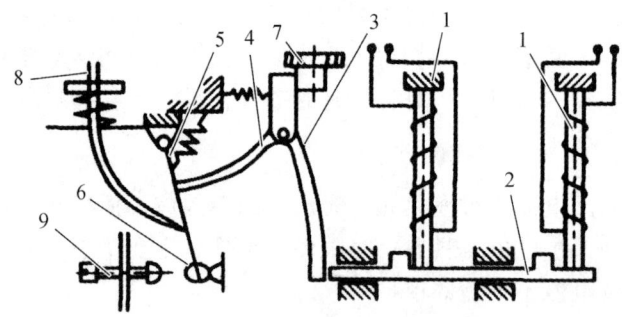

1—主双金属片；2—导板；3—补偿金属片；4—推杆；5—弹簧；6—动触头；
7—电流调节旋钮；8—恢复旋钮；9—手动、自动复位螺钉。

图7.29 热继电器工作原理

当该继电器所在线路流过过载电流时，经过一定时间，主双金属片1受热向左弯曲，推动导板2向左移动，导板推动补偿金属片3并带动推杆4绕轴顺时针转动，推杆克服弹簧5的反作用力带动触头动作，常闭触头打开，将所控电路切断，从而切断故障电流。

改变电流调节旋钮可以改变补偿金属片3和导板2的距离，即改变了热继电器动作时主双金属片1弯曲的距离，也就是改变了热继电器的整定电流值。按恢复按钮8可使触头复位，并使弹簧5退回到原位，即继电器动作后可自动或手动复位。

由于热惯性，当电路短路时热继电器不能立即动作使电路快速断开，因此不能作为短路保护。若线路短时过载，热继电器不会立即动作，可避免线路不必要的断电。

每一种电流等级的热元件，都有一定的电流调节范围，一般应调节到与线路额定值电流相等，以便起到过载保护作用。

3）符 号

热继电器的文字符号是 FR，图形符号如图 7.30 所示。

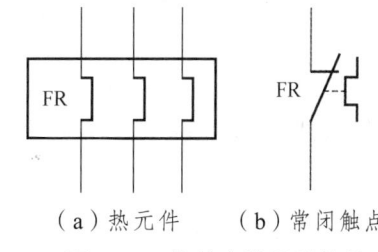

（a）热元件　（b）常闭触点

图 7.30　热继电器图形符号

二、机械式继电器

1. 压力继电器

压力继电器是利用液体的压力来启闭电气触点的液压电气转换元件。当系统压力达到压力继电器的调定值时，发出电信号，使电气元件（如电磁铁、电机、时间继电器、电磁离合器等）动作，使油路卸压、换向，执行元件实现相应顺序动作，或关闭电动机使系统停止工作，起安全保护作用。

压力继电器有柱塞式、膜片式、弹簧管式和波纹管式 4 种结构形式。图 7.31 所示为柱塞式压力继电器的工作原理。这种继电器可用于安全保护、控制执行元件的顺序动作。应当注意，压力继电器必须放在压力有明显变化的地方才能有电信号输出，若将压力继电器放在回油路上，压力不发生变化，此时压力继电器不工作。

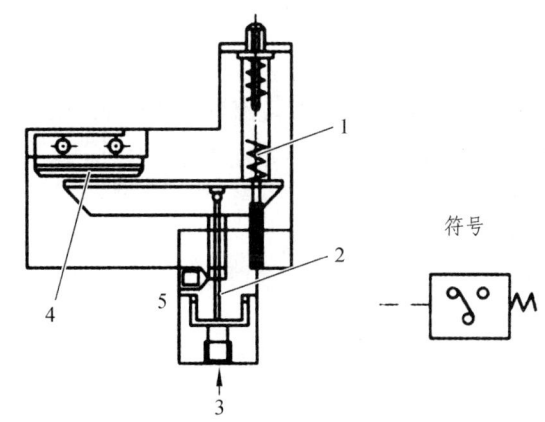

1—弹簧；2—柱塞；3—进油口；4—微动开关；5—泄油孔。

图 7.31　柱塞式压力继电器的工作原理

当从继电器下端进油口 3 进入的液体压力达到调定压力值时，推动柱塞 2 上移，此位移通过杠杆放大后推动微动开关 4 动作。压力继电器的动作压力值可调，通过改变弹簧 1 的压缩量，可以调节继电器的动作压力。

2. 风速继电器

风速继电器安装在电力机车变流装置、变压器等设备的通风系统的风道里，用来反映通风系统的工作状态是否正常，以确保通风系统有足够的风量，保护发热设备。其结构和动作原理可查找相关资料。

三、继电器的选用与保护

了解各继电器的性能、参数和使用条件,正确地选择和使用继电器,是确保继电器及其被控制或保护对象可靠工作、正常运行的重要环节。选用继电器的一般步骤如下:

(1)根据输入信号的性质、使用环境、动作频率、寿命要求以及工作制和安装尺寸等因素选择继电器的种类和型号。

(2)根据输入信号的电气参数,选定继电器的输入参数。

(3)根据控制要求确定接点的种类。

(4)根据被控回路的多少,确定继电器接点的对数和组数。

(5)根据负载的性质与容量,确定继电器触点的容量。

对于动作频繁的继电器,其触点由于电弧和烧损等故障,会引起接触电阻发生变化,进而引起继电器线圈输入电压降低,当线圈输入电压低于85%额定电压时,继电器不能正常工作,为此,控制电路电压应选取较高值;采用低压控制时,建议采用并联型触点以提高工作可靠性。对于触点接触电阻,应定期进行检查。

继电器触点用于开断直流感性负载时,一般在额定电压不变的情况下,开断电感性负载的电流只能为开断电阻负载的30%左右。造成开断电感性负载能力降低的原因是电弧的产生,此电弧是由于自感电势与电源电压叠加,接点间隙中的空气被击穿而放电。克服这种问题可以采取以下3种方法。

(1)在触点两端并联电容和电阻。在触点断开瞬间,电容器存储电感负载的能量,使供给触点的电弧能量减少并加快熄灭;触点再闭合时,电阻会限制电容对触点的放电电流,避免触点烧损。

(2)在电感负载两端并联电容和电阻。

(3)在直流电路中使用的电感,可以在其两端并联续流二极管。

思考与练习

一、填空题

1. 电磁式继电器的测量机构是_____,执行机构是_____,它在城市轨道交通车辆上得到广泛的应用。

2. 中间继电器就工作原理而言,属于_____继电器,但动作参数无须调整。

二、判断题

1. 热继电器是一种保护电器,具有反时限保护特性。 ( )

2. 如果将通电延时型时间继电器的电磁机构反向安装,就可以将其改为断电延时型时间继电器。 ( )

3. 电压继电器的输入量是电压信号,使用时绕组和负载并联。 ( )

项目八

车辆典型电器

知识目标

（1）熟悉受电弓、集电靴、断路器、避雷器和司机控制器的功能和安装位置；

（2）掌握受电弓、集电靴、断路器、避雷器和司机控制器的结构和工作原理；

（3）了解受电弓、集电靴、断路器、避雷器和司机控制器的主要技术参数。

车辆典型电器

能力目标

（1）具备对受电弓、集电靴、断路器、避雷器和司机控制器各部件性能分析的能力；

（2）具有对受电弓、集电靴、断路器和司机控制器进行检查与维护的能力；

（3）强化爱国主义教育，增强安全意识，培养职业素养。

任务一　受电弓

任务目标

（1）掌握受电弓的功能、结构和动作原理；

（2）熟悉受电弓的分类和主要技术参数；

（3）了解受电弓的外观，明确受电弓的安装位置；

（4）提升动手能力、综合分析能力和解决实际问题的能力。

任务内容

受流装置是列车将外部电源平稳地引入车辆电源系统，为列车的牵引设备和辅助设备提供电能的重要电气设备。根据线路供电方式的不同，受流装置有集电靴从第三轨受流和受电弓从架空接触网受流两种方式。两种方式并存，且各具优缺点。

我国城市轨道交通车辆受流器大多采用受电弓和集电靴两种方式。广州地铁 4 号线直线电机车辆采用双制式受流方式，正线采用的是 DC 1 500 V 接触轨（第三轨）受流，车辆段及出入线采用 DC 1 500 V 接触网受流。接触网的受流装置是受电弓，接触轨的受流方式是集电靴。

一、受流器的分类

城市轨道交通车辆通过受流器与接触导线（架空接触网或接触轨）滑动接触，从供电电网吸收电能。受流器是城市轨道交通车辆与固定供电装置之间的唯一电连接环节，按其受流方式不同可分为以下 5 种形式。

（1）杆形受流器。杆形受流器外形为两根平行杆，上部有两根导线，属于上部受流方式。它广泛用于城市无轨电车。

（2）弓形受流器。弓形受流器形状如弓，属于上部受流方式。弓可升可降，与 1 根导线接触而受流，下面与导电轨构成电路回路，一般用于城市有轨电车。

（3）侧面受流器。侧面受流器在车顶的侧面受流，又称为旁弓，多用于矿山的电力机车。

（4）轨道式受流器。轨道式受流器从底部导电轨受流，又称为第三轨受流。这种受流方式的特点是空间利用率高，列车速度较快。它主要用于城市轨道交通中的地铁、轻轨。

（5）受电弓受流器。受电弓受流器属于上部受流方式，与弓形受流器类似，与 1 根导线接触而受流。其特点是列车速度快，且可以获得较好的受流质量。它主要用于干线电力机车和城市轨道交通车辆。

二、受电弓的作用

受电弓是受流器的一种，属于上部受流，从供电电网吸收电能。作为车辆与固定供电装置之间的连接环节，其性能的优劣直接影响所取电流的可靠性，也直接影响了城轨车辆的工作状态。

受电弓是通过与固定导线的滑动接触而受流的，滑板的质量是影响受电弓受流质量的关键因素之一，优质滑板应满足以下要求：

（1）摩擦系数低，对接触导线及滑板自身的磨耗小。

（2）电阻率低，耐弧性强。

（3）力学性能好，能承受一定的冲击载荷。

（4）质量轻。

三、受电弓的基本要求

受电弓是车辆上非常重要的组件,它从接触网上获取额定电压 DC 1 500 V 向整个列车供电系统供电,同时通过再生制动系统将列车的动能转换为电能回馈接触网,供其他在线列车使用,起到双向传递枢纽的作用。由于受电弓与接触网是动态接触,同时接触网的高度不是一个固定值,这就对受电弓有很高的要求。

(1)滑板与接触导线接触可靠,其间应有一定的接触压力。

(2)升、降弓时不产生过分冲击,为此要求升降弓过程具有先快后慢的特点。即升弓时滑板离开底架要快,贴近接触导线要慢,以防弹跳(弹跳会产生弓网间的拉弧,从而造成弓网的烧损);降弓时滑板脱离接触导线要快(以防拉弧造成烧损),落在底架上要慢(防止对底架有过分的机械冲击)。

(3)运行中受电弓动作轻巧、平稳、动态稳定性好。

为了改善受电弓的动态特性,达到良好的跟随性,减少离线和拉弧,现在很多国家都在试验开发主动控制受电弓。所谓的主动控制受电弓就是在单臂受电弓模型的滑板下加装力传感器、加速度传感器和一个响应接触线高度变化和振动的执行器,底座上安装一个用于升降弓以及适应进出站线及隧道等接触线高度变化的执行器,将测得的弓网间的接触力反馈回控制系统去驱动执行机构,以调节接触压力。

四、受电弓的分类

1. 受电弓按结构分类

受电弓从结构上可分为单臂型和双臂型两种形式。

(1)双臂受电弓:双臂受电弓结构对称,侧向稳定性好,但结构复杂,调整困难。

(2)单臂受电弓:单臂受电弓结构简单,尺寸小,质量轻,调整容易,具有良好的动特性,高速时动态跟随性及受流特性较好,故而被现代城市轨道交通车辆和电力机车广泛采用。

2. 受电弓按驱动形式分类

受电弓从驱动形式上又可分为气动型和电动型,即依靠压缩空气驱动和依靠电机驱动两种。城市轨道交通车辆通常使用压缩空气驱动的单臂受电弓。压缩空气驱动的单臂受电弓可分为弹簧式和气囊式两种。

五、弹簧式单臂受电弓

受电弓通过绝缘子安装在电动车辆的车顶上,将电流从接触网传导到车辆上。

受电弓的动作原理

1. 基本结构

弹簧式单臂受电弓主要由底架、框架（构架）、滑板机构、传动气缸等部分组成，底架通过 4 个支持绝缘子安装在车顶上。广州地铁 4 号线（以下称广铁）每列车上有 2 个受电弓，位于 B 节车顶，其部件组成如图 8.1 所示。

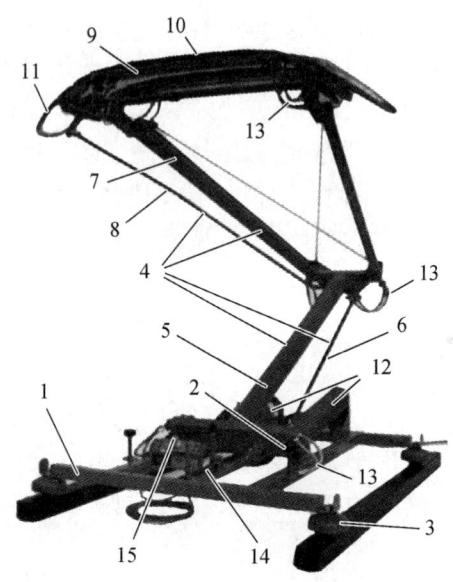

1—底架；2—高度止挡；3—绝缘子；4—框架（构架）；5—下臂；6—下导杆；7—上臂；
8—上导杆；9—弓头；10—接触滑板；11—弓角；12—升降装置；
13—电流传输装置；14—锁钩；15—最低位置指示器。

图 8.1　弹簧式单臂受电弓的部件组成

（1）底架。底架由方形管或型钢焊接而成，用于支撑整个框架。底架装有两组升弓弹簧，一端与梁相接，另一端与下臂杆相连。底架上还安装有铜接线排与连接列车主电源的电缆。底架是整个受电弓受流运动部件的安装基座，应具有足够的机械强度并能耐受一定电压的电气性能。广铁受电弓底架通过 4 个支持绝缘子安装在车顶，其外形如图 8.2 所示。

（2）高度止挡。高度止挡安装在受电弓两侧下导杆的侧下方，如图 8.3 所示。高度止挡用两个螺钉限制受电弓的升起高度，并使受电弓在垂向不会产生任何位移。高度止挡使受电弓的最大高度不超过 2 050 mm（从绝缘子的下边缘量起）。高度止挡的调整通过受电弓两侧的两个螺栓并用沉头螺母加以保证，在最高位置两个螺栓均同时与底架接触。

（3）绝缘子。绝缘子安装在底架上，一方面用于支撑底架，另一方面可将车体与受电弓进行电气隔离。所以绝缘子要求具有良好的电气绝缘性和机械性能，一般由瓷和玻璃纤维聚酯压制而成或由瓷和绝缘塑料压制而成。

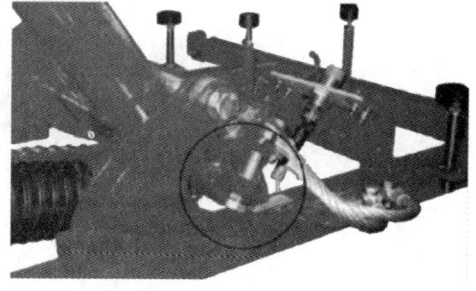

图 8.2　底架视图　　　　　　　图 8.3　高度止挡视图

（4）框架（构架）。受电弓框架用于安装弓头的零部件，且允许弓头在相关平面做垂向运动，保证碳滑板与接触网有良好的接触。接触网的高度变化由受电弓构架进行均衡，框架形成一个多边形连接。它由中心连接、下导杆、上导杆和下臂等组成，如图 8.4 所示。

（5）下臂。下臂由一个焊接钢管构成，包括中心连接支撑的所有部分，支撑点由密封的重型旋转头组成。

（6）下导杆。下导杆引导多边形接点，它由精密钢管组成。

（7）上臂。上臂为封闭的框架结构，如图 8.5 所示。上臂由拉伸型管、上臂十字管和上臂连接组成，主要作用是支撑下臂的旋转头和下导杆。

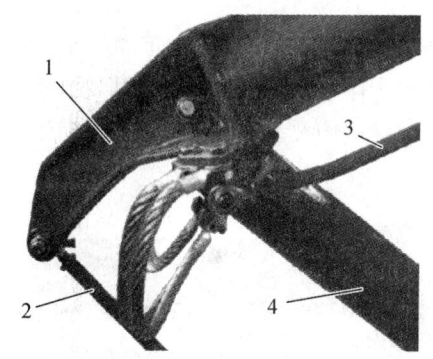

1—中心连接；2—下导杆；3—上导杆；4—下臂

图 8.4　构架视图　　　　　　　图 8.5　上臂视图

（8）上导杆。上导杆引导弓头，它由铝管制成。

（9）弓头。弓头是框架上的受电弓零件，如图 8.6 所示。它是直接与上部接触网相接触的部件。弓头的质量与受电弓框架相比应尽可能减小，接触滑板安装在簧片上，弓头安装在上臂的上部。弓头通过上部导向杆导向。

（10）接触滑板。接触滑板是上部接触网受电的部件，是弓头的一个局部，接触滑板由碳滑板和接触滑板固定器组成。由于滑板是直接与架空导线接触受流的部件，所以它是受电弓故障率较高的部件之一，常见的故障是磨耗到限和拉槽。

233

1—接触滑板；2—上导杆；3—端角。

图 8.6 弓头视图

（11）弓角。弓角是每侧接触滑板上向下弯的部件，如图 8.7 所示。由轻金属制成的弓角可以防止在接触网分叉处架空导线进入滑板底下，避免刮弓事故的发生。

（12）升降装置。升降装置控制受电弓框架接触滑板与上部接触网接触的范围，要求的提升力由气压传动装置产生，下降力由拉伸弹簧产生。升弓和落弓速度可通过节流阀来调节。

① 拉伸弹簧。为了提升受电弓并在碳滑板和上部接触网间产生接触力，在底架和下臂主轴间安装一拉伸弹簧（见图 8.8）。拉伸弹簧由一螺旋状的钢弹簧组成，弹簧力使滚子链在下臂产生一力矩，滚子链沿凸轮槽导向，且与下臂的主轴相链接，凸轮槽的形状改变了控制杆的有效长度，这样在整个工作范围内接触压力保持不变。

② 升弓传动装置。受电弓的升弓传动装置由弹簧式储能器缸、活塞、带有控制杆的活塞杆及带阀的风管组成。升弓传动装置的作用是在需要时，将受电弓从最低位置提升到上部接触网（通过允许压缩空气进入弹簧式储能器缸来完成）。压缩空气使活塞在弹簧式储能器中移动，受电弓的主要拉伸弹簧松开，使受电弓升高。

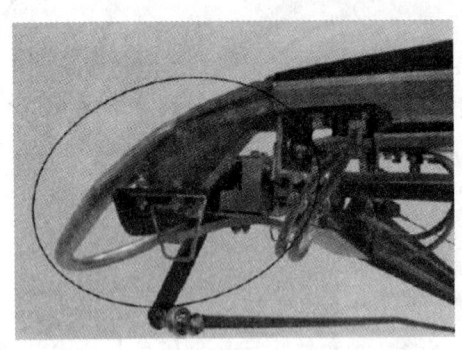

图 8.7 带端角的弓头视图

1—拉伸弹簧；2—气压升弓传动装置。

图 8.8 带有拉伸弹簧的升弓传动装置视图

③ 脚踏泵。受电弓工作是风缸压缩空气产生的，但在紧急情况时，压缩空气也可由脚踏泵产生。脚踏泵视图如图 8.9 所示。

（13）电流传输装置。从碳滑板至底架上的主连接器电流是通过受电弓框架及多芯导线来传导的，所有的轴承均通过绝缘安装来保护其免于电流负极冲击。

（14）锁钩。锁钩用螺栓固定在底架上且在最低位锁紧受电弓，如图8.10所示。锁钩在维修开始之前使用。开始维修前，必须将弓头固定在底架上，保证在维护时受电弓不会动作，维修结束后必须松开锁钩。

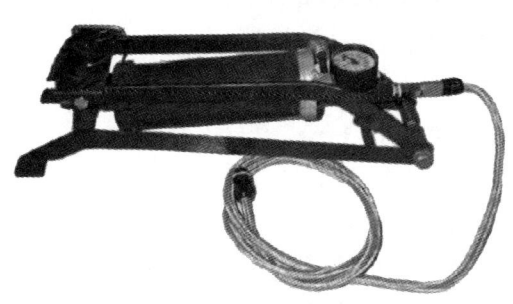

图8.9　脚踏泵视图

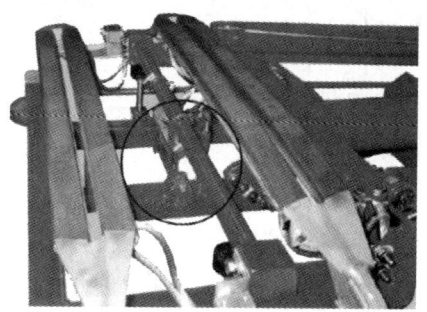

图8.10　维修时用于固定受电弓的锁钩视图

（15）最低位置指示器。最低位置指示器固定在底架上，如图8.11所示。当受电弓降到最低位置时，它向车辆发送一个电子信号，表示受电弓已经降落。

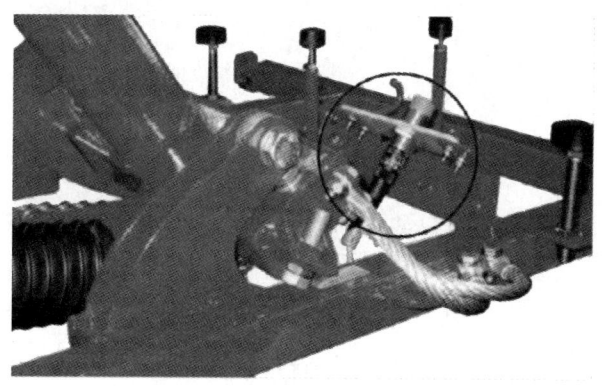

图8.11　最低位置指示器视图

（16）传动气缸。传动气缸安装在受电弓底架上，由电磁阀控制。传动气缸通过活塞杆带动与下臂杆连接的转轴来使受电弓动作。升弓和落弓速度可通过节流阀来调节。

2. 主要技术参数

广铁受电弓的主要技术参数如下。

（1）供电。

系统额定电压DC 1 500 V

额定运行电压　　　　　　　1 800 VDC（污染指数PD4，过电压级OV3）

运行电流　　　　　　　　　DC 1 400 A

起动电流　　　　　　　　　最大值为1 600 A（起动阶段的RMS电流约30 s）

最大电流　　　　　　　　　最大值为2 400 A

静态电流　　　　　　　　　最大值为460 A

（2）受流方式。　　　　　　　　　　受电弓上4根碳滑板

（3）受电弓主要尺寸。

最大提升高度　　　　　　　　　　2 880 mm – 25 mm

最低位置　　　　　　　　　　　　342 mm + 10 mm

最低位置的拉伸长度　　　　　　　约 2 880 mm

附属装置的纵向尺寸　　　　　　　约 1 300 ± 1 mm

横向　　　　　　　　　　　　　　1 200 mm ± 1 mm

接触条长度　　　　　　　　　　　800 mm ± 1 mm

弓头宽度　　　　　　　　　　　　1 550 mm

（4）受电弓逆着接触网导线的接触力。　120 N（可调范围 100 ~ 140 N）

（5）空气传动装置的压力。　　　　750 ~ 900 kPa

（6）空气传动装置。

升弓时间　　　　　　　　　　　　7 ~ 8 s

升弓高度　　　　　　　　　　　　2 050 mm

降弓时间　　　　　　　　　　　　7 ~ 8 s

（7）运行速度。　　　　　　　　　100 km/h

（8）质量　　　　　　　　　　　　190 ~ 195 kg

3. 动作原理

受电弓通过绝缘子安装在电动车辆的车顶上，当受电弓升起时，通过碳滑板与架空导线接触，将直流电通过车顶母线传送到电动车辆内，以供车辆用电。车辆运行时，碳滑板沿架空导线滑动并保持良好的接触。受电弓的升、降是司机通过操作受电弓控制开关进行控制的。受电弓一般设有机械止挡，以限制受电弓在无接触网区段上的垂直运动。

压缩空气驱动的单臂受电弓，正常情况下可通过压缩空气升起受电弓。受电弓的控制是通过电磁阀进行的。如果压缩空气驱动失败（即压缩空气压力不够），车顶的受电弓会在弹簧拉力下回到降弓位置。在这种情况下，广铁用安装在B节车电气柜中的脚踏泵可使受电弓升起。

1）升弓过程

升弓时，压缩空气经过节流阀进入传动气缸后，气缸活塞克服气缸内复位弹簧压力向左移动，通过下部导向杆使下部撑杆以顺时针方向向上运动。由于升弓弹簧的作用，下部撑杆做顺时针转动。同时，在上部导向杆的作用下，上部撑杆逆时针转动而升起。

受电弓升起后，碳滑板与接触网导线接触，接触网上的电流通过碳滑板、上部撑杆、下部撑杆被引到底部框架，然后由安装在底部框架上的列车电源电缆引入电动车辆内。

由于在受电状态下,电流会流经整个受电弓框架,为了防止电流流入轴承,在受电弓所有的铰链处都装有电桥连线(软编织导线),以避免轴承损坏。

2)降弓过程

降弓时,压缩空气从传动气缸经节流阀排出,气缸内复位弹簧伸张将活塞推向右方,带动下部导向杆向右移动,使下部撑杆做逆时针转动而迫使上部撑杆落下。

4. 维护和调试

以广州地铁 4 号线使用的单臂受电弓为例,说明弹簧式受电弓的维护与调试。

1)接触滑板

当碳滑板固定器上部边缘和碳滑板上部边缘间的距离最小为 5 mm 时需要更换滑板。以下条件时也需要更换滑板。

(1)碳被磨掉时。

(2)形成深槽时。

(3)变形或损坏。

所有的碳滑板厚度要均匀一致,升弓状态时 4 根滑板都能够与接触网接触。

2)接触压力(调整拉伸弹簧)

如需调节压力,先检查拉伸弹簧是否损坏及固定座的所有螺栓和螺母是否松动,如图 8.12 所示。

1—安装螺栓;2—沉头螺母。

图 8.12 设置接触压力

调整过程(需两个人):将受电弓提升到最大高度,在弓头十字管上加弹簧秤,慢慢将受电弓与接触网间的接触拉开并读取接触压力,松开沉头螺母(图 8.12 位置 2),旋转安装螺栓(图 8.12 位置 1),安装并检查拉伸弹簧的接触压力,完成要求安装的同时锁紧沉头螺母。

3)调整时间

受电弓压缩空气的气路如图 8.13 所示。升弓时间可用节气止回阀进行调整(图 8.13 位置 3),降弓时间可通过变阻塞进行调整(图 8.13 位置 5)。

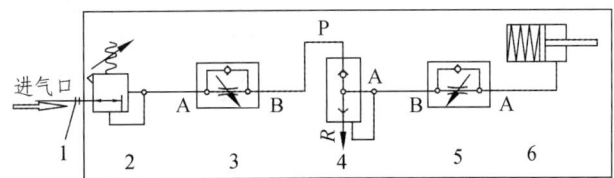

1—受电弓气压提升传动装置的连接点;2—降压阀;3—节气止回阀(升弓运动调整阀);
4—快速空气释放阀;5—节气阀止回阀(降弓运动调整阀);6—弹簧载荷缸。

图 8.13 受电弓压缩空气的气路示意图

（1）调整升弓时间。

调整过程如下：

① 受电弓必须处于最低位且必须切断压缩空气。

② 用秒表检查受电弓升到最高位所需的时间，如果升弓时间符合，不需要进一步调整；如果不符合，升弓时间需要重新调整。

③ 用节气止回阀调整升弓时间至需要的值（图 8.13 位置 3）。

④ 如果将节气止回阀的可变阻塞打开更大，就可以使气缸的气量在更短的时间内到达，升弓时间相应缩短。

（2）调整降弓时间。

调整过程如下：

① 用秒表检查受电弓降到最低位所需的时间，如果降弓时间符合，不需要进一步调整；如果不符合，降弓时间需要重新调整。

② 通过打开或关闭节气止回阀调整降弓时间至需要的值（图 8.13 位置 5）。

受电弓的缓冲原理

六、气囊式单臂受电弓

气囊式单臂受电弓主要由弓头、上框架、下臂杆、平衡杆、气阀箱装置、气囊升弓装置、支持绝缘子和底架等部件组成，其模型如图 8.14 所示。

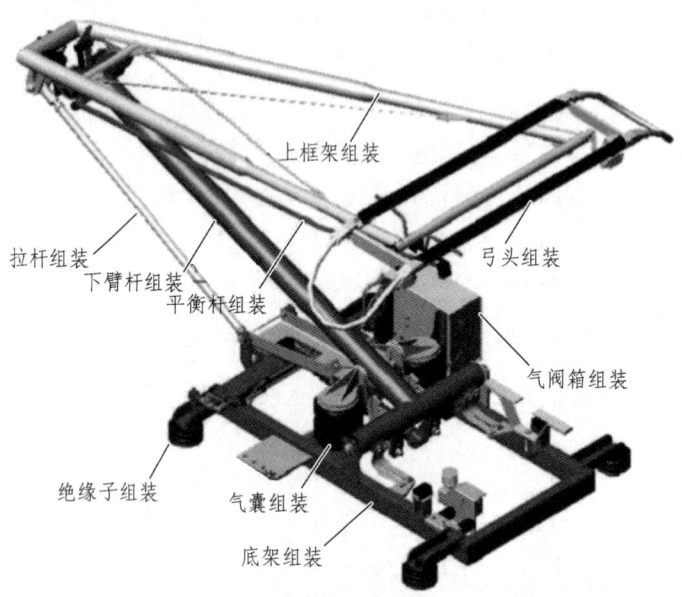

图 8.14　单臂气囊式受电弓模型

模型中的双气囊升弓装置，如图 8.15 所示。受电弓升弓时，气囊充气后胀起，通过钢丝绳带动下臂杆转动，从而实现受电弓升起运动；受电弓降弓时，气囊排气，受电弓靠重力下降。

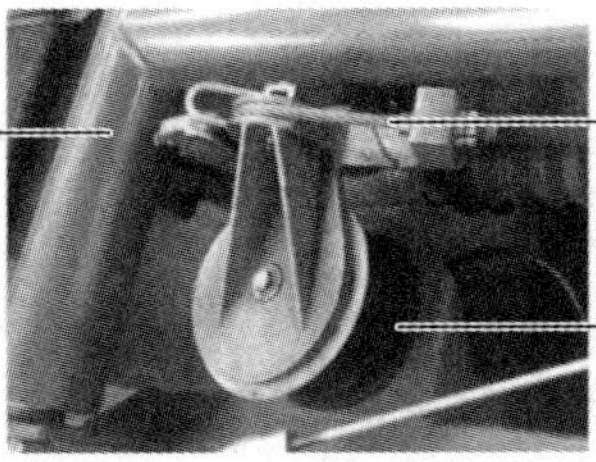

图 8.15 气囊升弓装置

下面介绍一种典型的城市轨道交通车辆用气囊式（单气囊）单臂受电弓。

西安地铁 2 号线安装的是上海天海公司生产的 QG-120（B-XAL2）型受电弓，具有结构简单、性能安全可靠、维护简单、日常维护工作量小等优点，在整个车辆速度范围内具有良好的空气动力学特性，可满足地铁车辆在地面、高架和隧道内线路运行车辆的使用要求。

1. 基本结构

QG-120（B-XAL2）型受电弓具有 ADD 自动降弓装置以及升降弓到位检测技术，其部件组成如图 8.16 所示。

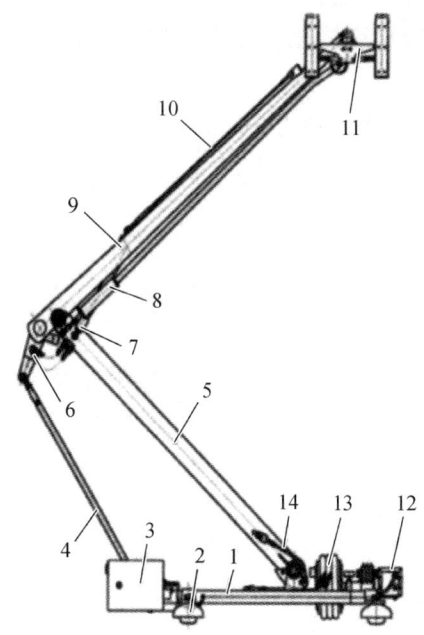

1—底架；2—绝缘子；3—气源控制箱；4—拉杆；5—下臂杆；6—软连接线；
7—液压阻尼器；8—平衡杆；9—上臂杆；10—调整钢丝；11—弓头；
12—电气控制箱；13—气囊；14—钢丝绳。

图 8.16 气囊式单臂受电弓部件组成

（1）底架。底架安装在车顶，为了增大强度，底架采用无缝矩形管材料焊接而成。

（2）上、下臂杆。上臂杆采用高强度的铝合金材料，受流性能明显增强，且质量减轻，同时不会影响强度；下臂杆采用无缝钢管经机械加工后焊接而成，采用转动轴承技术使受电弓的转动更加灵活。

（3）气囊。受电弓的升弓动力来源于气囊，当车内压缩空气进入气囊后，气囊向水平方向移动，安装在气囊前推板上的钢丝绳推动下臂杆旋转使受电弓升起。

（4）液压阻尼器。受电弓的缓冲是通过安装在下臂杆和上臂杆的液压阻尼器来实现的，通过液压阻尼器使弓头的碳滑条有很好的随网性。

（5）拉杆。拉杆是由无缝不锈钢管和重型自润滑的关节轴承组合而成。当拉杆绕底架的回转中心转动时，受电弓弓头的位置被改变。

（6）平衡杆。平衡杆使受电弓在整个工作高度范围内（包括升到最大高度）保持水平，在车辆运动过程中通过缓冲调整装置，消除外力对弓头在运动过程中的干扰。

（7）受电弓气源控制箱。气源控制箱安装在受电弓底架上，主要由控制箱体、过滤器、精密调压阀、节流阀和快排气阀等组成。精密调压阀具有很高的灵敏度，可在 $0.01\sim1.0$ MPa 内调节受电弓静态压力。

（8）软连接线。为了避免电流直接通过受电弓转动部分，在受电弓的每个转动部位都加装了一定数量的软连接线，使电流通过软连接线流过，对转动部件起到保护作用。

（9）弓头总装。弓头采用两根滑板条，同时横托架内设有减振弹簧。受电弓在工作时可有效地保护滑板条。

2. 动作原理

受电弓的升、降动作主要通过空气回路进行控制。

1）升弓过程

当在司机室按下升弓按钮，受电弓控制气路中的电磁阀得电，压缩空气通过受电弓气阀箱进入气囊升弓装置，气囊膨胀并推动钢丝绳带动下臂杆运动。下臂杆在拉杆的协助下托起上臂杆和弓头，弓头在平衡杆的作用下，在工作高度范围内始终保持平衡状态，并按规定的时间平稳地升至网线高度。此时，弓头上的滑板与接触网线接触并保持在设定的接触压力，完成升弓过程。整个升弓过程要求受电弓的运动平稳，不对架空接触线产生有害的冲击。

弓头与接触网接触后，电流将依次通过碳滑板、弓头电流连接组装、受电弓框架等部件传导到底架，最后由底架上的接线端与接线端相连接的主电缆，将电流传送到车内牵引系统和辅助系统。

2）降弓过程

当在司机室按下降弓按钮，电磁阀失电，电磁阀对受电弓的供风被切断，受电弓气路中的压缩空气通过电磁阀排向大气。受电弓在重力作用和阻尼器的辅助作用下平稳地落在底架的橡胶止挡上，完成降弓动作，从而使接触网与车辆之间的电力源供应被切断。整个降弓过程在规定的时间完成，并且受电弓应运动平稳，对底架和车顶无有害冲击。

3．技术参数

QG-120（B-XAL2）型受电弓主要技术参数如下：

额定电压	DC 1 500 V
网线电压变化范围	DC 1 000 ~ 1 800 V
额定电流	1 500 A
最大工作电流（14 s）	2 800 A
最大停车电流	460 A
适用速度	≤120 km/h
额定静态压力	120 N ± 10 N
静态压力调整范围	70 N ~ 140 N
升弓时间	≤8 s
降弓时间	≤8 s
额定工作气压	0.45 MPa
最小工作气压	0.32 MPa
碳化条数量	2 根

4．维护和调试

受电弓在使用前和运营管理中均要进行维护和调试，以保证受电弓安全可靠地工作。

1）受电弓的日常调试

（1）弓头碳滑条。

日常检修中目测检查弓头碳滑条时，应观察碳滑条是否损坏或者磨耗到限，预计碳滑条的使用寿命。弓头各个碳滑条之间是否存在磨耗不均匀现象，如果存在，应对碳滑条进行平行调整，使各个碳滑条与接触网接触的平面基本水平，保证每根碳滑条都能和接触网线很好地接触。如果碳滑条磨损到 5 mm，要及时更换。弓头碳滑条更换时应同时将所有的碳滑条全部予以更换。碳滑条更换后应检查受电弓的静态压力，根据需要进行调整。

（2）轴承。

每次检查和更换滚动轴承时，应使用 ShellAlvaniaRL3 润滑油脂进行润滑。如果轴承转动不灵活，出现卡滞现象，应检查出现卡滞现象的原因。对于损坏的轴承应予以更换，出现油污的轴承应用清洁剂清洗后安装。所有的滚动轴承和拉杆的关节轴承 60 个月润滑一次。

(3)液压阻尼器。

将液压阻尼器拆下进行压缩和拉伸试验,检查有无卡滞现象和漏油现象,如果需要应进行更换。

(4)绝缘子、绝缘气管。对车顶和受电弓的绝缘子和绝缘气管进行清洁处理,使绝缘子和绝缘气管保持干净。

(5)受电弓气源控制箱。在每次全面检查时,应对气源控制箱的安全阀进行调整;检查精密减压阀的压力是否在额定值,如果需要应进行调整;升弓和降弓时间有所变化,应对控制箱中的节流阀进行调整;每年应对安全阀进行试验,确保安全阀的可靠性。

2)受电弓故障后的维护和检测

当发生弓网故障,造成受电弓碳滑条、弓头、上框架等零部件变形或损坏,应将受电弓从车顶拆下,进行全面检修或更换零部件,检修完成后在专用试验台上进行例行试验,包括动作试验、弓头自由度测量、气密性试验、静态压力特性试验,试验合格后方可装车交付使用。

3)参数调整

受电弓与接触网的接触压力以及升降弓时间是受电弓两个非常重要的参数,对于维修人员来说,这些数据日常维护时都必须进行测量并进行相应的调整。

(1)静态接触压力的调整。

受电弓组装完后或弓头碳滑板条更换后需要对静态压力进行调整。静态接触压力在受电弓专用试验台上进行调整,如果车顶作业时则使用弹簧秤进行测量。

受电弓静态接触压力能直观地反映受电弓碳滑板和接触线间的接触情况,它符合正态分布规律,在一定范围内波动。如果太小会增加离线率;如果太大,会使碳滑板和接触线间产生较大的机械摩擦。为了保证受电弓具有稳定的受流质量,西安地铁2号线弓网接触压力为(120±10)N。当测量接触压力不符合要求时,可通过控制阀板上的精密减压阀进行调整,顺时针或逆时针方向旋转精密减压阀的手轮。控制阀板气路如图8.17、8.18所示。

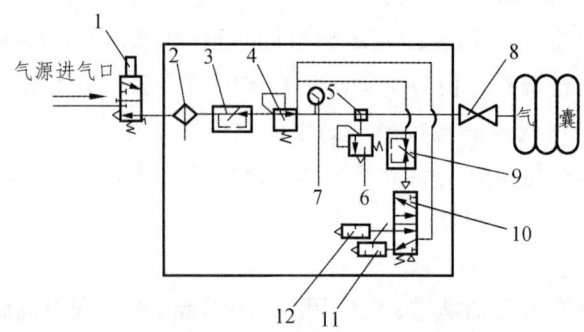

1—电磁阀;2—空气过滤器;3—节流阀;4—精密减压阀;5—三通座;
6—安全阀;7—压力表;8—球阀;9—节流阀;10—换向阀;
11—消声器;12—消声节流阀。

图8.17 控制阀板气路简图

图 8.18 控制阀单元

注意：调整结束后将精密减压阀手轮上的螺母锁紧，以防止车辆运行过程中精密减压阀的压力发生变化，影响受电弓的标准静态接触压力值。

（2）升降弓时间的调整。

西安地铁 2 号线升降弓时间为≤8 s。当在检测时发现升弓时间>8 s 时，可通过调整图 8.17 控制阀板上的节流阀 3 进行调整；当降弓时间>8 s 时，可通过控制阀板上的节流阀 9 进行调整。调整后，确保受电弓弓头从离开止挡开始动作到最高工作位置的时间≤8 s，且对接触网无有害冲击。同时，受电弓从最高工作位置下降到静止位置的时间≤8 s，且对车顶无有害冲击。

注意：调整结束后将节流阀 3 和节流阀 9 的紧固螺母锁紧；调整时间可用计数秒表验证。

思考与练习

一、填空题

1. 我国城市轨道交通将_____和_____列为直流牵引供电系统的标准电压等级。
2. 要求升降弓过程具有_____的特点。
3. 受电弓从驱动形式上又可分为_____型和_____型。

二、判断题

1. 压缩空气驱动的单臂受电弓，正常情况下可通过压缩空气升起受电弓。（   ）
2. 城市轨道交通车辆通常使用电动机驱动的单臂受电弓。（   ）
3. 当碳滑板固定器上部边缘和碳滑板上部边缘间的距离最小为 5 mm 时需要更换滑板。（   ）
4. 受电弓升弓时间通常为 7~8 s，降弓时间为 5~6 s。（   ）

三、综合分析题

1. 探讨调整受电弓升弓时间和降弓时间的方法。
2. 分析受电弓的升弓过程和降弓过程，总结升弓和降弓的注意事项。

任务二　集电靴

任务目标

（1）掌握集电靴的功能、结构和动作原理；
（2）熟悉集电靴的主要技术参数；
（3）了解集电靴的外观，明确集电靴的安装位置；
（4）提升查找资料、整理资料、运用资料的能力。

任务内容

受流装置有集电靴从第三轨受流和受电弓从架空接触网受流两种方式，由于城市轨道交通线路大多穿越城区，往往需要设在地下，且速度要求不高，从安全性、经济性和对城市景观影响等方面考虑，更趋向于集电靴从第三轨受流方式。

集电靴又名取流靴，为列车从刚性供电轨（第三轨）进行动态取流（采集电流），满足列车电力需求的一套动态受流设备。

接触轨是沿轨道线路敷设的与轨道平行的附加导电轨，所以又称为第三轨或简称为三轨。第三轨一般安装在线路行车方向的左侧。接触轨材料一般采用低碳钢或钢铝复合材料。

一、安装位置

集电靴安装在车辆转向架构架两侧靠车辆外侧中部的位置。它在使用时放下，不用时收起，犹如飞机的起落架。所有动车转向架构架均装有两套受流器，而拖车仅一台转向架装有两套受流器。每个受流器的安装托架用 4 个螺栓固定在转向架构架的侧梁下面。

受流器的布置原则是保证列车在断电区仍能满足列车的供电要求。对于三动三拖六节编组的 B 型车，每列车共装有 12 个受流器，有两种布置方式。一种是将所有受流器安装在动车转向架上，如图 8.19 所示。另一种布置方式是其中 3 个动车 M 共装有 8 个受流器，拖车不安装受流器，带驾驶室的拖车 Tc 车共装有 4 个受流器。受流器的布置情况如图 8.20 所示。

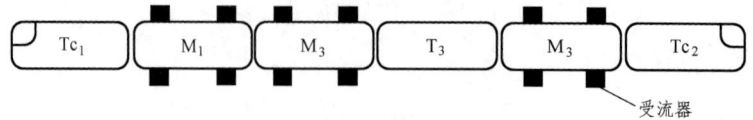

图 8.19　集电靴受流器布置图 I

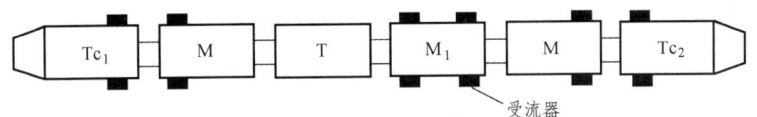

图 8.20 集电靴受流器布置图 Ⅱ

显而易见，第二种受流器布置方式比第一种布置更加分散，但两种方式均能确保列车顺利通过第三轨断电区。无论是哪种布置方式，受流器之间均为并联连接，当任意一个受流器接地时，只需隔离该受流器，即可解除故障。

二、分类及其特点

电动客车转向架构架伸出的集电靴，通过与第三轨接触而取得电能。根据集电靴受流位置的不同，可分为上部受流、下部受流和侧部受流 3 种形式，如图 8.21~图 8.23 所示。国内应用较多的是上部受流和下部受流方式。

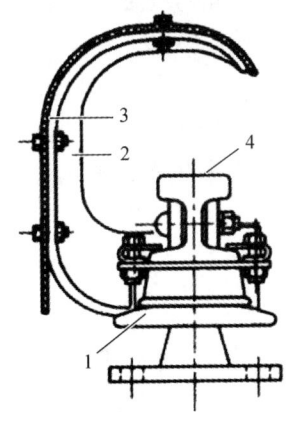

1—瓷绝缘子；2—玻璃钢防护支架；
3—玻璃钢防护罩；4—接触轨。

图 8.21 上部受流接触轨示意图

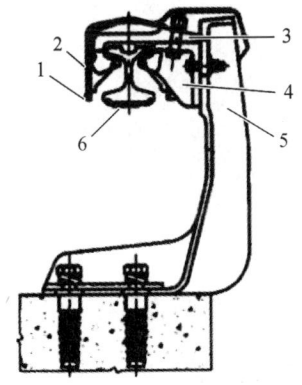

1—支架防护罩；2—接触轨防护罩；3—绝缘支架上部；
4—绝缘支架中部；5—绝缘支架下部；
6—钢铝复合接触轨。

图 8.22 下部受流接触轨示意图

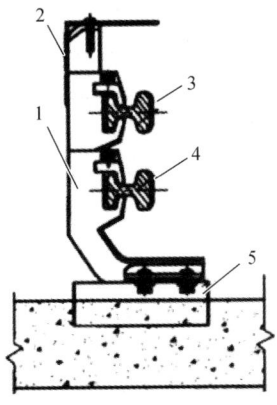

1—整体绝缘支架；2—防护罩；3—回流轨；4—牵引轨；5—底座。

图 8.23 侧部受流接触轨示意图

1. 上部受流

集电靴从上向下压向第三轨轨头，从第三轨顶面受取电流。受流器的接触力是由下作用弹簧进行调节的，受流平稳。由于接触轨端部弯头的过渡作用，能够减少在断电区的电流冲击。北京地铁1、2、4、5、10、13号线和八通线均采用上部受流方式。

上部受流的主要特点：
（1）施工简单、费用较低。
（2）受流接触面积大且磨损小。
（3）检修方便、维护简单、寿命长。
（4）线路速度不能太高。

2. 下部受流

第三轨的轨面朝下安装，车辆受流器通过与接触轨的下底面接触而受取电流，如图8.22所示。天津地铁1号线，武汉轨道交通1号线，广州地铁4、5、6、14、21号线均采用下部受流方式。

下部受流的主要特点：
（1）防护罩从上部通过橡胶垫直接固定在第三轨周围，安全性好。
（2）表面灰尘、杂物少，能遮挡雨雪，有利于防止下雪和冰冻造成的取流困难，受流效果比较好。
（3）安装结构较复杂，费用较高。

3. 跨座式单轨受流装置

重庆地铁2号线采用的是跨座式单轨DC 1 500 V接触轨系统，其特点是接触轨悬挂安装在轨道梁两侧，组成供电电路。跨座式单轨受流器安装在车辆两侧，与轨道梁两侧的刚性接触网接触并受流。与其他轨道交通系统不同的是，接触轨和车辆受流器被列车金属外壳包裹。

受流器与接地装置属于转向架中的一部分，车辆的正、负极集电装置安装在车体两侧稳定轮支架上，分别与轨道梁两侧正、负极导电轨接触。集电装置采用Z字形导电弓，它可沿架设在轨道梁侧面的导电轨侧面滑动。接地装置与设在站台的轨道梁侧面的接触板接触，将滞留在车辆上的电流进行放电。

三、技术参数

1. 上部受流器的主要技术参数

额定电压	DC 750 V
额定电流	DC 600 A
接触板在正常位置时的工作压力	120～180 N
材料	铸造铝青铜

抗拉强度 　　　　　　　　　　　　　≥500 MPa
耐磨性能 　　　　　　　　　　　　　在额定压力范围使用寿命≥$6×10^4$

2. 下部受流器的主要技术参数

额定电压 　　　　　　　　　　　　　DC 750 V
额定电流 　　　　　　　　　　　　　DC 600 A
接触板在正常位置时的工作压力 　　　120～180 N
材料 　　　　　　　　　　　　　　　石墨
耐磨性能 　　　　　　　　　　　　　在额定压力范围使用寿命≥$6×10^4$

3. 典型集电靴的技术参数

集电靴与接触轨（第三轨）的接触压力 　120±24 N
新集电靴碳滑板接触表面 　　　　　　　184.5 cm^2
集电靴升靴高度 　　　　　　　　　　　252～262 mm
集电靴降靴高度 　　　　　　　　　　　145.5～155 mm
集电靴熔断器参数 　　　　　　　　　　（1）DC 1 900 V；（2）600 A
集电靴质量 　　　　　　　　　　　　　32 kg
熔断器箱质量 　　　　　　　　　　　　7.8 kg

四、集电靴的组成

集电靴主要由绝缘底座、机架、气动升降装置、拉簧压力系统、调整齿板、升降靴止挡、受流臂、碳滑板和各连接部件等组成，如图 8.24 所示。

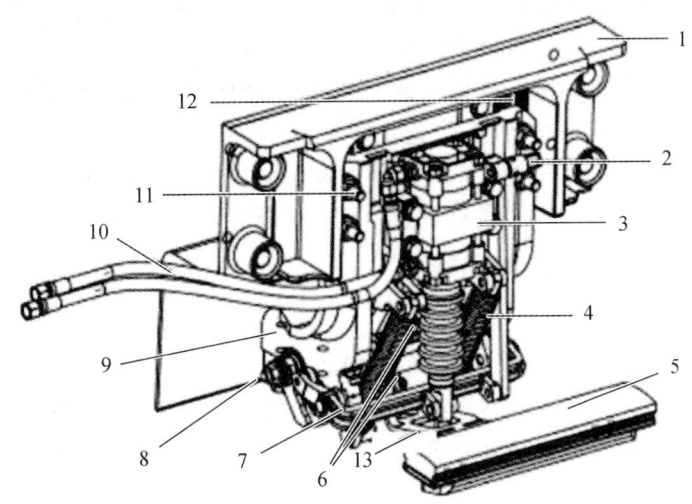

1—绝缘底座；2—手动回退工具插入位置；3—气动回退装置；4—拉簧压力系统；
5—碳滑板；6—集电靴止挡；7—回退柄；8—臂轴；9—调整（绝缘）支架；
10—气管；11—调整螺栓；12—调整丝槽；13—受流臂。

图 8.24　集电靴结构图

1. 主要部件功能

（1）绝缘底座。负责承载集电靴的其他元件。底座为螺栓连接型板状结构，采用这种结构可以避免元件发生焊接变形和焊缝边缘区域的稳定性降低。

（2）调整（绝缘）支架。通过调整螺栓 11 可以整体调整集电靴高度，主要是调整臂轴 8 的高度。

（3）调整丝槽。调整丝槽共有 20 个槽，每个丝槽距离为 4 mm，调整范围为 80 mm，这主要是针对列车轮对磨耗来设计的，因为列车新轮直径为 730 mm，半磨耗为 690 mm，全磨耗为 650 mm，即轮对磨耗范围是 80 mm，当列车轮对有磨耗时，可以通过调整集电靴在丝槽上的位置来调整集电靴臂轴的高度，保证臂轴高度在（183±4）mm。

（4）手动回退工具插入位置。集电靴受流器配备了手动回收操作装置，可以进行集中回收操作。同时也配备了绝缘操作手柄。需要时，用户也可以手动操作，将绝缘操作手柄（快速分离钩）的钩头插入受流器手动回退工具插入位置，向上提起，完成集电靴碳滑板与第三轨的分离；也可通过绝缘操作手柄完成已隔离集电靴的降靴操作。

（5）拉簧压力系统。用来保持集电靴升靴所需的力，是由 2 个弹簧和 2 个弹性铰键轴承组成的机构，用于保证滑块磨损后，其余第三轨的压力不受影响，仍然保持恒定压力。

（6）受流臂。采用弱连接结构，当碳滑板在运动轨道上遇到意外障碍时，为了保护整个受流器和与之安装的转向架，首先断裂的是集电靴靴臂，而不影响车辆的正常运行。

（7）集电靴止挡。集电靴止挡主要用来调整集电靴升降靴的极限高度，有升靴止挡和降靴止挡。集电靴升靴止挡有刚性止挡和橡胶止挡，刚性止挡起主要的止挡作用，橡胶止挡主要起缓冲作用。因为受流臂很长，所以橡胶止挡最好高于刚性止挡 5 mm。

（8）气动回退装置。主要由集电靴气缸和回退柄组成，气动控制集电靴升降。

受流器具有回位和锁定功能，锁定功能是为了保证有缺陷的受流器与第三轨脱离（脱靴）。列车在运行时，可能会发生各动力单元主电路对地绝缘故障或受流器故障，此时需将故障单元的各受流器进行有效隔离（脱靴），使其不影响在线其他列车正常运营，以便应用其他动力单元运行至检修库。

2. 供风单元箱

集电靴供风单元箱主要由 2 个二位五通的脉冲电磁阀、1 个过滤减压阀及 5 个截断塞门（球阀）集成在一个气路阀板上，其供风气路如图 8.25 所示。折断塞门 Y05、Y06 分别对应集电靴的收靴口和升靴口。

3. 熔断箱

为了防止短路，保护车体和转向架，集电靴上部安装有熔断器，如果短路电流超过熔断器的分断能力，熔断器熔丝会熔断，从而保护了其他电气部件。例如，避免由于车辆牵引系统短路造成的损坏。

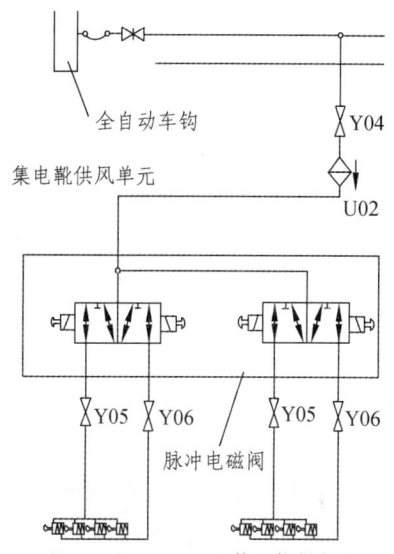

Y04—总进气口；Y05、Y06—折断塞门；U02—过滤减压阀。

图 8.25 集电靴供风气路示意图

五、基本工作原理

1. 供风单元电磁阀的工作原理

集电靴供风单元主要由 2 个二位五通的脉冲电磁阀集成在一个阀板上。二位五通的脉冲电磁阀结构如图 8.26 所示。

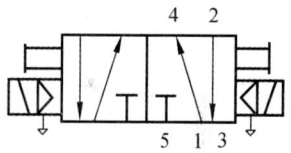

1—进气口；2、4—工作口；
3、5—排气口。

图 8.26 二位五通的脉冲电磁阀结构

动作原理是：压缩空气通过进气口进入电空电磁阀，当其中一个线圈带电，另一个线圈失电时，电磁阀的阀芯被线圈的磁力吸引，产生动作，相应位置的工作口与进气口导通，与其相应的排气口关闭，同时另一个工作口关闭，相应的排气口导通；线圈通电方式转换后，铁心变换移动到另一端，各气孔的导通方式随之变换。这时，电磁阀控制的气动执行结构改变动作，进入另一个工作状态。

2. 过滤减压阀的工作原理

压缩空气通过进气口进入过滤减压阀过滤部分，然后进入减压阀部分，上方为调整弹簧的作用力，下方为系统需用风压。

当需用风压低于调整弹簧的压力时，调整弹簧将膜板往下压，并迫使阀杆将供气阀口打开，总风由此充入需用风处，同时另一路经过缩孔进入膜板的下方处，此时减压阀是充气状态。

249

当膜板的压力高于弹簧压力时,压力空气推动膜板上移,打开排气阀,则需用风压逐渐降低,调整弹簧又推动膜板下移,直至排气阀被阀杆关闭,需要风压减压停止。此时,减压阀呈中立状态。

3. 集电靴升降原理

集电靴升降靴原理电气部分不做分析,此处简单介绍集电靴升降靴时的机械动作。在集电靴升降靴的过程中,脉冲电磁阀通过阀芯的动作控制进气口与工作口的导通,从而来控制集电靴气管哪一根是进气管、哪一根是出气管。例如,升靴时,脉冲电磁阀一个线圈得电,另一个线圈失电,此时上面的气管为进气管,下面的气管为出气管,即集电靴气缸上部充气。集电靴气缸的活塞下移,带动回退柄上移(顺时针转动),则集电靴轴向逆时针转动,从而带动集电靴悬臂向上提升,即升靴。集电靴降靴的过程相反,即集电靴气缸下部进气,集电靴气缸活塞上移,回退柄下移(逆时针转动),臂轴顺时针转动,集电靴悬臂下降,即降靴。

思考与练习

一、填空题

1. 接触轨又称为_____,简称为三轨,一般安装在线路行车方向的_____侧。
2. 集电靴安装在车辆转向架构架_____的位置。

二、简答题

1. 我国地铁哪些线路采用第三轨供电,集电靴受流器方式?
2. 简述集电靴升降靴时的机械动作。

任务三 高速断路器

任务目标

(1)掌握高速断路器的功能、结构和动作原理;
(2)熟悉高速断路器的主要技术参数;
(3)了解高速断路器的外观,明确高速断路器的安装位置;
(4)学以致用,提高解决实际问题的能力。

任务内容

高速断路器是一种能对电路进行控制(分断、闭合)和保护的高压电器。它有断弧能力,可以切断负载电流和短路电流。在列车运行过程中,高速断路器跳开的主要原因有:列车超速、列车牵引系统出现故障、网压过压或欠压、线路过流及 ATP 系统故障等。

一、电空式快速断路器

电空式快速断路器主要用于城市轨道交通车辆主回路的过载及短路保护,其结构如图 8.27 所示,主要由气缸传动装置、动、静触头组、磁吹灭弧系统及快速过电流脱扣机构等组成。

电空式快速断路器是由电空阀控制接通和分断电路,其工作原理如下:电空阀得电时,压缩空气进入传动气缸,推动活塞、活塞杆上移,动、静触头闭合接通主电路。电空阀失电时,气缸排气,活塞杆带动动触头下落,断路器分断主电路。

当主回路过载或短路,流过电磁铁及静触头的电流达到断路器脱扣电流整定值时,脱扣机构的电磁铁克服拉簧拉力而吸合,通过杠杆、拨叉拉动偏心凸轮,凸轮的凸出部分与活塞杆的沟槽分离,使得动触头在两侧拉簧的作用下与静触头快速分断。此时,虽然风缸还处于合闸状态,但由于偏心凸轮的位置已经变化,即向后移动了凸出部分,所以动触头可以落下。

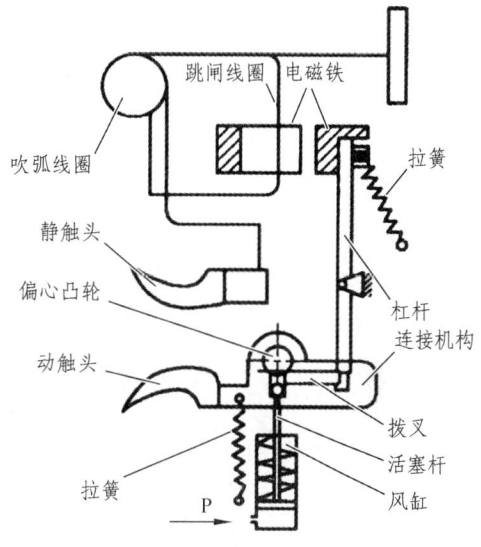

图 8.27 快速断路器结构示意图

由于偏心凸轮两侧装有扭簧,所以在过流跳闸完成后,必须使风缸电空阀失电,活塞杆下落,偏心凸轮在扭簧的作用下,恢复到初始状态,才能够再次合闸。

二、电磁式高速断路器

电磁式高速断路器是一种用来通、断高压电气回路电流的保护电器,当列车主回路出现故障时,高速断路器能快速将电流断开,以保护设备的安全。其结构与电空式快速断路器结构基本相同,只是传动装置(操作机构)不同。其工作原理如下:

1. 合闸动作

电磁式高速断路器结构及合闸动作原理如图 8.28 所示。操作机构的电磁线圈 1 得电,可动铁心 2(衔铁)被固定铁心 3 吸引,可动铁心端部的转轴 4 和杠杆 5 绕转轴 6 旋转,连杆 7 向上移动,使控制杆 8 旋转的同时,可动触头台支架 11、可动触头台 12、动触头 13 随着旋转,使动触头 13 与固定主触头 22 处于闭合状态。

2. 正常分断动作

电磁式高速断路器的结构及正常分断动作原理如图 8.29 所示。当吸引线圈断电时,在反力弹簧 14 的作用下,可动触头台 12、可动触头台支架 11、控制杆 8 一起反时针旋转,使动触头 13 与固定主触头 22 分离,完成了正常分断动作。

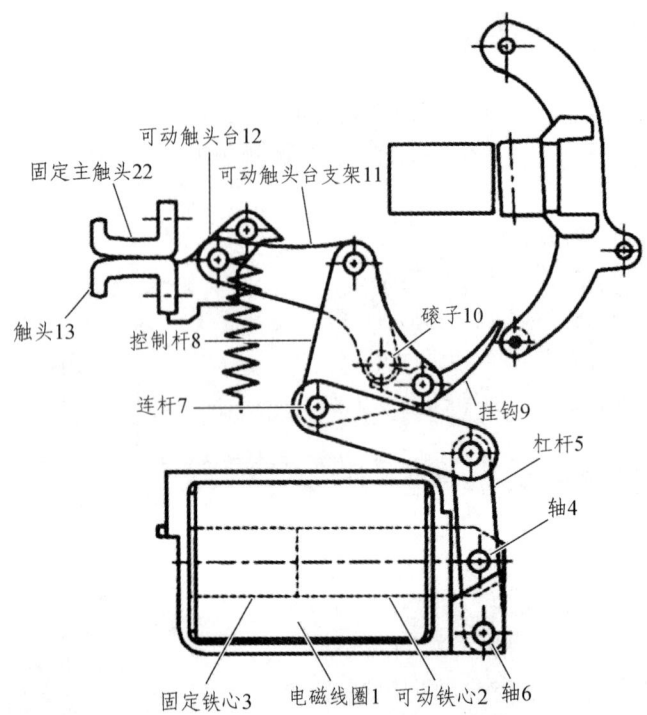

图 8.28　电磁式高速断路器的结构及合闸动作原理示意图

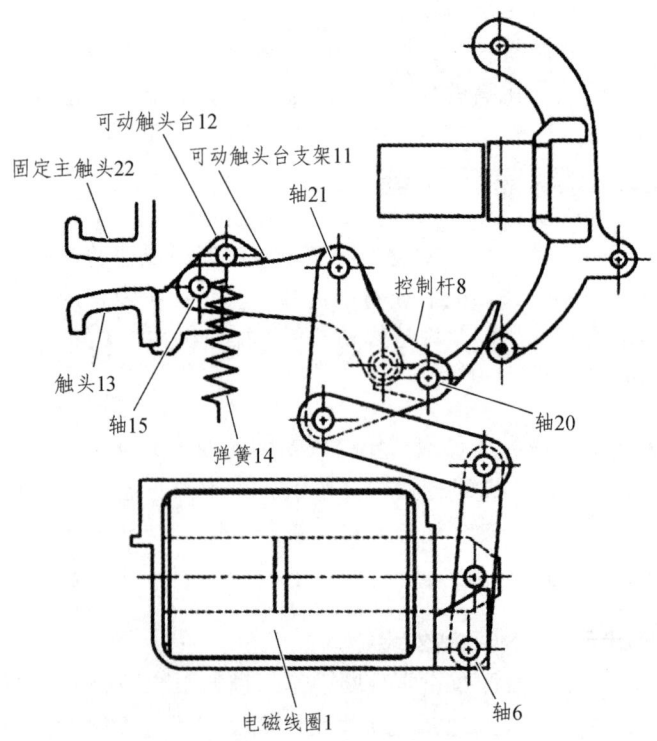

图 8.29　电磁式高速断路器的结构及正常分断动作原理示意图

3. 过流分断动作

电磁式高速断路器的结构及过流分断动作原理如图 8.30 所示。当流过触头及脱扣电磁铁线圈电流超过整定值时，脱扣电磁铁 16 吸引动铁心 17，使脱扣杆 18 沿顺时针方向旋转，其端部磙子 19 撞击挂钩 9 的端部，造成挂钩 9 绕轴 20 为中心反时针旋转，致使与磙子 10 解锁。这样可动触头台支架 11、可动触头台 12 在反力弹簧 14 的作用下反时针旋转，使动触头 13 与固定主触头 22 分开，完成了过电流脱扣的动作过程。

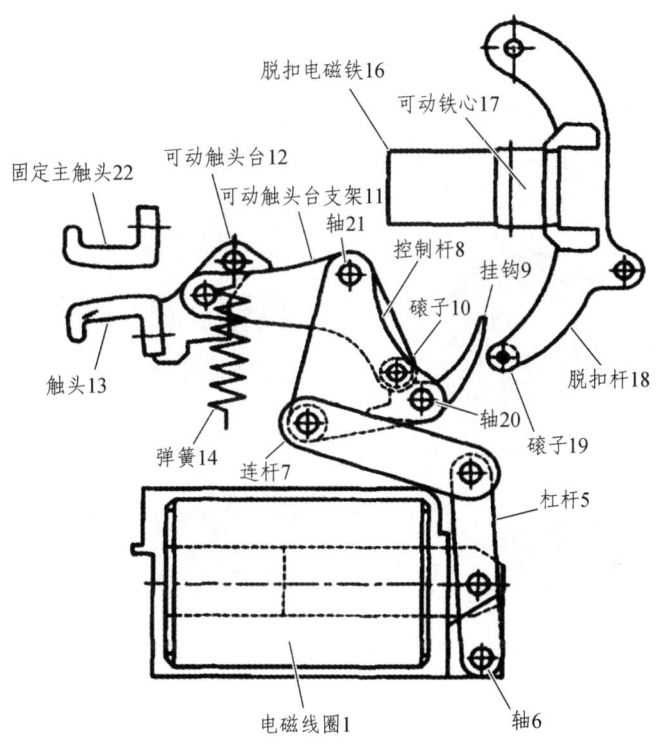

图 8.30　电磁式高速断路器的结构及过流分断动作原理示意图

4. 复位动作

电磁式高速断路器的复位动作原理见图 8.30。在过电流脱扣状态下，若电磁铁吸引线圈断电，在反力弹簧 14 作用下，杠杆 5 绕着轴 6 旋转。连杆 7 向下移动，使杠杆 8 以转轴 21 为中心旋转，回到正常分断状态，为再次合闸动作做好准备。

三、机械式高速断路器

下面介绍一种典型的城市轨道交通车辆用机械式高速断路器。
UR6 型断路器是一种空气自然冷却的直流快速断路器。这是一种双向、单极单元，采用电磁吹弧、电动操作系统、直流瞬时过流脱扣、间接快速脱扣和空气自然冷却方式等技术，可在极短的时间内（1 000～6 000 A 的断路器，响应时间仅为几毫秒）对检测到的过载电流作出反应，在保证自由脱扣、快速分断的同时，还可在分断过程中迅速将恒定过电压产生的电弧熄灭。除此，UR6 型断路器还具有对地绝缘等级高、分断容量大、不受气候影响、使用寿命长、易于维护、尺寸小等诸多优点，尤其适用于保护轨道交通车辆上直流回路中的电气设备，在城市轨道交通中得以广泛地应用。城市轨道交通车辆使用的有瑞士赛雪龙（HECHERON）生产的断路器 UR 系列（500～4 000 A）和 HPB 系列（4 500 A、6 000 A）两种。

1. 基本结构

UR6 型断路器总体由下半部分的器身和上部的灭弧罩两大部分组成，通过 4 个螺栓和自锁螺帽将灭弧罩固定在器身上。其基本结构如图 8.31 所示，主要为绝缘架 1、主回路 2、过流脱扣装置 3、灭弧罩 4、合闸装置及拨叉 5 和辅助触点组件 6 共六大部分构成。

1—绝缘架；2—主回路；3—过流脱扣装置；4—灭弧罩；
5—合闸装置及拨叉；6—辅助触点组件。

图 8.31　UR6 型断路器总体结构

1）器　身

（1）绝缘架。绝缘架 1 是由增强型绝缘材料——玻璃纤维构成的，它是整个断路器的骨架，对其他部件起到固定、支撑作用。

（2）主回路。主回路的组成结构如图 8.32 所示，主要由下连接铜排 1、动触头 2、上连接铜排 3、带引弧角的静触头 4 以及另一侧的引弧角 5 等组成。

静触头是由镀铜的银镉氧化物铸成，它和纯铁制成的灭弧角均由上部的连接铜排 3 所

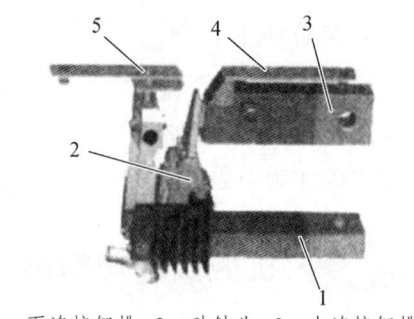

1—下连接铜排；2—动触头；3—上连接铜排；
4—带引弧角的静触头；5—引弧角。

图 8.32　主回路结构图

支撑，在连接铜排的半尖顶周围有一个由纯铁的绝缘心和两块铁板构成的磁吹电路，当有电弧形成时，可在起弧区域内形成一个较强的磁场区域，起到电磁吹弧的作用。在动触点一侧，还有一个纯铁制成的引弧角 5，在断流过程中形成的电弧"跨接"在上面。动触头放大结构如图 8.33 所示。触头 2 镶嵌在下连接端子凹槽 5 内，导向装置 1 上端通过架杆镶嵌到动触头凹槽 3 中，下端连接端子安装到枢轴轴承 4 中，将导向装置与动触头相连接，在上下两连接板之间，电流通过主触点在主电路内传输。

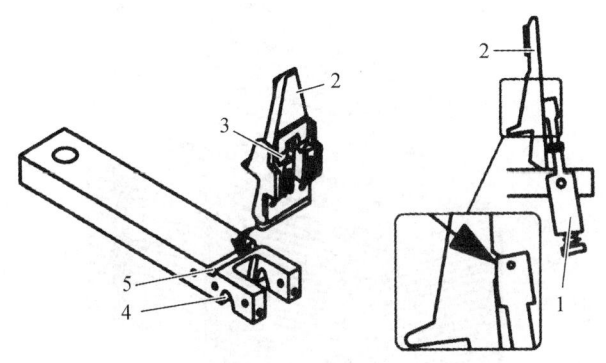

1—导向装置；2—动触头；3—动触头凹槽；4—枢轴轴承；5—下连接端子凹槽。

图 8.33 动触头结构

主回路壳体与合闸装置壳体依靠螺钉连接固定在一起，通过端子上所连接的电缆将主回路与外部电路相通。

合闸装置组成结构如图 8.34 所示，其中元件 1 为合闸装置壳体，2 为盖板。在合闸装置中，动铁心组件 4 镶嵌在合闸线圈壳体 3 中，再通过插销 9 将拨叉 5 与动铁心组件 4 的连杆相连接。拨叉 5 通过插进弹簧的连杆 8 与固定在合闸装置壳体凹槽内的支撑销子 6 连接，拨叉的尖端必须能穿过主回路壳体内的导向装置和动触头。当合闸线圈受电时，将驱动铁心，通过铁心连杆带动拨叉一起运动，以实现通过拨叉触动改变动触头位置。此外，辅助触点组件也安装在合闸装置壳体内。

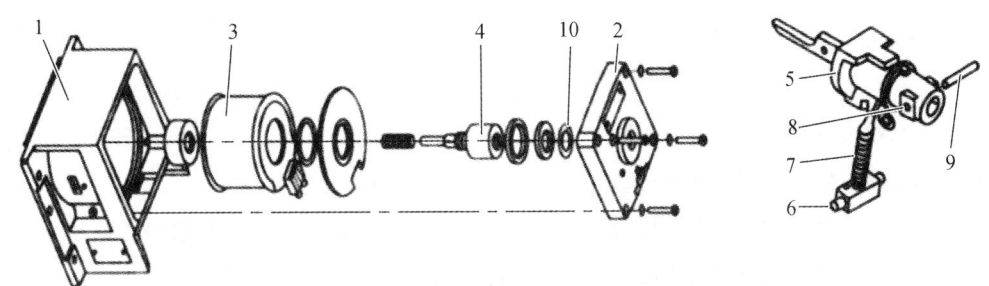

1—合闸装置壳体；2—盖板；3—合闸线圈壳体；4—动铁心组件；5—拨叉；
6—支撑销子；7—弹簧；8—连杆；9—插销；10—调整垫片。

图 8.34 合闸装置

255

值得注意的是，盖板 2 与铁心间的距离可通过添加或删除调整垫片 10 来调整间距。

2）灭弧罩

该断路器灭弧罩由"电堆"组成，包含的元器件如图 8.35 所示。

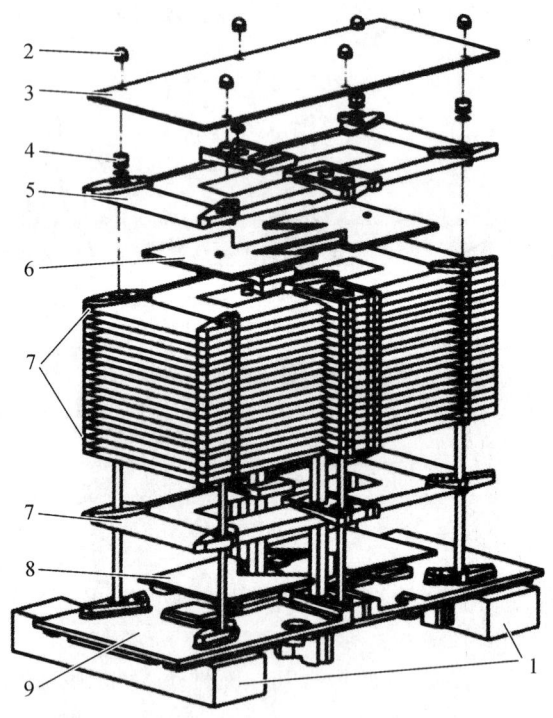

1—垫块；2—螺母；3—顶板；4—带垫圈的螺母；
5、7—电弧隔板；6、8—电弧栅板；9—底板。

图 8.35　灭弧罩结构图

灭弧罩的电弧隔板中底板 9 安置在垫块 1 上，整个灭弧装置保持垂直位置，与器身的熄弧角相对。整套断路器共有 40 片完全相同的电弧隔板元件 5，在每片隔板上均要支撑同一型号的两块金属板，通过焊接钢条对两块金属板进行电气连接，就构成了灭弧栅板 6。最终通过最上面的顶板 3，把电弧罩的整个上表面封闭起来。

电弧隔板的各部分组成元件由 6 个紧固螺杆、6 个固定在底板下部的螺帽和 6 个在上部的圆头螺帽稳固组装而成。

灭弧罩整体放置在断路器的器身上，垫块下端的突出部分扣压在器身上表面的凹槽中，并用 4 个带垫圈的螺钉将灭弧罩与断路器主体固定。

2. 动作原理

UR6 系列高速直流断路器的动作原理图如图 8.36（a）、(b) 所示。

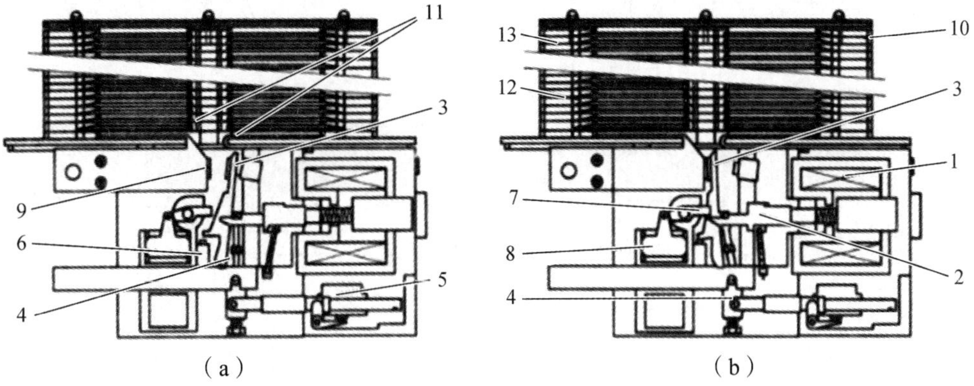

1—合闸装置；2—拨叉；3—动触头；4—导杆；5—辅助触点；6—合闸冲击减振器；7—杠杆；
8—铁心；9—静触头；10—灭弧罩；11—引弧角；12—灭弧栅片；13—灭弧隔板。

图 8.36 分合闸动作原理图

1）合闸状态

当接收到一个合闸命令时，合闸装置 1 内的线圈接通电源，带动铁心组运动压缩弹簧推动拨叉 2，再由拨叉推动动触头 3 向静触头方向运动，直至动、静触头接触后停止动作。但在合闸装置内部，铁心仍继续将弹簧压缩几毫米，以保证必要的接触力使触头稳定地处于闭合状态。同时，连接动触头 3 的导杆 4 通过转轴驱动辅助触点 5 运动。合闸冲击减振器 6 的作用是对合闸过程中产生的冲击力起到减振的作用，从而保证设备不受过大的机械冲击。

2）保持状态

当主触头闭合后，合闸装置可借助一个较小的保持电流（电保持）或者采用不带电流的磁保持方式来维持接触压力。

UR6 型断路器一般采用带热保护功能的自动开关来保护合闸装置的线圈，这种开关装置可将合闸脉冲持续时间约束为 0.5～1 s，能多次连续触发断路器且将保持电流限制在合闸电流值的 5%，以避免合闸脉冲过长、保持电流过大而将线圈烧毁。

采用电保持来保持合闸状态时，当闭合阶段完成，必须通过接入一个串联电阻将电流分流，使电流降到必要的等级，足够用于装置保持闭合位置即可，如图 8.37 所示。当合闸脉冲刚发出时，触点 G、F 均为闭合状态，合闸脉冲持续 0.5～1 s 后，触点 G 断开，此时电流为保持电流。在保持状态期间，电阻 R_1 将保持电流限制在合闸电流的 5%，当断路器要变为分闸位时，触点 F 将断开以切断保持电流。

当采用无电流的磁保持方式时，其基本原理如图 8.38 所示。图中，R_S 是接入到分闸回路中与合闸线圈串联的电阻，R_P 是接入到分闸回路中与合闸线圈并联的电阻。

当合闸刚开始时，触点 E 为闭合状态，触点 F 为断开，合闸脉冲持续 0.5～1 s 后，触点 E 打开，在保持期间，所需的接触压力由永磁体实现。当接收到分闸信号，触点 F 闭合将引入一个与合闸电流相反极性的脉冲电流，此脉冲电流持续时间为 0.5～1 s，接着将触点 F 打开。这种方式分闸电流为合闸电流的 20%。

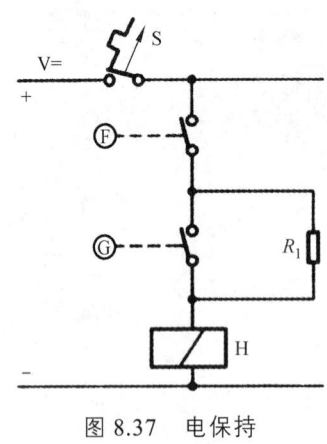
图 8.37 电保持

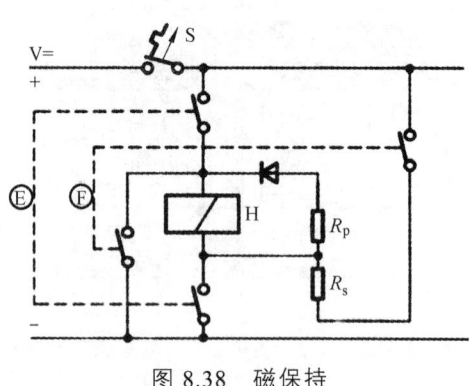
图 8.38 磁保持

3) 分闸状态

UR6 系列断路器可以通过过流脱扣器保护分闸，也可以通过分闸命令进行人为分闸。

过电流脱扣器是一种保护元件，当电路中电流超过设定值时该元件动作，这个过电流将使断路器快速脱扣分断，从而起到保护作用。具体的动作过程如图 8.39 所示。

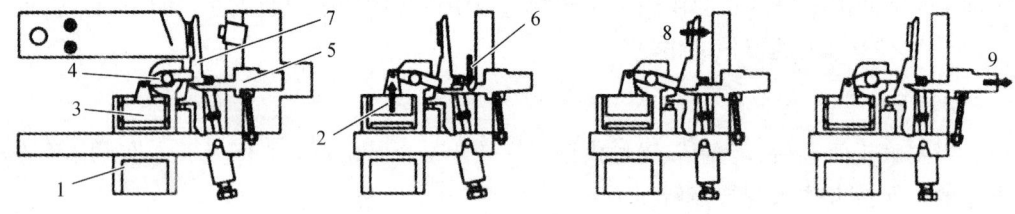

1—脱扣装置；2、6、8、9—力的方向；3—动磁体；
4—杠杆；5—拨叉；7—动触头。

图 8.39 过电流脱扣动作过程

当过电流通过主回路时，在脱扣装置 1 中产生一个磁场，该磁场力 2 推动磁体向上运动，这个被提升的铁心 3 触发杠杆 4 向下按压拨叉 5，释放动触头 7（自由脱扣位）。断路器的脱扣是由过电流产生的，拨叉 5 仍旧在合闸的位置，此时需要给合闸装置中的合闸线圈一个"分闸"指令，将其复位到原来的位置。

当向断路器发出一个远程的分闸命令时，该命令切断保持电流或者是在磁保持回路中施加一个反向脉冲信号，此时断路器的拨叉将向合闸装置运动，通过弹簧带动导杆打开动触头的同时，导杆驱动辅助触点改变状态。

3. 灭弧装置

当断路器跳闸后，动、静触头间产生的电弧在引弧角的磁场力作用下向上运动，吹入灭弧室。灭弧室采用冷阴极设计，由许多相互绝缘的灭弧栅片组成。一旦电弧进入灭弧室，就被金属栅片分裂为许多串联的小弧段。因为每两块灭弧板之间的电压降约为 40 V，所以总的电弧电压将大大增强，从而电弧得以迅速熄灭。燃烧的气体从上端溢出，并在位于金属灭弧板上部的绝缘板之间被去电离。

  分闸时的过电压由金属栅片的数量来加以限制，UR6 系列直流快速断路器一般不超过额定电压的两倍。对要求分闸更快的断路器，通过加接 LC 谐振电路产生人工电流零点来灭弧。跳闸后，只有通过测试确认短路清除，断路器才能自动重合闸。测试方法是：每隔几秒，将电压加至架空接触线，如果短路清除，则合闸；否则重复几次。用电阻限制测试电流的大小。

4. 主要技术参数

UR6-32 断路器的主要技术参数如下。

额定工作电压	1 800 V
最大工作电压	2 000 V
额定绝缘电压	2 000 V
额定工作电流	1 000 A
自然空气冷却情况下的约定发热电流	1 000 A
直接过电流脱扣整定范围	0.45 ~ 0.9 kA
	0.6 ~ 1.2 kA
	0.9 ~ 1.8 kA
	1.2 ~ 2.4 kA
	1.5 ~ 3.2 kA
最大电弧电压	3 000 ~ 4 000 V
工作温度	−25 ~ 70 ℃
质量	37 kg

思考与练习

一、填空题

1. 高速断路器是一种能对电路进行_____和_____的高压电器。

2. UR6 型断路器是一种_____冷却的直流快速断路器。

3. UR6 系列断路器可以通过_____保护分闸，也可以通过_____进行人为分闸。

二、判断题

1. 电磁式高速断路器的结构与电空式快速断路器的结构基本相同。（ ）
2. UR6 系列断路器是交流断路器。（ ）
3. 高速断路器可以用来实现过压或欠压保护。（ ）
4. 电空式快速断路器是交流断路器，可用于过载和短路保护。（ ）

任务四　司机控制器

任务目标

（1）掌握司机控制器的用途和基本结构；
（2）熟悉手柄作用位置和机械联锁；
（3）能正确实施司机控制器的日常维护；
（4）提高综合素质，提升动手能力。

任务内容

司机控制器（简称司控器）是用来操纵地铁车辆运行的主令控制器，它是一种典型的组合电器，属于凸轮触点式控制方式。司机控制器通过操纵控制电路的低压电气设备间接控制主电路的电气设备，从而实现列车的向前、向后和牵引、制动等控制作用。

司机控制器的外形和功能特点决定了司机室的整体安装、操作舒适性及特殊功能性，根据操作需要和习惯，司机控制器有多种不同的形式，通常分为双控制手柄型和单控制手柄型，使用较多的是双控制手柄型。

一、司机控制器的基本结构

司机控制器的基本结构如图 8.40 所示。司机控制器面板上设有控制（主控）手柄和换向（方向或方式）手柄两种操作机构，控制手柄上部设置了一个警惕按钮（开关），在控制手柄下部，安装了一个电位器，用于牵引、制动电流的输出控制。司机控制器设有机械锁。

图 8.40　司机控制器的基本结构

1. 各部分的功能

（1）钥匙开关。机械锁有"0""1"两个位置，用主控钥匙操作。机械锁翻开后，才可以操作方向手柄和控制手柄，开锁的同时接通列车控制电路。钥匙可以在"0"位取出。

（2）方向手柄。共有"向前""0""向后"3个挡位，在各挡位均有定位（在该位置上有到位手感）。

（3）控制手柄。控制手柄有"牵引"区、"0"区、"制动"区、"快速制动"位4个区域，用于调节列车的速度。控制手柄在0位、最大牵引位、制动最大位、快速制动位有定位，在这些挡位之间为无级调节。

（4）警惕按钮。位于控制手柄顶端，人工驾驶时只有按下警惕按钮并推动控制手柄，列车才能起动。假设松开警惕按钮3 s（延时时间可调，有些公司规定5 s），列车会产生紧急制动。

（5）给定电位器。在控制手柄底部连接一个1 043 Ω×2电位器，当控制手柄从零位移向牵引或制动时，输出0～20 mA的给定控制电流，作为牵引或制动给定信号。

2. 机械联锁关系

（1）司机控制器与司机钥匙开关之间的相互联锁。保证在钥匙未打开前，司机控制器处于锁定状态。而如果司机控制器处于工作状态时，钥匙是不能被拔出的。

（2）司机控制手柄与方式/方向手柄之间的相互联锁。在司机控制手柄处于牵引或制动位置时，方式/方向手柄无法改变状态；方式/方向手柄不工作时，司机控制手柄被锁定，无法放在牵引或制动位上。

二、司机控制器的工作原理

司机通过操纵司机控制器手柄，使列车按司机意图运行。司机控制器控制主电路实际上是一组转换开关，通过扳动两根不同的轴，控制凸轮与组合开关相应的触点分合，然后通过控制电路控制列车的运行方向，实现列车牵引、制动和惰行工况的转换。

司机控制器有自动驾驶功能和人工驾驶功能，库内动车只能人工驾驶。

全自动驾驶的条件包括：① 主控手柄在"0"位；② 方向手柄在"F"位；③ ATP钥匙开关处于"合"的位置。

通过操作主控制手柄，列车能在任何时候进行人工驾驶。把主控手柄向前推，列车加速向前；把主控制手柄向后拉，列车实施制动；当把主控制手柄向后拉到极限位，列车实施快速制动；若把手柄推回到"0"位，列车惰行。当进行人工驾驶时，在推动主控制手柄到"牵引"位之前，警惕按钮必须按下。在牵引过程中松开警惕按钮，若时间超过3 s，列车将触发紧急制动，若在3 s内重新按下警惕按钮，列车不会触发紧急制动，保持原来的牵引状态。在自动驾驶模式下，警惕按钮不起作用。

三、S355E 型司机控制器

目前，在国内城市轨道交通车辆中配备的司机控制器种类较多，其外观、操作模式及功能存在较大差异，但应用最广、配备数量最多的是 S355E 型、S353 型和 S354A 型司机控制器。

1. 基本结构

S355E 型司机控制器属于凸轮和辅助触头配合实现触点开闭控制的有触点电器。该控制器由上、中、下 3 层组成，如图 8.41、图 8.42 所示。上层（面板上）由联锁结构、转轴凸轮结构、辅助触头盒、调速电位器和连接器等组成。

控制手柄和方向手柄各配置一套转轴、凸轮和辅助触头装置，分别称它们为控制轴机构和方向轴机构。控制轴机构包括与控制手柄连接的控制轴 8 及安装在该轴上的控制凸轮 9、控制辅助触头组 10 等。其中控制轴是一个实心细长轴，作为内轴；换向轴是一根空心粗短轴，套在实心轴的外层，其配套凸轮分别套在两根轴上，手柄的转动便可带动相应的轴及凸轮转动，从而带动辅助触头开闭状态的变换。

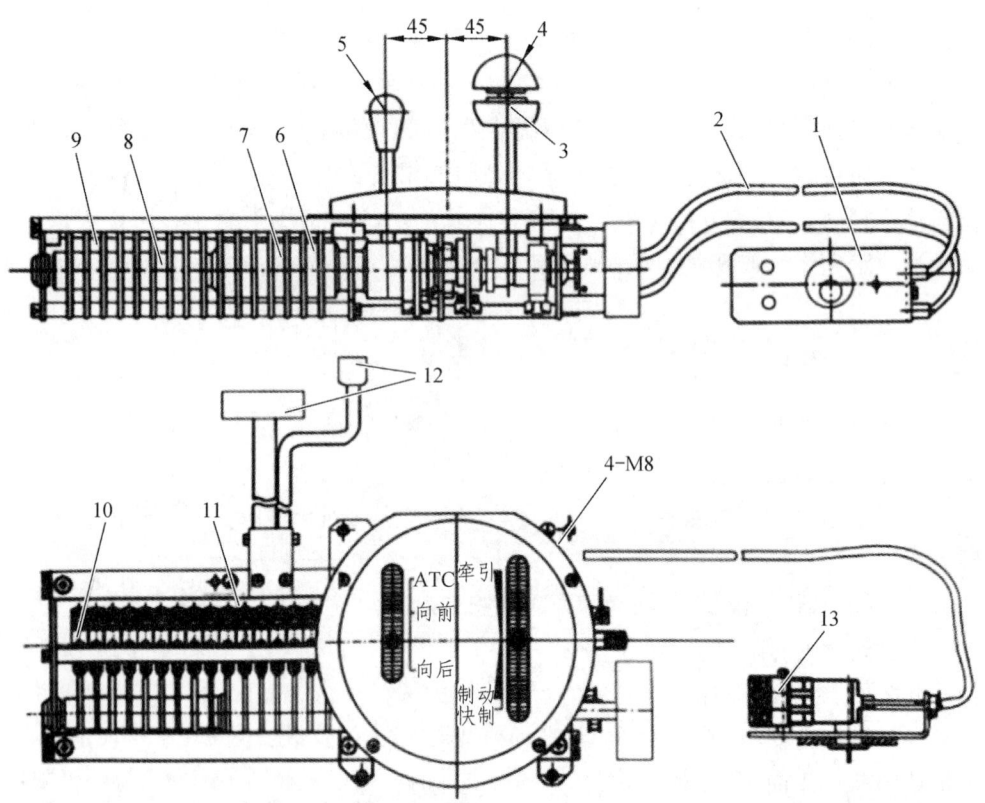

1—钥匙开关；2—钢丝绳；3—控制手柄；4—警惕按钮；5—方向手柄；6—换向轴；
7—换向凸轮；8—控制轴；9—控制凸轮；10—控制辅助触头组；
11—换向辅助触头组；12—电连接器；
13—钥匙开关辅助触头组。

图 8.41 S355E 型司机控制器结构

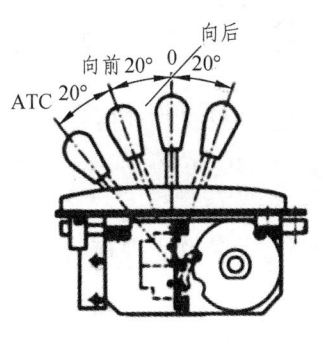 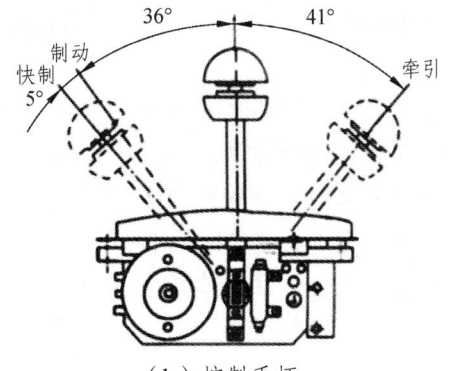

（a）方向手柄　　　　　　　　　　（b）控制手柄

图 8.42　司机控制器左视图和右视图

2．工作原理

1）控制功能和机械联锁关系

S355E 型司机控制器控制手柄有"牵引"区、"0"区、"制动"区和"快速制动"区 4 个区域，用于调节列车的速度，如图 8.43 所示。控制手柄在 0 位、最大牵引位、制动最大位、快速制动位有定位，在这些挡位之间为无级调节。左侧为方向手柄连接换向轴，用于控制车辆的运行方式及运行方向，设有"ATC""向前""0"和"向后"4 个位置，这 4 个位置由机械联锁定位。钥匙开关有"0""1"两个位置，用于激活驾驶员操纵台。

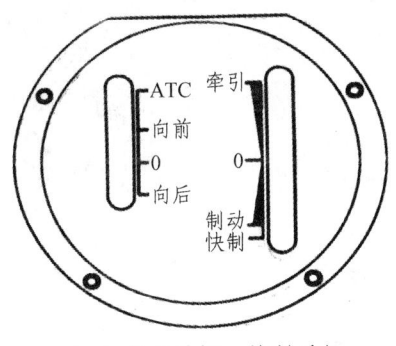 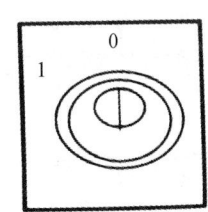

（a）方向手柄、控制手柄　　　　　　（b）钥匙开关

图 8.43　司机控制器手柄位置图

为了防止可能产生的误操作，确保车辆设备及运行安全，司机控制器的控制手柄、方向手柄和机械锁之间设有机械联锁装置。在使用时，先由钥匙开关打开机械锁才能对控制手柄和换向手柄进行操作。当操纵列车时，先将钥匙开关打到"1"位，再由方向手柄选定列车方向，再操作控制手柄来控制列车的速度。在行车过程中，如需要改变列车的工况时，必须先将控制手柄放回"0"位后，才能进行方向手柄的操作。如果驾驶员需要进行异端操作时，必须将本端司机控制器的控制手柄置"0"位，换向手柄置"0"位，钥匙开关回"0"位，锁闭机械锁，拔出钥匙，方可进行异端操作。

在列车的惰行期间，如果方向手柄移到其他位置，牵引控制单元中牵引指令将失效，实施紧急制动。

S355E 型司机控制器的钥匙开关、方向手柄、控制手柄的机械联锁关系如下。

（1）钥匙开关在"0"位时，控制手柄和方向手柄在"0"位不动；反之，只有控制手柄和方向手柄均在"0"位时，钥匙开关才能由"0"位打到"1"位。

（2）钥匙开关在"1"位时，控制手柄和方向手柄可进行操作，但控制手柄和方向手柄还存在以下互锁关系。

① 方向手柄在"0"位时，控制手柄被锁在"0"位不动。

② 方向手柄在"前"位时，控制手柄可在"牵引"和"制动"区域范围内活动。

③ 方向手柄在"后"位时，启动列车手动折返模式。

④ 方向手柄在"ATC"位时，启动列车自动驾驶模式。

⑤ 控制手柄在"牵引"区、"制动"区域或"最大制动"位时，方向手柄不能进行位置转换，只有控制手柄在"0"时，方向手柄才可在"前位""后位"和"ATC"位之间转换。

2）闭合表的实现

电逻辑即闭合表的要求由控制轴、换向轴、辅助触头盒及电连接来实现。换向凸轮主要由换向轴、若干个不同形状的换向凸轮、换向齿轮、换向联锁和间隔套组成，如图 8.44 所示。在换向轴上套装有换向凸轮，每个换向凸轮对应一对触头。

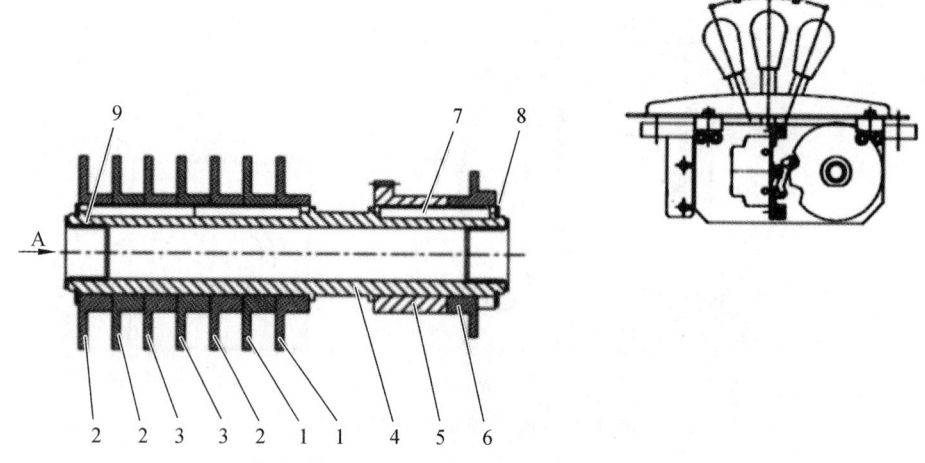

1、2、3—换向凸轮；4—换向轴；5—换向齿轮；6—换向联锁；
7—楔；8—弹簧挡圈；9—间隔套。

图 8.44 换向凸轮组成

当推动换向手柄时，通过齿轮传动带动换向轴转动，轴上的凸轮随之转动。当凸轮的凸起位置转动到辅助触头盒的杠杆位置时，杠杆受到凸轮凸起部分的挤压而将与其连接的动触头顶开，此时该触头盒的常开或常闭状态发生变化，从而使与该辅助触头盒相连接的控制线路得失电的状态发生变化；反之当凸轮凸起部分转到无凸起的地方时，由于触头盒自身弹簧的作用，辅助触头盒的触点复原，从而使与该辅助触头盒相连接的控制线路得失电的状态恢复原样。

基于此原理，可根据电路原理图上司机控制器各控制线路得失电的情况，在控制轴和换向轴上布置相应的凸轮凸起部分，如图8.45所示。图中ACT、F、0、R为方向手柄的4个位置，$S_{10} \sim S_{16}$为受方向轴凸轮控制的7个辅助触头，辅助触头下的长条块表示凸轮的凸起位置。

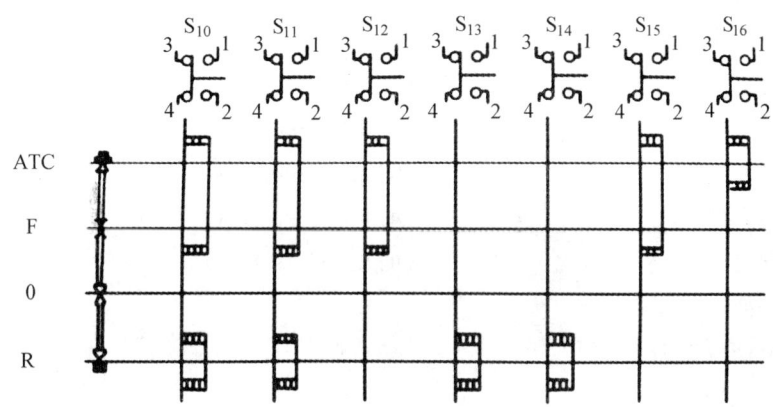

图8.45　S355E型司机控制器方向手柄闭合表

由图8.45可知，手柄在"ACT"位时，将使S_{10}、S_{11}、S_{12}、S_{15}、S_{16}辅助触头状态发生变化；当手柄在"F"位时，将使S_{10}、S_{11}、S_{12}、S_{15}辅助触头状态发生变化；当手柄在"R"位时，将使S_{10}、S_{11}、S_{13}、S_{14}辅助触头状态发生变化。

3）电位器的调节

控制手柄的调速主要是通过调节电位器电阻的大小来实现的，其工作原理如图8.46所示。

其中电阻 R 代表的是"牵引"区域或"制动"区域的单边制动电阻，两边的结构以"0"位为中心对称。两个电位器的公共端接地，另一端经限流电阻+15 V直流电源，滑动端随着控制手柄转动而转动，从而改变滑动端和15 V电源之间的电压，见图8.46。

3. 主要技术参数

（1）触头 S826a/L 额定电压。

额定电压（U_e）	DC 110 V
约定发热电流（I_{th}）	DC 10 A
额定电流（I_e）	DC 1.0 A

（2）触点特点。

接点速度	速动型
结构	密封式

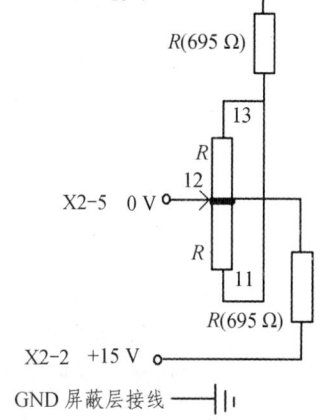

图8.46　调速电位器原理图

接点具有自净功能，可提高用作计算机信号时的可靠性。

（3）电位器特性。

输出电位器型号	FSGPW 70 2×1 043 Ω
绝缘电压	500 VAC，50 Hz
工作温度范围	-55～+80 ℃
额定损耗	6 W（25 ℃）
电位器输出值	
输出电压	DC 15 V
0位	DC 3 V±0.1 V
牵引最大位	DC 8.3 V±0.15 V
制动最大位	DC 8.0 V±0.10 V
快速制动	DC 8.3 V±0.15 V

（4）手柄操作能力。

调速手柄操作力	≤35 N
换向手柄操作力	≤25 N

调速手柄从制动最大位转到"快制"位时手柄操作力为（40±10）N。

（5）寿命。

机械寿命	$>1×10^6$
电寿命	$>1×10^5$

（6）质量　　　　　　　　　　约 10 kg

四、司机控制器的日常维修

（1）司机控制器的铭牌及标识符号应齐全整齐。

（2）各部件保持清洁，电连接及绝缘良好。

（3）紧固状态良好。

（4）控制手柄转动灵活，相邻挡位之间不应出现滞留现象。

（5）换向手柄转动灵活，相邻挡位之间不应出现滞留现象。

（6）控制手柄和换向手柄之间的联锁良好。

（7）司机钥匙控制功能良好。

（8）司机控制器的闭合表和对外连接线应与规定相一致。

（9）定期对司机控制器的转动部分加注规定的润滑脂。

（10）司机控制器的绝缘要求。

① 带电局部之间及对地的绝缘电阻不小于 10 MΩ（使用 500 V 兆欧表测量）。

② 检修后应进行绝缘和电强度试验。

(11)司机控制器的触头应符合以下要求。

① 检查触头及滚轮架的动作是否灵活可靠。

② 检查触头磨损情况并及时更换。

③ 检查触头接触电阻并及时更换。

思考与练习

一、填空题

1. 司机控制器是用来操纵地铁车辆运行的_____控制电器，采用_____触点式控制方式。

2. 司机控制器通过操纵控制电路的_____间接控制主电路的电气设备。

3. 司机控制器使用较多的是_____手柄型。

4. 司机控制器的调速主要是通过调节_____的大小来实现的。

5. 司机控制器闭合表的要求由_____、_____、辅助触头盒及电连接来实现。

二、判断题

1. 为了防止误操作，确保机车设备及运行安全，司机控制器的控制手柄、方向手柄之间设有电气联锁。（ ）

2. 在使用司机控制器时，必须先由钥匙开关打开机械锁才能对控制手柄和换向手柄进行操作。（ ）

3. 控制手柄在 0 位、最大牵引位、制动最大位、快速制动位均有定位，在这些挡位之间为有级调节。（ ）

4. 如果驾驶员需要进行异端操作时，只需锁闭机械锁，即可进行异端操作。（ ）

三、综合分析题

探讨 S355E 型司机控制器控制功能和机械联锁关系。

任务五　避雷器

任务目标

（1）熟悉避雷器的安装位置和作用；

（2）掌握避雷器的工作原理和主要技术参数；

（3）提高安全意识，牢固树立安全第一的思想。

任务内容

避雷器是一种静电保护装置,安装在受电弓附近,作为额定电压 1 500 V(1 000~1 800 V)直流供电网的过电压保护装置,能有效防止来自车辆外部的过电压(如雷击等)和车辆内部的操作过电压对车辆电气设备绝缘的破坏。避雷器的安装位置如图 8.47 所示。

图 8.47 避雷器的安装位置

一、组成及工作原理

避雷器通常由火花间隙和非线性电阻组成,工作原理如图 8.48 所示。它与被保护物并联,当出现的过电压危及被保护物时,避雷器放电使高压冲击电流泄入大地。而后,它仍能恢复原工作状态,截止伴随而来的正常工频电流,使电路与大地绝缘。过电压越高,火花间隙击穿越快,从而限制了加于被保护物上的过电压。

击穿电压的幅值同击穿时间的关系称为伏-秒特性。为了使避雷器能可靠地保护被保护物,避雷器的伏-秒特性至少应比被保护物绝缘的伏-秒特性低 20%~25%,如图 8.49 所示;另外,避雷器在放电时,应能承受耐热以及机械应力等变化而本身结构不致损坏。

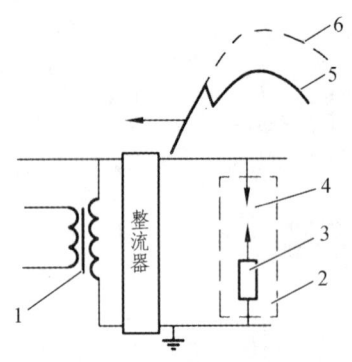

1—变压器;2—避雷器;3—非线性电阻;
4—火花间隙;5—被限制的过电压波;
6—未被限制的过电压波。

图 8.48 避雷器的工作原理

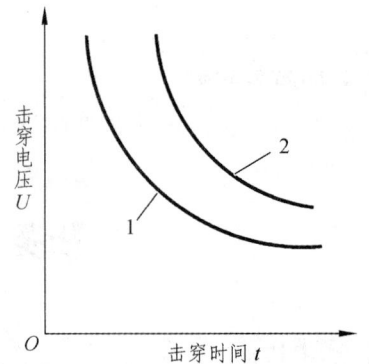

1—避雷器的伏-秒特性;
2—被保护物绝缘的伏-秒特性。

图 8.49 避雷器的伏-秒特性

二、避雷器的分类

避雷器的主要类型有保护间隙、管型避雷器、阀型避雷器和氧化锌避雷器等。

1. 保护间隙

保护间隙可以说是一种最简单的避雷器，按其形状可分为棒形、角形、环形和球形等。它是由主间隙和辅助间隙串联而成的，主要特点如下。

（1）结构简单、造价低。

（2）由于放电间隙暴露在空气中，放电性能受环境影响大，放电分散性大，并且由于一般保护间隙的电场属于极不均匀电场，因此伏-秒特性曲线比较陡，与被保护设备的绝缘配合不理想。

（3）灭弧能力较差，对于间隙动作后流过的工频续流往往不能自行熄灭，将引起断路器跳闸，为了保护安全用电，通常与自动重合闸装置配合使用。

保护间隙主要用于 10 kV 以下的配电线路。

2. 管型避雷器

管型避雷器实质上是一种具有较高熄弧能力的保护间隙。管型避雷器有两个相互串联的间隙，一个在大气中称为外间隙 S_2，另一个间隙 S_1 装在产气管内，称为内间隙或灭弧间隙。管型避雷器的主要特点为：

（1）采用强制熄弧装置，比保护间隙熄弧能力强。

（2）由于管型避雷器具有外间隙，受环境的影响大，故与保护间隙一样，仍存在伏-秒特性较陡、放电分散性大的缺点，不易与被保护设备实现合理的绝缘配合。

目前，管型避雷器只用于发电厂和变电所进线段或线路绝缘弱点的保护。

3. 阀型避雷器

阀型避雷器是由火花间隙和非线性电阻组成，间隙与非线性电阻串联。我国目前生产的阀型避雷器主要分为普通阀型避雷器和磁吹阀型避雷器两大类。普通阀型避雷器有 FS 和 FZ 系列；磁吹阀型避雷器有 FCD 和 FCZ 系列。

4. 氧化锌避雷器 MOA

金属氧化锌避雷器由封装在瓷套内的若干非线性电阻阀片串联组成。其阀片以氧化锌为主要原料，并配以其他金属氧化物，所以又称氧化锌（ZnO）避雷器。

（1）工作原理。额定电压下通过氧化锌避雷器阀片的电流很小，相当于绝缘体。当金属氧化锌避雷器上的电压超过定值时，阀片"导通"将大电流通过阀片泄入地中，其残压不会超过被保护设备的耐压。当作用电压下降到动作电压以下时，阀片自动终止"导通"状态，恢复绝缘状态。

（2）分类。按结构性能分为无间隙（W）、带串联间隙（C）、带并联间隙（B）3 类；按外套材料可划分为两大类：瓷外套型和复合外套型。

① 瓷外套型。瓷外套金属氧化物避雷器按污秽性能分为 4 个等级，Ⅰ级为普通型，Ⅱ级为用于中等污秽地区，Ⅲ级为用于重污秽地区，Ⅳ级为用于特重污秽地区。

② 复合外套型。复合外套型金属氧化物避雷器采用复合硅橡胶材料做外套，并选用高性能的氧化锌电阻片。具有良好的绝缘性能、耐污性能、耐氧化性能和防爆性能。

三、3EB4 型氧化锌避雷器

地铁车辆主要用 3EB4 型氧化锌避雷器，安装在受电弓附近。采用具有憎水特性的硅橡胶外壳，可将外套表面上的放电保持在极小程度。即使在污染严重的情况下，也能保证良好的工作特性。

1. 结构及特点

3EB4 型氧化锌避雷器的结构如图 8.50 所示，金属氧化物电阻片排列在柱子中（中空的绝缘子），并且直接安装的硅外套使其免受环境影响。电阻排周围被玻璃纤维增强型复合棒紧密包围并压合在一起，使得避雷器具有一定的机械稳定性。

金属氧化物电阻片用玻璃纤维增强复合杆紧密封闭（像在一笼子里）。当电阻片发生过载时（极其罕见，但任何放电器均不能排除这种情况），所产生的电弧不会造成过压，因为电阻片没有被密封的坚实外壳所封闭，电弧可从硅外套中逸出，不会使外壳突然破裂。同时，大量的玻璃纤维增强复合杆在很大程度上将金属氧化物电阻片保持在其位置上。因此，零件飞出的危险被降到最低。如有必要，避雷器可配备电晕控制配件和（或）防护装置。

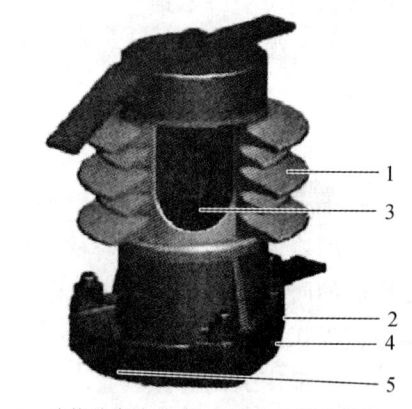

1—硅橡胶复合外套；2—法兰压力释放口；
3—氧化锌电阻（非线性）；
4—铭牌；5—释放口。

图 8.50　3EB4 型氧化锌避雷器

2. 作用原理

金属氧化物电阻具有很强的非线性特点，即这种电阻具有曲率极大的电流、电压特征曲线。正常持续电压下所流过的漏电电流小于 1 mA。当出现雷电或者操作过电压时，这些电阻就会导通（电阻范围），从而使得浪涌电流能够流入大地，并且将过电压降低为落在避雷器上的电压值（"残压"）。当出现开关过电压时，浪涌电流可达 500 A；当出现雷电过电压时，浪涌电流可达 1.5 ~ 10 kA。

3. 主要技术参数

额定电压	DC 2 000 V
8/20 波形标称放电电流	10 kA

4/10 大电流冲击耐受	100 kA
2 ms 方波长持续时间电流冲击耐受	1 200 A
标称放电电流下残压	≤4.8 kV
操作冲击电流（500A）下残压	≤3.9 kV
压力释放的参数	40 kA/0.2 s
外套的绝缘性能参数	
1 min 湿工频耐受电压	23 kV
1.2/50 μs 雷电冲击耐受电压	55 kV
能量吸收能力	5.5 kJ/kV
线路放电等级	4 级
爬电距离	248 mm（min）

思考与练习

一、填空题

1. 避雷器通常由_____和_____两部分组成。

2. 避雷器用于地铁车辆上，安装在_____附近。

3. 避雷器用于地铁车辆上，能有效防止来自车辆外部的_____和车辆内部的_____对车辆电气设备绝缘的破坏。

二、判断题

1. 金属氧化物电阻具有曲率极大的电流、电压特征曲线。　　　　（　　）

2. 额定电压下通过氧化锌避雷器阀片的电流很大，避雷器相当于导体。（　　）

3. 避雷器与被保护物串联，当出现的过电压危及被保护物时，避雷器放电，使高压冲击电流泄入大地。　　　　　　　　　　　　　　　　（　　）

4. 保护间隙可以说是一种最简单的避雷器。　　　　　　　　　（　　）

项目九

车辆其他电器

知识目标

（1）掌握牵引逆变器、辅助逆变器的作用、结构和工作原理；
（2）掌握蓄电池的功能、分类、技术参数和工作原理；
（3）了解传感器的功能、分类及工作原理。

能力目标

车辆其他电器

（1）能分析牵引逆变器的充电电路、牵引电路和电制动电路；
（2）能描述辅助逆变器的应用和电路组成；
（3）能选择适当的方法对蓄电池进行充电，会使用蓄电池充电器；
（4）熟悉传感器的定义、组成及其应用；
（5）牢固树立劳动意识、质量意识、安全意识及责任意识，严防事故发生。

任务一　牵引逆变器

任务目标

（1）掌握牵引逆变器的基本结构和作用；
（2）熟悉不同工况下，牵引主回路的工作原理；
（3）树立安全意识及责任意识，严防事故发生。

任务内容

牵引逆变器是交流牵引系统中最重要的组成部分，是能量转换中的一个重要环节，可以说交流牵引系统是随着逆变器的发展而发展起来的。

一、牵引逆变器的作用

牵引逆变器是交流传动城市轨道交通车辆的重要设备，安装在动车底部。其主要功能是把来自供电电网的直流电变换为变压变频（VVVF）的三相交流电，为动车转向架上的交流牵引电机提供交流电。电制动时，它将交流牵引电机发出的交流电进行整流，反馈到电网中被其他负载使用。未被消耗的电能由制动电阻消耗，转换成热能散失到大气中。

根据中间储能元件的不同，牵引逆变器可分为电压型逆变器和电流型逆变器。目前，交流牵引系统多采用电压型逆变器。

二、牵引逆变器的结构

牵引逆变器中最核心的部件是大功率半导体开关器件。早期采用的是大功率门极可关断晶闸管（GTO）。随着电力电子技术的不断发展，目前在城市轨道交通车辆牵引逆变器中普遍采用的开关器件是绝缘栅双极型晶体管（IGBT）。

下面以西安地铁 2 号线车辆牵引逆变器为例进行介绍。此牵引逆变器为电压型逆变器，采用的半导体开关器件为 IGBT。牵引主回路电气配置如图 9.1 所示。

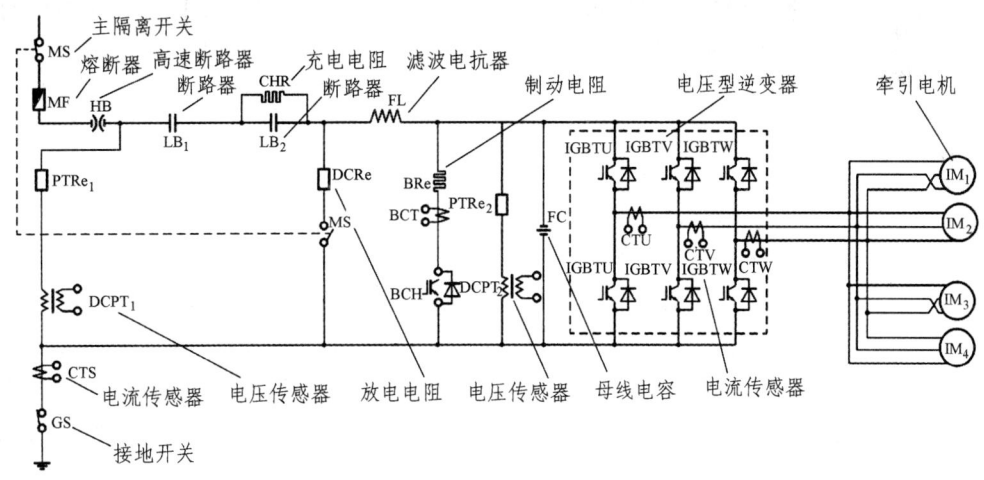

图 9.1　牵引主回路

牵引系统按不同的工作工况，可分为：充电阶段、牵引阶段、再生制动阶段、电阻制动阶段、放电阶段。相应的牵引系统主回路有：充电电路、牵引电路、电气制动（包括再生制动和电阻制动）电路和放电电路。

1. 充电回路

列车在牵引时，首先按下高速断路器 HB 闭合按钮，HB 闭合，再推方向手柄，当推牵引手柄时，断路器 LB_1 闭合，此时网侧电压通过 LB_1、充电电阻 CHR（10 Ω）给母线电容 FC 充电，相隔 0.32 s，断路器 LB_2 闭合，充电电阻短路，此时牵引控制单元同时控制逆变器中 6 个 IGBT 的通与断，从而给牵引电机提供电能。充电回路如图 9.2 所示。

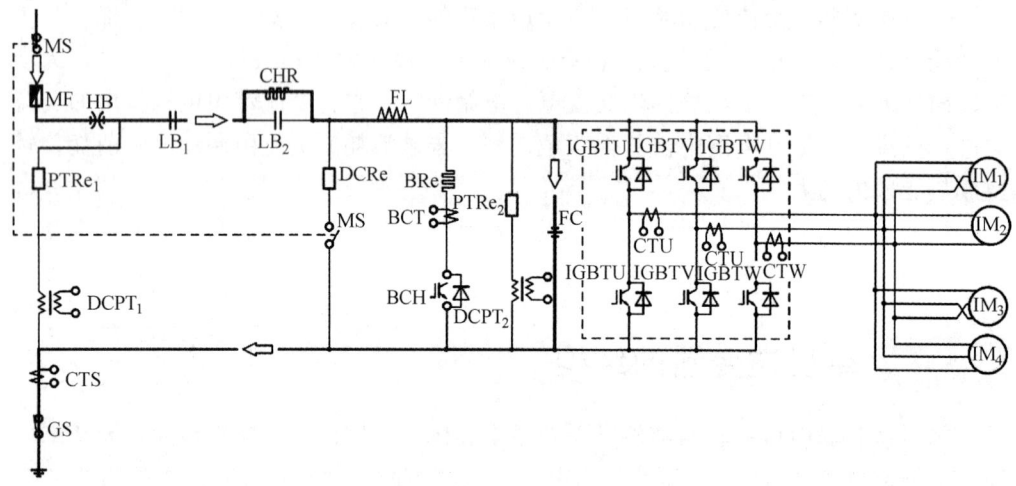

图 9.2　充电回路

2. 牵引回路

列车在牵引时，牵引控制单元通过控制逆变器中 6 个 IGBT 的导通时间和周期来改变输入给牵引电机的电压与频率，从而控制牵引力的大小。牵引回路如图 9.3 所示。

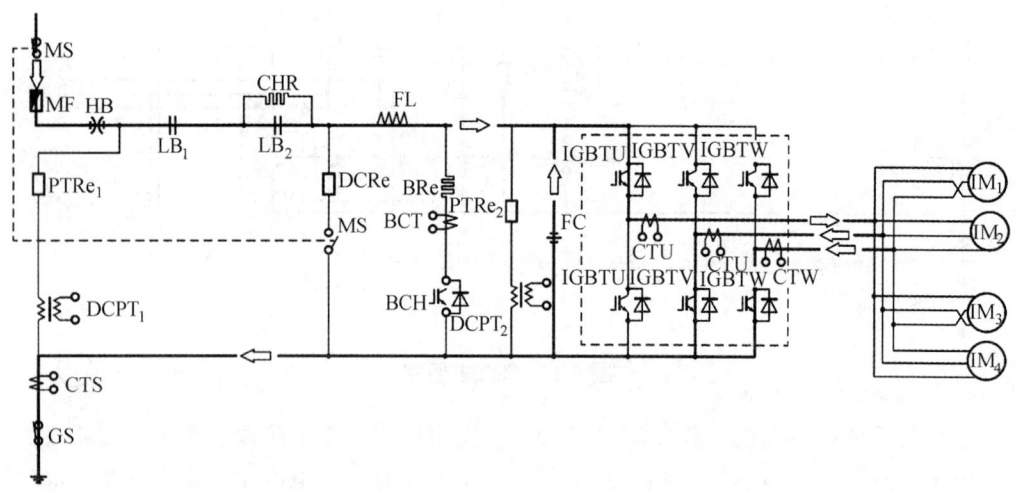

图 9.3　牵引回路

3. 电制动回路

牵引逆变器除了具有牵引功能外，还具有电制动功能，其中电制动包括再生制动和电阻制动。制动时，列车优先使用再生制动，随着网压的抬高，电压传感器检测到网压值大于 1 720 V 后，系统开始逐渐投入电阻制动，这时再生制动与电阻制动同时参与，随着再生电能的反馈，当检测到网压值大于 1 800 V 时，此时再生的能量不能反馈到电网，全部通过制动电阻以热能的形式散发到周围环境。

（1）再生制动。再生制动是在制动时把车辆的动能转换成电能馈送到电网或储存起来，而不是变成无用的热能，其工作原理是将电动机变为发电机。再生制动回路如图 9.4 所示。

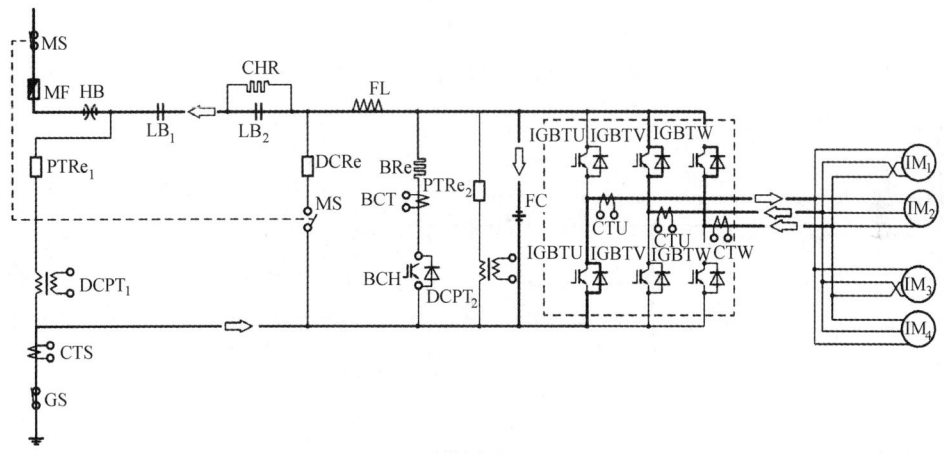

图 9.4　再生制动回路

（2）电阻制动。再生制动产生的能量不断地增加，从而使电网的电压抬高，当超出一定的范围时，再生的电能就不能继续反馈到电网上，此时系统打开制动斩波器，投入制动电阻 BRe（2.277 Ω，常温 20 ℃ 时；2.452 Ω，高温 470 ℃ 时），从而将再生的电能通过制动电阻转换为热能散发到周围，如图 9.5 所示。

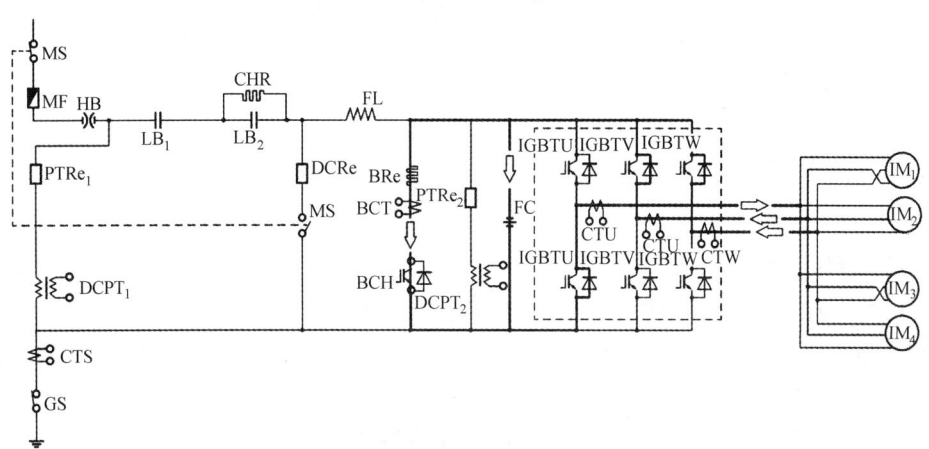

图 9.5　电阻制动回路

也有把制动电阻安装在地面上的方案，例如广州地铁 4 号线车辆，如图 9.6 所示。

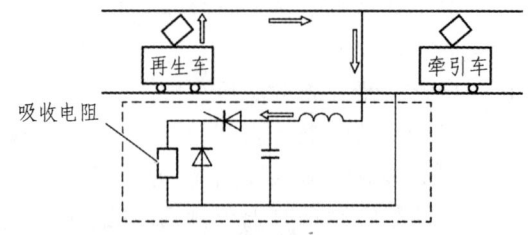

图 9.6　制动电阻安装在地面上

当列车在进行主回路高压设备箱的开箱检修时，为防止触电保证人身安全，此时必须手动操作主隔离开关 MS，将母线电容 FC 与放电电阻 DCRe（500 Ω）接通，形成放电回路对母线电容放电，如图 9.7 所示。

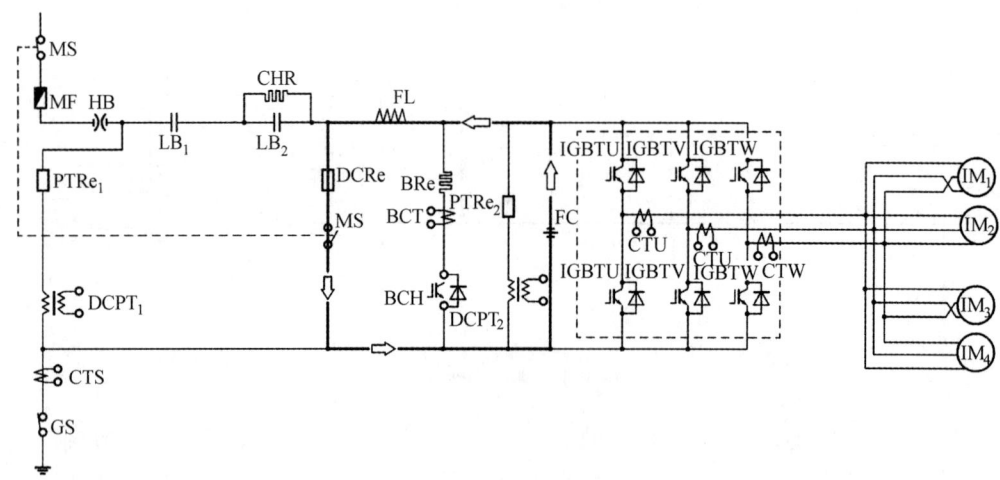

图 9.7　放电回路

思考与练习

一、填空题

1. 根据中间储能元件的不同，牵引逆变器可分为_____型逆变器和_____型逆变器。

2. 电制动包括_____制动和_____制动。制动时，列车优先使用_____制动。

二、判断题

1. VVVF 是指定压定频，CVCF 是指变压变频。　　　　　　　　　　（　　）

2. 在城市轨道交通车辆牵引逆变器中，普遍采用的开关器件是大功率 GTO。
　　　　　　　　　　　　　　　　　　　　　　　　　　　　（　　）

3. 在对列车进行主回路高压设备箱的开箱检修时，只要系统断电就可以立即进行检修作业。　　　　　　　　　　　　　　　　　　　　　　　　（　　）

任务二　辅助逆变器

任务目标

（1）掌握辅助逆变器的作用及其应用；
（2）了解典型的辅助供电系统的组成及工作原理；
（3）牢固树立劳动意识、质量意识、服务意识。

任务内容

辅助供电系统是城市轨道交通车辆上一个必不可少的系统，辅助逆变器是此系统的核心部件。

一、辅助供电系统概述

辅助供电系统是城市轨道交通车辆上一个重要的组成部分，它的作用是将供电电网提供的 DC 1 500 V 或 DC 750 V 高压电转换成 AC 380 V/AC 220 V 的中压辅助电源及 DC 110 V 低压控制电源。车辆上的辅助设施如空调、电气设备通风、空气压缩机等交流辅助负载，以及列车控制系统、客室车门控制和驱动、列车照明、乘客信息系统等直流辅助负载，都是由辅助供电系统供给电源。另外，为了满足列车起动和紧急情况下的用电需求，车上都配备了蓄电池，蓄电池与列车控制电源并联，提供 DC 110 V 低压电源，所以 DC 110 V 控制电源同时也作为蓄电池的充电器。

一种比较常见的方案是地铁车辆每辆头车安装有一套辅助供电系统，每列车共两套。采用模块式安装，在每个头车的车底整体吊装，箱体内含有三相交流输出模块（DC/AC），用于车辆交流设备用电和一个充电机模块（AC/DC）。充电机模块（AC/DC）用于蓄电池充电及直流负载用电。除了上述每单元 3 节车（所谓 6 节编组）配备一台辅助逆变器的集中供电方式，也有采用每节车配备一台辅助逆变器的分散供电方式。

这两种供电方式各有优缺点。分散供电冗余度大，均衡轴重易配置，但造价要大些，且总重也会高些。而集中供电的冗余度小，每轴配重难以一致，但相对而言，总重会轻些，成本低些。

城市轨道交通公司通常会根据具体情况选择不同车辆，甚至同一公司的不同线路也采用不同的车辆，其辅助供电方案也是多种多样，不能一概而论。然而无论采用何种方案，辅助供电系统的本质是相同的，各种电源设备在系统中的作用及其工作原理也是大同小异。虽然本项目中介绍的辅助逆变器、蓄电池和蓄电池充电器是针对某一特定车辆进行定性分析，但读者在把握内在本质的基础上可以做到举一反三、触类旁通。

二、辅助逆变器的应用

辅助逆变器也称为静止逆变器（SIV），是辅助供电系统的核心部件，通常采用 IGBT 功率器件，并使用微处理器及 PWM 控制技术，将电网输入的高压直流电转变成恒压恒频（CVCF）的 AC 380 V 三相交流电。

现以国内某地铁车辆辅助逆变器（带有蓄电池充电器模块）为例进行说明。

此项目地铁列车为 6 动 2 拖。列车由两个单元组成，其中 3 动 1 拖为一个列车单元。每个列车单元拥有一台辅助供电系统，分别安装在拖车 TC_1 和 TC_2 上。列车采用集中供电方式提供三相四线制 AC 380 V、50 Hz 电源和 DC 110 V 电源。当其中一个单元辅助供电系统发生故障时，另一个单元的辅助供电系统通过扩展供电向整列列车供电。此时，列车以减载模式运行，能满足基本的运营需求。当接触网供电中断时，集成的蓄电池充电器以逆变模式运行，其直流蓄电池电能经逆变处理后驱动应急负载，可最大限度地保证乘车的舒适度和安全性。

为实现上述功能，辅助供电系统应包含输入电路、三相逆变器、隔离变压器和输出 AC 滤波器及蓄电池充电器 4 部分，主要概略电路图如图 9.8 所示。

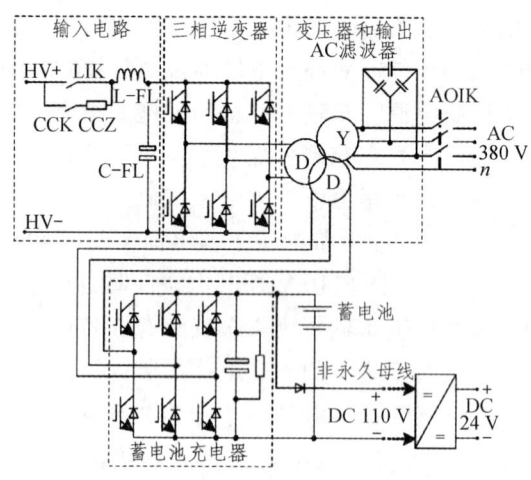

图 9.8　辅助供电系统概略图

1. 输入电路

取自接触网的额定输入电压为 DC 1 500 V。接触器（CCK）和限流电阻（CCZ）组成预充电电路。辅助逆变器启动时，闭合 CCK，CCZ 能够抑制启动时的电流冲击，启动完成后，断开预充电接触器 CCK，闭合线路接触器（LIK）。辅助逆变器停机或发生故障时，LIK 可自动切断辅助逆变器与主电路的连接。

电感（L-FL）和电容（C-FL）组成滤波电路，对辅助逆变器进行电压冲击保护，以提供稳定的直流电源，同时具有限制线路谐波的作用。

需要注意，在辅助逆变器停止工作后，电容（C-FL）有一个放电过程，在此过程中为了避免触电危险，必须在确认放电已经完成后（一般为 3 min 左右）才可以进行维修和各种作业。

2. 三相逆变器

三相逆变器通过 IGBT 开关器件的不同通断组合顺序进行逆变，可将线路电压转换为三相四线制 AC 380 V 输出。

接触网电压波动时，辅助供电系统输出的交流电压应能满足要求[380 (1 ± 5%) V，50 Hz]，故将三相逆变器的输出电压反馈，进行闭环 PWM 控制。三相逆变器的闭环 PWM 控制原理如图 9.9 所示。三相逆变器检测辅助供电系统输出的三相电压，并反馈给控制单元，与给定电压值进行比较，从而得到电压偏差。电压偏差经电压控制器调节后，与电流反馈信号共同作为 PWM 生成器的输入信号。一旦产生电压偏差信号，闭环控制电路就进行调节产生 PWM 信号，并向着减小误差的方向控制逆变器开关器件 IGBT 的导通与关断，最终使逆变器的输出满足设计要求。

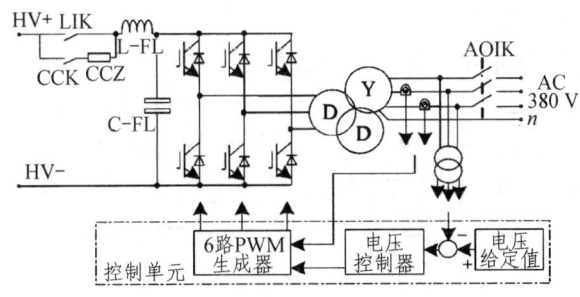

图 9.9　三相逆变器控制原理

3. 隔离变压器和输出 AC 滤波器

三相变压器用于实现线路电压和逆变器输出之间的电气隔离。AC 滤波器由隔离变压器和一台三相电容器组成，可将方波电压转换为正弦波，从而使负载电流近似正弦曲线。

4. 蓄电池充电器

蓄电池充电器如图 9.10 所示，为列车的直流负载提供 DC 110 V 电源，同时保证在紧急模式下（如接触网供电中断）向应急负载供电。其结构包括一个 TPCR（用于将三相电压变换成 DC 110 V 电压）和一个输出二极管（用来实现 DC 110 V 非永久母线与蓄电池的并联）。

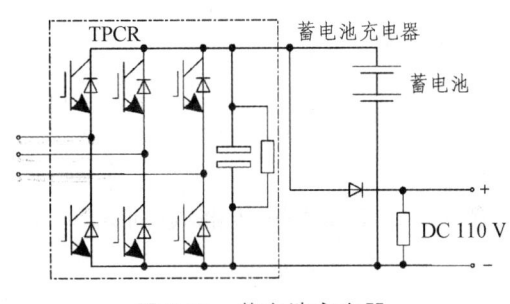

图 9.10　蓄电池充电器

当两台辅助供电系统正常工作时，列车上所有 DC 110 V 负载全部由蓄电池充电器供电，蓄电池处于浮充电状态。当只有一台辅助供电系统正常工作时，正常的辅助系统为整列列车供电，而蓄电池不承受额外负荷。上述两种工况下，蓄电池充电器均工作在整流模式，输出 DC 110 V 为列车直流负载供电，且蓄电池处于浮充电状态。当接触网高压供电中断时，蓄电池的直流电逆变为三相交流电，向应急负载供电。

另外，前照灯、雨刮器、司控器等设备还需要 DC 24 V 电源。此电源是经过 DC/DC 电压变换器变换得来的，将 DC 110 V 变换成 DC 24 V 供给相应负载使用。

思考与练习

一、选择题

1. 辅助系统 SIV 静止逆变器输出电源为（　　）。
   A. DC 110 V   B. DC 380 V
   C. AC 110 V   D. AC 380 V
2. （　　）不属于SIV 提供 AC 380 V 供电范围。
   A. 空调压缩机   B. 空调通风机
   C. 空调控制   D. 空压机

二、判断题

1. 每节车上配备一台辅助逆变器，为集中供电方式。（　　）
2. 辅助逆变器提供的是定压变频的三相交流电。（　　）
3. 在辅助逆变器的预充电电路中，限流电阻一直处于通电工作状态。（　　）

任务三　蓄电池及其充电器

任务目标

（1）掌握蓄电池的作用和分类；
（2）了解镍镉碱性蓄电池的性能；
（3）熟悉蓄电池充电器的两种方案；
（4）牢固树立劳动意识、质量意识。

任务内容

在城市轨道交通车辆中，蓄电池既作为列车起动电源，也作为 110 V 直流电源的备用电源。在直流电源正常工作时，蓄电池处于浮充电状态，兼做滤波元件。对蓄电池的要求是：能量密度高、充放电次数多、使用安全并满足环境保护要求。

一、蓄电池的作用

蓄电池是将电能和化学能互相转换的装置，它可以将电能转换成化学能储存起来，使用时再将化学能转换成电能，且这个过程是可逆的。以上两个过程前者叫作充电，后者叫作放电。作为紧急负载供电电源，城市轨道交通车辆上的蓄电池主要功能如下：

（1）车辆在运行过程中发生故障时，由蓄电池给紧急通风设备、紧急照明、乘客信息系统、门控设备、车钩等 DC 110 V 控制电路提供紧急供电电源，维持规定的紧急供电时间，满足乘客安全逃生与供电需求。

（2）在降弓状态下为车辆的 DC 110 V 控制电路、照明、网络控制系统、乘客信息系统与安防设备等低压电器提供 DC 110 V 电源，保证车辆升弓并投入工作。

（3）车辆正常运行过程中，对 DC 110 V 控制电源起滤波作用，以降低控制电源的纹波系数，提高控制电源的质量。

（4）为车辆的低压试验提供控制电源，为车辆检修提供照明。

目前，国内外的部分地铁列车也增加了蓄电池牵引功能。从应用情况来看，蓄电池牵引技术是一种成熟、稳定的技术，将是未来地铁车辆必须具备的一种功能，这也更体现出蓄电池的重要性。

二、蓄电池的分类

城市轨道交通车辆用蓄电池主要有碱性镍镉蓄电池和酸性密封胶体铅酸蓄电池。近年来两种蓄电池在性能上都有很大改进，在轨道交通领域内均得到广泛应用。

新型镍镉碱性蓄电池的特点是：充放电特性平稳、耐过充放能力强、应用温度范围广、使用寿命长。

新型密封胶体铅酸蓄电池的特点是：安全环保、免维护（免加液）、比能量高、抗振性和机械强度好、不漏液（胶体电解质）、全寿命周期成本低。

三、FNC-R 镍镉蓄电池

下面介绍一种典型的城市轨道交通车辆用镍镉碱性蓄电池。

西安地铁 2 号线使用的是荷贝克公司纤维镍镉蓄电池 FNC-R，即 FNC-Rail，固定式纤维镍镉蓄电池-铁路型。每列车配备 2 个蓄电池箱，位于 TC 车（带司机室的拖车）下，用以装载蓄电池组。蓄电池组由 78 个镍、镉蓄电池单体串联组成（型号为 FNC 160，F-Fiber，N-Ni，C-Cd，160-容量为 160 Ah），蓄电池单体电解液为氢氧化钾溶液，属于碱性蓄电池。78 个蓄电池单体又分为 42 个单体和 36 个单体组成的两个蓄电池小车，单体与单体之间用短连片连接，如图 9.11 所示。

图 9.11　荷贝克 FNC-R 镍镉蓄电池外形

1. 基本结构

FNC-R 蓄电池正极板为氧化镍，负极板为镉，是三维式的纤维结构，把活性物质嵌在纤维里，内阻极小，导电性好，质量轻，富有弹性。电解液为 1.19 kg/L KOH（氢氧化钾），整个使用过程中，不用更换电解液，能有效地保护环境不受污染。

2. 工作原理

蓄电池充电时，正极发生氧化反应，负极发生还原反应，放电时，正极发生还原反应，负极发生氧化反应。蓄电池充电时将电能转变成化学能储存起来，放电时将化学能转变成电能而放出。

镍镉极板的活性物质在充电后，正极板为羟基氧化镍，负极板为金属镉，而放电终止时，正极板转化为氢氧化亚镍，负极板转化为氢氧化镉。

蓄电池充电时将电能转变成化学能储存起来，放电时将化学能转变成电能而放出，电池化学反应式如下：

$$\underset{\text{羟基氧化镍}}{\underset{(\text{正极})}{2NiOOH}} + \underset{\text{水}}{\underset{(\text{电解液})}{2H_2O}} + \underset{\text{镉}}{\underset{(\text{负极})}{Cd}} \underset{\text{充电}}{\overset{\text{放电}}{\rightleftharpoons}} \underset{\text{氢氧化亚镍}}{\underset{(\text{正极})}{2Ni(OH)_2}} + \underset{\text{氢氧化镉}}{\underset{(\text{负极})}{Cd(OH)_2}}$$

电解液中的 KOH（氢氧化钾）不直接参加反应，充电时电极释出水，而使电解液面略升高，放电时电极吸收水，而使电解液面略下降。

3. 基本参数

1）电压参数

（1）额定电压：碱性蓄电池的标称电压，为 1.2 V/单体。

（2）浮充电压：列车输出的浮充电压，为 1.5 V/单体。

（3）均充电压：蓄电池充电器充电电压，为 1.6 V/单体。

（4）终止电压：电池放电终止电压，为 1.0 V/单体。

2）放电电流

放电电流是指蓄电池工作时所产生的电流。由于极板材料活性不同，产生的最大电流也不同。放电电流的大小常用"放电倍率"（简称"放电率"）表示。

$$放电倍率 = 额定容量（A \cdot h）/放电电流（A） \qquad (9.1)$$

换言之，电池的放电倍率以放电时间来表示。或者说，以一定的放电电流放完额定容量所需的小时数来衡量。如某电池额定容量为 20 A·h，若用 4 A 电流放电，则放完 20 A·h 额定容量需用 5 h，也就是说以 5 小时率放电，用符号 "C/5" 或 "0.2C" 表示，C 为电池容量；若以 0.5 小时率放电，就是用 40 A 电流放电，用符号 "C/0.5" 或 "2C" 表示。

根据放电倍率的大小，电池可分为低倍率（小于 0.5C）、中倍率（0.5~3.5C）、高倍率（3.5~7C）和超高倍率（大于 7C）4 类。

放电倍率对电池放电容量的影响很大，放电倍率越大，则放电电流越大，电化学极化和浓度极化急剧增加，使电池放电电压急剧下降，电极活性物质来不及充分反应，电池的容量会减少很多。

5 小时（5 h）率放电电流可用 I5 来表示，数值为 0.2C5（A），其中 C5 为 5 小时率额定容量（A·h）。

3）电池容量

常温下（25 ℃），电池的容量是电池到达终止电压的时间及放电电流大小的乘积，可计算为

$$C_{测量} = I(A) \times T(h) \qquad (9.2)$$

温度不同的情况下，电池所放出容量也是不一样的，温度对于蓄电池内的化学反应影响较大，一般不允许超过 45 ℃。为了控制蓄电池的温度，充电器在对蓄电池进行充电时，会依照蓄电池的温度随时调整充电电压（温度补偿）。

蓄电池在列车上进行充电一般处于浮充状态，时间一长，蓄电池内的活性物质会钝化，表现出蓄电池电压不均衡，影响蓄电池的性能。蓄电池充电状态的下降只能以恒流充电来扭转。通过专用的蓄电池充电器按照规定的方式对蓄电池进行均衡充放电，可激活蓄电池的活性物质，以此延长蓄电池的寿命。

4. 主要性能

（1）自放电：在满充电的状态下，环境温度在（20±5）℃下放置 28 天，其剩余容量在额定容量 98% 以上。

（2）浮充电接受能力：蓄电池完全放电后，以 1.55~1.6 V 恒压充电 7.5~10 h，获得容量在 90% 以上。

（3）浮充电压差：蓄电池在浮充电时，电池组中单只电池的电压最高与最低的差值小于 0.02 V。

（4）过放电性能：以 0.5I5 的固定阻抗连接 3 周后，以 1.55 V 电压恒压充电 24 h，获得容量在额定容量的 90% 以上。

（5）低温性能：在(-6 ± 2) ℃ 放电容量在额定容量 95%以上；在(-18 ± 2) ℃ 放电容量在额定容量 90%以上。

（6）内阻：充电态内阻小于 3 mΩ。

（7）免维护期：以 1.45～1.55 V 恒压充电使用，具有 3 年免维护期，但需要根据具体情况加蒸馏水，在使用寿命期内，不用更换电解液。

5. 寿　命

（1）循环寿命：蓄电池在(20 ± 5) ℃ 条件下，充放电循环在 3 000 次以上容量不低于额定容量的 90%。

（2）使用寿命：蓄电池在(20 ± 5) ℃ 条件下，使用寿命 20 年。

6. 维　护

为确保蓄电池令人满意的工作寿命，蓄电池的维护一般包括两个方面：一方面是预防性维护，另一方面是纠正性维护。如果在预防性维护中，发现了某个不足或缺陷，那么就会在纠正性维护中被改正。

蓄电池每一个维护周期都是基于列车系统的蓄电池平均使用周期而制订的。在使用一定时间后应进行检查，检查内容大致包括：

1）电解液液面高度的测定

电解液液面高度直接影响蓄电池的温度。一般要求液面位于最高刻度线处，但不能高于最高刻度线，同时，液面也不能低于最低刻度线。当液面低于最高刻度线较多时，可通过加注蒸馏水的方法来补液，但应保证电解液的密度，蒸馏水的纯度必须符合 IEC 993-89 的规定。

2）电解液密度的测定

电解液的密度直接影响蓄电池的容量，对于密度低于规定值的，应将蓄电池中的电解液全部排空后，重新调配电解液并加注，在重新加注以前，须彻底清洗蓄电池内侧壳体及极板。在更换电解液时，应采取必要的防护措施，以免对人体造成伤害。

3）蓄电池单体必须保持清洁与干燥

因为灰尘和潮湿会导致电流爬升。螺栓、连接片及电缆眼必须保持清洁，并且在维护期间的任何液体滴溅都必须用干净的抹布彻底擦拭干净。蓄电池也可使用水来清洗，但是不得使用任何溶剂与丝刷。如有必要，阀也须使用清水清洗。必须保证阀上没有污点，并且能被正确地盖上。

定期对接线排进行清洁、打磨，对连接螺母进行力矩校验，保证蓄电池之间连接牢固良好。为避免腐蚀，可使用薄薄的一层中性凡士林或防腐油涂在蓄电池的连接件处及电缆眼处。

4）蓄电池容量测试

蓄电池容量的测试应严格按照蓄电池供应厂家的要求进行。容量测试完成后，应按测试结果对蓄电池进行分组，容量相差较大的蓄电池不应混装在一起使用。

镍镉蓄电池容量测试时需使用专业蓄电池放电设备对蓄电池进行恒流放电，放电电流为 I5 = 32 A，最小放电时间为 5 h，须定时测量蓄电池单体的放电电压，单体额定电压为 1.2 V，则放电终止电压不得小于 1.0 V；否则，说明该块单体存在容量不足。

5）蓄电池容量恢复

对容量存在不足的蓄电池，使用专业充放电设备对蓄电池进行"三充三放"。在放电时，对容量不足的蓄电池进行容量测试，如果满足容量要求，则说明容量已恢复，可继续投入使用。如果在重新调整数次后，容量测试仍然不能令人满意，那么说明蓄电池已经达到它的寿命极限，需进行更换。

镍镉蓄电池容量恢复一般使用恒流充放电，维护方法如下：

（1）对蓄电池以 I5 = 32 A 进行放电，直至 1.0 V 的平均单体电压。

（2）暂停超过 8 h，如果可能可停歇一个夜晚。

（3）以 I5 = 32 A 电流恒流充电超过 7.5 h。

（4）暂停 2 h。

（5）以 I5 = 32 A 电流对蓄电池放电，直至 1.0 V 的平均单体电压。

（6）暂停超过 8 h，如果可能可停歇一个夜晚。

（7）以 I5 = 32 A 电流恒流充电超过 7.5 h。

在蓄电池放电时，对电池容量进行测试，单体电压不允许低于 1 V/单体，如果容量测试表明单体容量不足，那么重复上述步骤（1）到（5）直至容量不再上升。

四、蓄电池充电器

蓄电池充电器也称为蓄电池充电机，是辅助供电系统中的一个重要部件，它将输入电压转换成 DC 110 V 输出电压。在蓄电池充电器正常工作的状态下，除了对车载蓄电池进行充电外，同时还为其他辅助设备提供 DC 110 V 电源输入。

目前城市轨道交通车辆的蓄电池充电器有两种形式。一种是独立的蓄电池充电器，另一种是非独立的蓄电池充电器。

1. 独立的蓄电池充电器

独立的蓄电池充电器即 DC/DC 变换器，直接将供电电网的 DC 1 500 V 或 DC 750 V 转换为 DC 110 V，如图 9.12 所示。主要包括 4 个部分：单相半桥变换器、变压器、二极管整流电路和输出滤波器。

单相半桥变换器将输入的直流电压变换为矩形电压，以满足初级变压器的需要。变压器在输出侧和输入侧之间形成电气隔离，避免干扰电压的影响。二极管整流电路和输出滤波器产生一个直流电压，为蓄电池和 DC 110 V 负载供电。此蓄电池充电器相当于一个变压比率可变的 DC/DC 变换器。

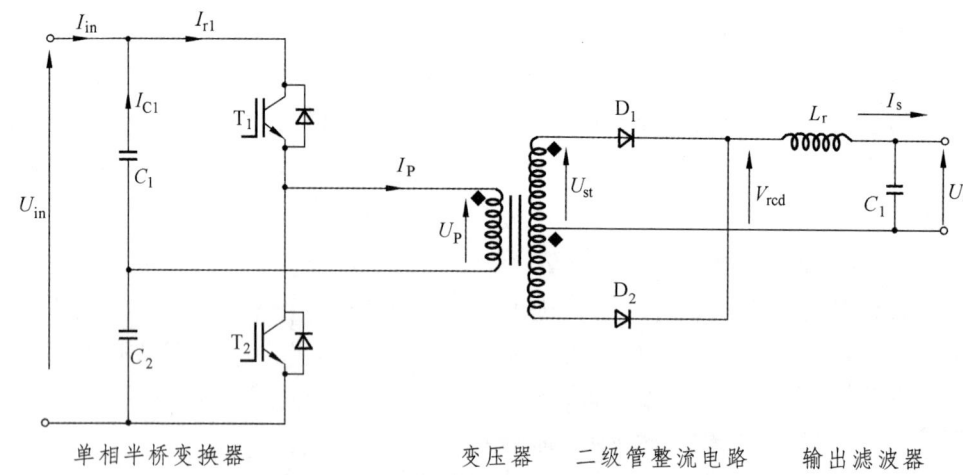

图 9.12 车辆蓄电池充电器的电路原理图

2. 非独立的蓄电池充电器

非独立的蓄电池充电器是采用逆变模块的输出进行 AC/DC 的转换，将辅助逆变器输出的三相交流电转换为 DC 110 V，这种蓄电池充电器直接集成在辅助逆变器箱内。前面介绍的图 9.8 即属于这种形式。

从辅助逆变器输出的交流电源进行转换的直流输出电路与独立的蓄电池充电器相比，具有以下优点：

（1）元器件数量更少，维护检修简单。

（2）集成度高、紧凑，质量较轻。

（3）电气隔离性能更高，更为安全。

思考与练习

一、选择题

1. 应急设施工作时的电源来自（　　）。

　　A. 逆变器　　　　B. 蓄电池　　　　C. 牵引箱　　　　D. 辅助箱

2. 蓄电池由充电充足状态，放电至规定（　　）时所放出的总电量为蓄电池的容量。

　　A. 电压　　　　B. 终止电压　　　　C. 电压的 1/2　　　　D. 全部电压

二、判断题

1. 在城市轨道交通车辆中，蓄电池既作为列车起动电源，也作为 110 V 交流电源的备用电源。　　　　　　　　　　　　　　　　　　　　　　　　（　　）

2. 蓄电池容量单位常用放电电流与时间的乘积表示，通常以安培·小时为单位（简称安时）。　　　　　　　　　　　　　　　　　　　　　　　（　　）

3. 利用辅助逆变器的交流输出，进行 AC/DC 转换，来设计蓄电池充电器。

　　　　　　　　　　　　　　　　　　　　　　　　　　　　　　　　（　　）

任务四　传感器

任务目标

（1）掌握传感器的分类、定义和组成；
（2）熟悉温度传感器、速度传感器、电压传感器的工作原理；
（3）牢固树立劳动意识、质量意识、安全意识。

任务内容

城市轨道交通车辆自动化程度高，控制系统复杂，为了满足控制系统的功能需求，需要检测有关部件、系统或整车的各种参数，因此，传感器作为测量元件在城市轨道交通车辆上得到了广泛的应用。

一、传感器的定义和组成

传感器是一种能感受规定的被测量并按照一定的规律转换成可用输出信号的器件或装置，一般由敏感元件、转换元件和转换电路 3 部分组成，如图 9.13 所示。

图 9.13　传感器组成框图

其中，敏感元件直接感受被测量，并输出与被测量呈确定关系的物理量；转换元件把敏感元件的输出信号作为它的输入信号，并将其转换成电路参量；将上述电路参量接入转换电路，便可转换成电量输出。

应该指出，不是所有的传感器均由以上 3 部分组成。最简单的传感器是由一个敏感元件（兼转换元件）组成，它直接输出电量。有些传感器由敏感元件和转换元件组成，而没有转换电路；有些传感器，转换元件不止一个，要经过若干次转换。

二、传感器的分类

传感器的分类方法有很多，常用的分类方法如下。
（1）按照传感器被测物理量分类，可分为位移、压力、温度、流量、速度、加速度、磁场、光通量等传感器。
（2）按照传感器输出信号的性质分类，可分为模拟式和数字式传感器。
（3）按照传感器的工作原理分类，可分为电阻式、电容式、电感式、霍尔式、光电式等传感器。

三、温度传感器

按测量方式的不同，温度测量可分为接触式和非接触式测量。接触式测温的传感器有热电阻、热电偶和半导体温度传感器等。非接触式测温以辐射式测温为主，有光学高温计和辐射高温计等。这里只介绍热电阻传感器的工作原理。

热电阻是利用电阻与温度成一定函数关系的特性制成的感温组件。当被测温度变化时，导体的电阻随温度变化而变化，通过测量电阻值变化的大小而得出温度变化的情况及大小，这就是热电阻测温的基本工作原理。

热电阻大都由纯金属材料制成，目前应用最多的是铂和铜。铂电阻的特点是测温精度高，稳定性好，所以在温度传感器中得到了广泛应用。

铂电阻的应用范围为 $-200 \sim +850\ ℃$。由于铂是贵金属，因此在一些测量精度要求不高且温度较低的场合，普遍采用铜电阻进行温度的测量，测量范围一般为 $-50 \sim +150\ ℃$。在此温度范围内线性关系好，灵敏度比铂电阻高，容易提纯、加工，价格便宜。但是铜有一个缺点就是易于氧化，一般只用于 $150\ ℃$ 以下的低温测量和没有水分及无侵蚀性介质的温度测量。与铂相比，铜的电阻率低，所以铜电阻的体积较大。铜电阻与温度的关系是线性的。

热电阻的结构通常由电阻体、绝缘管、保护套管、引线和接线盒等部分组成。一般是将电阻丝绕在云母或石英、陶瓷、塑料等绝缘骨架上，固定后套上保护套管，在热电阻丝与套管间填上导热材料即成。如图 9.14 所示是铂电阻测温元件的结构。

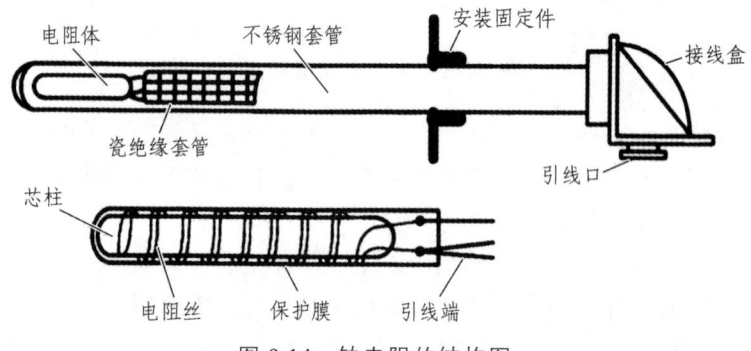

图 9.14　铂电阻的结构图

热电阻的测量电路通常采用不平衡电桥来转换，热电阻在工业测量桥路中的接法常采用两线制、三线制及四线制 3 种，如图 9.15 所示。

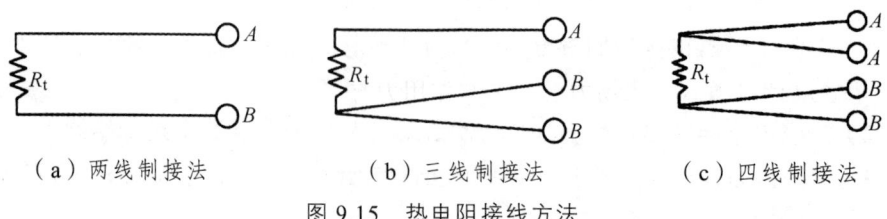

图 9.15　热电阻接线方法

通常，为了消除和减小引线电阻的影响，可采用三线制连接法，如图 9.16 所示。

图 9.17 所示为地铁列车空调系统中使用的一种 Pt100 温度传感器。通过此传感器为空调控制单元提供实时温度数据，从而高效地控制空调系统的工作状态。

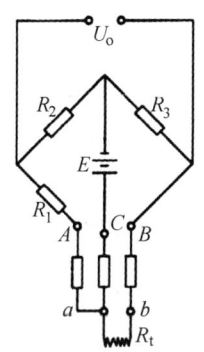

图 9.16 三线制热电阻测量电桥

图 9.17 Pt100 温度传感器

四、速度传感器

1. 霍尔式速度传感器

霍尔式速度传感器是一种基于霍尔效应的传感器，它可以实现磁-电转换，现在已经广泛用于测量电流、磁场、压力、速度和振动等方面。

1）霍尔效应

将金属或半导体薄片置于磁场中，磁场方向垂直于薄片，当有电流流过薄片时，在垂直于电流和磁场的方向上将产生电动势，这种现象称为霍尔效应，该电势称为霍尔电势，金属或半导体薄片称为霍尔元件。用霍尔元件做成的传感器称为霍尔传感器。其中，半导体材料的霍尔效应比金属强得多。

2）工作原理

图 9.18 所示为一个 N 型半导体薄片。长、宽、厚分别为 l、W、d，在垂直于该半导体薄片平面的方向上，施加磁感应强度为 B 的磁场，在其长度方向的两个面上做两个金属电极，称为控制电极，并外加一电压 U，则在长度方向就有电流 I 流动。磁场中自由电子与电流的运动方向相反，将受到洛仑兹力 f_L 的作用，受力的方向可由左手定则判定。在洛仑兹力作用下，电子向一侧偏转，使该侧形成负电荷的积累，另一侧则形成正电荷的积累，所以在半导体薄片的宽度方向形成了电场。该电场对自由电子产生电场力 f_E，该电场力对电子的作用力与洛仑兹力的方向相反，即阻止自由电子的继续偏转。当电场力与洛仑兹力相等时，自由电子的积累便达到了动态平衡。把这时在半导体薄片的宽度方向所建立的电场称为霍尔电场，在此方向两个端面之间形成的稳定电势称为霍尔电势 U_H。

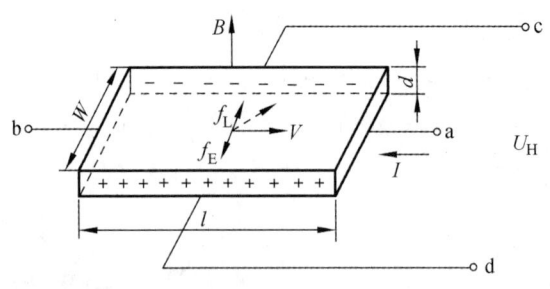

图 9.18 霍尔效应原理图

由实验可知，流入激励电流端的电流 I 越大，作用在薄片上的磁场强度 B 越强，霍尔电势 U_H 也就越高。霍尔电势 U_H 可表示为

$$U_H = K_H IB \tag{9.3}$$

式中　K_H——霍尔元件的灵敏度。

当 I、B 大小一定时，K_H 越大，U_H 就越大。一般希望 K_H 越大越好。

3）霍尔速度传感器的应用

图 9.19 所示是霍尔传感器测量转速的示意图。

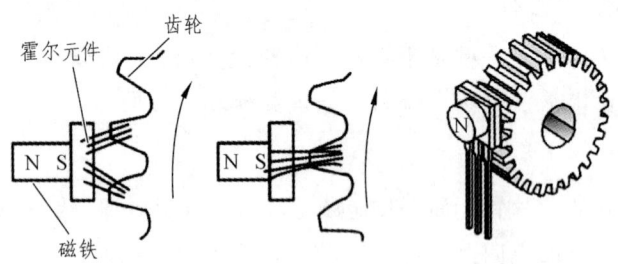

图 9.19 霍尔式传感器测量转速的示意图

由霍尔元件和磁铁组成探头，将带 Z 个齿的圆盘固定于被测对象的旋转主轴上，当被测转轴转动时，转盘随之转动，当圆盘的齿对准探头时，磁感线集中，霍尔元件输出高电平，其他时间输出低电平，检测频率数 f，便可求出转速。

$$n = 60f/Z \tag{9.4}$$

在城市轨道交通车辆中，可将霍尔传感器安装于齿轮箱小轴端尾部端盖上，感应导磁体上凸起的齿或是凹下的槽，相应地给出高电平或低电平，用于检测轮轴的转速。

2. 光电速度传感器

光电速度传感器对转速的测量，主要是通过将光线的发射与被测物体的转动相关联，再以光敏元件对光线进行感应来完成。光电转速传感器按工作方式划分，分为直射式光电转速传感器和反射式光电转速传感器两种。

1）直射式光电转速传感器

直射式光电转速传感器的结构如图 9.20 所示，它由光源、测量盘、光敏元件及缝隙板等组成。

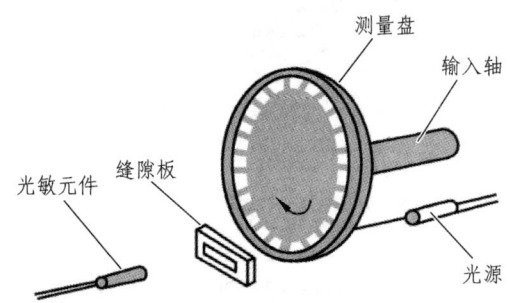

图 9.20　直射式光电转速传感器的结构

光源发出的光，通过带孔的测量盘和缝隙板照射到光敏元件上被光敏元件所接收，将光信号转换为电信号输出。当测量盘随着被测物体转动时，光线则随测量盘转动，不断经过各条缝隙，并透过缝隙投射到光敏元件上，光敏元件在接收光线并感知其明暗变化后，即输出电流脉冲信号。在一段时间内，通过对直射式光电转速传感器的计数和计算，就可以获得被测量对象的转速。若测量盘的孔数为 Z，转动时脉冲信号个数为 f，则转速为

$$n = 60f/Z \tag{9.5}$$

2）反射式光电转速传感器

反射式光电转速传感器的结构如图 9.21 所示，它由测量转轴、反光片、反射式光电传感器（包括光源和光敏元件等）组成。

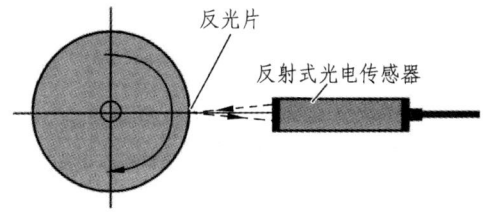

图 9.21　反射式光电转速传感器的结构

在被测转轴上安装多个反光片，光源对被测转轴发出光线，光线入射到被测转轴上，当被测转轴转动时，光电传感器的输出就会跳变一次。通过测量跳变频率 f，就可知道转速 n。设安装 N 个反光片，则转速为

$$n = 60f/N \tag{9.6}$$

安装于城市轨道交通车辆车轴轴端的一种光电式速度传感器，其外形如图 9.22 所示。

图 9.22　光电式速度传感器外观图

五、霍尔电压、电流传感器

霍尔电流传感器有直测式（开环）和磁平衡式（闭环）两种类型。直测式霍尔电流传感器结构简单、成本低，但由于铁心的非线性，使得精度不高、响应速度慢、温漂大、线性度差。磁平衡式霍尔电流传感器采用零磁通原理，精度有了很大的提高，可以有效地实现测量信号和被测信号之间的电气绝缘、响应时间快、线性度好，因此在工程中被更多地使用。

1. 霍尔电流传感器

1）直测式霍尔电流传感器

当原边电流 I_p 流过一根长导线时，在导线周围将产生磁场，这一磁场的大小与流过导线的电流成正比，产生的磁场聚集在方形或环形的铁心内，通过铁心气隙中的霍尔元件进行测量并放大输出，其输出电压 V_o 精确地反映原边电流 I_p。一般直测式霍尔电流传感器用在大电流测量的场合，可以检测直流、交流和脉冲电流。直测式霍尔电流传感器的原理如图 9.23 所示。

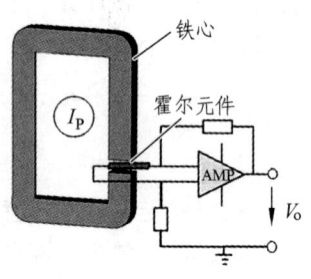

图 9.23　直测式霍尔电流传感器

2）磁平衡式霍尔电流传感器

磁平衡式霍尔电流传感器的工作原理是磁平衡，原边电流利用次级线圈产生的磁场来平衡被测电流在铁心上产生的磁场，通过检测次级线圈信号间接得到被测电流的大小。图 9.24 所示为磁平衡式霍尔电流传感器的基本原理图。

在测量电流的过程中，被测电流产生的磁场被铁心聚集并被霍尔元件所感应，霍尔元件通过对输入信号的处理，产生信号输出并驱动功率管使其导通，从而得到补偿电流 I_s，补偿电流通过绕制的次级线圈产生磁场，该磁场与被测电流产生的磁场正好相反，补偿了原来的磁场，使得霍尔元件的感应输出减小。当被测电流产生

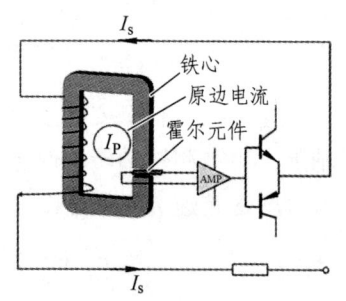

图 9.24　磁平衡式霍尔电流传感器

的磁场与补偿电流产生的磁场相等时,补偿电流不再增加,霍尔元件感应的磁场为零,即可通过补偿电流来测试被测电流。被测电流发生变化将会对这一平衡产生破坏,霍尔元件会有信号输出,经过功率放大器放大后,就会有电流流过次级补偿绕组对失衡的磁场进行补偿,这一过程就是一个动态过程。可以表述为

$$N_p I_p = N_s I_s \tag{9.7}$$

式中　N_p——原边线圈匝数,一般为 1;

　　　I_p——原边电流;

　　　N_s——副边线圈的匝数;

　　　I_s——副边补偿电流。

在城市轨道交通车辆上,电流传感器的输出最终被输入到控制系统的输入模块中。这些输入的模拟量将被牵引控制系统检测、计算和比较,一旦发现某些电流值和设定值之间的差值超过允许的范围,控制系统将根据故障的危害程度决定如何处理该故障,同时切断高速断路器。

2. 霍尔电压传感器

霍尔电压传感器主要包括初级线圈、铁心、次级线圈、放大电路及与初级线圈串联的限流电阻 R。抛开限流电阻 R,剩余部分相当于一个闭环霍尔电流传感器,如图 9.25 所示。可以认为,霍尔电压传感器实际上是一种特殊的、原边多匝的闭环霍尔电流传感器,不同之处在于该传感器的初级电流非常小,一般为毫安级。

被测电压(原边电压)通过限流电阻,将电流限制在 10 mA,此电流经过初级线圈之后,经过铁心将原边电流产生的磁场被气隙中的霍尔元件检测到,并感应出相应电动势,该电动势经过电路调整后反馈给补偿线

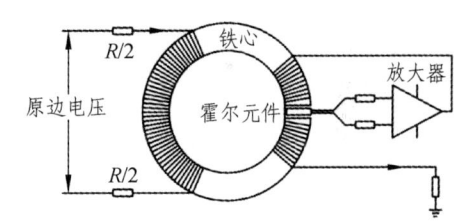

图 9.25　霍尔电压传感器结构图

圈(次级线圈)进而补偿,该补偿线圈产生的磁场与原边电流(被测电压通过限流电阻产生)产生的磁场大小相等,方向相反,从而在铁心中保持磁通为零。霍尔电压传感器利用的是和磁平衡式霍尔电流传感器一样的技术。

霍尔电压传感器的特点是既能测量交流又能测量直流,所以应用的场合比较多。在城市轨道交通车辆上,可采用霍尔电压传感器作为主电路的电压检测设备,它的主要作用是检测主回路相关部分的电压,并反馈至控制单元,当出现过压或者欠压时,由控制单元控制相应的保护动作。

基于霍尔效应的电流传感器和电压传感器同 IGBT 等功率开关器件一起共同构成了电力电子的核心,在轨道交通领域有着重要的作用。

思考与练习

一、填空题

1. 传感器一般由_____元件、转换元件和转换电路 3 部分组成。

2. _____是利用电阻与温度成一定函数关系的特性制成的感温组件。

3. 将金属或半导体薄片置于磁场中,磁场方向垂直于薄片,当有电流流过薄片时,在_____于电流和磁场的方向上将产生电动势,这种现象称为霍尔效应。

二、选择题

1. 某转动轴上贴有一块磁钢,利用霍尔元件与转动轴上磁钢接近产生脉冲的方法测量轴的转速。若霍尔元件数为 6,传感器输出频率为 50 Hz,则轴的转速为(　　)。

    A. 50 r/min   B. 300 r/min
    C. 500 r/min   D. 1 000 r/min

2. 在实际应用中,霍尔元件一般采用(　　)材料制造。

    A. 半导体   B. 金属
    C. 绝缘   D. 以上都可以

参考文献

[1] 张龙,祁冠峰. 城市轨道交通电机电器 [M]. 北京:中国铁道出版社,2011.

[2] 陈廷峰,陈明贵等. 电力机车电器[M]. 成都:西南交通大学出版社,2017.

[3] 秦娟兰. 城市轨道交通车辆电机(第二版)[M]. 成都:西南交通大学出版社,2015.

[4] 龙遐令. 直线感应电动机的理论和电磁设计方法[M]. 北京:科学出版社,2006.

[5] 徐安. 城市轨道交通电力牵引[M]. 北京:中国铁道出版社,2009.

[6] 胡崇岳. 现代交流调速技术[M]. 北京:机械工业出版社,2005.

[7] 付娟,崔晶,杨会玲. 机车电机与电器[M]. 成都:西南交通大学出版社,2021.

[8] 刘志明,史红梅. 动车组装备[M]. 北京:中国铁道出版社,2007.

[9] 吕龙,韩霜,常振臣. 地铁车辆直接逆变辅助供电系统[J]. 城市轨道交通研究,2016,19(09):138~141.

[10] 李莹,黄康. 永磁牵引电机在轨道交通车辆的应用与发展[J]. 工艺设计改造及检测检修,2018,5(10):86~88.

[11] 李富安. 闭环霍尔电流传感器的设计与测试[D]. 武汉:华中科技大学,2013.

[12] 葛党朝,何鹏. 城市轨道交通车辆牵引及供电系统[M]. 重庆:重庆大学出版社,2013.

[13] 杜求茂,陈中杰,彭驹. 城轨车辆牵引辅助供电系统的比较[J]. 电力机车与城轨车辆,2011,34(4):53~55.

[14] 人力资源和社会保障部教材办公室,广州地下铁道总公司. 城市轨道交通概论[M]. 北京:中国劳动社会保障出版社,2015.

[15] 王艳荣. 城市轨道交通车辆电器检修[M]. 上海:上海科学技术出版社,2010.